Die Bundesrepublik Deutschland

Geschichte in drei Bänden

Band 1: Politik
Band 2: Gesellschaft
Band 3: Kultur

Herausgegeben von
Wolfgang Benz

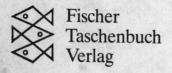

Fischer
Taschenbuch
Verlag

Die Bundesrepublik Deutschland

Band 2: Gesellschaft

Mit Beiträgen von
Hellmut Becker, Hannelore Brunhöber,
Ulrich Chaussy, Hartmut Esser,
Martin Greschat, Günter Hollenstein,
Anton Kehl, Hermann Korte,
Kaspar Maase, Angela Vogel
und Detlev Zöllner

Herausgegeben von
Wolfgang Benz

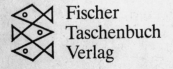

Fischer
Taschenbuch
Verlag

Lektorat: Walter H. Pehle

11.–13. Tausend: April 1985

Originalausgabe
Veröffentlicht im Fischer Taschenbuch Verlag GmbH,
Frankfurt am Main, November 1983

Umschlaggestaltung: Jan Buchholz/Reni Hinsch
Foto: Harro Wolter
Gesamtherstellung: Clausen & Bosse, Leck
Printed in Germany
1780-ISBN-3-596-24313-0

Inhalt

Inhalt der übrigen beiden Bände

Vorbemerkung

In diesem Band, dem zweiten der dreibändigen Geschichte der Bundesrepublik, sind alltägliche Zustände, politische und gesellschaftliche Tendenzen, bestimmte Gruppen der Bevölkerung und deren Struktur und Entwicklung insgesamt Gegenstand von zwölf Beiträgen, die zusammen ein Bild von den Lebensbedingungen in Westdeutschland ergeben. Die Gesellschaft der Bundesrepublik wird beschrieben und analysiert als Ergebnis historischer Prozesse und verstanden als Stadium der steten Veränderung der existentiellen Voraussetzungen von über 61 Millionen Individuen, aus denen die Bevölkerung dieses Staates heute besteht.

Um der Gesamtkonzeption zu entsprechen, mußten die Autoren konkurrierenden Ansprüchen gerecht werden: enzyklopädische Information und kursorischer Überblick war auf knappem Raum gleichermaßen verlangt wie problemorientierte Darlegung und Verdeutlichung des Wesentlichen, jeweils am möglichst konkreten Sachverhalt. Kompromisse und Selbstbeschränkungen waren in mancherlei Form vonnöten. In Beiträgen wie »Arbeitswelt«, »Wohnen« oder »Freizeit« konnten daher nur typische Aspekte ausgewählt werden. So erschien es wichtiger und sinnvoller, den strukturellen Wandel in der Arbeitswelt konkret und exemplarisch in der Industrie deutlich zu machen und andere Bereiche – Büro, Verwaltung, Handwerk – lediglich zu streifen oder ganz zu vernachlässigen, als abstrakte Vollständigkeit zu erstreben.

Dem begrenzten Umfang mußten schon im Stadium der Konzeption wünschbare Themenkomplexe geopfert werden, etwa Sport oder Gesundheitswesen; ein Beitrag über Randgruppen konnte aus anderen Gründen nicht realisiert werden. Der Umfang des ganzen Unternehmens ist übrigens während der zweieinhalbjährigen Entstehungszeit der drei Bände auf das Anderthalbfache des ursprünglich Geplanten gewachsen.

Vielfach ist in diesem Band von den gleichen Dingen die Rede wie in den beiden anderen, von der Gleichberechtigung der Frau etwa, vom Familienrecht oder vom Umgang der Justiz mit Jugendlichen, vom Nierentisch und von Tütenlampen, von der legendären »Sünderin«, von Schlüsselkindern und von Wohngemeinschaften. Aber einmal wird aus der Perspektive des Gesetzgebers, des Verfassungsrechts, des Staats ein Sachverhalt beschrieben, hier wird der Gegenstand oder das Ereignis auf der Ebene der Betroffenen erörtert. Die »Sünderin« entzündete in den 50er Jahren Diskussionen über Moral und rief die Propagandisten einer »Sauberen Leinwand« auf den Plan, der Film mit der Knef hat also erheblichen Stellenwert als gesellschaftliches und historisches Ereignis. Im Rahmen einer Filmgeschichte der Bundesrepublik ist dieselbe »Sünderin« dann auch Objekt ästhetischer und kommunikationsgeschichtlicher Betrachtung.

Möbel und Wohnungen sind – selbstverständlich – unter dem Aspekt »Wohnen im Wandel der Zeit« von Interesse und ebenso aus dem Blickwinkel der Geschichte des Design und der Architektur; aber unter politischen und ökonomischen Gesichtspunkten lohnt sich die Betrachtung auch. Das soll heißen, daß sich bei aller Eigenständigkeit der einzelnen Beiträge der Sinn dieser Darstellung aus dem Zusammenhang aller Themen und Problemkreise ergibt. Die Absicht des Herausgebers und der Autoren war es, aus verschiedener Perspektive und mit unterschiedlichen Methoden die gesellschaftliche, politische und kulturelle Wirklichkeit der Bundesrepublik historisch zu begreifen und zu beschreiben.

München, im Mai 1983   Wolfgang Benz

Bevölkerungsstruktur und -entwicklung

von Hermann Korte

Im Jahr ihrer Gründung lebten auf dem heutigen Gebiet der Bundesrepublik Deutschland 49,2 Millionen Menschen. Bis 1981 nahm die Einwohnerzahl um mehr als 12,0 Millionen zu und lag bei 61,7 Millionen, nachdem sie 1974 die 62 Millionen-Marke für ein Jahr überschritten hatte.

Die Zunahme oder Abnahme der Bevölkerung auf einem bestimmten Gebiet hängt immer davon ab, ob die Zahl der Geburten die der Todesfälle übersteigt und ob das Verhältnis der Zuwanderungen zu den Abwanderungen positiv oder negativ ist. Die Zunahme der Bevölkerung der Bundesrepublik zwischen 1949 und 1981 ist zum Teil durch Geburtenüberschüsse und zum Teil durch Wanderungsgewinne zustandegekommen (siehe Abb. 1)

Die Bedeutung dieser beiden Faktoren war im zeitlichen Ablauf allerdings unterschiedlich. So nahm die Bevölkerung zwischen 1949 und 1961 um 7 Millionen zu. An dieser Zunahme waren Geburtenüberschuß und Wanderungsgewinne zu etwa gleichen Teilen beteiligt. Die Steigerung in den Jahren bis 1968 um weitere 4,0 Millionen beruhte zu $\frac{2}{3}$ auf Geburtenüberschüssen und nur zu $\frac{1}{3}$ auf einem positiven Wanderungssaldo.

In den folgenden zwölf Jahren stieg die Bewohnerzahl nur noch langsam, obgleich in den meisten Jahren ganz erhebliche Wanderungsgewinne zu verzeichnen waren. In diesen Jahren sank aber die Zahl der jährlichen Geburten sehr stark und lag seit 1972 unter der relativ konstanten Zahl der Sterbefälle, d. h. es starben jährlich mehr Menschen in der Bundesrepublik als neu geboren wurden.

Diese grob dargestellte Entwicklung hatte vielfältige Gründe. Die meisten Gründe für die Schwankungen, die Veränderungen der Geburtenziffer (Geburten je 1000 Einwohner) im Verhältnis zur Sterbeziffer (Todesfälle je 1000 Einwohner) finden sich zum überwiegenden Teil in der Geschichte der Bundesrepublik. Eine umfassende bevölkerungswissenschaftliche Analyse hätte zwar auch die Veränderungen vor und nach dem Ersten Weltkrieg zu berücksichtigen, als die Bevölkerung rasch zunahm. Dies kann hier aus Platzgründen nicht geschehen. Hingewiesen werden muß jedoch auf die Jahre zwischen 1934 und 1942, als die Zahl der jährlichen Geburten gegenüber den Jahren seit Ende des Ersten Weltkrieges deutlich höher war. Ein Tatbestand, der für die Entwicklung der Gebur-

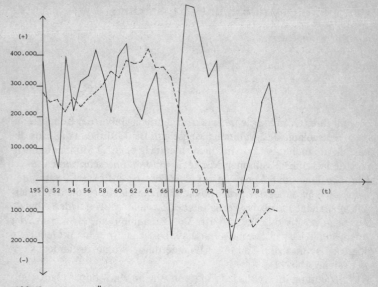

Abb. 1: ------ Überschuß der Geborenen (+) bzw. Gestorbenen (−);
————— der Zuzüge (+) bzw. Fortzüge (−)

tenzahlen zu Beginn der 60er Jahre von Bedeutung war und uns dort wieder begegnen wird.

Die Nachkriegsjahre bis zur Gründung der Bundesrepublik

Als die Bundesrepublik gegründet wurde, lebten auf ihrem Gebiete trotz der Millionen Kriegsopfer mehr Menschen als auf der vergleichbaren Fläche im Jahre 1939, als nur 43 Millionen Einwohner gezählt wurden. Der Anstieg um mehr als 6 Millionen auf 49,2 Millionen beruhte fast ausschließlich auf der Zuwanderung von Vertriebenen und Flüchtlingen. Sie kamen zum einen aus den Gebieten östlich von Oder und Neiße und zum anderen aus volksdeutschen Siedlungsgebieten in Südost- und Osteuropa. Hinzu kamen etwa 250 000 der bei Kriegsende 8 Millionen Zwangsarbeiter (2 Millionen Kriegsgefangene, 6 Millionen Zivilpersonen), die nach Kriegsende nicht in ihre Heimat zurückkehren konnten oder wollten.

Es liegt auf der Hand, daß die amtliche Statistik in den ersten Nachkriegsjahren ganz erhebliche Schwierigkeiten hatte, genaue Einwohnerzahlen zu ermitteln und ausgefeilte Statistiken zu erstellen. Für 1945 fehlen Angaben in den Statistischen Jahrbüchern, dem Hauptnachschlagewerk zur Bevölkerungsentwicklung. In den unruhigen Zeiten zwischen 1946 und 1948 wechselten sowohl die Zuständigkeiten häufig, als auch die Erhebungsrichtlinien und Erhebungsregionen. Eine Volkszählung in allen vier Besatzungszonen am 29. Okt. 1946 erbrachte daher nur begrenzt brauchbare und auch bald überholte Ergebnisse.

Genauere Daten erbrachte erst die Volkszählung am 13. Sept. 1950. Erst zu diesem Zeitpunkt war es möglich, Umfang und Struktur dieser außergewöhnlichen Bevölkerungsbewegung der Nachkriegsjahre rückblickend aufzulisten. Abbildung 2 vermittelt einen guten Überblick. Die Begrifflichkeit des Schaubildes entspricht dem damals üblichen Sprachgebrauch. Zu berücksichtigen ist bei den Statistiken auch, daß Westberlin und das Saarland (bis 1957) nicht mit erhoben wurden. Die damals getrennt erhobenen Werte sind mittlerweile in die heutigen Statistiken eingerechnet. Man kann das daran erkennen, daß immer das »heutige« Gebiet der Bundesrepublik als regionale Abgrenzung angegeben ist.

Wenn auch die Volkszählung von 1946 in den vier Besatzungszonen keine differenzierten und beständigen Ergebnisse erbrachte, so zeigen die Hauptdaten doch einen wichtigen Unterschied in der Struktur der Bevölkerung gegenüber der Vorkriegszeit. Die 43,0 Millionen im Jahre 1939 waren zu gleichen Teilen Männer und Frauen. Von 46,8 Millionen im Jahre 1946 waren dagegen nur 20,8 Millionen Männer, aber 25,7 Millionen Frauen. Dieser durch den Krieg entstandene Frauenüberschuß baute sich zwar bis zur Volkszählung 1950 auf das Verhältnis 23,7 zu 27,1 ab (u. a. wegen der Rückkehr von Kriegsgefangenen), blieb aber bis Ende der 70er Jahre erhalten. 1978 waren von den 61,3 Millionen Einwohnern 29,2 Millionen Männer und 32,1 Millionen Frauen. Ein einigermaßen ausgeglichenes Verhältnis zwischen Männern und Frauen wird erst Mitte der 80er Jahre erreicht sein.

Von der Gründung der Bundesrepublik zum Bau der Berliner Mauer

Im Einleitungskapitel war schon berichtet worden, daß die Bevölkerung der Bundesrepublik in diesem Zeitraum um 6 Millionen zunahm. Die wichtigsten Strukturdaten für diese Zunahme finden sich beim Wanderungsüberschuß, der Geburtenziffer, der Sterbeziffer sowie bei Alter und Zahl der Eheschließenden.

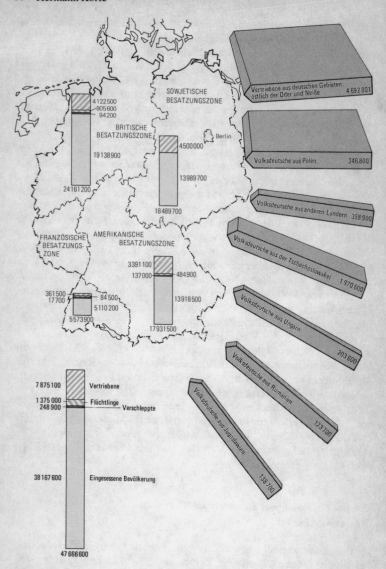

Abb. 2: Vertriebene und Flüchtlinge in der Bundesrepublik nach ihrer Herkunft laut Volkszählung 1950 – *Quelle*: Deutschland-Taschenbuch, hrsg. von Joachim v. Merkatz, Wolfgang Metzner, Berlin 1954, S. 127.

In allen Jahren gab es einen Überschuß von Geborenen gegenüber Gestorbenen. Dieser Überschuß sank allerdings von 315 609 im Jahre 1949 in unregelmäßigen Sprüngen auf 238 206 in 1955, nachdem er 1953 bereits einmal nur 218 069 betragen hatte. Dies hatte seinen Grund in einem kriegsfolgebedingten niedrigen Niveau der Geburtenziffer (1950–55 = 15,7), die deutlich unter den Vorkriegswerten (1938 = 19,5) und auch unter den Werten der ersten Nachkriegsjahre lag. Eine Folge des Krieges war dies deshalb, weil ein Teil der heiratsfähigen Männer und Frauen in jungen Jahren gestorben war, was zu einem Rückgang der Zahl der Eheschließungen bei gleichzeitig hohem durchschnittlichen Heiratsalter bei Männern und Frauen führte. Daß der Geburtenüberschuß trotzdem immer noch relativ hoch war, hat seinen Grund in der niedrigen Sterbeziffer. Menschen, die bei normaler Lebenserwartung in diesen Jahren gestorben wären, waren im Krieg umgekommen. Niedrige Geburten- und Sterbeziffern, hohes durchschnittliches Heiratsalter und eine relativ niedrige Anzahl von Eheschließungen bestimmen die Bevölkerungsentwicklung zwischen 1949 und 1956.

Ab 1956 ändert sich das Bild. Die Geburtenziffer beginnt stetig zu steigen, die Zahl der Eheschließungen nimmt von Jahr zu Jahr zu, und das durchschnittliche Heiratsalter, vor allem das der Frauen, sinkt ebenfalls. Da die Sterbeziffer nur leicht ansteigt, steigt der Geburtenüberschuß an und liegt 1959 mit 346 438 deutlich über Vor- und Nachkriegsniveau (Tabelle 1).

Hier nimmt eine Entwicklung ihren Anfang, die dann in den ersten Jahren nach 1961 eine ständige Zunahme der Bevölkerung bewirkt. Wir werden auf die demographischen Gründe für diese Entwicklung im nächsten Abschnitt eingehen. Hier sei zunächst nur auf die ökonomische Entwicklung aufmerksam gemacht. In der zweiten Hälfte der 50er Jahre wurde die wirtschaftliche Erneuerung der Bundesrepublik für jedermann spürbar. Zwischen 1950 und 1960 war, um eine kennzeichnende Ziffer zu nennen, die Arbeitsproduktivität der westdeutschen Gesamtwirtschaft jährlich um durchschnittlich 6,7 % gestiegen. Die erste Hälfte dieser Zeit war von erheblicher Arbeitslosigkeit gekennzeichnet. So wurden 1955 noch über 1,1 Millionen Arbeitslose gezählt und 1958 waren es immer noch 800 200. Danach aber sank die Zahl der Arbeitslosen rasch innerhalb von drei Jahren auf einen Wert, der Vollbeschäftigung bedeutete. Nach einer langen und für die Menschen mühsamen Anlaufzeit beginnt um 1958 der eigentliche Aufschwung, ist dies der spürbare Beginn des »Wirtschaftswunders«. Der Rückgang der Arbeitslosigkeit und der ebenfalls erfolgte Abbau der schlimmen Wohnungsnot machten die Gründung einer Familie und den Entschluß, Kinder zu zeugen und zu gebären, leichter.

Der Geburtenüberschuß machte in dem Abschnitt bis 1961 etwa die

Tabelle 1: Eheschließungen, Geborene und Gestorbene 1949–1961

Jahr	Ehe-schließungen	Lebend-geborene	Gestorbene (ohne Tot-geborene)	Überschuß der Geb. (+) der Gest. (−)
		1000		
1949	506 199	832 803	517 194	+ 315 609
1950	535 708	812 835	528 747	+ 284 088
1951	522 946	795 608	543 897	+ 251 711
1952	483 358	799 080	545 963	+ 253 117
1953	462 101	796 096	578 027	+ 218 069
1954	453 168	816 028	555 459	+ 260 569
1955	461 818	820 128	581 872	+ 238 256
1956	478 590	855 887	599 413	+ 256 474
1957	482 590	892 228	615 016	+ 277 212
1958	494 110	904 465	597 305	+ 307 160
1959	503 981	951 942	605 504	+ 346 438
1960	521 445	968 629	642 962	+ 325 667
1961	529 901	1 012 687	627 561	+ 385 126

Quelle: Statistisches Bundesamt (Hrsg.), Bevölkerung und Wirtschaft 1872–1972, Stuttgart/Mainz 1982, S. 103.

Hälfte des Bevölkerungswachstums aus. Die andere Hälfte kam durch einen positiven Wanderungssaldo zustande (Abb. 3). Insgesamt kamen 6,2 Millionen Menschen über die Grenzen in die Bundesrepublik. Mehr als die Hälfte, nämlich 3,5 Millionen kamen aus der DDR. Der Wanderungssaldo betrug in dieser Phase zwischen 1950 und 1961 allerdings nur 3,55 Millionen, was seinen Grund darin hatte, daß auch die Fortzüge recht hoch waren. So war z. B. Anfang der 50er Jahre, z. Zt. des Korea-Krieges und wegen der damit für viele Menschen verbundenen Furcht vor einem dritten Weltkrieg, ein deutlicher Anstieg der Auswanderungszahlen zu beobachten. Als am 13. August 1961 in Berlin die »Mauer« gebaut wurde und danach in wenigen Monaten eine durchgehende Absperrung der gesamten Grenze durch die DDR erfolgte, versiegte der Zustrom aus dem anderen Teil Deutschlands. Waren in den ersten 7½ Monaten des Jahres 1961 noch 233 500 Menschen geflüchtet, so sank die Zahl 1962 auf 15 000 und schwankt seitdem bei 20 000 Zuwanderungen pro Jahr.

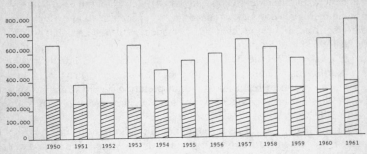

Abb. 3: Bevölkerungswachstum in den Jahren 1950–1961. Gestrichelte Flächen: Geburtenüberschuß. Weiße Flächen: Zuwanderungsüberschuß.

Der Babyboom:
Die Jahre zwischen 1962 und 1968

Es mag auf den ersten Blick verwundern, daß ein so relativ kurzer Zeitraum herausgegriffen wird. Es wäre sicher auch übertrieben, diese Jahre als eine Hauptphase der Bevölkerungsentwicklung in der Bundesrepublik zu bezeichnen. Es ist mehr ein Zwischenspiel, eine eher untypische Zwischenphase. In ihr beginnt die Anwerbung und der Zuzug der ausländischen Arbeitnehmer, damals noch Gastarbeiter genannt, *und* die Geburtenziffer steigt in den ersten Jahren dieses Abschnitts deutlich an, auf Werte, wie sie zuletzt in den 20er und 30er Jahren dieses Jahrhunderts im Deutschen Reich beobachtet werden konnten.

Richtiger muß man eigentlich formulieren: Der Anstieg der Zahl der Lebendgeborenen, der schon Mitte der 50er Jahre beginnt, setzt sich in diesen Jahren deutlich fort. Da die Zahl der Gestorbenen sich nicht so stark erhöht, nimmt der Geburtenüberschuß erheblich zu und damit auch die Gesamtbevölkerung. Allein aufgrund des Geburtenüberschusses steigt die Bevölkerungszahl um 2,5 Millionen.

Allerdings währt diese Geburten-Hochkonjunktur nur wenige Jahre: Ab 1965 sind die Zahlen rückläufig und 1966 ist mit einer Geburtenziffer von 16,1 der Wert von 1956 wieder erreicht. Danach, ab 1969 sinkt dann die Geburtenziffer rapide ab und erreicht weder in Deutschland noch sonstwo, heutzutage oder in der Vergangenheit registrierte Tiefstwerte.

Es lohnt sich, diese kurze Zeitspanne genauer zu betrachten, da man an ihr einiges über die Gründe zeitweiliger Schwankungen von Geburten- und Sterbeziffern lernen kann, zumal dieser Anstieg gründlich mißverstanden wurde. Einige Bevölkerungsstatistiker glaubten nämlich, der seit dem Beginn der Industrialisierung beobachtete stetige Rückgang der Geburtenziffer habe sein Ende gefunden. Es ist daher nicht verwunderlich, daß 1966 in Interpretation des Anstiegs zwischen 1955 und 1964 bis zum Jahre 2000 eine Bevölkerungszunahme um 14 Millionen errechnet wurde. Sechs Jahre später prophezeite eine neue Prognose dann schon, wiederum in recht linearer Interpretation des Rückganges zwischen 1969 und 1971, einen Rückgang um 5 Millionen Menschen bis zum Jahre 2000.

Man hatte nämlich nicht rechtzeitig erkannt, daß die Zunahme der Geburten Gründe hatte, die vorübergehender Natur waren. Ein Grund war z. B., daß viele Eheschließungen, die in der Nachkriegszeit verschoben worden waren, jetzt nachgeholt wurden. Gleichzeitig sank das durchschnittliche Heiratsalter, wodurch viele Kinder geboren wurden, die bei unverändertem Heiratsalter später geboren worden wären. Außerdem nahm die Zahl der Heiratsschließenden und damit ein bis drei Jahre später die Zahl der Geburten zu, da nun die geburtenstarken Jahrgänge der Jahre 1934–1942 ins heiratsfähige Alter kamen. Schließlich muß noch bedacht werden, daß unter den Flüchtlingen aus der DDR die jüngeren Jahrgänge überwogen, wodurch die Zahl der Heiratsfähigen ebenfalls zunahm.

Diese Gründe hatten nur eine zeitlich befristete Wirkung, z. T. traten ab 1969 rückläufige oder gegensätzliche Entwicklungen ein. Die Zahl der Eheschließungen nahm stark ab, denn es folgten die geburtenschwächeren Jahrgänge der Kriegs- und Nachkriegszeit, der Zustrom aus der DDR war unterbrochen und das durchschnittliche Heiratsalter veränderte sich kaum noch.

Das macht den vorübergehenden Anstieg und den bald folgenden Rückgang erklärlich, nicht aber den sich anschließenden rapiden Abfall der Geburtenzahlen ab 1969. Dies muß im nächsten Kapitel gründlich untersucht werden. Zunächst müssen wir aber noch festhalten, daß nach dem Bau der Berliner Mauer eine Entwicklung begann, die Umfang und altersmäßigen Aufbau der bundesrepublikanischen Bevölkerung stark beeinflußte: Die Zuwanderung ausländischer Arbeitnehmer und – später – ihrer Familienangehörigen.

Nachdem bereits ab Mitte der 50er Jahre vor allem in der süddeutschen Landwirtschaft italienische Saisonarbeiter beschäftigt worden waren, begann ab Anfang der 60er Jahre die Zuwanderung vieler ausländischer Arbeitskräfte. Der eigentliche Anstieg der Zahlen beginnt allerdings erst im Jahre 1962, als die Zahl der beschäftigten Italiener deutlich ansteigt und auch immer mehr Spanier und Griechen in zeitlich befristeten Beschäftigungsverhältnissen standen. Die Jugoslawen folgten mit wenigen

Jahren Abstand, ebenso die Türken, deren Zuwanderungszahlen allerdings erst ab 1968 stark anstiegen. Diese Zuwanderung von Arbeitskräften erfolgte auf der Basis von Anwerbeverträgen mit den Heimatländern der Gastarbeiter.

1966 war die Zahl der ausländischen Arbeitnehmer auf 1,31 Millionen angestiegen. Die genaue Zahl der ausländischen Wohnbevölkerung wurde in diesen Jahren nicht erhoben, man weiß aber, daß es sich bei den Ausländern hauptsächlich um Arbeitskräfte in zeitlich befristeten Beschäftigungsverhältnissen gehandelt hat und nur die Italiener zum Teil bereits Familienangehörige nachgeholt hatten. Die Gastarbeiter erhöhten damit zwar die Zahl der in der Bundesrepublik lebenden Menschen, beeinflußten aber wegen ihres durchschnittlich jungen Alters und des Alleinlebens Zahl und Relation von Geburten und Sterbefällen nur unwesentlich.

Ihr Einfluß auf die Wanderungsstatistik war allerdings erheblich. Während der Wanderungsgewinn ab 1963 deutlich anstieg (s. Abb. 1), ging er 1966 plötzlich stark zurück und wurde 1967 dann negativ, d. h., es verließen mehr Menschen (ca. 176 000) die Bundesrepublik, als über die Grenzen zuwanderten. Der Grund war die kurze Rezession 1966/67, als sich nach Jahren der Hochkonjunktur erste wirtschaftliche Schwierigkeiten zeigten, die auch zu einem plötzlichen Anstieg der Arbeitslosenzahlen auf knapp 0,46 Millionen führten. Die Zahl der als Arbeiter auf Zeit angeworbenen Ausländer wurde in diesen beiden Jahren deutlich – um mehr als 300 000 – reduziert. Das der Gastarbeiteranwerbung unterstellte »Rotationsprinzip« funktionierte noch. Dies änderte sich dann im Verlauf der nächsten Phase, in der sich überhaupt in der Bevölkerungsentwicklung eine grundlegende Änderung vollzog.

1969 bis heute:
»Gastarbeiterboom« und »Geburtenschwund«

Dieser Abschnitt ist durch zwei Hauptmerkmale gekennzeichnet. Einmal durch den ständigen Anstieg der Ausländer von 2,3 Millionen im Jahr 1969 auf 4,4 Millionen im Jahr 1980 und zweitens den deutlichen Rückgang der Geburtenzahlen, der ab 1972 zu einem bis heute andauernden Überschuß der Gestorbenen führte (Tabelle 2).

Betrachten wir zunächst Umfang und Struktur der Ausländerzahlen. Bereits in 1968, als die Rezession überwunden war, stieg die Zahl der ausländischen Arbeitnehmer sofort um ca. 50 % an und erreichte schon in 1969 die Größenordnung von 1966. Es waren dann mehr als 2,5 Millionen ausländische Arbeitnehmer in der Bundesrepublik beschäftigt, als ab 1973

Tabelle 2: Geburten, Ausländeranteil an Geburten, Sterbefällen und Überschuß der Geborenen (+) bzw. Gestorbenen (−) 1967−1981

Jahr	Lebend-geborene insgesamt	darunter Ausländer in %	Sterbefälle insgesamt	Überschuß der Geb. (+) der Gest. (−)
1	2	3	4	5
1967	1019459	4,7	687349	+ 332110
1968	969825	4,6	734048	+ 235777
1969	903456	5,6	744360	+ 159090
1970	810808	7,8	734843	+ 75965
1971	778526	10,4	730670	+ 47850
1972	701214	13,0	731264	− 30050
1973	635633	15,6	731028	− 95395
1974	626373	17,3	727511	− 101138
1975	600512	16,0	749260	− 148748
1976	602851	14,4	733140	− 130289
1977	582344	13,5	704922	− 122578
1978	576468	13,0	723218	− 146750
1979	581984	13,0	711732	− 129748
1980	620657	13,0	714117	− 93460
1981	624557	12,8	722192	− 97635

Quelle: Statistische Jahrbücher 1970, 1979, 1980.

mit dem Anwerbestopp versucht wurde, ähnlich wie 1967/68 die Bremse zu ziehen, da sich beginnend in 1971 erhebliche Probleme im Beschäftigungssystem zeigten.

Tatsächlich ging in den folgenden Jahren die Zahl der ausländischen Arbeitnehmer um knapp 25 % zurück. Alles schien so zu sein wie 1968 und doch hatten sich die Rahmenbedingungen ebenso verändert wie die Migranten und ihre soziale Situation. Nicht nur hatte sich ihre Zahl verdoppelt, auch die Aufenthaltsdauer war im Durchschnitt angestiegen und die in diesen Jahren deutlich gestiegene Lohnquote machte den sozio-ökonomischen Unterschied zu den Heimatländern noch größer. Dies und die Tatsache, daß im Gegensatz zu früher eine Heimkehr definitiv war, führte dazu, daß zumindest ein Teil der Ausländer sich in der Bundesrepublik niederließ und damit begann, den Nachzug der Familie zu organisieren. Statistisch schlug sich dies beim Wanderungssaldo zunächst nicht so stark nieder, da ja einige hunderttausend ausländische Arbeitskräfte in ihre Heimatländer zurückkehrten. Die Ausländerstatistik wurde im übrigen auch noch nicht sehr aufmerksam analysiert. Der Wanderungssaldo war zwischen 1974 und 1977 negativ und es wurde allgemein angenommen,

Tabelle 3: Zahl der Ausländer in der Bundesrepublik Deutschland 1977 bis 1981 unter Zunahme (+)/Abnahme (−) im jeweiligen Jahr

Jahr	insgesamt	Männer	Frauen	Kinder unter 16 Jahren
1977	3 948 278 + 32 784	1 820 034 − 13 165	1 198 145 + 22 937	930 099 + 23 012
1978	3 981 062 +162 774	1 806 860 + 23 304	1 221 082 + 42 086	953 111 + 97 384
1979	4 143 836 +309 472	1 830 173 +182 651	1 263 168 + 55 761	1 050 459 + 71 060
1980	4 453 308 +176 471	2 012 824 + 66 587	1 318 929 + 65 791	1 121 555 + 44 093
1981	4 629 779	2 079 411	1 384 720	1 165 648

Quellen: Wirtschaft und Statistik, Statistische Jahrbücher 1978–1980, eigene Berechnungen.

diese Entwicklung würde sich fortsetzen. Das war eine folgenreiche Fehleinschätzung. Ab 1977 verstärkte sich der Familiennachzug bei allen Nationalitäten (Tabelle 3), vor allem aber bei den Türken, deren Zahl stark zunahm.

Mit dem Familiennachzug änderte sich aber nicht nur die Zahl, sondern auch die Zusammensetzung der Ausländer in der Bundesrepublik. Immer mehr Frauen im gebärfähigen Alter wanderten zu, immer mehr Ehen wurden geschlossen und immer mehr ausländische Kinder geboren. Wie immer man diese Entwicklung in sozialer und politischer Hinsicht einschätzt, so muß im Hinblick auf die Bevölkerungsstatistik zunächst festgehalten werden, daß die ansteigenden ausländischen Geburten für den Ausgleich der ausgebliebenen deutschen Geburten sorgten. Seit 1969 sank die Zahl der deutschen Geburten stark und betrug 1978 nur noch 56 % der Werte von 1967. Ohne die Ausländergeburten wäre der Rückgang noch stärker gewesen. Wie aus Spalte 3 in Tabelle 2 ersichtlich, war ab 1972 – je nach einzelnem Jahr – jedes sechste bis achte geborene Kind ausländischer Nationalität.

Bei gleichzeitig relativ gleichbleibenden Sterbefällen erbrachte der Geburtenrückgang ab 1972 eine Abnahme der deutschen Wohnbevölkerung. Da seit 1977 der Wanderungssaldo wieder positiv war, ist der Gesamtrückgang der auf dem Gebiet der Bundesrepublik lebenden Menschen aber relativ gering geblieben und die Bevölkerungszahl schwankte um einen Wert von 61 Millionen: Allerdings darf der Anstieg des positiven Wanderungssaldos zwischen 1978 und 1980 auch nicht überbewertet werden, denn er resultierte z. T. aus einem vorübergehenden starken Anstieg der Asylbewerber. Ob es sich hier wie bei den ehemaligen Gastarbeitern um einen stationären Bevölkerungsteil handelt, oder ob er in absehbarer Zeit in großem Umfang das Land wieder verlassen muß, steht noch dahin.

Der Familiennachzug hat zu einer deutlichen Veränderung im Altersaufbau und im Verhältnis ausländischer Männer und Frauen geführt. Überwogen seit 1961 bis Anfang der 70er Jahre die 20–40jährigen Männer, so ist die Bevölkerungspyramide jetzt wesentlich ausgeglichener. Aus Abbildung 4 ist dies deutlich abzulesen. Zur Altersverteilung ist anzumerken, daß 1982 nur etwa 2 % der Ausländer in der Bundesrepublik 65 Jahre und älter waren. Bei den Deutschen waren es dagegen 16 %. Hier ist bereits absehbar, daß in den nächsten 10 Jahren die Ausländer verstärkt in jene Altersgruppen hineinwachsen, die öfter krank sind, unter Umständen vorzeitig arbeitsunfähig werden und schließlich in Rente gehen.

Bei den jüngeren Jahrgängen der Ausländer ist dagegen eine andere Entwicklung interessant. Hier hat sich die Basis der Bevölkerungspyramide in den 70er Jahren verbreitert. Neben den Zuwanderungen nachgeholter Kinder ist dies vor allem eine Folge der zunächst recht hohen Geburtenhäufigkeit ausländischer Frauen, die allerdings in den letzten Jahren langsam zurückgegangen ist. Der Rückgang ist in der Öffentlichkeit mit gewissem Erstaunen registriert worden, ist aber ein vorhersagbarer und vorhergesagter Vorgang. Man weiß aus der internationalen Literatur, daß Einwanderer und Arbeitsmigranten bereits in der ersten Generation beginnen, ihr generatives Verhalten (Familienplanung, Geburtenkontrolle) an die Gegebenheiten des Aufnahmelandes anzupassen und die Geburtenhäufigkeit in der zweiten Generation nur noch wenig über der der einheimischen Frauen liegt.

Läßt sich dieser langsame Rückgang der Geburten bei Ein- bzw. Zugewanderten mit Hinweis auf die offensichtlich prägende Kraft der Verhältnisse im Aufnahmeland erklären, so sind damit diese Verhältnisse selbst noch nicht erklärt und es fällt insgesamt auch ziemlich schwer, auf die Frage nach den Gründen für den drastischen Rückgang der Geburten in den Jahren seit 1969 eine abschließende Antwort zu finden.

Die Gründe des Geburtenrückgangs

Betrachtet man die letzten 100 Jahre, dann stellt man zunächst fest, daß von kurzfristigen Abweichungen abgesehen, die Geburtenzahl ständig

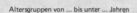

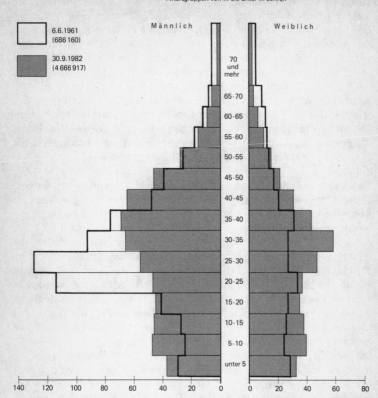

Abb. 4: Altersaufbau der Ausländer am 6. 6. 1961 (weiße Flächen) und am 30. 9. 1982 (gestrichelte Flächen). Gesamtzahl der Ausländer = 1 000. – Quelle: Wirtschaft und Statistik 1/83, S. 32.

gesunken ist. So lag die Geburtenziffer (Lebendgeborene auf 1000 Einwohner) 1880 bei 37,6, 1900 bei 35,6, 1910 bei 29,8 und 1940 bei 20,0, nachdem sie 1930 zwischenzeitlich bereits auf 17,5 gesunken war. Da außerdem der Rückgang der Sterbeziffer wesentlich früher einsetzte und sich schneller als bei der Geburtenziffer vollzog, hat es, von den Weltkriegsjahren abgesehen, immer einen Überschuß der Geborenen gegeben. Die Bevölkerung hat deshalb trotz des Geburtenrückganges an Zahl kontinuierlich zugenommen. Lebten 1880 auf dem Gebiet des Deutschen

Reiches 45,09 Millionen Menschen, so waren es 1970 auf dem wesentlich kleineren Gebiet der Bundesrepublik 60,65 Millionen.

Obgleich es sich bei dem Geburtenrückgang um eine seit langem bekannte Entwicklung handelt, hatte man ihr wegen des immer vorhandenen Geburtenüberschusses und dem damit verbundenen Bevölkerungswachstum keine besondere Aufmerksamkeit geschenkt. Erst als es ab 1972 einen sich von Jahr zu Jahr vergrößernden Sterbeüberschuß gab, rückte die Geburtenzahl und damit das generative Verhalten in den Mittelpunkt des Interesses, nicht zuletzt auch deshalb, weil voreilige Statistiker das baldige Aussterben des deutschen Volkes prognostizierten. Inzwischen hat man gelernt, mit dieser Entwicklung sachlicher umzugehen, die Gründe zu analysieren und die Zukunftsprognosen realistischer vorzunehmen.

Die sinkende Geburtenziffer ist eine gebräuchliche Kurzformel für eine Entwicklung, in der die Zahl der Kinder pro Ehe geringer geworden ist. Mitte des vergangenen Jahrhunderts wurden pro Ehe 6 Kinder geboren, von denen im Durchschnitt nur 4 – wegen der hohen Kindersterblichkeit – das Erwachsenenalter erreichten. Um die Jahrhundertwende hatten die damals geschlossenen Ehen nur noch 4 Kinder und 1925 waren es im Durchschnitt nur noch 2,2. Bis zum Beginn der 60er Jahre blieb es dann bei durchschnittlich zwei Kindern pro Ehe und erst danach wurden es weniger. Die Spalte »Kinder je 100 Ehen« in Tabelle 4 zeigt das deutlich. Aus der Tabelle ist auch ablesbar, daß vor allem die Zahl der Ehen mit 4 und mehr Kindern kontinuierlich zurückgegangen ist und in der letzten Zeit auch die der Ehen mit 3 Kindern zurückging.

Da bisher nur 90 % der Frauen im gebärfähigen Alter heiraten und auch nicht alle verheirateten Frauen Kinder bekamen, bedeutet dies, daß jetzt von 100 Frauen durchschnittlich 140 Kinder geboren werden. Die Elterngeneration der Frauen hatte noch ein Drittel mehr Kinder, d. h. die aufwachsende Kindergeneration umfaßt heute nur noch zwei Drittel der vorhergehenden. Die Einwohnerzahl eines Landes bleibt nur dann in etwa gleich, wenn 100 Frauen im Durchschnitt 210 Kinder gebären, bzw. 230 Kinder pro 100 Ehen geboren werden. Diese Rechnung berücksichtigt aber keine Zu- und Abwanderungen. Wir haben gesehen, daß ein positiver Wanderungssaldo den Rückgang in der Bundesrepublik bisher in etwa ausgeglichen hat.

Während über die Darstellung der Entwicklung und ihre Folgen für die Kinderzahl pro Ehe Einigkeit besteht, gehen die Meinungen über die Gründe, die zu diesem starken Geburtenrückgang der letzten 15 Jahre geführt haben, weit auseinander. Man hat dabei nach kulturkritischen, vorwissenschaftlichen und wissenschaftlichen Meinungsdifferenzen zu unterscheiden.

Tabelle 4: Kinderzahl der 1899 und früher sowie der 1900 bis 1977 geschlossenen Ehen

Eheschließungs- jahr*	von 100 Ehen haben					Kinder je 100 Ehen
	keine	1	2	3	4 und mehr	
			Kind(er)			
1899 und früher	9	9	12	12	58	490
1900–1904	9	12	16	15	47	393
1905–1909	10	15	20	17	38	335
1910–1912	12	17	22	17	32	294
1913–1918	14	20	24	17	25	252
1919–1921	16	23	24	15	21	234
1922–1925	18	24	24	15	20	222
1926–1930	17	23	25	15	20	223
1931–1935	16	22	27	17	18	218
1936–1940	14	25	31	17	14	205
1941–1945	13	25	31	17	14	205
1946–1950	13	26	30	17	14	207
1951–1955	13	25	31	17	14	205
1956–1961	13	22	35	19	11	200
1962–1966	13	26	40	15	6	178
1967–1971**	15	27	43	10	5	164
1972–1977**	15	34	39	8	4	153

* 1899 und früher und bis 1912 Ergebnisse der Volkszählung 1933 in Preußen. 1913 bis 1921 Ergebnisse der Volkszählung 1933 und 1939 im Deutschen Reich. 1922 bis 1935 Ergebnisse der Volkszählung 1950 (ohne Berlin). Danach Ergebnisse der Volkszählung 1970 und des Mikrozensus 1977.
** Kinderzahl bis Mai 1977 Ergebnisse des Mikrozensus, danach Erwartungszahlen bis zu 20jähriger Ehe- dauer.
Quelle: Bericht über die Bevölkerungsentwicklung in der Bundesrepublik Deutschland (Stand 1. Mai 1980) des Bundesministers des Inneren.

Wie bei anderen Entwicklungen auch, sind gegenüber dem Phänomen des Geburtenschwunds Kulturkritiker aufgetreten, für die alle modernen Lebensformen und -erscheinungen von Übel sind und für die es deshalb auch kein Wunder ist, daß in dieser gott- und sittenlosen Zeit Frauen ihrer natürlichen Verpflichtung zum Kinderkriegen nicht mehr nachkommen. Diese Positionen verbinden sich gelegentlich mit einem völkischen Natio- nalismus, der das Aussterben der »Deutschen« fürchtet. Es gibt hier da- her auch gelegentliche Personalunionen mit denjenigen, die eine rassi- stisch geprägte Ausländerfeindlichkeit herbeireden und schüren.
Eine vorwissenschaftliche Erklärung ist mit dem in der Öffentlichkeit im- mer wieder gehörten Begriff »Pillenknick« verbunden. Mit ihm verbindet sich die Vorstellung, daß das Erscheinen von hormonalen Kontrazeptiven auf dem deutschen Pharmamarkt die Ursache für den Geburtenrückgang sei. Dieser Zusammenhang ist allerdings nicht nachweisbar. Als der Ge- burtenrückgang bereits voll eingesetzt hatte (1975), nahmen erst ein Drit-

tel der gebärfähigen Frauen die ›Pille‹, 1970 waren es nur 20 % gewesen. Richtiger ist wohl, daß die seit langem bekannten Verfahrensweisen der Geburtenplanung (z. B. Verlängerung der Stillzeit nach einer Geburt, Rhythmuskontrolle nach Knaus-Ogino, mechanische Vorkehrungen wie Präservative, Pessare, Diaphragma) von mehr Menschen aus fast allen Schichten der Bevölkerung angewendet wurden. Es sei in diesem Zusammenhang daran erinnert, daß es bereits Mitte der 60er Jahre öffentliche und, im Vergleich zu früheren Zeiten, auch sehr offene Diskussionen über das sexuelle Verhalten von Männern und Frauen (z. B. durch Oswald Kolle) gab, in deren Verlauf über Möglichkeiten der Geburtenkontrolle ebenso diskutiert und informiert wurde, wie über die gemeinsame Verantwortung *beider* Ehepartner für die Familienplanung. Es wird heutzutage oft übersehen, daß viele gesellschaftliche Entwicklungen und die damit verbundenen Diskussionen bereits Mitte der 60er Jahre einsetzten. Die päpstliche Enzyklika »humanae vitae« wurde bereits 1968 verkündet, sie war schon eine Reaktion auf die öffentliche Verbreitung des Gebrauches verschiedener Empfängnisverhütungsverfahren.

In der bevölkerungswissenschaftlichen Diskussion sind einzelne Faktoren genannt worden, die erklären sollen, warum es zu einer so breiten Anwendung von geburtenregelnden Maßnahmen gekommen ist. So sind z. B. die in der Nachkriegszeit entstandenen Siedlungs- und Wohnstrukturen in Betracht zu ziehen. Die hohe Zahl der nach dem Kriege als Ersatz oder zusätzlich gebauten 2–3 ½ Zimmerwohnungen läßt es verständlich erscheinen, daß der Einfluß der Religionszugehörigkeit rückläufig ist und eher Wohn- und Siedlungsstrukturen das generative Verhalten bestimmten.

Eine solche Ursachenanalyse ist aber doch zu kurzfristig und mechanistisch. Es handelt sich um einen langfristigen Strukturwandel, der bereits im 19. Jahrhundert zu beobachten ist. Bei John Stuart Mills findet sich um die Mitte des vorigen Jahrhunderts schon der Hinweis auf den Zusammenhang von sozialem Aufstieg, Familienplanung und Sicherung der Lebens- und Berufschancen für (weniger) Kinder. Allerdings betraf das bis vor 20 Jahren immer nur zahlenmäßig recht kleine Aufsteigergruppen. In diesen Gruppen kann man in der Vergangenheit einen Rückgang der Geburtenziffern beobachten, wenn nach Phasen wirtschaftlichen Aufschwungs mit individuellen Aufstiegsmöglichkeiten eine Phase wirtschaftlicher Stagnation oder Rezession zur Verteidigung erreichter sozialer Positionen zwingt. Dies betrifft vor allem die sich dann nach unten anschließende Mittelschicht, die nun in zunehmendem Maß von bekannten Möglichkeiten der Geburtenkontrolle und Familienplanung Gebrauch macht. So ist es zu erklären, daß Familien von Mittelschichtangehörigen wie Angestellte und kleine Beamte bereits in den 20er Jahren die durchschnittliche Kinderzahl pro Familie erreicht hatten, die heute inzwischen auch für große Teile der gut verdienenden Arbeiterschaft zu beobachten ist.

In der Nachkriegszeit begann ab 1955 eine langsame Verbesserung der allgemeinen Lebensbedingungen. Einen deutlichen Schub gab es da ab 1960, als die Befriedigung eines erheblichen Nachholbedarfes an Lohnsteigerungen für die große Masse der westdeutschen Arbeitnehmer erstmals zu Buche schlug. Die 60er Jahre gelten allgemein als Phase eines beginnenden Wohlstands. Wohlstand, der erstmals in der Geschichte nicht nur kleinen Gruppen, sondern dem größten Teil der Bevölkerung zugute kam.

Begleitet wird der allgemeine wirtschaftliche Aufschwung, der sich äußerlich am steigenden Motorisierungsgrad und zunehmenden Massentourismus festmachen läßt, von ersten Diskussionen über Technisierung, Automation und Rationalisierungsmaßnahmen. Gleichzeitig beginnt die Öffnung der Bildungseinrichtungen, die den Besuch weiterführender Schulen und eine akademische Ausbildung für Gruppen in der Gesellschaft möglich werden läßt, die bisher nur Hauptschulabschluß und Lehre kannten.

Die Zeit nach 1960 ist eine Transformationsphase, in der in allen gesellschaftlichen Bereichen Veränderungen festzustellen sind und in deren Verlauf sich auch das generative Verhalten großer Teile der Bevölkerung verändert. Breite Gruppen beginnen mit Geburtenkontrolle und Familienplanung und nähern sich damit an bereits praktiziertes Verhalten kleiner Gruppen in der oberen Mittelschicht und der Oberschicht an. Die kleiner werdende Unterschicht, die nur wenig an der allgemeinen Wohlstandsentwicklung teilnimmt, behält dagegen ihr traditionelles Verhalten bei, aber nicht deshalb, weil Kenntnisse und Zugang zu Verhütungsformen und -mitteln fehlen, sondern weil es für Menschen in Armut keine Motivation gibt, Kinderzahlen zu begrenzen.

Je weniger Kinder eine Familie hat, um so mehr können die Eltern in deren Ausbildung investieren. Dies dient dazu, den Kindern das Weiterkommen, den weiteren sozialen Aufstieg zu ermöglichen und gleichzeitig die eigene schwer errungene Position abzusichern. Dieser Zusammenhang wurde ab Anfang der 70er Jahre für die Familie von zunehmender Wichtigkeit. Neben einem zunächst noch steigenden Arbeitseinkommen gab es eine erhebliche Inflationsrate, Ölkrise und steigende Arbeitslosenzahlen. Der Anteil der fixen Kosten pro Familie am Einkommen für Miete und Sozialversicherung stieg. Es fehlen Ausbildungsplätze, und es gab einen scharfen Wettbewerb um Studienplätze in prestigereichen Studiengängen (Numerus clausus). Hier liegt ein wichtiger Grund für den Abfall der Geburtenrate in den 70er Jahren: Aus der

Tabelle 5: Entwicklung der Anzahl der nicht-ehelich geborenen Kinder und ihres Anteils an den Geborenen insgesamt

Jahr	lebendgeb. insgesamt	Index	nicht ehelich	Index	%
1966	1050345	100	47854	100	4,6
1970	810808	77,2	44280	92,5	5,5
1976	602851	57,4	38251	79,9	6,4
1977	582344	55,4	37649	79,0	6,5
1978	576468	54,9	40141	83,9	7,0
1979	581984	55,4	41504	86,7	7,1

Quelle: Statistische Jahrbücher 1970, 1980, eigene Berechnungen.

Wahrnehmung von Aufstiegschancen ist die Absicherung des Erreichten geworden.
Es wäre allerdings überzogen, in diesen gesamtgesellschaftlichen Entwicklungen allein die Gründe zu sehen. Die innerfamiliären Entscheidungssituationen sind damit zwar auch, aber noch nicht hinreichend erklärt. Man muß auch das in der Transformationsphase sich langsam verändernde Verhalten von Männern und Frauen, das auch das gegenseitige Verhalten von Eheleuten beeinflußt, mit heranziehen. Die Gleichberechtigung der Frau, früher nur von Bedeutung für eine kleine Gruppe gebildeter Frauen in der Oberschicht, beginnt sich langsam in breiten Schichten der Bevölkerung durchzusetzen. Äußere Zeichen sind bessere Schul- und Ausbildung und eine steigende Erwerbsquote der Frauen. Vordergründige Diskussionsbeiträge haben dann auch versucht, einen direkten Zusammenhang zwischen Frauenarbeit und Geburtenrückgang zu behaupten. Ein solcher Zusammenhang ist zwar in bestimmten Einzelfällen gegeben, für das starke Absinken der Geburtenzahlen ist aber bislang kein Beweis dieses Zusammenhangs erbracht worden.
Mit einer besseren Ausbildung, dem Wunsch, einen Beruf auszuüben und dies nicht nur als vorübergehendes Zubrot zum Lohn des Mannes, den rechtlichen Besserstellungen der Frauen, steigen auch das Selbstbewußtsein und der Wunsch, das eigene Leben selbst zu bestimmen. Die steigende Zahl von Kindern, die von allein lebenden Frauen geboren werden (Tabelle 5), gehört ebenfalls in diesen Zusammenhang. Eine solche Entwicklung hat auch eine Wirkung auf die Entscheidungen, die Eheleute fällen, ob, wann und wieviel Kinder sie gemeinsam haben wollen.

Die zukünftige Entwicklung

Diese Entwicklungen sind noch nicht zu Ende. Welche Richtung sie schließlich nehmen werden, ist schwer vorherzusagen. Die Entwicklung menschlicher Gesellschaften – und der Menschen, die diese Gesellschaften bilden – verläuft ungeplant. Die demographische Entwicklung ist hier ein gutes Beispiel und dies in doppelter Hinsicht, denn man kann an ihr auch sehen, daß die Veränderungen auf lange Sicht betrachtet bestimmte Strukturen erkennen lassen, die sich langfristig herausbilden und über die Gegenwart hinausführen.

Eine Prognose der zukünftigen Entwicklung ist daher relativ schwierig. Es werden zwar immer wieder Vorausschätzungen der Bevölkerungsentwicklung versucht, sie weisen aber erhebliche Schwankungsbreiten auf, da die Eingabedaten in die Modellrechnungen schon bei kleinen Schwankungen langfristig erhebliche quantitative Auswirkungen haben. Je nachdem, ob man z. B. die aktuelle Geburtenhäufigkeit als konstant, eher noch etwas abnehmend oder etwas zunehmend unterstellt, hängt es ab, ob für das Jahr 2030 38,2 Millionen (konstante Geburtenhäufigkeit), 33,6 Millionen (abnehmende) oder im günstigen Falle der leichten Zunahme 43,4 Millionen Bürger der Bundesrepublik prognostiziert werden. Immerhin ein Schwankungsbereich von 10 Millionen Menschen. Da oft die Zuwanderungen und die zahlenmäßige Entwicklung der Ausländer in der zweiten und dritten Generation ebenfalls mit Annahmen über das zukünftige Verhalten berechnet werden, kommen weitere Unsicherheiten hinzu. Reduziert man den Prognosezeitraum bis zum Jahre 2000, dann wird bei konstanter Geburtenhäufigkeit unter Einbeziehung verschiedener Varianten der Entwicklung bei den Ausländern die Gesamtbevölkerung in der Bundesrepublik auf ca. 57 Millionen zurückgehen. Zum Vergleich sei darauf verwiesen, daß 1949 auf dem Gebiet der Bundesrepublik 49,2 Millionen Menschen lebten.

Allerdings interessiert bei den Prognosen nicht nur die Zahl insgesamt, sondern auch die zu erwartende Altersstruktur, da z. B. die Menschen im erwerbsfähigen Alter die Kosten für die Erziehung der Kinder und auch für die Alterssicherung der Rentner und Pensionäre aufbringen müssen. In der bisherigen Entwicklung der bundesrepublikanischen Bevölkerung ist das Verhältnis der jungen und alten zur arbeitenden Bevölkerung relativ gleichgeblieben, in den letzten 15 Jahren sogar etwas günstiger geworden (Tabelle 6). Die Frage ist, ob das so bleibt.

Schaut man sich den Altersaufbau der Wohnbevölkerung am Ende des Jahres 1979 an, so kann man – sieht man von den historisch bedingten Einschnitten ab – die Form einer Zwiebel erkennen. Diese Form des Bevölkerungsaufbaus hat sich erst in diesem Jahrhundert gebildet. Noch

Tabelle 6: Altersaufbau der Bevölkerung

| | %-Anteile der Altersgruppe | | | |
| Jahr | unter 15 Jahre | 15–60 Jahre | über 60 Jahre | Spalte 1+3 |
	1	2	3	4
1950	23,5	62,7	13,8	37,3
1955	21,2	64,0	14,8	36,0
1960	21,6	62,0	16,4	38,0
1965	22,6	59,3	18,1	40,7
1970	23,2	57,6	19,2	42,4
1975	21,2	58,7	20,1	41,3
1980	17,8	62,8	19,4	37,2

Quelle: Statistische Jahrbücher 1952–1982, eigene Berechnungen.

1910 hatte sie die Form einer Pyramide. Bleibt es in Zukunft bei den derzeit niedrigen Geburtenzahlen, die sich bereits in der kleinerwerdenden Basis der Bevölkerungs-»Zwiebel« widerspiegeln, so wird der Altersaufbau der Bevölkerung in 50 Jahren eher einem Pilz ähneln, bei dem die 10–20jährigen des Jahres 1979 den Kopf und die nachfolgenden Jahre den Stiel darstellen. (Abbildung 5)

Ob das so kommt, ob die Geburtenzahl noch weiter sinkt oder aber wieder leicht ansteigt, ist ungewiß. Aber selbst im ungünstigsten Modellfall, der ein weiteres Absinken der jährlichen Geburtenzahlen unterstellt, wird die sogenannte Belastungsquote (sie mißt, wieviel unter 20- und über 60jährige auf je 100 20–60jährige kommen) erst in 50 Jahren ungünstiger sein als im Jahre 1979. Im Gegenteil, durch die niedrigen Geburtenzahlen werden in den Modellprognosen die Belastungsquoten erheblich zurückgehen, wohingegen sie bei konstanter oder leicht steigender Geburtenzahl zwar auch erst im Jahre 2030 ungünstiger sind als 1979, in der Zwischenzeit aber höher sind als im Fall noch weiter zurückgehender Geburtenzahlen.

Die entsprechenden Modellrechnungen basieren auf der Entwicklung bis zum Jahre 1979. Sie können verschiedene gesellschaftliche Entwicklungen nicht vorhersagen und deshalb kann die Entwicklung eine ganz andere Richtung nehmen. Gelingt es z. B., die Säuglingssterblichkeit, die in der Bundesrepublik immer noch relativ hoch ist, zu senken, steigt die jährliche Zahl der Lebendgeborenen; gelingt eine bessere Bekämpfung der Krebserkrankungen, steigt die Zahl der älteren Menschen; kommt es im Zusammenhang mit einer konservativen Gesellschaftspolitik zu einer deutlichen finanziellen Prämierung dritter und vierter Kinder, ist zu ver-

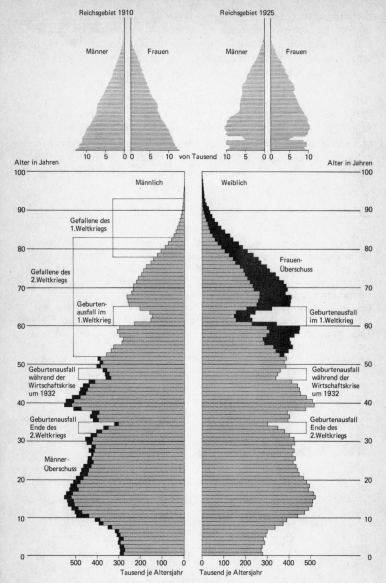

Abb. 5: Altersaufbau der Wohnbevölkerung am 31. 12. 1979. Zum Vergleich: Alterspyramiden von 1910 und 1925. – Quelle: Statistische Jahrbücher 1960 und 1981.

muten, daß die Zahl der Geburten ansteigt. Von diesen drei hier exemplarisch genannten und vielen weiteren Faktoren hängt die zukünftige Entwicklung von Zahl und Struktur der Bevölkerung ab. Ob sie eintreten, ist nicht vorhersagbar. Manche sind zwar wahrscheinlich, wie das Sinken der Säuglingssterblichkeit, aber richtig sicher kann man dabei nicht sein.

Die Bevölkerungsentwicklung verläuft ungeplant. Wer hätte im Jahre 1949 vorhersagen können, daß auf dem Gebiet der Bundesrepublik im Jahre 1981 61,7 Millionen Menschen leben würden. Man kann an der Struktur der Entwicklung, die zu dieser Größenordnung geführt hat, vieles über die Gesellschaft und die Menschen, die diese Gesellschaft bilden, lernen, sichere Zukunftsprognosen kann man daraus nicht entwickeln.

Literatur

Wichtigstes Nachschlagewerk ist das jährlich erscheinende Statistische Jahrbuch für die Bundesrepublik Deutschland; eine laufende Kommentierung der Entwicklung erfolgt in der monatlich erscheinenden Zeitschrift Wirtschaft und Statistik, beide herausgegeben vom Statistischen Bundesamt Wiesbaden, im Verlag W. Kohlhammer, Stuttgart und Mainz.

Bei der Einführungsliteratur sei auf das als Taschenbuch in der 4. Auflage vorliegende Buch von Karl Bolte, Dieter Kappe, Josef Schmid: Bevölkerung – Statistik – Theorie, Geschichte und Politik des Bevölkerungsprozesses, Opladen 1980, sowie auf das ausführliche Lehrbuch von Ingeborg Esenwein Rothe: Einführung in die Demographie, Wiesbaden 1982, hingewiesen. In beiden Büchern finden sich weiterführende Bibliographien.

Jugend

von Ulrich Chaussy

Die Nachkriegsjahre: Wohnung, Arbeit, Brot und Bildung

15,5 Millionen Kinder und Jugendliche bis zu 20 Jahren ermittelte die erste offizielle Volkszählung des Statistischen Bundesamtes in der Bundesrepublik im Jahr 1950, ein Jahr nach der Gründung der Republik. Mit dieser Zahl ist in ungefähr eine Personengruppe umrissen, die zwar keinen Einfluß auf die Entstehung und Ausgestaltung der nationalsozialistischen Gewaltherrschaft besaß, die aber in voller Härte die Folgen des politischen, militärischen und wirtschaftlichen Zusammenbruches zu spüren bekam.

Wie einschneidend die unmittelbaren Kriegsfolgen die Situation der Kinder und Jugendlichen in der Bundesrepublik beeinflußt haben, erläutert schon das dürre Zahlenmaterial. Im Bundesgebiet gab es nach dem Zweiten Weltkrieg etwa 1 250 000 Kinder und Jugendliche, die ihre Väter durch den Krieg verloren hatten. 250 000 von ihnen waren Vollwaisen, sie hatten also auch ihre Mütter verloren. Die schwer ermittelbaren genauen Zahlen lauteten für das Land Bayern alleine im Jahr 1949: 244 462 Kinder und Jugendliche ohne Väter; 3455 von ihnen hatten auch keine Mütter mehr. Die Situation der 1,25 Millionen Halbwaisen war von der zwangsweisen Berufstätigkeit der Mütter geprägt. Diese Kinder und Jugendlichen blieben sich meist den Tag über selbst überlassen. Die Älteren unter ihnen mußten neben ihrer Arbeit für die Schule oder am Ausbildungsplatz frühzeitig die Verantwortung für die Aufsicht über die jüngeren Geschwister und erhebliche Mitarbeit im Haushalt übernehmen.

Vergleichbar hart, wenn nicht noch härter, war das Schicksal einer anderen Gruppe. Im Bundesgebiet lebten Ende 1949 insgesamt 1 555 000 jugendliche Heimatvertriebene im Alter von 14 bis 24 Jahren. Der durch die Bombenangriffe dezimierte Wohnraum war zu dieser Zeit selbst für die im Gebiet der Bundesrepublik traditionell ansässige Bevölkerung zu knapp. So waren 730 000 dieser jugendlichen Flüchtlinge in provisorischen Lagern und Notunterkünften auf dem Land untergebracht. Allein in Bayern lebten Ende 1949 27 000 Jugendliche in 496 provisorischen sogenannten »Massenlagern«. In Schleswig-Holstein war die Enge noch drangvoller, dort hatte man 61 034 Jugendliche in 491 großen Lagern zusammengepfercht.

Doch selbst, wenn den Flüchtlingen von den Behörden einmal Wohnraum zugesprochen war, wurden sie zumeist gegenüber den Einheimischen benachteiligt. Das »Jugendaufbauwerk« wertete in einem Bericht im Januar 1950 über die Situation der Flüchtlingsjugend dieses Beispiel aus einer nicht genannten hessischen Kleinstadt als typisch: Dort lebten im Schnitt drei Einheimische in zwei Räumen, während sich bei den Heimatvertriebenen durchschnittlich neun Personen mit zwei Zimmern ungefähr gleicher Größe zufriedengeben mußten. Ein nicht unerheblicher Teil der Flüchtlinge im jugendlichen Alter zwischen 14 und 24 aber war obdachlos. Im Februar 1950 schätzt die Zeitung »Die Welt« ihre Zahl auf 100 000.

Trotz aller Wiederaufbau-Anstrengungen dauert die materiell ungesicherte Situation für große Teile der Jugendlichen über Jahre hinaus an. Im April 1952 veröffentlicht der »Kommunalpolitische Ausschuß der SPD« diese Zahlen: »Neun Millionen Kinder und Jugendliche wohnen unzulänglich, oft menschenunwürdig. Rund die Hälfte all der über 300 000 Lagerinsassen sind Kinder und Heranwachsende.« Und noch 1956 wohnen im gesamten Bundesgebiet etwa 100 000 Jugendliche in Heimen oder sogenannten Jugenddörfern. Ebenfalls in diesem Jahr 1956 gibt es allein in Bayern noch immer 216 »kriegsbedingte« Wohnlager mit insgesamt 48 000 Bewohnern. 12 000 dieser Lagerbewohner sind Kinder und Jugendliche bis 14 Jahre.

Der Bericht der SPD-Kommunalpolitiker zitierte auch eine Untersuchung des Kieler Gesundheitsamtes über die Ernährungs- und Wirtschaftslage der dortigen Schuljugend. Diese Untersuchung kann zumindest für alle Jugendlichen in städtischen Regionen als repräsentativ gelten.

Die Kieler Gesundheitsbeamten berichteten, daß wirtschaftlich schwache Familien außerstande waren, ihren Kindern ausreichend Nahrung zu kaufen. Bei diesen Kindern und Jugendlichen bestand ein bedenkliches Eiweißdefizit. Die tägliche Eiweißmenge betrug nur die Hälfte und der Anteil an hochwertigem tierischem Eiweiß nur etwa ein Fünftel der zur Erhaltung von Gesundheit und Leistungsfähigkeit nötigen Menge. 55 % aller befragten zehn- und elfjährigen Kinder bekamen nicht einmal regelmäßig Milch. 5 % aller befragten Kinder und Jugendlichen darbten nach den Worten der Kieler Studie »in jeder Beziehung«, 16 % bis 20 % wurden zwar mengenmäßig ausreichend, aber sehr eintönig und unbefriedigend ernährt. Bei 13 % aller Berufsschüler mußte der Ernährungs- und Allgemeinzustand im Jahr 1951 als »mangelhaft« bezeichnet werden. Die Kieler Gesundheitsbeamten schlossen ihren Bericht mit dem Fazit: »Die

Gesunderhaltung der Kinder beginnt, wieder ein soziales Problem zu werden.«

Im Oktober 1949 wandte sich der Bayerische Staatsminister für Arbeit und Soziale Fürsorge mit einem auf kleinen Flugzetteln tausendfach verbreiteten »Aufruf zur Behebung der Berufsnot der Jugend« an die Öffentlichkeit. In dem Appell des Ministers heißt es: »Über 80 000 Jugendliche sind in Bayern ohne Arbeit oder Berufsausbildung. Tausende von ihnen sind jugendliche Flüchtlinge und leben in Massenlagern unter unwürdigen sozialen Verhältnissen. *Handwerker, Industrielle und Kaufleute: Schafft Lehrstellen für unsere Jugendlichen!* Nur einer von zehn Jugendlichen kann heute eine Lehrstelle erhalten. Der Lehrling von heute ist der Facharbeiter von morgen. Eine geordnete Berufsausbildung ist die beste Erziehung zum Staatsbürger. Müßiggang dagegen, wenn auch unverschuldeter, ist eine sittliche Gefahr und führt zur verneinenden Grundhaltung gegenüber Staat und Gesellschaft ... Die Bereitstellung von Wohnraum für Lehrlinge ist für die Behebung der Berufsnot der Jugend genauso wichtig, wie die Lehrplätze selbst! Darum: *Nehmt Lehrlinge in euren Familienkreis auf und meldet Unterkunftsmöglichkeiten beim Arbeitsamt.*«[1]

Nicht nur den bayerischen Arbeitsminister veranlaßte zu dieser Zeit der Blick auf die Arbeitslosenziffern zu düsteren Zukunftsahnungen. Ein Berichterstatter der »Deutschen Zeitung/Wirtschaftszeitung« erkannte beim Blick auf die hohe Jugendarbeitslosigkeit die »Merkmale einer vorrevolutionären Situation«. Im Mai 1950 waren beinahe eine halbe Million (genau: 472 121) Jugendliche im Alter unter 25 Jahren arbeitslos gemeldet. Arbeitslos gemeldet sein konnte ein Jugendlicher aber nur dann, wenn er schon einmal einen Arbeitsplatz gehabt und verloren hatte. Zusammen mit der Zahl der beschäftigungslosen Schulabgänger und der nicht bei der Arbeitsverwaltung registrierten Arbeitslosen schätzte der damalige Leiter der Arbeitsgemeinschaft Jugendaufbauwerk, Dr. Lenharz, die Gesamtzahl der 14–24jährigen Arbeitslosen jedoch auf insgesamt 700 000. (Das Jugendaufbauwerk war ein Zusammenschluß verschiedener Organisationen, der Industrie-, Handels- und Handwerkskammern, der Gewerkschaften, kommunaler und staatlicher Stellen, der den Aufbau und die Verwaltung von Jugendheimen und die Schaffung von Ausbildungsplätzen betrieb.) Der Anteil der Jugendlichen an den Arbeitslosen insgesamt betrug 20 bis 25 %. Ganz anders als von den meisten erwartet und befürchtet reagierten die jugendlichen Arbeitslosen selbst. Von politisierter oder gar »vorrevolutionärer« Stimmung fern, kam es weder zu Demonstrationen, noch zu politischen Initiativen oder Organisationen zur Bekämpfung der Arbeitslosigkeit. Der Sozialwissenschaftler Heinz Kluth erklärte (1955) dieses Stillhalten mit einem völlig veränderten Selbstverständnis der Jungarbeitergeneration im Nachkriegsdeutschland. Die Arbeitslosigkeit wurde vor allem als Folge gesamtgesellschaftlicher Vorgänge wie der Ost-West-Spannungen, des Zweiten Weltkriegs, der Überbevölkerung und der Besetzung Deutschlands begriffen.[2] Organisatorische Zusammenschlüsse junger Arbeitsloser gab es nicht, in Gruppen wie der »Interessengemeinschaft der Arbeitslosen« (IGA), der »Selbsthilfe der Erwerbslosen« oder dem »Bund der Erwerbslosen und Schaffenden Deutschlands« stand die Vermittlung von Arbeitsstellen und kurzfristigen Aushilfsarbeiten für Arbeitslose aller Altersklassen im Vordergrund. Ferner bemühte man sich um soziale Vergünstigungen für Arbeitslose. Die Diskussion der politischen oder der psychosozialen Bedeutung der Arbeitslosigkeit für die einzelnen war kein Programmpunkt offizieller Aktivitäten solcher pragmatisch orientierten Gruppen. Die Aufarbeitung all dieser Fragen war den privaten Stammtischgesprächen der Arbeitslosen und deren Familien überlassen.

Nach dem absoluten Höchststand der Beschäftigungslosigkeit in der Bundesrepublik Anfang Februar 1950 blieb die Jugendarbeitslosigkeit noch bis 1952 auf einem außerordentlich hohen Stand. 1952 führte die Statistik noch immer 307 529 Jugendliche ohne Arbeit auf. Von da an verstärkte sich ein schon zwischen 1950 und 1952 beginnender Trend, nach dem die Arbeitslosigkeit der jüngeren Jahrgänge schneller abgebaut werden konnte als die der älteren.

Bis 1955 schrumpfte die Zahl der jungen Arbeitslosen unter 25 Jahren auf 33 053, eine Zahl, die nur für diese Altersgruppe schon jetzt eine annähernde Vollbeschäftigung signalisierte – dies zu einem Zeitpunkt, zu dem insgesamt noch über eine Million Personen keinen Arbeitsplatz hatten. Zehn Jahre nach dem Ende des Zweiten Weltkrieges und sechs Jahre nach der Gründung der Bundesrepublik verschwand das Problem Jugendarbeitslosigkeit aus Zeitungsschlagzeilen und öffentlichen Diskussionen – weil es dieses Problem zwischen 1959 und 1975 im nennenswerten Umfang nicht gab.

Auf der »1. Interzonalen Gewerkschafts-Jugend-Konferenz« in Hallthurm bei München waren 1948 die Vertreter der Gewerkschaften entschlossen, die Stellung der Jugendlichen im Arbeitsleben und der Berufsausbildung gesellschaftspolitisch völlig neu zu definieren. In einem Beschluß forderten sie: »Der Grundsatz muß endgültig anerkannt werden, daß das Lehrverhältnis kein Erziehungsverhältnis, sondern ein Arbeitsverhältnis besonderer Art ist. Der Lehrling ist nicht mehr Objekt eines patriarchalischen Verhältnisses. Daraus ergibt sich die Berechtigung und Notwendigkeit zur Aufhebung des Züchtigungsrechtes, der zum Teil reaktionären Bestimmungen der Gewerbeordnung und der aus der Nazizeit noch bestehenden Musterlehrverträge sowie zur Ausschaltung des be-

herrschenden Einflusses der Innungen, Industrie-, Handels- und Handwerkskammern auf die Gestaltung der Lohnverträge.«[3]

Die Situation der Jugendlichen in den Betrieben in den ersten Jahren der
Bundesrepublik war jedoch überwiegend nicht von den genannten neuen
politischen Rahmenbedingungen und erst recht nicht von den noch wei-
tergehenden Forderungen der Gewerkschaften bestimmt. Im Vordergrund stand eine Arbeitsmarktsituation, in der es ein gewaltiges
Überangebot an jungen Arbeitskräften und einen drastischen Mangel
an Ausbildungs- und Arbeitsplätzen gab.

1950, auf dem Höhepunkt der allgemeinen Arbeitslosigkeit, war auch der
Mangel an Ausbildungsplätzen eklatant. Der Leiter des Referates der
Bundesregierung für arbeits- und heimatlose Jugend, Dr. Heinrich La-
des, erläuterte in einem Gespräch mit der Süddeutschen Zeitung die allgemeine Situation mit den Zahlen für Bayern: Dort standen nach seinen
Angaben im Juni 1950 für 60 600 Lehrstellenbewerber gerade 9300 neue
Lehrstellen zur Verfügung. Noch schlimmere Zahlen nannte wenige Monate später – nach der Schulentlassung dieses Jahres 1950 – der bayerische
Staatssekretär Wolfgang Jänicke. Zwar war das Angebot an Lehrstellen
bis dahin auf 12 813 Plätze erweitert worden, die Zahl der Berufsanwärter
war im gleichen Zeitraum aber auf 164 000 gestiegen. Noch zwei Jahre
später, im September 1952, nennt Dr. Rolf Lenhartz, der Geschäftsführer
im Jugendaufbauwerk, ähnliche Zahlen. Zu diesem Zeitpunkt kommen
auf jede für einen männlichen Bewerber ausgeschriebene Stelle drei bis
acht Jugendliche, auf jede der für weibliche Jugendliche ausgeschriebe-
nen Stellen sechs bis siebzehn Bewerberinnen. Dies waren Durchschnitts-
zahlen für das gesamte Bundesgebiet. Abgesehen davon, daß weiterhin
eine große Zahl von Bewerbern überhaupt keinen Ausbildungsplatz erhielt, fürchtete Lenhartz Auswirkungen auch auf die Jugendlichen, die
schließlich eine Lehrstelle erhielten. Die »Diktatur der objektiven Berufsnot« führe zur »erzwungenen Berufswahl« und bewirke dadurch bei
Tausenden der auf dem Arbeitsmarkt untergebrachten Jugendlichen eine
»subjektive Berufsnot«.

Nicht nur die Arbeitsmarktsituation bis zur Mitte der fünfziger Jahre,
auch die arbeitsrechtliche Stellung der Jugendlichen in den Betrieben in
diesem Zeitraum illustrierte das Sprichwort: Lehrjahre sind keine Her-
renjahre. Zwar sah das im Oktober 1952 vom Bundestag verabschiedete
Betriebsverfassungsgesetz die Bildung einer Jugendvertretung in allen
Betrieben mit mindestens fünf jugendlichen Beschäftigten unter 18 Jahren vor – es gewährte aber keinerlei Kündigungsschutz für die gewählten
Jugendvertreter. Hinzu kam, daß im selben Zeitraum die überwiegende
Zahl aller Ausbildungsverhältnisse – etwa zwei Drittel – in Handwerksbetrieben stattfand, nur etwa 17 % im industriellen Bereich. In den kleinen

Handwerksbetrieben aber, die noch bis in die sechziger Jahre die Hauptlast bei der Ausbildung jugendlicher Berufsanwärter trugen, blieben jene patriarchalischen Verhältnisse erhalten, deren Abschaffung die Gewerkschaften zur Demokratisierung des Arbeitslebens gefordert hatten. Selbst das Züchtigungsrecht galt weiter, und von der Beanstandung ausbildungsfremder Arbeiten wagte damals kein Lehrling öffentlich zu sprechen. Lehrlingsmißbrauch, wie ihn Helmut Schelsky 1952 festgestellt und beschrieben hatte, blieb aber auch in den 60er Jahren an der Tagesordnung. Belege dafür, daß im zweiten Lehrjahr die Ausbildung in den Hintergrund rückte, weil die Lehrherren an der Erfüllung eines möglichst hohen Arbeitspensums interessierter waren als an der Qualität der Leistungen und an der Vermittlung von Fertigkeiten und Kenntnissen, finden sich in empirischen Studien, die auf Gesprächen zwischen Lehrlingen und Sozialwissenschaftlern basieren.[4]

In Kiel gab es vor dem Ausbruch des Zweiten Weltkrieges 1134 Unterrichtsräume in den Schulen der Stadt. Von diesen 1134 Klassenzimmern waren am 1. September 1945 gerade noch 100 erhalten und benutzbar. Noch 1952 fehlte trotz sieben Jahre Wiederaufbau noch ein Viertel des Schulraumbestandes von 1939. Die Schülerzahl aber war durch die Einschulung der geburtenstarken Jahrgänge 1943–1945 von 35 000 auf 54 000 angestiegen. In dieser Enge herrschten unvorstellbare Unterrichtsbedingungen. In den Volksschulen waren die Räume mit durchschnittlich 73 Schülern belegt, in den Oberschulen mit 41 und in den Berufsschulen sogar mit 133.

Kiel war ein Extrem, aber keine Ausnahme. 1952 fehlten in Köln 64 % des Schulraumbestandes von 1939, in Düsseldorf und Bremen 32 %, in Bonn 33 %, in München 35 %, in Mannheim 57 % und in Bremen 80 % – immer verglichen mit den Zahlen von 1939. Zugleich aber waren im ganzen Land die Schülerzahlen gegenüber 1939 um etwa ein Drittel angestiegen. Im Überblick errechneten die Statistiker, daß im Mai 1950 in der gesamten Bundesrepublik 6 135 000 Schüler die Volksschulen besuchten. Sie verteilten sich auf 137 000 Schulklassen, für die es aber nur 127 000 Lehrer und gerade 88 000 Schulräume gab. Lehrer- und Schulraummangel führten über Jahre hinaus zu einer spürbaren Unterversorgung mit Unterricht. Zudem erzwangen die äußeren Bedingungen einen stark auf disziplinarische Beherrschung der Schülermassen ausgerichteten Unterrichtsstil. Es gab vorerst so gut wie keinen Spielraum für die Erprobung von Unterrichtsmodellen mit verstärkter Eigenbeteiligung der Schüler.

Damit war frühzeitig ein Widerspruch organisiert, der sich erst in der späteren Geschichte der Bundesrepublik schrittweise entfalten sollte: Während demokratische Werte und Zielvorstellungen – in Abgrenzung zur Vermittlung der totalitären Ideologie der NS-Zeit – zu prägenden Leitideen des Bildungssystems und aller Unterrichtsinhalte erklärt und in den Klassenzimmern theoretisch proklamiert wurden, war das praktische Erlernen und die modellhafte Umsetzung demokratischer Verhaltensweisen im Alltag des Bildungssystems vorerst blockiert. Dies soll keineswegs zu einem technischen Problem bagatellisiert werden: Da waren 1952 53 % aller Lehrer in der Bundesrepublik über 45 Jahre alt, das heißt, weit mehr als die Hälfte von ihnen unterrichtete schon in der NS-Zeit. Ohne diese Personengruppe pauschal als Verfechter des Nationalsozialismus denunzieren zu wollen, mag die Zahl einen Begriff davon geben, daß es im Bildungswesen wohl einen Prozeß der Umorientierung, nicht aber eine unbelastete »Stunde Null« des demokratischen Neuanfangs gegeben hat.

Ab Mitte der fünfziger Jahre entspannte sich die Lage der Jugendlichen in der Bundesrepublik zusehends. Dies wurde besonders im Bereich der Berufsbildung deutlich – und hat ganz offenbar wirtschaftliche Gründe. Wiederaufbau und Nachkriegsboom entwickelten eine Dynamik auf dem Arbeitsmarkt, die innerhalb von nicht ganz 10 Jahren den Lehrstellenmangel von 1949 bis 1954 in ein Lehrstellenüberangebot verwandelte: 1959 blieben in der Bundesrepublik bereits 144 000 Lehrstellen unbesetzt. Es war unter diesen Umständen alles andere als zufällig, daß nun endlich eine seit 1952 geplante Reform des Jugendarbeitsschutzgesetzes nach über achtjähriger Verzögerung im Oktober 1960 vom Bundestag beschlossen wurde. Das neue Jugendarbeitsschutzgesetz verbietet erstmals Akkord- und Fließbandarbeit für alle unter 18jährigen und reduziert u. a. die wöchentliche Arbeitszeit von 48 auf 44 Stunden für über 16jährige, auf 40 Stunden für unter 16jährige Jugendliche.

Junge Staatsbürger

In den Nachkriegsjahren und zu Beginn der Bonner Republik wurde immer wieder die Auffassung laut, das politische Verhalten der Jugend sei von »Apathie« gekennzeichnet. Die Kommentatoren der Zeitungen schrieben, ein »Ekel vor dem Kollektiven« sei in der Jugend weit verbreitet. Die mangelnde Teilnahme Jugendlicher an politischen Ereignissen veranlaßte die Politiker zu wiederholten Appellen an die Jugendlichen, sie möchten doch nicht abseits stehen und sich am politischen Willensbildungsprozeß beteiligen. Diese schwer meßbare Beteiligung fiel in einem der wenigen überprüfbaren Fälle tatsächlich sehr mäßig aus. Wahlanalysen der ersten beiden Bundestagswahlen zeigen, daß die Gruppe der 21–25jährigen Jungwähler die schwächste Wahlbeteiligung aller Altersgruppen der Wahlberechtigten aufwiesen. 1953 gingen gerade 77,6 % der 21- bis 25jährigen zur Wahl, die Gesamtbeteiligung jedoch lag bei dieser Wahl bei 86,3 %.

Vor allem amerikanische Politiker waren sich offensichtlich darüber im klaren, daß der Versuch, in den Westzonen parlamentarisch-demokratische Verhältnisse einzuführen, zum Scheitern verurteilt sein müsse, wenn es nicht gelänge, die in der NS-Zeit aufgewachsenen Jugendlichen »umzuerziehen«. Im Gegensatz zur Haltung der erwachsenen Bevölkerung setzte man dabei jedoch auf rein pädagogische Maßnahmen und sparte Bestrafungsaktionen aus. Die Altersgrenze für Entnazifizierungsverfahren lag bei 18 Jahren.

Die amerikanische Regierung ließ sich ihre Jugendarbeit in Deutschland viel Geld kosten. Allein bis Herbst 1950 flossen 60 Millionen DM dafür nach Westdeutschland. Herzstück der damit finanzierten Aktivitäten waren die GYA-Heime. GYA stand für German Youth Activities. 247 GYA-Heime gab es im September 1950, ihre Unterhaltung kostete die Amerikaner allein im ersten Halbjahr 1950 4,5 Millionen DM. Das Konzept der GYA-Heime war nicht von den Anfängen im Jahr 1946 an politisch. 1951 beschrieb die Programmdirektorin der GYA-Organisation, Mrs. Mary Jane O-Donovan-Rossa, die Entwicklung so: »Die erste Zeit – wir bezeichnen sie heute als die Schokolade-Bonbon-Ära – zeichnete sich hauptsächlich dadurch aus, daß unsere amerikanischen Soldaten mit den deutschen Kindern ganz wie mit der amerikanischen Jugend umgingen, sie mit Candy und Coca-Cola versorgten, sie kleine Jazz-Bands bilden ließen und Baseball und Football mit ihnen spielten, denn den gerade erst in Deutschland eingetroffenen Offizieren war zu diesem Zeitpunkt die deutsche Lebensart noch unbekannt.«[5]

Dann jedoch wurde die Arbeit der GYA-Heime zunehmend politisiert. Neben Sport- und Unterhaltungsveranstaltungen kamen Expertenvorträge zur Erläuterung der Funktionen demokratischer Staatseinrichtungen und politische Diskussionen ins Programm. Zugleich wurde der Versuch unternommen, innerhalb der Heime selbst die Jugendlichen in demokratische Strukturen einzubeziehen.

»So wählten die einzelnen Gruppen in von ihnen selbst zu bestimmenden Wahlarten einen Vertreter ihrer Gruppe, während dann wiederum die Vertreter der Gruppen einen Präsidenten wählten, dessen Aufgabe es sei, der Leitung der GYA die Wünsche der Jugendlichen zu übermitteln und zu einer ersprießlichen Zusammenarbeit zu kommen. Bereits die jüngsten GYA-Teilnehmer im Alter von zehn Jahren beteiligten sich mit großer Freude an diesen Wahlen, dem ›Verfassungsleben‹ der GYA.«[6]

Ebenfalls auf amerikanische Initiative hin wurden »Jugendforen« abgehalten. Das waren Diskussionsabende auf Gemeindeebene zu einzelnen politischen Themen, die für Jugendliche von Belang waren – wie etwa die Frage der Wiederbewaffnung. In den Westzonen waren das bis 1950 insgesamt etwa 50 000 Veranstaltungen. Gemeinsam mit deutschen Jugendorganisationen und in Zusammenarbeit mit deutschen Behörden veranstaltete GYA in vielen Gemeinden der amerikanischen Zone die sogenannten »Jugend-Amtstage«: Behörden hielten eine Art »Tag der offenen Tür« ab, jedoch mit dem Zusatz, daß die Rollen der Kommunalpolitiker und -beamten für diesen einen Tag von Jugendlichen übernommen wurden. Die Jugendlichen sollten durch derartige Rollenspiele zu »community activities« motiviert werden und begreifen, daß demokratische Beteiligung im unmittelbaren Lebensumkreis ansetzen kann und soll.

Auch bei den Bemühungen auf deutscher Seite stand der Versuch im Vordergrund, die Jugendlichen zur Mitarbeit in demokratischen Organisationen und Institutionen zu gewinnen. In verschiedenen Regionen des Bundesgebietes riefen Kommunalpolitiker sogenannte »Jugendparlamente« ins Leben, wie beispielsweise im März 1950 im fränkischen Landkreis Miltenberg. Die Beschlußbefugnisse der Jugendlichen waren minimal, und über eine Fortsetzung der zu Beginn publizistisch gefeierten und angeblich von den Jugendlichen begeistert aufgenommenen Jugendparlamente ist nach den Berichten über die Konstituierung solcher Gremien nichts mehr zu erfahren. Nahezu keine Auseinandersetzung gab es mit der Vergangenheit der älteren Jugend-Jahrgänge in den verschiedenen Gliederungen der Hitler-Jugend. Eine Diskussionswoche demokratischer Jugendverbände aus Nordrhein-Westfalen mit ehemaligen Angehörigen der Hitler-Jugend im Oktober 1949 war jedenfalls ein so spektakulärer Vorgang, daß die zur Berichterstattung angereisten Journalisten in der Überzahl waren, die Diskussion beherrschten und so die unbefangene Diskussion der eigentlich betroffenen Teilnehmer zeitweise unterbanden. Das Thema NS-Vergangenheit wurde durch die Entnazifizierungsverfahren rein administrativ »bewältigt« – ein Punkt, an dem das Verhalten der alliierten Siegermächte der auf deutscher Seite bestehenden Berührungsangst mit der eigenen Vergangenheit verhängnisvoll in die Hände spielte.
Die Politiker der jungen Republik reagierten auf den vorsichtigen Rückzug vieler Jugendlicher aus dem politischen Leben eher mit hilflos anmutenden Ritualen als mit handfester inhaltlicher Auseinandersetzung mit dem Bewußtsein der Jugendlichen. Aufgeschreckt durch die überdurchschnittlich geringe Wahlbeteiligung der Jungwähler bei den ersten beiden Bundestagswahlen 1949 und 1953 erprobten Politiker in einigen Gemeinden diese neue Idee: Sie organisierten sogenannte »Freisprechungsfeiern« für alle 21jährigen Jugendlichen ihrer Gemeinde (zum Beispiel in

München), mit der Absicht, den Geburtstagskindern mit salbungsvollen Reden und einer Urkunde symbolisch ihre Aufnahme in die Bürgerschaft bewußt zu machen. Auch diese Freisprechungsfeiern ließ man nach einiger Zeit wieder einschlafen.

Organisierte Aktivität: Jugendverbände

Der von den Nationalsozialisten gewaltsam unterdrückte Pluralismus der Jugendverbände stellte sich nach 1945 wieder von alleine ein: Traditionelle Jugendverbände wie die der evangelischen und katholischen Kirchen, der bündischen, sozialistischen und gewerkschaftlichen Jugend formierten sich neu. Fast gleichzeitig schlossen sich die wichtigsten und zahlenmäßig stärksten unter ihnen auf Landesebene in den sogenannten Landesjugendringen, auf Bundesebene im Deutschen Bundesjugendring (DBJR) zusammen. Diese freiwilligen Zusammenschlüsse in der Form von Körperschaften des öffentlichen Rechts und insbesondere deren Satzungen reflektieren von Anfang an den Anspruch der Mitgliedsverbände auf Autonomie gegenüber staatlichen und politischen Institutionen der Republik. Entsprechend der föderalistischen Struktur der Bundesrepublik verstanden sich die Landesjugendringe als eigenständige Vertretungen von jugendpolitischen Interessen gegenüber den Landesparlamenten, -regierungen und der Öffentlichkeit in den Bundesländern, der Bundesjugendring als bundesweite Interessenvertretung gegenüber Bundesregierung und Bundestag. In dieser Rolle wurden Landesjugendringe und Bundesjugendring auch von Anfang an staatlicherseits anerkannt. Die Verteilung staatlicher Mittel für die Jugendarbeit der Verbände – institutionalisiert auf Bundesebene durch den erstmals 1950 erstellten Bundesjugendplan und auf Länderebene durch entsprechende Jugendprogramme der Bundesländer – wird seither über die Jugendringe abgewickelt. Die Zuteilung dieser Geldmittel erfolgt nach der Mitgliedsstärke der Verbände, ihre Verwendung im Rahmen der Satzungszwecke steht den einzelnen Organisationen frei, soweit nicht zweckgebundene Einzelzuschüsse davon betroffen sind. Mittelsperrungen – die es bislang nur selten gab – können nur dann auferlegt werden, wenn schwerwiegende Verstöße gegen die in den Satzungen von Landes- und Bundesjugendringen festgelegten Rahmenbedingungen organisierter Jugend vorliegen.
Diese Rahmenbedingungen sind im Fall des DBJR deutlich anti-faschistisch und demokratisch. So definiert der DBJR im § 2 zu seinen Aufgaben u. a.: »Förderung der Persönlichkeit, insbesondere durch Förderung des sozialen und demokratischen Verhaltens, der politischen Bildung, der Aus- und Weiterbildung, der Leibeserziehung und der Entfaltung kultu-

reller Interessen junger Menschen« und, noch deutlicher: »militaristischen, nationalistischen, rassendiskriminierenden und totalitären Tendenzen entgegenzuwirken und diese zu bekämpfen.«

Mit Blick auf die großen, nationalen Strukturen erscheint die organisierte Jugendarbeit schon im Jahr 1949 demokratisch-pluralistischen Ansprüchen voll zu genügen. Interessante, interne Veränderungsprozesse spielten sich jedoch unterhalb der meist von betagten Jugendfunktionären verwalteten Superstrukturen der Großverbände ab. Sie wurden aber erst im Laufe der sechziger Jahre nach außen hin deutlich. Die je nach Verbandstradition verschiedenen Jugendaktivitäten wurden in den fünfziger Jahren unverwandelt wiederaufgegriffen. Wie selbstverständlich gruppierten sich vorerst weiterhin alle Aktivitäten um den traditionellen Vereinszweck oder die zum inhaltlichen Zentrum erklärten ideologischen oder religiösen Grundlagen: Pfadfinderlager für Pfadfinder, Bibelstunden für die kirchliche Jugend, Leibesübungen für die Sportjugend. Doch bereits gegen Ende der fünfziger Jahre drückt sich das Ungenügen an diesen traditionellen und starren »Ein-Punkt-Konzepten« im stillen Exodus vieler Mitglieder aus. Die Mitgliedszahlen der organisierten Jugend steigen nur noch unwesentlich, stagnieren gar oder gehen zurück.

Vereinzelt ab Mitte der 60er Jahre und auf breiter Front seit Anfang der siebziger Jahre zeigen Konflikte innerhalb der verschiedensten Organisationen erhebliche Veränderungen im Selbstverständnis der organisierten Jugendlichen an. Ob als sozialistische »Falken« oder katholische Landjugendliche – sie verweigern im zunehmenden Maße die kritiklose Gefolgschaft gegenüber den politischen, religiösen oder moralischen Vorgaben und Anforderungen der vorgesetzten oder traditionell befreundeten Erwachseneninstitutionen.

Früh sichtbar wurden diese Risse zwischen dem sozialistischen Jugendverband »Die Falken« und der SPD im Jahr 1963. Bei einer Gedenkstunde im ehemaligen Konzentrationslager Theresienstadt wirbelten die Worte einer Sprecherin der »Falken«-Delegation zu Hause in der Bundesrepublik viel Staub auf: »Die Notwendigkeit einer Fahrt nach Theresienstadt ergibt sich aus dem politischen Versagen der politischen Führungsschichten der Bundesrepublik, die bisher nicht den Versuch unternommen haben, an diesem Ort deutscher Schande zu dokumentieren, daß es auch ein anderes Deutschland als das der großen und kleinen Eichmänner, der Heydrich, der Globke und der Oberländer gibt. In unserer Heimat hat man die Scham verdrängt.«[7] Sprecher aller Parteien reagierten damals empört auf die als Nestbeschmutzung empfundene Äußerung, der Berliner SPD-Jugendsenator Kurt Neubauer drohte mit Mittelsperrungen für die »Falken«. Im gleichen Jahr 1963 durchzogen die »Falken« heftige verbandsinterne Auseinandersetzungen um die Beteiligung an

den Ostermärschen der Atomwaffengegner. Ende der sechziger Jahre
rückten einige Zeltlager der »Falken« ins grelle Licht der Öffentlichkeit.
Gemeinschaftsduschen und gemeinsame Schlafräume für Jungen und
Mädchen, Diskussionen gar über Partnerschaft und Sexualität und moralische Tabus wurden allen Ernstes als Mobilisierung der Jugendlichen
»gegen Staat, Gesellschaft und Elternhaus, gegen die bestehende Ordnung schlechthin«[8] dargestellt. Schon ein paar Jahre später, im Jahr 1972,
konnten ähnliche Vorgänge in der bundesdeutschen Erwachsenengesell-
schaft, die unterdessen die Flurschäden doppelter und verklemmter Sexualmoral an sich selbst mit der verbissenen Aufklärungsgymnastik eines
Oswald Kolle zu heilen versuchte, nur noch im Kreis kirchlicher Jugendverbände so etwas wie Empörung auslösen. Der Christliche Verein Junger Männer (CVJM) Hamburg erregte die pietistischen Gemüter in den
eigenen Reihen mit einem »Sexualleitfaden«, in dem es u. a. hieß: »Sexualität ist eine Lebenskraft gegen den Tod. . . . Wir erkennen einen veränderten Lebensstil an, der sich in einer unbefangenen, bejahenden Haltung zur sexuellen Frage ausdrückt. . . . Dieser neue Stil läßt auf Wunsch
der Jugendlichen gemeinsames Saunieren, Nacktbaden, etc. und gemeinsame Schlafräume zu.«[9] Reichten diese Formulierungen noch 1972 zum
Ausschluß der Hamburger Gruppe aus dem Bundesverband der Christlichen Jungen Männer, so benannten sich die bundesweit vier Jahre
später in »Christlicher Verein Junger Menschen« um, weil man mittlerweile nicht nur in Hamburg die Gruppen auch für die Mitarbeit junger
Mädchen geöffnet hatte.
Die selbstbewußte Zuwendung der Jugendlichen zu eigenen Fragestellungen und Problemen machte schließlich auch nicht vor den katholischen Jugendorganisationen Halt. Spektakulärster Ausdruck dieses von
der Mutter- und Amtskirche unerwünschten Freimutes waren die kritischen Anmerkungen der Sprecherin des Bunds der Deutschen Katholischen Jugend, Barbara Engl, die sie Papst Johannes Paul II. während
seiner Deutschland-Reise 1980 bei einer vom Fernsehen live bis in den
letzten Winkel der Republik übertragenen Veranstaltung persönlich vor-
trug. Erstaunt vernahm der Papst, daß die deutsche katholische Jugend
jedenfalls nicht mit seinen ex cathedra verkündeten Ansichten über Sexualität und voreheliche Partnerschaft sowie dem Gebot der Ehelosigkeit
für Priester zufrieden sei.
Auf ähnlich kritische Distanz zum traditionellen Herkommen und den
Auffassungen ihres gesellschaftlichen Umfeldes gingen nahezu alle Jugendorganisationen auch in wichtigen politischen Fragen. So macht heute
die früher eindeutig den Unionsparteien sehr nahestehende Katholische
Landjugendbewegung gegen Atomkraftwerke mobil. So kritisierten ab
1972 alle wichtigen Jugendverbände anhaltend und schließlich auch auf

der Ebene des Bundesjugendringes den Radikalenerlaß. Und heute stellen die kirchlichen Jugendverbände ein ganz erhebliches Potential an Aktivisten innerhalb der Friedensbewegung. Ganz generell hat sich das Engagement von der schöngeistigen und besinnlichen Erbauung weg zum konkreten sozialen Engagement hin bewegt. Aktionen und Aufklärungskampagnen gegen Hunger und Armut in der Dritten Welt und für benachteiligte Gruppen in der eigenen Umgebung – wie etwa die Behinderten oder ausländische Mitbürger – prägen mehr und mehr das allgemeine Bild.

Präzise Angaben über den Organisationsgrad bundesdeutscher Jugendlicher sind im Laufe der letzten Jahre immer schwieriger geworden. Dies liegt daran, daß Doppelmitgliedschaften und informelle Mitgliedschaften zugenommen haben. Nach Angaben des Bundesjugendringes sind in den ihm angeschlossenen 17 Jugendverbänden derzeit rund 5 Millionen Jugendliche organisiert.

Jugendeigene Aktivitäten: Junge Presse

Vor 1945 gab es kaum Schülerzeitungen in Deutschland. Das Gros der von Schülern verantworteten Publikationen waren die sogenannten »Bierzeitungen« der Abiturienten, in der die Schulabgänger mit Zoten und Lehrerstilblüten ihren Abgang von der Schule feierten. Amerikanische Re-education-Offiziere brachten die Idee einer regelmäßig erscheinenden, an den Ereignissen des Schullebens anknüpfenden Schülerzeitung aus Amerika in die Bundesrepublik. Schülerredakteure und vor allem die Anfang der fünfziger Jahre gegründeten Schülerzeitungs-Arbeitsgemeinschaften wurden von den Amerikahäusern tatkräftig, mit Material und Finanzen, unterstützt. So schlossen sich schon im September 1950 die hessischen Schülerredakteure zur »Arbeitsgemeinschaft Hessischer Schülerzeitungen« zusammen, die bayerischen zur »Presse der Jugend«. Schließlich wurde am 17. Mai 1952 der bundesweite Verband »Junge Presse« gegründet.

Die Schülerzeitungen breiteten sich vor allem an den höheren Schulen schnell aus. Bundesweit gab es 1953 etwa 200, 1956 waren es 350, 1962 über 600, 1968 1500; mittlerweile ist ihre Zahl bis Ende 1981 auf etwa 3000 angestiegen. Von Anfang an hielten sich die bundesdeutschen Schülerredakteure nicht an die streng unpolitischen Vorbilder der amerikanischen »High School Papers«, in denen ausschließlich schulinterne Probleme diskutiert wurden. Auch ein sehr gewichtiger Ratgeber konnte sich mit seiner Auffassung nicht durchsetzen: »Von der aktuellen Tagespolitik solltet ihr in den Schülerzeitungen die Finger lassen. Es genügt, meine ich, wenn sich darüber Männer und Frauen mit einiger Lebenserfahrung auseinandersetzen.« – So soll Bundeskanzler Konrad Adenauer der 1953 gegründeten Schülerzeitung »Schülerecho« auf die briefliche Anfrage der Berliner Schülerredakteure schriftlich geantwortet haben. Unbeeindruckt von den Vorstellungen vieler Erwachsenen befaßten sich fast alle Schülerredakteure von Anfang an neben schulischen auch mit allgemein politischen Themen. Eine 1961 an fünfzig Schülerzeitungen durchgeführte Inhaltsanalyse kam zu dem Schluß, daß ein Fünftel aller redaktionellen Seiten mit politischen Artikeln belegt waren. Über die Hälfte der dort behandelten Themen waren Reportagen über das geteilte Berlin, Berichte über die Lebensverhältnisse in der DDR (die damals freilich noch von allen »Zone« genannt, bestenfalls in Anführungszeichen gesetzt wurde), ferner Auseinandersetzungen mit der Bedeutung solcher Begriffe wie »Dialektischer Materialismus«, »Kommunismus« oder »Sozialismus« – Themen, die sich direkt oder indirekt mit der Zweiteilung Deutschlands befaßten. Ebenso debattierten die Schülerredakteure die Wiederbewaffnungspläne der Bundesregierung, und nach der Gründung der Bundeswehr das Für und Wider von Wehrdienst und Kriegsdienstverweigerung. Der kritische Tonfall vieler dieser Artikel mißfiel der Bundeswehr einmal so sehr, daß alle Werbeschaltungen in Schülerzeitungen für einige Monate ausgesetzt wurden.

Ende der sechziger Jahre wurden die Schülerzeitungen zum Diskussionsforum der durch die Studentenbewegung aufgeworfenen Themen: Der Vietnam-Krieg, die Notstandsgesetze und die Rolle der Springer-Presse kamen beinahe in jeder Publikation vor. Anfang der siebziger Jahre nahmen dann Artikel über Sexualität, Drogenproblematik, antiautoritäre Erziehung und das Für und Wider der Wehrdienstverweigerung breiten Raum ein.

Per Schulverfassung unterliegen die Schülerzeitungen in nahezu allen Bundesländern (Ausnahme: Hessen) der Oberaufsicht der Schulleitung. Die Schülerzeitungen werden in der Regel vor der Drucklegung vom Schuldirektor oder einem Vertrauenslehrer durchgesehen und können zensiert werden. Seit Anfang der siebziger Jahre haben sich Zensurfälle oder nachträgliche Vertriebsverbote gehäuft. Beanstandet wurden und werden vor allem Artikel über Sexualität und Unterrichtskritiken, seltener mahnen Direktoren auch einmal die »Verletzung religiöser Gefühle« oder die »Beleidigung hochstehender Persönlichkeiten« oder ähnliches an.

Oft haben die der Zensur überdrüssigen Schülerredakteure den Weg gewählt, außerhalb des Schulbereiches sogenannte »jugendeigene Zeitungen« zu gründen. Diese müssen dann zwar außerhalb des Schulgeländes vertrieben werden, unterliegen aber keinem besonderen Rechtsverhältnis, sondern nur den allgemeinen Pressegesetzen.

Ohne mich:
Jugend und Wiederbewaffnung

Die Debatte um die Wiederbewaffnung Deutschlands wurde für viele Jugendliche zum Prüfstein für die Übereinstimmung von Anspruch und politischer Wirklichkeit in der Bonner Demokratie. Bis 1949/1950 schien es in Sachen Remilitarisierung keinerlei wesentliche Differenzen zwischen der in der Bevölkerung nach den Erfahrungen des Zweiten Weltkrieges weitverbreiteten pazifistischen Grundstimmung und der Haltung der Regierenden zu geben. Die Reaktion der Jugendlichen auf den Schwenk der regierungsamtlichen Politik in Sachen Wiederbewaffnung war nur atmosphärisch einheitlich, politisch jedoch sehr diffus und, näher betrachtet, hilflos. Anfang 1951 tauchten überall im Bundesgebiet an den Hemdkragen und Revers vor allem junger Männer Blechplaketten auf: Sie zeigten einen derben Kommißstiefel und zu beiden Seiten des Stiefelschafts die eingeprägten und einprägsamen Worte: »Ohne mich.«

Hinter dieser Parole standen teils sehr verschiedene Motive und Begründungen. Drei wichtige Positionen lassen sich dabei unterscheiden.

– »Zuerst einmal sind diejenigen an der Reihe, Westeuropa zu verteidigen, die unseren Soldaten 1945 die Waffen aus der Hand nahmen, in der festen Absicht, sie ihnen nie wieder zu geben. Und zwar sollen sie das so lange tun, bis der Schaden wiedergutgemacht ist, den sie in und an uns angerichtet haben.« Diese Begrüdung eines 19jährigen Studenten für die doch eigentlich pazifistische Parole repräsentierte eine nicht unwichtige Strömung auch unter Jugendlichen. Noch in der NS-Zeit eingeschworen auf ein Verständnis nationaler Souveränität, das sich zentral auch auf militärische Stärke gründete, empfanden nicht wenige Jugendliche die Entmilitarisierung Deutschlands als nationale Kränkung – dies teils unabhängig von ihrer Stellung zum Nationalsozialismus – und verweigerten sich deshalb den Plänen für eine Wiederbewaffnung. Ein Teil dieser Jugendlichen empfand es aus demselben Grund als Provokation, daß nach den anfänglichen Plänen der Regierung Adenauer deutsche Truppenkontingente einer Europäischen Armee unter fremdem Oberbefehl operieren sollten.

– Die in der westdeutschen FDJ organisierten Jugendlichen waren der Auffassung, daß der Aufbau westdeutscher Streitkräfte eine direkte Kriegsvorbereitung darstelle und deshalb verhindert werden müsse. Ihre Argumentation basierte ebenfalls nicht auf grundsätzlichen pazifistischen Überzeugungen, da die Frage nach der Aufstellung von Truppen nicht allgemein, sondern nur für die Bundesrepublik verneint wurde. Nach dem Verbot der FDJ als verfassungsfeindlicher Organisation im Juni 1951 versuchten die ehemaligen FDJ-Mitglieder gezwun-

genermaßen, ihre Auffassung in anderen Initiativen und Organisationen zur Geltung zu bringen.
– »Mein Vater ist in Rußland gefallen und meine Mutter mußte jahrelang warten, bis sie eine dürftige Rente erhielt. Noch heute muß ich ihr mit einem Teil meines Einkommens helfen. Da denken die schon wieder an ein neues Militär. Und im übrigen: Wir haben ja noch nicht einmal einen Friedensvertrag.« Antworten wie diese eines 22jährigen Facharbeiters waren am häufigsten zu hören; sie finden den geringsten Eingang in die politische Diskussion. »Ohne mich« bedeutete für diese Jugendlichen eine grundsätzliche Ablehnung des Militärs unter dem Eindruck der verheerenden Folgen des zurückliegenden Krieges.

Umfrageergebnisse signalisierten immer wieder die starke Betroffenheit junger Bundesbürger in der Frage der Wiederbewaffnung. Die regelmäßig gemessene »Fieberkurve der Wehrbereitschaft« schwankt heftig in den Jahren 1951 bis 1956: Zwischen 16 und 27 % der 16–30jährigen wollten »gern Soldat« werden, und je nach Zeitpunkt der Befragung standen ihnen in diesen Jahren 71 bis 79 % der Befragten gleichen Alters gegenüber, die nicht Soldat werden wollten. (Interessanterweise ermöglichte das Emnid-Institut bei seinen Umfragen zeitweise eine dritte Antwortmöglichkeit. Außer: »Möchte gern Soldat werden« und »Möchte nicht Soldat werden« gab es die Antwort: »Bin unter bestimmten Umständen bereit.« Unter diesen besonderen Umständen wurde neben der »Bedrohung aus dem Osten« auch die »Einführung der gesetzlichen Wehrpflicht« aufgeführt. Die Wehrpflicht aber war unter anderem der politische Zankapfel, um den es in der Debatte ging. In der Presseberichterstattung über die Umfrageergebnisse wurden dann oft die Prozentsätze derjenigen, die »gern Soldat« werden wollten [nie mehr als ein Drittel der Befragten] mit denjenigen zusammengezogen, die »unter bestimmten Umständen« Soldat zu werden bereit waren [immerhin zwischen ein und zwei Drittel der Befragten]. Nur so erschienen zeitweise in der veröffentlichten Meinung die Gegner der Wiederbewaffnung als eine Minderheit.)
Im Verhältnis zur atmosphärisch wie demoskopisch ermittelbaren Ablehnung der Wiederbewaffnungspläne fiel der politisch spürbare Widerstand von Jugendlichen jedoch überraschend schwach aus. Noch am deutlichsten artikulierte die bereits verbotene FDJ mit ihrer »Jugendkarawane für den Frieden« nach Essen am 11. Mai 1952 ihre Position. Zu dieser Veranstaltung kamen 30 000 Jugendliche. Bei schweren Straßenkämpfen wurde der junge Kommunist Philipp Müller von der Polizei erschossen.
Eine pazifistische Position ohne block- oder parteipolitische Einschränkungen fand kaum einen organisatorischen Rückhalt. Der Deutsche Bundesjugendring erachtete die Frage als ein parteipolitisches Problem, zu

dem er auf Grund seiner parteipolitischen Neutralität keine Stellung abzugeben habe. Die katholische Jugend erklärte frühzeitig ihre Zustimmung zur Wiederbewaffnung und forderte bereits 1952 die Einführung der allgemeinen Wehrpflicht. Lediglich die »Sozialistische Jugend Deutschlands – Die Falken« reagierte mit zugleich eindeutig pazifistischen und differenziert argumentierenden Stellungnahmen. So machte etwa der Bezirksausschuß Mittelfranken im Februar 1952 in einer Resolution seine Überzeugung kund, daß »jede Remilitarisierung und Wiederaufrüstung die soziale Sicherheit der Bundesrepublik« gefährde und »links- wie rechtsradikalen Kreisen neuen Auftrieb« ermögliche, daß »die Aufstellung deutscher Divisionen den Zusammenschluß von Ost- und Westdeutschland verhindern« werde; zugleich erklärten die Falken aber auch, daß »die KPD und ihre Gliederungen nicht befugt« seien, »zur Frage der Remilitarisierung und Wiederaufrüstung Stellung zu nehmen, solange sie nicht mit gleicher Konsequenz diesen Standpunkt auch in der Ostzone vertreten«.[10]

Studentenbewegung und Außerparlamentarische Opposition

Am 18. Febr. 1968 demonstrierten etwa 15 000 meist jugendliche Teilnehmer des vom Sozialistischen Deutschen Studentenbund veranstalteten Vietnam-Kongresses in Westberlin gegen die Kriegführung Amerikas in Südostasien. Die Teilnehmer des Kongresses kamen überwiegend aus der Bundesrepublik und Westberlin, erschienen waren jedoch auch Delegationen studentischer Vietnamkriegsgegner aus anderen westeuropäischen Ländern.

Der Westberliner Vietnam-Kongreß war der vorläufige Höhepunkt einer schon Ende 1965 begonnenen Aufklärungs- und Demonstrationskampagne. An ihrem Beginn stand eine in wenigen, kleinen Studentengruppen vornehmlich des Berliner SDS geführte theoretische Auseinandersetzung um das Verhältnis der entwickelten westlichen (und östlichen) Industrienationen zu den armen Ländern der Dritten Welt. Sie führte zu der Erkenntnis, daß es auch heute, Jahrzehnte nach dem Ende des Kanonenboot-Imperialismus des 19. Jahrhunderts, einen anderen, aber in seinen Folgen ebenso fatalen Fortbestand des Imperialismus gab. Die Analyse lautete, daß an die Stelle unmittelbarer militärischer und politischer Unterdrückung nun eine politisch-ökonomische Abhängigkeit der Dritten Welt von der Ersten Welt getreten war, die in ihren sozialen Folgen für die Betroffenen auf das gleiche Ergebnis hinauslief: Armut, Hunger, Ausplünderung der Rohstoffreserven dieser Länder. Vietnam galt der Studentengeneration von 1968 als Präzedenzfall dieses Verhältnisses.

Die Politisierung dieser Erkenntnisse, ihre Zuspitzung zum offenen gesellschaftsweiten Protest aber resultierte nicht nur aus dem seminarmäßigen Studium von Büchern und Dokumenten. In zweierlei Hinsicht war der Vietnam-Krieg eine Premiere. Er war der erste Krieg, dessen ungeschminkte Brutalität und Grausamkeit durch das Medium Fernsehen unmittelbar und für fast jedermann erfahrbar wurde. Zugleich mit der Ausstrahlung der Kriegsberichte dokumentierten die Medien die endlos wiederholte Legitimation, mit der Amerika bei der Führung des unerklärten Krieges auftrat. In Vietnam, so hieß es, würden die Freiheit und die Werte der gesamten westlichen Welt gegen den Kommunismus verteidigt. Erst die offen erfahrbare Kluft zwischen Anspruch und Wirklichkeit des Vietnam-Krieges setzte die Protestbewegung in Gang. Ihre Friedensappelle an die kriegführende Macht Amerika und an die deutsche Öffentlichkeit leiteten sich aus eben jenem Kodex politischer Moral ab, der den Kern amerikanischer »Reeducation« und des deutschen, antifaschistischen Neubeginns nach 1945 ausgemacht hatte.

Die erste Welle politisch bewußt artikulierten Jugendprotestes nach dem Zweiten Weltkrieg wurde in der veröffentlichten Meinung der Bundesrepublik mit allen Merkmalen der Staatsfeindlichkeit behaftet. Dabei hielten sich sowohl die Ziele wie auch die Methoden der kritischen Jugend über lange Zeit in dem vom Grundgesetz garantierten verfassungsgemäßen Rahmen. Die Belebung der politischen Bürgerrechte einer Demokratie – insbesondere die Instrumente öffentlicher Manifestationen und Demonstrationen – wurden als quasi illegaler Druck der Straße denunziert, die Demonstranten aufgeteilt in den mehrheitlichen Mob, der von einer Minderheit radikalisierter Rädelsführer beherrscht und mißbraucht werde. Im Zentrum der vor allem von der Boulevardpresse betriebenen Dämonisierung stand im Jahr 1967 und Anfang 1968 der Berliner Soziologiestudent Rudi Dutschke, eines der führenden Mitglieder des Berliner SDS.

Die Radikalisierung der Studentenbewegung, die neben dem Engagement gegen den Vietnamkrieg schwerpunktmäßig und seit Jahren ungehört und erfolglos die Demokratisierung von Schulen und Universitäten forderte, setzte erst mit der wiederholten Erfahrung ein, daß demokratisch-legaler Protest immer wieder ohne Wirkung verpuffte. Dutschke formulierte auf diesem Hintergrund: »Mit Provokationen können wir uns einen öffentlichen Raum schaffen, in den wir unsere Ideen, unsere Wünsche und unsere Bedürfnisse hineinlegen können. Ohne Provokation werden wir überhaupt nicht wahrgenommen. Darum sind die Provokationen unerläßliche Voraussetzung für die »Öffentlichkeit«.[11]

Im Rückblick waren die von den rebellischen Studenten bewußt angepeilten »Regelverletzungen« von einer gutmütigen Harmlosigkeit, die sich später so mancher Universitätsrektor oder Polizeichef händeringend zurückwünschte. Gewalt – und auch Gewalt gegen Sachen – war lange Zeit tabu. Die Durchbrechung polizeilicher Demonstrationsauflagen – etwa einen Protestzug anstelle durch menschenleere Umgehungsstraßen durch ein belebtes Einkaufsviertel zu führen – waren noch das Äußerste. Oft verlegten sich die Studenten auf satirische Formen der Provokation. Beliebt waren z. B. Parolen wie: »Unter den Talaren/Der Muff von tausend Jahren« – säuberlich auf ein Transparent gepinselt, das den reformunwilligen Professoren der Hamburger Universität vorangetragen wurde.

Zwei Daten markieren jedoch entscheidende Eskalationen der Auseinandersetzung zwischen kritischer Studentenschaft und Staatsgewalt. Am zweiten Juni 1967 wurde der unbewaffnete Student Benno Ohnesorg während einer Demonstration gegen den in Westberlin weilenden Schah von Persien von dem Polizeiobermeister Karl-Heinz Kurras erschossen. Die tödlichen Schüsse auf Ohnesorg fielen nach einer wochenlangen Pressekampagne der überwiegenden Mehrheit der Berliner Boulevardpresse gegen die Studentenschaft.

Mit dem Tod von Benno Ohnesorg und einem anläßlich seines Begräbnisses in Hannover stattfindenden Studentenkongreß über die »Bedingungen des Widerstandes« sprang der Funke der antiautoritären Rebellion von Westberlin an die Universitäten im Bundesgebiet über. Zugleich richtete sich die kritische Aufmerksamkeit der Studenten von jetzt an verstärkt auf innenpolitische Probleme. Die Reaktion des Staates auf den moralisch motivierten antiimperialistischen Protest hatte Zweifel an der Funktionstüchtigkeit demokratischer Öffentlichkeit und Willensbildung in der Bundesrepublik geweckt. Noch im Herbst 1967 tauchten diese Zweifel als neue Arbeitsschwerpunkte der antiautoritären Studentenbewegung auf. Eine vor allem gegen das Verlagshaus Axel Springer gerichtete Kampagne zur Entflechtung des deutschen Pressewesens begann mit der Parole: »Enteignet Springer!«; eine weitere richtete sich gegen die von der Großen Koalition aus SPD und CDU/CSU geplante Verabschiedung der Notstandsgesetze.

Am 11. April 1968 verübte der 23jährige Arbeiter Josef Bachmann auf dem Kurfürstendamm in Berlin ein Pistolenattentat auf den Studentenführer Dutschke. Seinen Haß auf Dutschke, den er persönlich gar nicht kannte, hatte sich Bachmann durch die Lektüre der rechtsextremistischen »Nationalzeitung« und der »BILD«-Zeitung angelesen. Dutschke wurde lebensgefährlich verletzt, mußte sich aus dem politischen Leben jahrelang zurückziehen und starb 11 Jahre danach an den Spätfolgen des Attentats. Die Schüsse auf Dutschke lösten im April 1968 die bis dahin schwersten Straßenunruhen in der Bundesrepublik und Westberlin aus. In allen großen Städten versuchten Demonstranten, die Redaktionen und

Druckereien des Springer-Verlages zu stürmen, dessen Zeitungen am intensivsten gegen die kritische Studentenschaft mobil gemacht hatten (BILD-Schlagzeile vom 7. 2. 68: »Stoppt den Terror der Jung-Roten jetzt!«).

Die bei dieser Gelegenheit gescheiterte Machtprobe der studentischen Minderheit mit der Staatsgewalt setzte innerhalb der antiautoritären Studentenbewegung einen fatalen Selbstzersetzungsprozeß in Gang. Die bis dahin organisatorisch diffuse Bewegung, deren Stärke in kritischer Argumentation und subversiven Kleinaktionen lag, spaltete sich in eine Vielzahl straff organisierter Kadergruppen und Kleinparteien. In ihnen galt plötzlich der gedanklich einfältige Rückgriff auf anachronistische Sozialismus-Konzepte und autoritäre Organisationsstrukturen als Ausweg aus der gesellschaftlichen Isolation der bislang rein studentischen Bewegung. Tatsächlich waren diese Versuche der Wiederbelebung proletarisch-kommunistischer Parteitraditionen der Weg der Studentenbewegung in die gesellschaftliche Bedeutungslosigkeit. Die noch so konfusen Konzepte spontaner Auflehnung in Schule, Universität oder Betrieb hatten die neuralgischen Punkte der Leistungsgesellschaft weit präziser getroffen als alle folgenden Versuche, die nicht nur per Ideologie zur »nivellierten Mittelstandsgesellschaft« gemodelte Wirtschaftswunderrepublik mit dem kapitalistischen Zweiklassenstaat des 19. Jahrhunderts gleichzusetzen.

Die Studentenbewegung verstand sich als APO, als Außerparlamentarische Opposition. Der Name bedeutet mehr als die Anerkennung der politischen Tatsache, daß es im Bundestag seit der Bildung der Großen Koalition im Dezember 1966 nur noch die vergleichsweise winzige Oppositionsfraktion der FDP gab. Das Selbstverständnis als APO war programmatisch. Den bestehenden Parteistrukturen, der pluralistischen Demokratie und der Institution des Parlamentes wurde die Fähigkeit abgesprochen, prinzipielle Opposition aufnehmen und zulassen zu können. In Dutschkes Worten: »Wenn wir sagen: außerparlamentarisch, soll das heißen, daß wir ein System direkter Demokratie anzielen – und zwar von Rätedemokratie, die es den Menschen erlaubt, ihre zeitweiligen Vertreter direkt zu wählen und abzuwählen, wie sie es auf der Grundlage eines gegen jedwede Form von Herrschaft kritischen Bewußtseins für erforderlich halten.«[12]

Logischerweise ging von den exponierten Vertretern der antiautoritären Studentenbewegung auch keinerlei Organisations- oder Parteigründung aus. Im Verständnis ihrer Aktivisten war Gesellschaftsveränderung nicht mit der Eroberung der politischen Macht in einem revolutionären Akt, sondern nur durch kontinuierliche Aufklärung und Bewußtseinsbildung in der Bevölkerung zu erreichen. Als Modell politischen Verhaltens galt die von Dutschke ausgegebene Parole vom »langen Marsch durch die Institutionen«.

Kurzfristig beeinflußte die Rebellion der Studenten zunächst den Machtwechsel innerhalb der als »etabliert« angesehenen Parteienlandschaft mit. Viele, die nach dem Mai 1968 nicht zu neugegründeten politischen Sekten abwanderten oder sich aus der Politik zurückzogen, sympathisierten jetzt mit der SPD und besonders ihrer Jugendorganisation. Die Jungsozialisten in der SPD erlebten den stärksten Mitgliederzustrom seit ihrer Gründung. Bei den Bundestagswahlen 1969 und 1972 erzielten die Sozialdemokraten bei den Jung- und Erstwählern erhebliche Stimmengewinne.

Am 28. Januar 1972 beschlossen die Ministerpräsidenten der Länder und der damalige sozialdemokratische Bundeskanzler Willy Brandt die unter dem Namen »Radikalenerlaß« bekannt gewordenen »Grundsätze zur Frage der verfassungsfeindlichen Kräfte im öffentlichen Dienst«.

Bis Anfang 1982 wurden auf Grund dieses Erlasses über mehr als 1,4 Millionen Bewerber für den öffentlichen Dienst Erkundigungen bei den zuständigen Landesämtern für Verfassungsschutz eingezogen. In mehr als 25 000 Fällen waren »Erkenntnisse« über die Bewerber vorhanden, die in etwa 16 000 Fällen den anfragenden Einstellungsbehörden mitgeteilt wurden. Diese »Erkenntnisse« führten nach – allerdings unvollständigen amtlichen Angaben – im mindestens 1102 Fällen zur Ablehnung der Bewerber. Weit tiefgehender als die je nach Bundesland von 0,05 % bis 2,4 % schwankende Ablehnungsquote das anzeigen kann, waren die politischen Wirkungen des Radikalenerlasses. Die Praxis der Regelanfrage institutionalisierte das Mißtrauen des Staates gegenüber seinen jungen Bürgern als Normalfall, unterwarf die Berufsanwärter entwürdigenden Gesinnungsverhören und ließ die Politikerreden zu Makulatur werden, in denen die jungen Staatsbürger voll Pathos zu Kritik und Mündigkeit ermuntert wurden. Die Staatsverdrossenheit Jugendlicher, die im Laufe der siebziger Jahre immer deutlicher registriert wurde, hat in der Praxis des Radikalenerlasses eine ihrer Ursachen.

Die neue Jugendarbeitslosigkeit

»Falls Sie, öffentliche und private Arbeitgeber und verantwortliche Politiker und Volksvertreter, noch irgendein Interesse an uns haben, schreiben Sie uns bitte.« So inserierten am 17. März 1976 50 Schülerinnen und Schüler der Abschlußklassen der Freiburger Vigeliusschule II nach ihrer über Wochen und Monate erfolglosen Lehrstellensuche in der Badener Zeitung. Erstmals seit den fünfziger Jahren gab es wieder eine nennenswerte Jugendarbeitslosigkeit, eine Entwicklung, die im Jahr 1974 begann.

Mit der 1974 einsetzenden wirtschaftlichen Abwärtsentwicklung verschlechterte sich zunehmend die Situation der jugendlichen Arbeitnehmer auf dem Arbeitsmarkt. Während im Herbst 1973 lediglich 21 000 unter 20 Jahren ohne Arbeit waren, erhöhte sich ihre Zahl bis zum September 1975 auf rund 115 750 und unterschritt noch ein Jahr später nur knapp die 100 000-Grenze. Die spezifische Arbeitslosenquote der Jugendlichen entsprach bis Anfang 1974 der für alle Arbeitslosen insgesamt ermittelten Quote (Anteil der Arbeitslosen an der Gesamtzahl der unselbständigen Erwerbspersonen). Im weiteren Jahresverlauf und auch 1975 wurden Jugendliche in überdurchschnittlichem Maße arbeitslos. So stand im September 1975 einer allgemeinen Arbeitslosenquote von 4,4 % eine Quote von 6,2 % bei den Jugendlichen gegenüber. Auch im Oktober 1976 lag die Arbeitslosenquote der Jugendlichen noch über der allgemeinen Arbeitslosigkeit. Besonders diese Zahlen machen begreiflich, warum die Jugendlichen in den siebziger Jahren das Faktum Arbeitslosigkeit dann auch so anders als die Jugendlichen der fünfziger Jahre verarbeitet haben.

Wurde die eigene Arbeitslosigkeit von den Jugendlichen zu Beginn der fünfziger Jahre vor allem auf dem Hintergrund eines kollektiven, nationalen Mißgeschickes interpretiert, so empfand die Mehrheit der betroffenen Jugendlichen ab Mitte der 70er Jahre die Arbeitslosigkeit wenn nicht als eigene Schuld und eigenes Versagen, so doch als Unfähigkeit, sich durchzusetzen. Für diese Jugendlichen stand nicht das Versagen des Bildungs- und Beschäftigungssystems im Vordergrund, obwohl sich das zahlenmäßig deutlich feststellen läßt. Denn die Anzahl der Ausbildungsplätze in der Wirtschaft begann ausgerechnet in einer Zeit zu sinken, in der sie kräftig hätte steigen müssen. Die Zahl der angebotenen Ausbildungsplätze sank nach einer Untersuchung des Bundesbildungsministeriums nämlich im Jahr 1974 auf 400 000 (1971: 600 000), als die Zahl der Lehrstellenanwärter auf Grund höherer Schulentlassungszahlen und stärkerer Bereitschaft, einen qualifizierten Beruf zu erlernen, für die kommenden Jahre zu steigen begann.

Sinnlich erfahrbar waren für die Jugendlichen aber nicht die komplizierten bildungsökonomischen Verschiebungen, sondern die eigene Ausgrenzung aus einem trotz Rezession scheinbar voll funktionierenden Wirtschaftsprozesses, der es ohne Blessuren verkraften konnte, auf mehr als 100 000 junge Arbeitskräfte zu verzichten. Unter diesen Umständen kam es vor, daß junge Arbeitslose auch nach dem Verlust ihres Arbeitsplatzes wie üblich aufstanden, frühstückten, zur gewohnten Zeit das Haus verließen und abends nach simuliertem Arbeitsschluß wieder heimkehrten. 30 % aller Erwerbslosen berichteten bei einer Stichprobenuntersuchung des Nürnberger Institutes für Arbeitsmarkt- und Berufsforschung, sie hätten ihre Arbeitslosigkeit den Verwandten am Ort verschwiegen, 4 % hielten sie sogar vor ihren engsten Verwandten verborgen.

Anders als in den fünfziger Jahren kam es aber in den siebziger Jahren zu politischer Gegenwehr Jugendlicher gegen ihre Arbeitslosigkeit. Wichtiger noch als Protestaktionen und Demonstrationen wog dabei die Gründung verschiedener autonomer Selbsthilfegruppen wie etwa der ASH (= Arbeiter-Selbsthilfe) Frankfurt oder der ASH München. Die Mitglieder dieser lokalen Gruppen beschränkten sich nicht nur darauf, die durch die Arbeitslosigkeit entstandenen Probleme in der Gruppe zu besprechen und damit die soziale Isolation zu verringern. Die Arbeitslosen schlossen sich darüber hinaus z. B. zu Handwerkskollektiven zusammen und schufen sich auf diesem Weg selbst zumindest vorübergehende Arbeits- und Verdienstmöglichkeiten. Wenn diese Kollektive auch selten zu langfristig stabilen Arbeitsplätzen führten, waren sie dennoch beispielgebend. Gruppen wie die ASH Frankfurt oder München zeigten, daß junge Arbeitslose nicht zur Passivität, zum Abwarten auf beschäftigungspolitische Initiativen anderer allein angewiesen sind.

Angesichts der zu Beginn der achtziger Jahre sich verbreiternden strukturellen Arbeitslosigkeit auch unter Jugendlichen und einem Bestand von ca. 200 000 Jugendlichen ohne Arbeit im Winter 82/83 hat die Existenz der Selbsthilfe-Szene allerdings nurmehr symbolische Bedeutung.

Jugendzentren

»Wir wollen unsere Freizeit frei und nicht einseitig festgelegt verbringen: Posaunenbläser blasen nur, Süßwasserangler angeln nur, Kaninchenzüchter züchten nur. Wir wollen mehr. Wir wollen Musik hören und machen, quatschen, malen, flippern, filmen, photographieren, diskutieren, drukken, lesen, Tee trinken ... und das alles nicht im Verein und nach Stundenplan.« Diese Sätze stammen aus einem Flugblatt einer Jugendzentrumsinitiative im niedersächsischen Landkreis Harburg. Die Harburger Initiative war Anfang 1974 eine von etwa 1000 ähnlichen Gruppen im gesamten Bundesgebiet. Begonnen hat die Geschichte der mehr oder weniger abhängigen oder unabhängigen Jugendzentren in der Bundesrepublik wiederum bereits in den ersten Nachkriegsjahren mit den GYA-Heimen der amerikanischen Besatzungsmacht. Diese Heime unterschieden sich von den bis dahin in Deutschland bekannten »Vereinsheimen« darin, daß sie für alle Jugendlichen, unabhängig von jeder Vereinsmitgliedschaft offen waren. Ab Anfang der fünfziger Jahre wurden sie nach und nach durch deutsche Sozialarbeiter betreut und gingen dann meist in die kommunale Trägerschaft der jeweiligen Städte und Gemeinden über. Gewöhnlich fungierten als Trägerverein die jeweiligen Unterorganisationen der Landesjugendringe, die Kreis-, Stadt-, oder Bezirksjugendringe. Dennoch blieb die Zahl der sogenannten »offenen« Jugendheime, Jugendtreffs oder Freizeitheime auch langfristig weit hinter der Zahl der nur für Mitglieder offenen Jugend-Vereinsheime zurück. Eine Untersuchung aus dem Jahr 1974 ermittelte insgesamt 15 289 Jugendhäuser in der Bundesrepublik, von denen aber nur 2685 Heime der offenen Tür waren.

Bereits in den sechziger Jahren gab es Indizien dafür, daß diese Struktur des Angebotes den sich allmählich verändernden Bedürfnissen nach Geselligkeit nicht mehr gerecht wurde. Die sogenannten »Halbstarkenkrawalle« im Anschluß an Rock 'n' Roll-Konzerte oder -filme sind nur ein Beweis dafür, daß es eine wachsende Zahl von Jugendlichen gab, deren Interessen durch das an folkloristischen Traditionen sportlichen, kulturellen und politischen Aktivitäten orientierte Angebot des Vereinswesens nicht mehr befriedigt wurden.

Noch bis zum Ende der sechziger Jahre blieben die Jugendlichen, die nicht ins Konzept einer organisatorisch um Vereinszwecke gruppierten Jugendarbeit paßten, passive Objekte verständnislos moralisierender Interpretationen von Journalisten, Vereinsjugendfunktionären und anderen berufenen oder selbsternannten Pädagogen. Erst Anfang der siebziger Jahre begann eine schnell wachsende Zahl von Jugendlichen nach dem Vorbild der rebellierenden Studenten das Unbehagen an der eigenen Freizeitsituation zu politisieren. Die bislang richtungslose Unzufriedenheit mit den bestehenden Angeboten wurde konkretisiert und begründet. Im Mittelpunkt stand der Vorwurf der Jugendlichen, die Inhalte und Aktivitäten der eigenen Freizeit von Erwachsenen vorgeschrieben und reglementiert zu bekommen, zur Selbstentfaltung dagegen keine Gelegenheit zu erhalten. Alle Kritik mündete in der einen zentralen Forderung: Räume zu erhalten, in denen Jugendliche selbständig und selbstverantwortlich ihre Freizeitgestaltung in die Hand nehmen konnten.

Seit 1971 sprossen überall in der Bundesrepublik Jugendzentrums-Initiativen wie Pilze aus dem Boden. Bis 1974 waren es bereits über 1000. Eine Fragebogenaktion der Jugendredaktion des Südfunk-Fernsehens in Stuttgart bei 252 Initiativgruppen ergab, daß jede der Initiativen durchschnittlich etwa 50 aktive Mitglieder und etwa 400 Sympathisanten zählte.

Sehr viele Jugendzentrums-Initiativen scheiterten und scheitern noch heute an der Angst und dem Unwillen von Kommunalpolitikern, denen die aus ihrer Sicht mangelnde Kalkulierbarkeit der darin entfalteten Aktivitäten ein Dorn im Auge ist. Selbst wenn es auf das Bemühen von Jugendlichen hin zu einer Bewilligung von Räumen, Sachmitteln und zumeist auch Sozialarbeiterstellen kommt, sind Dauerkonflikte zwischen

Jugendlichen und Kommunalpolitikern um Vorgänge im Jugendzentrum meist programmiert. Zum einen stören sich Stadt- und Gemeindeväter oft an politischen Aktivitäten oder Veranstaltungen im Jugendzentrum. Nicht selten sind Versuche, politisch unliebsame Aktivitäten schon in den Satzungsvereinbarungen mit den Trägervereinen auszuschließen. Zum anderen entwickeln sich Jugendzentren mit ihrem offenen Konzept naturgemäß auch zu Treffpunkten jugendlicher Rand- und Problemgruppen. Die Tatsache, daß Angehörige von Rockergruppen oder auch Jugendliche mit Drogenproblemen hier ausnahmsweise nicht ausgegrenzt sind, sondern sogar der Versuch unternommen wird, sie in die Angebote und Aktivitäten anderer Jugendzentrumsbesucher einzubeziehen, wurde und wird oft schon beim Auftreten geringfügiger Probleme auf den Kopf gestellt: Die Jugendzentren erscheinen dann im vereinten Vorurteil von Lokalpresse und Kommunalpolitikern als »Rauschgifthöhlen« als »Brutstätten von Kriminalität« oder »politischem Extremismus«.

Die Lebendigkeit dieses Denkmodells hat die spektakuläre Nürnberger Massenverhaftung vom 5. März 1981 erwiesen. Auf Grund der Annahme, daß sich einige Teilnehmer einer nicht genehmigten Demonstration in der Nürnberger Innenstadt danach in das städtische Jugendzentrum »KOMM« begeben haben sollen, wurden sämtliche 141 an diesem Abend zufällig anwesenden Besucher des Jugendzentrums verhaftet und mit Gerichtsverfahren überzogen. Jeder dieser 141 Jugendlichen, deren einzige nachweisliche Gemeinsamkeit an diesem Abend der Besuch des Jugendzentrums war, erhielt einen gleichlautenden hektographierten Haftbefehl. Der Haftgrund darin lautete: Schwerer Landfriedensbruch.

Wohngemeinschaften

»Sieben Erwachsene und zwei Kinder zogen im Februar 1967 in das Berliner SDS-Zentrum. Sie wollten gemeinsam politisch arbeiten. Doch kurz nach dem Einzug begannen die Privatprobleme das Zusammenleben zu beherrschen. Es war nicht mehr zu übersehen, daß die Frauen in der Küche kochten, während die Männer politisch diskutierten. Oder: Ein unglückliches Verhältnis konnte nicht mehr im sorgfältig abgedichteten Privatbereich vergraben werden, wenn man den ganzen Tag zusammenlebte. Hatten wir zunächst geglaubt, daß sich im Verlauf einer politischen Zusammenarbeit auch die individuellen Schwierigkeiten der kollektiven Bearbeitung erschließen würden, so merkten wir schnell: Wir mußten uns erst einmal mit jahrelang abgewehrten individuellen Problemen befassen, ehe wir produktiv würden arbeiten können.«[13] Mit diesem programmatischen Anspruch begann die Geschichte der Wohngemeinschaften –

im Zusammenhang mit der Studentenbewegung, aus deren Reihen die ersten Wohngemeinschaftsbewohner kamen. Selbstveränderung als Voraussetzung politischer Veränderung nach außen, die Einsicht, daß eine Gesellschaft nicht lediglich mit strukturellen Modellen im Kopf, sondern erst mit eigener Fähigkeit zu wirklich sozialem Verhalten verändert werden kann, diesen Ausgangspunkt der Kommunen I und II in Westberlin sparten die Diskussionen und die Darstellung der neuen Wohnformen in der veröffentlichten Meinung aus. Gehalten hat sich der Kalauer: »Wer zweimal mit derselben pennt, gehört schon zum Establishment.« Er blieb mit der Kraft verdrängter Phantasie bei denen haften, die selbst nicht in einer Wohngemeinschaft wohnten oder diese Wohnform aus eigener Anschauung kannten.

Denn – abgesehen von der durch den österreichischen Aktionskünstler Otto Mühl gegründeten AAO-Kommune hat es eine diesem Kalauer entsprechende Struktur privater und sexueller Beziehungen nie gegeben. Verordnete Promiskuität war niemals das Konzept der Wohngemeinschaftsbewegung. Die praktischen Erfahrungen der Wohngemeinschaftsbewohner zeigten meistens, daß die Abgrenzung der einzelnen Persönlichkeit schon weit vor der sexuellen Intimsphäre begann und eine Gruppe gut daran tat, der Verschiedenheit und Individualität ihrer einzelnen Mitglieder Raum zu geben. Dies ist durchaus wörtlich zu verstehen: In den meisten Wohngemeinschaften ist es bis heute dabei geblieben, daß jeder einzelne Bewohner sein einzelnes Zimmer für sich hat.

Mittlerweile ist es unmöglich geworden, ein »Konzept Wohngemeinschaft« auszumachen. Anders als zu Beginn der Wohngemeinschaftsbewegung, an dem das Miteinander-Wohnen als politisches Projekt gedacht und geplant wurde, gruppieren sich heute Wohngemeinschaften recht spontan und vor allem ohne theoretisches Konzept über das »richtige Zusammenleben«. Je weniger sich die Wohngemeinschaften im strengen Sinne politisch begriffen (und sich deshalb auch nicht mehr so viel nach außen wandten), desto mannigfaltiger blühten im Verborgenen die verschiedensten Gruppen mit einem breiten Spektrum an Lebensstilen.

Konkrete Daten und Zahlenangaben über Wohngemeinschaften sind kaum zu gewinnen. Das beginnt damit, daß Wohngemeinschaften als von der Familie abweichende Wohnform in keiner Sozialstatistik erfaßt sind, weder in den Meldeämtern noch den Hauszählungen des statistischen Bundesamtes. 1978 schätzte der »Spiegel«, daß zu dieser Zeit rund 80 000 Bundesbürger in etwa 10 000 Wohngemeinschaften lebten.

Im selben Jahr erschien die bislang einzige ausführliche empirische Studie über Wohngemeinschaften in der Bundesrepublik.[14] In ihr gibt die Nürnberger Sozialwissenschaftlerin Gudrun Cyprian die Ergebnisse einer ausführlichen Befragung von rund 100 Wohngemeinschaften wieder. Allein

56 % aller befragten Wohngemeinschaftsbewohner in der Cyprian-Studie
sind Studenten. Nur 5,4 % haben lediglich einen Hauptschulabschluß.
Diese Zahlen machen deutlich, daß die Bereitschaft zum Anschluß an
eine Wohngemeinschaft mit zunehmender Schulbildung ansteigt. Lehrlinge, die in Wohngemeinschaften ziehen, sind die Ausnahme. 78 %, also
mehr als drei Viertel der befragten Wohngemeinschaftsbewohner, sind
zwischen 21 und 30 Jahren alt. 37 Jahre und älter waren in den untersuch-
ten Gruppen nur 3,2 % der Bewohner. In einigen Jahren freilich könnte
sich dieses Bild ändern. Immerhin erklärten drei von vier befragten
Wohngemeinschaftsmitgliedern, daß sie nach einem eventuellen Auszug
aus der bisherigen Gruppe auf jeden Fall wieder den Anschluß an eine
neue Wohngemeinschaft suchen wollten. Auf keinen Fall wollen diese
75 % alleine oder nur mit einem Partner zusammenziehen. Auch ein anderes Befragungsergebnis belegt, daß das Leben in der Wohngemeinschaft als eine relativ dauerhafte Antwort auf neue, soziale Bedürfnisse
nach einem vertrauten Zusammenleben jenseits der Familie angesehen
wird. Akzeptieren nicht selten Eltern das Leben ihrer Kinder in einer
Wohngemeinschaft nur unter dem Aspekt, es handele sich dabei um ein
Durchgangsstadium für die Zeit von Ausbildung und Studium, das, wenn
überhaupt, dann aus finanziellen Gründen geduldet wird, geben die meist
jugendlichen Bewohner von Wohngemeinschaften ganz anderen Motiven
für das Zusammenleben Priorität. Das ökonomische Motiv (»Wohngemeinschaft ist billiger!«) spielt eine ganz untergeordnete Rolle. Auf die
Frage, warum sie denn in eine Wohngemeinschaft gezogen seien, stuften
die Befragten andere Motive als weit wichtiger ein: An erster Stelle stand
das Interesse an »persönlicher Entwicklung«, an zweiter das Bedürfnis
nach »gefühlsmäßiger Geborgenheit« und an dritter Stelle die »Ablehnung bürgerlichen Lebens«. Pragmatische Vorteile, also auch die finanziellen, wurden erst an achter Stelle genannt. Den meisten Befragten sind
gemeinsame politische Arbeit, der Abbau traditioneller Geschlechterrol-
len und die Veränderung ihrer Paarbeziehung noch wichtiger. Befragt, ob
sich diese Motive und ihre Rangfolge im Laufe des Wohngemeinschaftsle-
bens verändert hätten, gaben die meisten an, daß ihre Beweggründe auch
nach einiger Gruppenerfahrung die gleichen geblieben seien. Wenn also
in der Untersuchung von Gudrun Cyprian zugleich festgehalten ist, daß
rund 60 % aller Wohngemeinschaftsmitglieder nur zwischen ein und zwei
Jahren in derselben Gruppe bleiben, so heißt das wohl, daß sie eher von
einer bestimmten Gruppe ablassen als von ihren Motiven und Wünschen,
in einer Wohngemeinschaft zu leben. Bleibt es in der Lebenspraxis der
Befragten bei diesen Einstellungen, dann hat das Thema »Wohngemeinschaft« die Chance, in einer zukünftigen Geschichte der Bundesrepublik
vielleicht unter der Rubrik »Familie« abgehandelt zu werden.

»Neue Jugendbewegung«

Seit Herbst 1980 kam es in mehreren Städten des Bundesgebietes und vor allem in Westberlin zu gewalttätigen Auseinandersetzungen zwischen Jugendlichen und der Polizei. Anlaß waren zumeist die polizeilichen Aktionen gegen die seit dieser Zeit in Städten wie Nürnberg, Frankfurt, Hamburg, Köln und Westberlin von Jugendlichen unternommenen Hausbesetzungen. Der Kampf um die besetzten Häuser beleuchtete jedoch schlagartig mehr als das sattsam bekannte Faktum einer neuen Wohnungsnot. Der entschlossene Aktionismus der Hausbesetzer und das Scheitern eilig organisierter Dialogversuche zwischen ihnen und den verantwortlichen Politikern offenbarte eine ungeahnt tiefe Kluft der Kontrahenten. Politiker und Pressevertreter konstatierten bei den von ihnen so getauften Vertretern der »neuen Jugendbewegung« eine »Theorie- und Sprachlosigkeit«. Benny Härlin, Journalist bei der Berliner »Tageszeitung« und Bewohner eines besetzten Hauses, widersprach dieser Auffassung in einem Beitrag für das »Kursbuch«:
»Es stimmt auch nicht, daß sie sprachlos wären, im Gegenteil, sie sprechen viele verschiedene Sprachen: die des abgebrochenen Hauptschülers und die des Diplompolitologen, die Softy-Sprache des Alternativen und die Macho-Sprache des Punk. Was an eigenen Begriffen oder besser gemeinsamen Code-Worten kreiert wurde, zeichnet sich vor allem durch Vieldeutigkeit, Offenheit für unterschiedliche Bedeutungen oder aber durch ganz banale Prägnanz aus. Es ist die Rede von Power, Widerstand und Leben, von den Betonfaschisten, den Plastikfressern und den Schweinen. Nicht ist die Rede von Kommunismus oder Sozialismus, auch nicht von Öko-Sozialismus. Und das A im Kreis, das weder an Häuserwänden noch in Flugblättern fehlen darf, steht nur einigen für Anarchie, sonst eher für Anders oder »Wir wollen alles – aber subito« ›A wie Abschaum, Asozial, Arbeitslos, Ananasmarmelade, AKW, Autonomie« las ich einmal auf einer Lederjacke ... ›Die 68er Opas‹, schreibt ein Teil der Bewegung, ›haben immer noch nicht begriffen, daß wir nicht für die Öffentlichkeit kämpfen, sondern für uns, und zwar nicht gegen einen Mißstand, sondern für ein selbstbestimmtes Leben in allen Bereichen. Autonomie, aber subito! ... Wir machen Aktionen nicht für die tierisch-ernste Revolution, sondern weils Spaß macht.‹« [15]
Die nach den Studentenprotesten des Jahres 1968 heftigsten Jugendunruhen in der Geschichte der Bundesrepublik lösten eine Welle von wissenschaftlichen Untersuchungen und parlamentarischen Aktivitäten aus. Als gesichertes Ergebnis kann gelten, daß Parteien, Politiker und staatliche Institutionen in den Augen der bundesdeutschen Jugendlichen erheblich an Glaubwürdigkeit verloren haben. Dabei ist eindeutig, daß dieser

Verlust an Glaubwürdigkeit weit über die in Bürgerinitiativen oder der Hausbesetzerbewegung aktive, kleine Minderheit von Jugendlichen hinausgeht. Nach den Erhebungen der Shell-Studie [16] etwa fühlten sich von der repräsentativen Gesamtheit von 1077 befragten Jugendlichen 32 % »keiner Partei nahe«. (Die restlichen Ergebnisse: 24 % standen der SPD, 20 % den GRÜNEN, 18 % der CDU/CSU, 6 % der FDP und weniger als 0,5 % DKP, KBW, NPD nahe.)

Sowohl die soziale Zusammensetzung als auch die Zielsetzungen der protestierenden Jugend zu Anfang der 80er Jahre unterschieden sich deutlich von der 68er-Studentenbewegung. Heute spielen die Studenten eine eher marginale Rolle. 1968 prägte die überwiegend antikapitalistisch-sozialistisch orientierte Ideologie der »Neuen Linken« das Bild der Protestbewegung. Anfang der 80er Jahre haben traditionelle ideologische Konzepte keine Bedeutung mehr. In Verruf geraten sind nicht nur liberalkapitalistische, sondern auch die der Tradition der Arbeiterbewegung entstammenden sozialistischen Konzepte. Integrierende Zielvorstellungen der ideologisch nicht fixierten Jugendopposition sind der Widerstand gegen die Umweltzerstörung und den internationalen Rüstungswettlauf. Fester Bestandteil sind außerparlamentarische Aktionen und Kundgebungen, wie etwa die bislang größten Demonstrationen in der Geschichte der Bundesrepublik, die Friedenskundgebungen in Bonn am 10. Oktober 1981 und am 10. Juni 1982 mit 300 000 bzw. 400 000 Teilnehmern.

Noch nicht entschieden ist die zukünftige Strategie. In Frage steht, ob und wieweit neben den Formen außerparlamentarischer Aufklärung und Aktionen die Mitarbeit auf parlamentarischer Ebene gesucht werden soll. Wie die Wahlerfolge der Grünen und Alternativen Parteien (und besonders ihre hohen Stimmanteile bei den Jung- und Erstwählern) zeigen, hat sich das Potential der Jugendopposition kontinuierlich verbreitert und stellt, wenn überhaupt, dann an der Schwelle der 80er Jahre zum ersten Mal seit der Gründung der Bundesrepublik einen Machtfaktor dar.

Anmerkungen

1 »Aufruf zur Behebung der Berufsnot der Jugend«, Flugblatt vom 20. 10. 1949, hrsg. vom Bayerischen Staatsminister für Arbeit und Soziale Fürsorge, Zeitungsarchiv des Bayerischen Rundfunks, Akte F 13.

2 Heinz Kluth, Arbeiterjugend – Begriff und Wirklichkeit, in: Helmut Schelsky (Hrsg.), Arbeiterjugend gestern und heute, Heidelberg 1955, S. 16–174.

3 Protokoll über die 1. Interzonale und Gewerkschafts-Jugend-Konferenz, München-Hallthurm, 15., 16. und 17. Jan. 1948, einberufen und durchgeführt von der Interzonenkonferenz der deutschen Gewerkschaften.

4 Viggo Graf Blücher, Die Generation der Unbefangenen, Düsseldorf u. Köln 1966.

5 Fünf Jahre »German Youth Aktivities«, in: Die Neue Zeitung vom 17. 11. 1951.

6 Ebenda.

7 Mißklang bei Jugendreise in die CSSR, in: Süddeutsche Zeitung vom 3. 10. 1963.

8 Verlogenes Spiel mit Jugendlichen – Politik und Sexualität im »Falken«-Lager, in: Die Welt vom 14.8. 1969.

9 Den Namen CVJM ablegen?, in: Frankfurter Allgemeine Zeitung vom 16. 8. 1972.

10 In: Die Südpost vom 21. 2. 1952.

11 Rudi Dutschke, Mein langer Marsch, Reinbek 1980, S. 79.

12 Ebenda, S. 13.

13 Kommune 2 (Christel Bookhagen, Eike Hemmer, Jan Raspe, Eberhard Schultz): Kindererziehung in der Kommune, in: Kursbuch 17 (Juni 1969), S. 151.

14 Gudrun Cyprian, Sozialisation in Wohngemeinschaften, Stuttgart 1978.

15 Benny Härlin: Von Haus zu Haus – Berliner Bewegungsstudien, in Kursbuch 65 (Okt. 1981), S. 14 ff.

16 Jugend 81. Lebensentwürfe, Alltagskulturen, Zukunftsbilder, hrsg. vom Jugendwerk der Deutschen Shell, Opladen 1982.

Literatur

Viggo Graf Blücher, Die Generation der Unbefangenen, Düsseldorf, Köln 1966

Gudrun Cyprian, Sozialisation in Wohngemeinschaften, Stuttgart 1978

»Jugend 81. Lebensentwürfe, Alltagskulturen, Zukunftsbilder«, hrsg. vom Jugendwerk der Deutschen Shell, Opladen 1982

Jugendprotest im demokratischen Staat, hrsg. vom Presse- und Informationszentrum des Bundestages, Speyer 1982

Günter Kaiser, Jugendkriminalität, Weinheim–Basel 1977

Heinz Kluth, Arbeiterjugend – Begriff und Wirklichkeit, in: Helmut Schelsky (Hrsg.), Arbeiterjugend gestern und heute, Heidelberg 1955

Kommune 2, Versuch einer Revolutionierung des bürgerlichen Individuums, Berlin 1969

Ulrich Lohmar, Die arbeitende Jugend im Spannungsfeld der Organisation in Staat und Gesellschaft, in: Helmut Schelsky (Hrsg.), Arbeiterjugend gestern und heute, Heidelberg 1955

Karl Markus Michel, Tilman Spengler (Hrsg.), Kursbuch 65. Der große Bruch – Revolte 81, Berlin 1981

Karl Markus Michel, Harald Wieser (Hrsg.), Kursbuch 54. Jugend, Berlin 1978

Rebellion der Studenten oder die neue Opposition, eine Analyse von Uwe Bergmann u. a., Reinbek 1968

Helmut Schelsky, Die skeptische Generation, Düsseldorf, Köln 1957

Chronik

1949

18.–20. 5.   Gründung des Deutschen Bundesjugendringes (DBJR), der Bundesarbeitsgemeinschaft Jugendaufbauwerk und der Arbeitsgemeinschaft für Jugendpflege und Jugendfürsorge in Rothenburg o. d. T.

1950

18. 12.   Die Bundesregierung verkündet den Bundesjugendplan, der von jetzt an jährlich fortgeschrieben wird.

1954

9. 6.   Gesetz über die Verbreitung jugendgefährdender Schriften. Die Bundesprüfstelle für jugendgefährdende Schriften wird eingerichtet.

1961

11. 8.   Neufassung des Jugendwohlfahrtsgesetzes.

1963

5. 7.   Das deutsch-französische Jugendwerk wird errichtet. An seinen Maßnahmen nehmen bis Anfang 1980 2,9 Millionen Jugendliche aus beiden Ländern teil.

1965

14. 6.   Der erste Jugendbericht der Bundesregierung wird veröffentlicht.

1967

2. 6.   Bei Demonstrationen Berliner Studenten gegen den Schah-Besuch wird der Student Benno Ohnesorg von einem Polizisten erschossen.

26. 9.   Rücktritt des Berliner Bürgermeisters Heinrich Albertz im Zusammenhang mit den Studentenunruhen vom Juni.

1968

15. 1.   Zweiter Jugendbericht mit den Themen Aus- und Fortbildung der Mitarbeiter in der Jugendhilfe und Jugend und Bundeswehr.

9. 2.   Der Bundestag debattiert über die Unruhe der Jugend.

18. 2.   Studentenausschreitungen in Westberlin gegen USA und Vietnamkrieg.

Ostern   Schwere Studentenunruhen im gesamten Bundesgebiet nach dem Attentat auf Rudi Dutschke.

30. 4.   Sondersitzung des Bundestages über die Osterunruhen der Studenten.

1969

14. 8.   Verabschiedung des Berufsbildungsgesetzes, das die Ausbildungsverhältnisse bundeseinheitlich regelt; Lehrlinge heißen jetzt »Auszubildende«.

1970

27. 6.   Ergänzung und Veränderung des Jugendwohlfahrtsgesetzes führt zur Verbesserung der Stellung von nichtehelichen Kindern und der rechtlichen Stellung der Mutter.

31. 7.   Herabsetzung des aktiven Wahlalters auf 18 Jahre.

5. 11.   Bundesregierung beschließt das Aktionsprogramm berufliche Bildung zur Verbesserung der Qualifikation der Ausbilder und zur Schaffung neuer Ausbildungsstätten.

1971

10. 11.   Reform des Betriebsverfassungsgesetzes verbessert die rechtliche Stellung der Jugendvertretung im Betrieb.

1974

22. 3.   Herabsetzung der Volljährigkeit von 21 auf 18 Jahre; die Ehemündigkeit der Frauen wird von 16 auf 18 Jahre heraufgesetzt.

1976

13. 1.   Novellierung des Jugendarbeitsschutzgesetzes führt für Jugendliche die Fünf-Tage-Woche, den Acht-Stunden-Tag, die Vierzig-Stunden-Woche und die Erhöhung des Urlaubs von 24 auf 25–30 Urlaubstage ein, erweitert den Katalog der Beschäftigungsverbote und verbessert den Gesundheitsschutz.

21. 1.   Bundestag beschließt 300-Millionen-Sonderprogramm zur Bekämpfung der Jugendarbeitslosigkeit.

1978

17. 2.   Regierungschefs von Bund und Ländern beschließen ein bis 1982 reichendes Programm zur Minderung von Beschäftigungsrisiken bei Jugendlichen mit geplanten Investitionen von 1,1 Milliarden DM.

8. 11.   Bundeskabinett beschließt Reform der Jugendhilfe.

1980

Dezember   Schwere Jugendunruhen und Hausbesetzungen vor allem in Westberlin.

1981

5. 3.   Massenverhaftung von Jugendlichen im Nürnberger Kommunikationszentrum »Komm«.

26.5.   Bundestag beschließt Einsetzung der Enquête-Kommission »Jugendprotest im demokratischen Staat«.

10. 10.   Großdemonstration für Frieden und Abrüstung mit 300 000 Menschen in Bonn.

1982

10. 6.   Zweite Friedensdemonstration in Bonn mit 400 000–500 000 Teilnehmern.

Frauen und Frauenbewegung

von Angela Vogel

Artikel 3 II des Grundgesetzes und die Folgen

Dreieinhalb Jahre nach der militärischen Niederlage des Nationalsozialismus trat am 1. September 1948 der mit der Abfassung des Grundgesetzes betraute Parlamentarische Rat zusammen. Zu seinen Beratungsgegenständen gehörte – im Ausschuß für Grundsatzfragen – auch die künftige Stellung der Frau.

Von insgesamt 65 stimmberechtigten Mitgliedern waren 4 Frauen: Dr. Elisabeth Selbert (SPD; Rechtsanwältin und Notarin), Friederike Nadig (SPD; Bezirkssekretärin der Arbeiterwohlfahrt), Dr. Helene Weber (CDU; ehemalige Ministerialrätin) und Helene Wessel (Zentrum, später SPD; Fürsorgerin).

Die Geschichte des Gleichberechtigungsartikels ist paradigmatisch für die Geschichte der Frauen in der Bundesrepublik Deutschland seit ihrer Gründung. Geprägt von scharfen Interessengegensätzen, betraf sie auch die *allgemeine* Stellung der Frauen im zu konstituierenden Staatswesen. Der Vorsitzende des Grundsatzausschusses des Parlamentarischen Rates Hermann von Mangoldt trug am 30. November 1948 den zusammengefaßten CDU-Vorschlag vor: »Alle Menschen sind vor dem Gesetz gleich. Das Gesetz muß Gleiches gleich, es kann Verschiedenes nach seiner Eigenart behandeln. Jedoch dürfen die Grundrechte nicht angetastet werden.« Dagegen hielt es Dr. Elisabeth Selbert für eine »Selbstverständlichkeit«, daß man »heute weitergehen muß als in Weimar und daß man den Frauen die Gleichberechtigung auf allen Gebieten geben muß«. Sie bestand darauf, daß »die Frau ... nicht nur in staatsbürgerlichen Dingen gleichstehen« soll, »sondern ... auf allen Rechtsgebieten dem Mann gleichgestellt werden« muß.[1]

In der Tat dürfte letzteres der heikle Punkt gewesen sein: Mit dem Gleichberechtigungsartikel stand sehr viel mehr zur Disposition, nämlich die gesellschaftliche Stellung der Frau in Familie, Beruf und Öffentlichkeit, damit aber die bürgerlich-patriarchale Struktur überhaupt.

In der SPD-Fraktion hatte Frau Selbert sich mit ihrer Auffassung durchsetzen können, obwohl ihre Kollegin Friederike Nadig hinsichtlich des Familienrechts chaotische Rechtszustände befürchtete, käme der so gefaßte Gleichberechtigungsartikel durch. Im Grundsatzausschuß fand Frau Selbert zunächst keine Mehrheit. Trotz ihres Vorschlags, dem Gesetzgeber eine längere Frist zur Anpassung des bürgerlichen Rechts an das Grundrecht zu gewähren und der verharmlosenden Intervention von Carlo Schmid (SPD), es gehe den Frauen »letzten Endes ... um die Ehre und nicht um ›Besserstellung‹«, wurde ihr Antrag auch in der zweiten Abstimmung mit 11 zu 9 Stimmen abgelehnt. Offenbar nahm man hier bewußt in Kauf, daß – so Frau Selbert – »unter Umständen die Annahme der Verfassung gefährdet« werde, als den Frauen grundrechtliche Gleichberechtigung zu gewähren. Vielleicht war man sich auch nicht darüber im klaren, welche Reaktionen in einer breiten Frauenöffentlichkeit eine solche Haltung erzeugen würde. Als jedenfalls Frau Selbert ihre Ankündigung umsetzte und in die Öffentlichkeit ging, schwenkten CDU und FDP um. Plötzlich fanden die Erfahrungen der Rechtsanwältin mit Fällen Gehör, in denen z. B. »heimkehrende Ehemänner selbstverständlich alles verkauften, was die Frau mit in die Ehe gebracht hatte, oder was an Möbeln und anderen Hausgegenständen vorhanden war«. Ähnlich lautete auch ein Gutachten der landwirtschaftlichen Frauenverbände über die Änderung des Güterrechts. Sie hatten festgestellt, daß »die Frauen ... nicht einmal das Recht an dem (hätten), was sie in der Ehe miterarbeitet oder in den Kriegsjahren allein erarbeitet haben«.[2] Nun, und angesichts des Protestes der Industriegewerkschaft Metall, fast aller namhaften, nichtkonfessionellen Frauenverbände, sowie sämtlicher weiblicher Abgeordneten aller Landtage außer dem Bayerischen, zahlreicher Resolutionen und sonstigen Protestschreiben sah sich der CDU-Abgeordnete Walter Strauß zu folgendem Bekenntnis veranlaßt. »Ich glaube, daß ich für die überwiegende Anzahl aller deutschen Männer und insbesondere aller deutschen Ehemänner spreche, wenn ich sage, daß der Grundsatz der Gleichberechtigung von Mann und Frau uns zumindest seit 1918 bereits so in Fleisch und Blut übergegangen ist, daß uns die Debatte etwas überrascht hat ... Viele deutsche Männer haben erst in diesen Jahren erfahren, was Haushaltsarbeit bedeutet, besonders wenn sie gezwungen waren, an dieser Haushaltsarbeit mitzuwirken.« Theodor Heuss, dessen Frau, Elly Heuss-Knapp, in der Frauenbewegung keine Unbekannte war, verteidigte die vorangegangenen Entscheidungsprozesse ziemlich lapidar und meinte: »Es war weder ein Kavalier wie Herr Strauß noch eine Frauenrechtlerin da, sondern wir waren lauter verständige Frauen und Männer, die sich über diese Dinge ausgesprochen haben.« Und: »Das sind die Optimisten, die meinen, daß in den nächsten Jahren nichts anderes zu tun ist.«[3] Damit war die Bedeutung des Gleichberechtigungsartikels abgesteckt, er wurde zur Marginalie. Am 18. Januar 1949 nahm der Hauptausschuß des Parlamentarischen Rates den Artikel 3 des Grundgesetzes in seiner 43. Sitzung an.

Die Abstimmungsniederlagen wie auch die Debatten selbst hatten jedoch gezeigt, in welche Richtung sich die Behandlung der Frauenfrage in den ersten Jahrzehnten nach dem Zweiten Weltkrieg bewegen würde. Darüber hinaus verdeutlichten sie, welche – vom Nationalsozialismus in bis dato unvergleichlich ideologischer Weise aufpolierte – Anthropologismen das Denken beherrschten. Vordergründig argumentierte man, »daß es Gleichstellung nicht geben könne, weil es keinen männlichen Mutterschutz und keine weibliche Wehrpflicht gebe«.[4] Es waren erst vier Jahre vergangen, seitdem Frauen in Deutschland zu Rüstungsindustriearbeiten zwangsrekrutiert oder als Wehrmachtshelferinnen herangezogen worden waren.

Zweifellos bedeutete die Verankerung des Gleichberechtigungsartikels, in der von Elisabeth Selbert hartnäckig verfochtenen Form, eine verfassungsgeberische Leistung, die den Frauen (wenn auch bescheidene) Handhaben gab. Doch stand Artikel 3 II des Grundgesetzes auch immer in Gefahr, Alibifunktion gegenüber einer gesellschaftlichen Realität zu erfüllen, die den Frauen in keinerlei Hinsicht Gleichberechtigung gewährte. Motto: Was wollt ihr denn, wir haben sie doch, die Gleichberechtigung!

Dazu sprechen die Kämpfe in den folgenden Jahren eine eigene Sprache. Das vorläufige Bundespersonalgesetz von 1950 griff beispielsweise auf die von den Nationalsozialisten verschärfte und während der Kriegsjahre modifizierte Zölibatsklausel für weibliche Beamte zurück. § 63 Abs. 1 lautete: »Ein weiblicher Beamter kann, wenn er sich verehelicht, entlassen werden. Er ist zu entlassen, wenn er es beantragt. Er darf ohne Antrag nur entlassen werden, wenn seine wirtschaftliche Versorgung nach der Höhe des Familieneinkommens dauernd gesichert erscheint; die wirtschaftliche Versorgung gilt als dauernd gesichert, wenn der Ehemann in einem Beamtenverhältnis steht, mit dem auch ein Anspruch auf Ruhegehalt verbunden ist.« Das Gesetz zur Regelung der Wiedergutmachung nationalsozialistischen Unrechts für Angehörige im öffentlichen Dienst verfuhr ähnlich. »Obwohl bekannt war, daß ... der nationalsozialistische Staat der Verwendung weiblicher Beamter in Hoheitsstellen nicht günstig war, es vielmehr für richtig hielt, nur männliche Beamte auf solchen Posten amtieren zu lassen, wurden laut § 1 dieses Gesetzes nur solche benachteiligenden Maßnahmen als wiedergutmachungspflichtig aufgeführt, die aus ›Gründen der Rasse, des Glaubens oder der Weltanschauung‹ erfolgten; Benachteiligungen aus Gründen des Geschlechts blieben unerwähnt«, so kommentierte die Landesverwaltungsgerichtsrätin Hildegard Krüger die Schwachstellen der Wiedergutmachungsregelung. Auch das »Gesetz zur Regelung der Rechtsverhältnisse der unter Art. 131 des Grundgesetzes fallenden Personen« von 1951 mit seinem Vorläufer – dem

»Gesetz über die Sofortmaßnahmen zur Sicherung der Unterbringung der unter Art. 131 des Grundgesetzes fallenden Personen« – benachteiligte Frauen erheblich. Die Unterbringungspflicht der Anstellungsbehörden wurde zu Gunsten der unter Art. 131 des Grundgesetzes fallenden Personen normiert. Das aber betraf fast ausschließlich männliche Beamte und jene Frauen, die bereits vor 1933 verbeamtet waren und 1950 dicht vor der Altersgrenze standen. Die höchst geringe Anzahl der Frauen, die während der NS-Zeit verbeamtet worden war, fiel kaum ins Gewicht, also Frauen, die in den Jahren von 1933 bis 1945 das 35. Lebensjahr vollendet hatten. Faktisch wirkte sich dieses Gesetz als Verbeamtungssperre für jüngere Frauen aus: »Man sehe sich zum Beweis für die Wirkung ... die Zahlen der im höheren Dienst der Bundesministerien verwandten Beamtinnen an: jeder 3. Arbeitnehmer in Deutschland ist eine Frau. Jedoch verfügen einige Bundesministerien überhaupt nicht über weibliche Beamte; die Bundespost arbeitet mit 72 000 Frauen, davon sind 1,4 % im höheren Dienst, im mittleren Dienst nicht eine einzige Beamtin. Im Bundeswirtschaftsministerium werden im mittleren Dienst keine, im höheren 2,9 % beschäftigt.[5] So waren die Resultate im Jahre 1952.

Mitte desselben Jahres lag den Frauenverbänden der Referentenentwurf zur Anpassung des Familienrechts an den Gleichberechtigungsartikel des Grundgesetzes vor. Bis auf die Neuregelung des Güterrechts und anderer familienrechtlicher Details sollte nach den Vorstellungen des Justizministeriums alles beim alten bleiben. Dagegen meldeten fast alle maßgeblichen Frauenverbände Protest an. Die Vereinigung weiblicher Juristen und Volkswirte e. V. wies den Referentenentwurf entschieden zurück: »Während der Kabinettsentwurf die Bestimmungen des bisherigen Rechts, die eine Minderstellung der Frau enthalten, praktisch beibehält, streicht er ohne weiteres alle bisherigen Bestimmungen, die eine Besserstellung der Frau vorsahen, wie z. B. den Aussteueranspruch der Tochter und die der Frau eingeräumten Vorrechte im Unterhaltsrecht. So geht das nicht. Entweder gewährt man der Frau echte Gleichberechtigung: dann mag man auch ihren – freiwillig in der Praxis längst geleisteten – Unterhaltsbeitrag in die rechtliche Regelung einbeziehen. Gewährt man ihr aber keine echte Gleichberechtigung, bleibt man also beim Patriarchat, dann mag auch die gesetzliche Pflicht des Mannes bestehen bleiben, den Familienaufwand allein oder vornehmlich zu bestreiten.« Die inkriminierten Artikel waren § 1354 des Bürgerlichen Gesetzbuches (allgemeines Entscheidungsrecht des Mannes) und § 1628 des Bürgerlichen Gesetzbuches (Stichentscheid des Vaters). »Das Grundgesetz hat dem Gesetzgeber nicht die Aufgabe gestellt, den § 1354 BGB in eine gefällig klingende und der heutigen Rechtspraxis entsprechende Fassung zu bringen, sondern eine neue, beide Ehegatten gleichberechtigende Regelung zu schaffen. Die im Kabinettsentwurf vorgesehene Fassung ist mithin verfassungswidrig«, argumentierten die Juristinnen erbost.

Am 26. September 1952 berichtete ein Vertreter des Rechtsausschusses des Bundesrates über die Beratungen zum Familienrecht. Auch hier hatten sich »tiefer gehende Meinungsverschiedenheiten ... auf dem Gebiet des Entscheidungsrechts in Angelegenheiten des ehelichen Lebens und der elterlichen Gewalt« ergeben. »Gegen den Vorrang des Mannes oder Vaters ... wurden in mehreren Ländern verfassungsrechtliche Bedenken erhoben und damit begründet, daß Art. 3 II des Grundgesetzes nach Wortlaut und Entstehungsgeschichte verbiete, die natürliche Verschiedenheit der Geschlechter zum Ausgangspunkt ungleicher Rechte zu machen. Art. 6 des Grundgesetzes schütze nicht die bisherige patriarchalische Ordnung, sondern eine Ehe und Familie, die beiden Ehegatten und Eltern gleiche Rechte und gleiche Pflichten gebe.« In der Frage »Angelegenheiten der elterlichen Gewalt« entschied der Rechtsausschuß, es sei »eine Regelung in Streitfällen notwendig, weil hier das Interesse des Kindes auf dem Spiel« stehe. Trotz verfassungsrechtlicher Bedenken, trotz des Einwandes, daß dadurch »die Mutter gerade auf dem Gebiet benachteiligt werde, auf dem ihr nach natürlichem Recht ein Vorrang zukomme«, bejahte der Ausschuß »das Entscheidungsrecht des Vaters als zulässiges Ordnungsprinzip«. Ferner wurde beschlossen, daß »an die Stelle des wegfallenden Aussteueranspruchs der Tochter, der sich wegen der Herstellung der Gleichberechtigung als Anspruch allein nicht mehr aufrechterhalten ließe, ... nunmehr ein elastischerer Ausstattungsanspruch treten (solle), der Söhnen und Töchtern gleichmäßig« zustehe, »dessen Inhalt sich im einzelnen nach den wirtschaftlichen Verhältnissen der Beteiligten und nach der Billigkeit richten« solle. Im übrigen sollte »entsprechend der veränderten Rechtsstellung der ehelichen Mutter ... auch die uneheliche Mutter grundsätzlich das Recht auf Übertragung der elterlichen Gewalt« erhalten.[6] Der Bundestag hielt selbst die Neufassung des § 1354 des Bürgerlichen Gesetzbuches für bedenklich. Er werde »den tatsächlichen Verhältnissen des Lebens nicht gerecht«, denn »sehr leicht« könne »der Ehegatte ins Unrecht gesetzt werden ..., der zwar das Beste der Familie gefördert, aber im Einzelfall nicht das Einvernehmen mit dem anderen Ehegatten herbeigeführt hat ...«[7] Mit Schreiben vom 30. Januar 1953 fühlten sich die in den Fuldaer Bischofskonferenzen vereinten katholischen Oberhirten Deutschlands berufen, die künftigen Entscheidungen der Bundesregierung und des Parlaments in Gottes und der Kirche Sinn zu beeinflussen. So lobten sie ausdrücklich, daß die Bundesregierung »auch dem Schutz der *Institute* Ehe und Familie innerhalb des neuen Gesetzwerkes« Vorrang einräume, doch solle sie »im Sinne des natürlichen Ehe- und Familienbildes in den künftigen Gesetzesbestimmungen die Erstaufgabe der Ehefrau und Mutter im Hauswesen – für die Gesamtheit aller Familienmitglieder – klar« aussprechen.[8]

Eine Stellungnahme des Deutschen Gewerkschaftsbundes lag der Bundesregierung schon seit November 1952 vor. Er forderte die ersatzlose Streichung der § 1354 und § 1628 des Bürgerlichen Gesetzbuches.

Wie allenthalben längst befürchtet (oder herbeigewünscht?) wurde, überschritt der Gesetzgeber die ihm vorgeschriebene Anpassungsfrist nach Art. 117 des Grundgesetzes. Mit dem 1. April 1953 traten alle rechtlichen Bestimmungen außer Kraft, die dem Gleichberechtigungsartikel entgegenstanden. Die wichtigsten praktischen Wirkungen waren: Der Ehemann konnte fortan weder das Arbeitsverhältnis der Ehefrau kündigen, noch über ihr Vermögen verfügen. Eine Ehefrau war nun endlich berechtigt, ohne Zustimmung ihres Mannes am Geld- und Kreditverkehr teilzunehmen, d. h. z. B. schlicht, auch ein eigenes Konto zu eröffnen. Doch lachte mancherorts die bundesdeutsche Realität dem Recht ins Gesicht! Mit Rundschreiben des Bundesverbandes des Privaten Bankgewerbes e. V. vom 8. Juni 1953 wurde beispielsweise den angeschlossenen Instituten empfohlen, »in Anbetracht der höchstrichterlich noch nicht geklärten Rechtslage ... nach *Möglichkeit* die Zustimmung des Ehemannes zu Rechtshandlungen der Ehefrau auch nach dem 31. März 1953 einzuholen ... In Ergänzung der Ziffer AI 4 (Kreditaufnahme und Bestellung von Sicherheiten) ... jedoch« und »um in jedem Falle Rechtsnachteile zu vermeiden« solle »künftig bei Kreditaufnahmen und Bestellung von Kreditsicherheiten durch eine Ehefrau *ausnahmslos* die Zustimmung des Ehemannes« eingeholt werden.[9] (Seit 1981 scheinen solcherlei Geschäftspraktiken im deutschen Bankwesen wieder usus zu werden!)

In den folgenden Monaten bemühte sich der Vorstand der Bundestagsfraktion der CDU des leidigen Problems endlich Herr zu werden: Der Gleichberechtigung der Frauen durch Außerkraftsetzung des bisherigen Familienrechts. Er faßte zu diesem Zweck eine Änderung des Artikels 117 des Grundgesetzes ins Auge. Die dort verankerte Anpassungsfrist für das Familienrecht sollte nochmals verlängert werden, und zwar bis zum 31. März 1955. Doch dieses Vorhaben stieß selbst in der eigenen Partei auf bedenkliche Mienen. Mittlerweile waren in Anpassungsfragen diverse Gerichte tätig geworden und hatten, wie Elisabeth Schwarzhaupt betonte, »in vielen wesentlichen Fragen eine einhellige oder überwiegende Meinung gefunden, z. B. zum Verfügungsrecht der verheirateten Frau über ihr eingebrachtes Vermögen, zum Weiterbestehen der elterlichen Gewalt der wiederverheirateten Witwe, zur Gegenseitigkeit der Unterhaltspflicht und zur Verpflichtung des Mannes, der Frau einen Prozeßkostenvorschuß für die Scheidungsklage zu zahlen«.[10]

Am 18. Dezember 1953 erging die Entscheidung des Bundesverfassungsgerichts, »daß Art. 3 II des Grundgesetzes nicht nur ein politisches Programm, sondern eine echte Rechtsnorm ist«. Sie verbiete »die verschiedene Behandlung von Mann und Frau im Recht ebenso, wie der folgende Absatz des Art. 3 die verschiedene Behandlung der Menschen nach Abstammung, Rasse, Sprache, Heimat, Herkunft, Glauben, religiösen oder politischen Anschauungen« untersage. Dem besonders von Vertretern der katholischen Kirche behaupteten Widerspruch zwischen Art. 3 II und Art. 6 I des Grundgesetzes, der Ehe und Familie unter den besonderen Schutz der staatlichen Ordnung stellt, widersprach das Bundesverfassungsgericht. Art. 3 II des Grundgesetzes verbiete nur, »die Frau als Frau im Vergleich zum Manne zu benachteiligen«. Um jedem Mißverständnis vorzubeugen, betonte das Bundesverfassungsgericht, daß dieses Verständnis »nichts damit zu tun« habe, daß die objektiven biologischen und besonders die arbeitsteiligen Unterschiede auch im Ehe- und Familienrecht berücksichtigt werden dürfen oder müssen«. Deshalb seien z. B. »alle Bestimmungen zum Schutze der Frau als Mutter zulässig ebenso wie die Berücksichtigung der Tatsache, daß in der Regel der Mann durch außerhäusliche Erwerbsarbeit und Bereitstellung von Barmitteln, die Frau durch Haushaltsführung und Sorge um die Kinder der Familiengemeinschaft« diene.

Dreieinhalb Jahre nach diesem Urteil des Bundesverfassungsgerichts wurde das sogenannte Gleichberechtigungsgesetz am 18. Juni 1957 verkündet. Doch wieder mußte das Bundesverfassungsgericht angerufen werden, denn das ›Gleichberechtigungsgesetz‹ sah mitnichten Gleichberechtigung vor. Dem Vater war die alleinige Vertretungsmacht und Entscheidungsgewalt bei Meinungsverschiedenheiten der Eltern zugesprochen worden. In seiner Entscheidung wies das Bundesverfassungsgericht 1959 ausdrücklich das diesbezüglich stereotype Argument zurück, daß »der Schutz der Familie etwa ein Vorrecht des Vaters nötig mache« und erhob die »verfassungsgebotene Gleichberechtigung« zum »Strukturelement« der Familie: »Die zwischen den Eltern bestehende sittliche Lebensgemeinschaft und ihre gemeinsame, unteilbare Verantwortung gegenüber dem Kind führen in Verbindung mit dem umfassenden Gleichberechtigungsgebot der Verfassung im Bereich der elterlichen Gewalt zu voller Gleichordnung von Vater und Mutter.«

Die ehemalige Bundesverfassungsrichterin Erna Scheffler sah »mit dem Grundgesetz in der Rechtsprechung des Bundesverfassungsgerichts ... in Deutschland die Diskriminierung der Frau im Recht nahezu völlig bereinigt«, obwohl auch sie nicht von einer »tatsächlichen Gleichbewertung von Mann und Frau« sprechen wollte.[11] Daß das ›neue‹ Familienrecht im Zusammenhang mit der Rechtsprechung des Bundesverfassungsgerichts – durch die Verankerung des Leitbildes der Hausfrauenehe – die gesell-

schaftliche Diskriminierung der Frauen und deren Doppelbelastung außerordentlich begünstigt hatte, entging auch der Bundesverfassungsrichterin.
Erst im Laufe des kommenden Jahrzehnts rückte die Problematik dieser
Entscheidungen ins allgemeine Bewußtsein. Spuren von Veränderungs-
willigkeiten finden sich erst in der Reform des Familien-, Ehe- und Scheidungsrechts von 1977.

Leichte Griffolgen: Zur Entwicklung der Frauenarbeit

In der 1. Wahlperiode des Deutschen Bundestages brachte die KPD einen
Konkretisierungsantrag zum Gleichberechtigungsgesetz ein. Er enthielt
die Forderung an die Gesetzgeber, Frauen künftig Rechtsanspruch auf
gleichen Lohn bei gleicher Arbeit zu gewähren, bzw. das Lohngleichheits-
gebot gesetzlich zu verankern: »Heute stehen Hunderttausende von
Frauen im Arbeitsprozeß, haben eine Familie zu versorgen und arbeiten
unter Bedingungen, die wesentlich schlechter sind als die der Männer«.[12]
Das mochte der Bundestag gern glauben, allein, es fehlte der Wille, daran
etwas zu verändern. Sah die CDU, wie die Kirchen, den Vollzugsschwer-
punkt des Gleichberechtigungsgrundsatzes eher im Familien- und Ehe-
recht, so sprachen sich FDP, die Deutsche Partei und – in gewissem
Sinne – auch das Zentrum gegen eine gesetzliche Verankerung des
Lohngleichheitsgebots aus. Dieser Punkt falle, so argumentierte man tak-
tisch geschickt, in den Aufgabenbereich der Gewerkschaft. Er sei Gegenstand von Tarifverhandlungen und des Tarifrechts. Demgegenüber
konnte sich die SPD zu einer klaren Haltung nicht entschließen. Ergo
verschwand der Antrag im Ausschuß für Rechtswesen und Verfassungs-
recht und damit aus der parlamentarischen Diskussion.
Aber auch die Gewerkschaften fühlten sich überfordert. Allein der persönlichen Initiative des Gewerkschafters Bruno Eisenberger war es zu
verdanken, daß sich in der Frage der damals existierenden Frauenlohngruppen überhaupt etwas rührte. Für eine Hilfsarbeiterin aus der Holz-
industrie prozessierte er bis zum Bundesarbeitsgericht. Am 15. Januar 1955 kam es zu einem Grundsatzurteil. Das Bundesarbeitsgericht
stellte darin fest, daß der Gleichheitsgrundsatz des Art. 3 II des Grundgesetzes nicht nur die staatliche Gewalt, sondern auch die Tarifparteien – also
Unternehmerverbände und Gewerkschaften – als unmittelbar geltendes
Recht binde: »Eine Tarifklausel, die generell und schematisch weiblichen
Arbeitskräften bei gleicher Arbeit nur einen bestimmten Hundertsatz der
tariflichen Löhne als Mindestlohn zubilligt, verstößt gegen den Lohn-
gleichheitsgrundsatz und ist nichtig.« Doch, so führte das Bundesarbeits-

gericht weiter aus, könnten neue Lohnkategorien geschaffen werden, »insbesondere auch für leichtere und schwerere Arbeiten, die näher bezeichnet werden« sollten. »Sollte eine solche Methode der Tarifangleichung dazu führen, daß Frauen alsdann geringer entlohnt werden, weil gerade sie es sind, die leichtere Arbeit leisten, so bestehen dagegen keine rechtlichen Bedenken.«[13] Im gleichen Jahr verabschiedete – auch auf Betreiben der im Deutschen Frauenring zusammengefaßten Frauenverbände – der Deutsche Bundestag die Konvention Nr. 100 der Internationalen Arbeitsorganisation, in der sich die Mitgliederstaaten verpflichteten, dafür zu sorgen, daß in ihrem Land Männer und Frauen gleich entlohnt werden. An die Stelle der Frauenlohngruppen und die mit ihnen verbundenen schematischen Lohnabschlagsklauseln traten nun die auch heute noch geltenden Lohngruppen für »leichtere« und »einfache« Arbeit, die sogenannten *Leichtlohngruppen.* Die damalige Interessenlage war eindeutig: Die Unternehmer stellten sich auf den Standpunkt, die Anhebung der Frauenlöhne um etwa 25 % nur schwer verkraften zu können. Und die Gewerkschaften glaubten, mit ihren damals anstehenden Forderungen nach der 40-Stunden-Woche sowie nach Einführung des Urlaubsgeldes nicht durchzukommen, wenn sie gleichzeitig kompromißlos auf der Abschaffung der Frauenlohngruppen beharren würden.

Wie funktional und einseitig interessenbegünstigend die Entscheidung des Bundesarbeitsgerichts war – schon 1956 einigte sich der Vorstand der IG-Metall mit dem Gesamtverband der metallindustriellen Arbeitgeberverbände auf Lohngruppentexte mit dem Merkmal ›ohne besondere Anforderungen an die körperliche Leistungsfähigkeit‹ – verdeutlichen die Entwicklungen weiblicher Berufstätigkeit nach dem Zweiten Weltkrieg. Schon bald nach der Währungsreform von 1948 stieg weibliche Erwerbstätigkeit sprunghaft um 32 % an.[14] Trotz massiver öffentlicher Propaganda zugunsten Ehe, Familie und Mutterschaft waren 1950 7,949 Millionen (= 31,4 %) und 1953 schon 8,603 Millionen (= 33,1 %) Frauen erwerbstätig. Von den genannten 7,9 Millionen weiblichen Erwerbstätigen waren 1950 34,7 % verheiratet, d. h. sie waren in der Regel doppelbelastet, und 10,5 % waren verwitwet oder geschieden.[15] Bis 1970 stieg der Prozentsatz der verheirateten weiblichen Erwerbstätigen auf 40 % an. Insgesamt nahm von 1950 bis 1971 weibliche Erwerbstätigkeit um 83 % zu, wobei sich der Anteil verheirateter Frauen von 1950 bis 1968 mehr als verdoppelte. Schon 1962 war jede vierte berufstätige Frau Mutter von mindestens einem Kind unter 14 Jahren. Die Zahl der abhängigen weiblichen Erwerbstätigen erhöhte sich von 1967 bis 1976 von 7,218 auf 8,499 Millionen Frauen.[16] Der Presse- und Informationsdienst der Bundesregierung sah darin ein huldvolles Entgegenkommen: »Bei einem Mangel an Arbeitskräften ist die Wirtschaft immer mehr zur Beschäftigung auch

verheirateter Frauen bereit ...« Und: »Die ... höhere Zahl der Arbeit-
nehmerinnen seit 1950 rekrutiert sich zu einem großen Teil aus der
sogenannten ›stillen Reserve‹ der Ehefrauen.« Irgendwelche Hilfen für
dreifach belastete Frauen (als Erwerbstätige, Hausfrau und Mutter) ver-
zeichnete das »Deutschlandbuch« des Presse- und Informationsdienstes
1960 nicht, wohl aber die Sorge um sinkende Geburtsraten.[17] Die aus der
›stillen Reserve‹ an die Arbeitsfront Rekrutierten vermehrten das Heer
der unterbezahlten und zumeist kaum qualifizierten Frauen in den unteren Berufspositionen, die, als solche mobil, überall kurz angelernt und
billig eingesetzt werden konnten. 1954 waren 41,7 % aller weiblichen Beschäftigten Arbeiterinnen. 21,7 % waren Angestellte oder Beamtinnen
und 36,6 % Selbständige oder mithelfende Familienangehörige. Im
»Deutschlandbuch« stellte die Bundesregierung besonders heraus, daß es
1956 104 000 Betriebsinhaberinnen im Handwerk, 179 000 mithelfende
Familienangehörige (Meisterfrauen etc.), 86 000 Gehilfinnen und sonstige Fachkräfte und 72 000 weibliche Lehrlinge im Handwerk gab. »Im
großen Umfang kommen im Handwerk Frauen über die Lehrlingsausbildung und die Gesellenpraxis zur Meisterprüfung und zur selbständigen
Existenz. Das gilt besonders für die typischen Frauenberufe der Da-
menschneiderei, der Putzmacherin und der Wäscheschneiderin. Es gibt
aber auch zahlreiche Inhaberinnen von Wäscherei- und Plätterei-, Foto-
grafen- sowie von Goldschmiede- oder anderen Kunsthandwerkbetrie-
ben der verschiedensten Zweige«, so die Bundesregierung.[18] Das von dieser Seite ungewohnte Lob für Minderheiten hatte so seine Gründe. Noch
1979 wurden »3/4 aller Frauen mit abgeschlossener Berufsausbildung ...
in Betrieben mit weniger als 100 Beschäftigten ausgebildet, 41 % sogar in
Kleinbetrieben mit weniger als 10 Mitarbeitern«.[19] Was das für die gegen-
wärtige Ausbildungslage weiblicher Jugendlicher heißt, ist klar: die Wirt-
schaftskonzentration im allgemeinen und die Rezession im besonderen
treibt vor allem kleinere Betriebe in Konkurs. Auch die dual konzipierte
Berufsbildungspolitik geht vor allem zu Lasten des weiblichen Nach-
wuchses.

Bis 1975 hatte sich das Quotenverhältnis zwischen Arbeiterinnen
(= 32 %) und weiblichen Angestellten (= 49 %) auffällig verschoben. Das
sagt einiges über Qualifikationsverbesserungen aus und deutet auf leichte
Branchenverlagerungen bestimmter, typischer Frauenberufe hin. 1960
hatte der Anteil der weiblichen Erwerbstätigen mit abgeschlossener Berufsausbildung nicht einmal 25 % betragen; er stieg bis 1970 auf ca. 33 %.
Der Anteil der weiblichen Erwerbstätigen mit Hauptschulabschluß ohne
betriebliche Berufsausbildung sank von 56,7 % auf 46,9 %, derjenigen
mit Realschulabschluß von 4 % auf 3,7 %, der mit Abitur von 0,6 % auf
0,4 %, während der weibliche Anteil mit Berufsfach- und Ingenieuraus-

bildung von 11,9 % auf 12,4 % und der mit Hochschulabschluß von 2 % auf 3,1 % anstieg (bis 1970).[20] Darauf bezogen konnte Helge Pross 1975 feststellen, daß »die wichtigsten Bildungsgrenzen ... nicht zwischen dem Lager der Hausfrauen und dem der berufstätigen Frauen ..., sondern zwischen den Frauen unter und über dreißig« verliefen. Trotz dieses Qualifikationssprungs lagen auch noch 1980 »die Bruttoverdienste der Frauen ... unter denen der Männer, wenn sich auch der Abstand verringert hat: 1960 verdienten die Arbeiterinnen durchschnittlich um 40,3 % weniger als die Arbeiter, 1978 betrug die Differenz 31,3 %. Die weiblichen Angestellten verdienten 1960 um 44,1 % weniger als die männlichen Angestellten, 1978 waren es 35,5 %. 14,1 % der Männer, aber nur 2 % der Frauen hatten 1978 ein Monatseinkommen von 2500,– DM oder mehr. Ein Einkommen von weniger als 1000,– DM hatten 53,4 % der Frauen, aber nur 12 % der Männer.« Die Bundesministerin für Jugend, Familie und Gesundheit, Antje Huber, sah 1980 darin weniger eine »direkte Lohndiskriminierung« dokumentiert als vielmehr eine »strukturelle Benachteiligung von Frauen«.[22] Wie eins ins andere übergeht und kaum mehr unterscheidbar wird, zeigt das jüngste Beispiel der Triumph-Adler-Werke in Frankfurt. Mitte Okt. 1982 gewannen dort beschäftigte Frauen ihren fast dreijährigen Kampf um gleichen Lohn für gleiche Arbeit vor dem Arbeitsgericht. Die Firma wurde dazu verurteilt, den im Frankfurter Werk am Fließband arbeitenden Frauen rückwirkend den gleichen Lohn zu zahlen wie den Männern. Bislang waren die Männer in Lohngruppe 5, die Frauen in Lohngruppe 2 eingestuft. Das Urteil in der Tasche haben die Frauen dennoch zunächst »Steine statt Brot« (Frankfurter Rundschau). Denn: Sofort nach dem Urteil schritt die Firma zu innerbetrieblichen Maßnahmen. Die Frauen wurden – unter Umgehung des Betriebsrates – auf andere Arbeitsplätze versetzt, selbstverständlich Arbeitsplätze der Lohngruppe 2. Die Firma begründete ihre Maßnahme mit Rationalisierungsnotwendigkeiten. Und der Betriebsrat schwieg, weil er offenbar eine Lohnabstufung für die männlichen Kollegen fürchtete, wenn er den Frauenkampf unterstützt. Solche innerbetrieblichen Maßnahmen hatte wohl auch eine Studie des Rationalisierungskuratoriums der deutschen Wirtschaft im Auge, in der 1978 zu lesen war: »Die vorfindliche Struktur der Frauenerwerbsarbeit ist charakterisiert durch im Vergleich zur Männerarbeit im Durchschnitt deutlich geringere Chancen in bezug auf Arbeitsplatzeinsatz, Qualifikationsanforderungen und Entlohnung sowie durch ein stark verengtes Spektrum von Auswahlmöglichkeiten im Arbeitsplatzangebot ... So ist ein großer Teil aller Arbeiterinnen in der Industrie auf wenige Industriezweige bzw. -gruppen konzentriert und überwiegend in ungelernten oder angelernten Tätigkeiten mit geringem Qualifikationsniveau beschäftigt. Und obwohl sich die Zahl der weib-

lichen Angestellten in den letzten 20 Jahren verdoppelt hat, zeigt sich auch hier eine Beschränkung auf wenige Bereiche, in denen Frauen vorwiegend an gering qualifizierten Arbeitsplätzen beschäftigt sind.«[23]
Das allerdings dürfte für so manche Arbeitgeberverbände kein Problem gewesen sein. Eine kleine Wesensschau auf »die Frau« hatte längst ergeben, daß sie »in der Regel ein bewußt positives, körperlich betontes Lebensgefühl besitzt« und deshalb »meistens eine besondere Freude am leichten Ablauf der Griffolgen (hat): die fließenden Bewegungen eines Arbeitsganges bereiten ihr häufig einen geradezu ästhetischen Genuß«.[24]
Die Frau als nutzbares Debilitäts- und Defizitärwesen, solche Legitimierungszynismen haben Tradition. Noch in den 50er Jahren wurde in wissenschaftlich aufbereiteten Abhandlungen mit der ganzen Strenge des Gedankens erwogen, ob sich die Frau überhaupt für das Berufsleben eigne. Fragen wie »Birgt die moderne Berufswelt in sich Momente, denen die Frau (und nur die Frau) nicht gewachsen ist, bzw. die ihr Mensch-Sein gefährden können?« trugen dem Publikum zeitgerechte ›Teils-Teils-Antworten‹ ein und dem Probanden die Doktorwürde für sein Werk mit dem Titel »Die Berufstätigkeit der Frau als soziologisches Problem«.
So konnten Frauen letztendlich nichts als dankbar sein, in den ästhetischen Genuß von Fließbandarbeiten kommen zu dürfen! Aber die Verwertung ihrer Arbeitskraft, die Arbeitsstrukturen, oder alles was mit Lohn, Arbeitsbedingungen und -organisation zu tun hat, überhaupt in Frage zu stellen, welch eine Hybris, welch ein Aufstand wider die Natur. Bei den Frauen lag generell die Beweispflicht zu zeigen, daß sie überhaupt fähig und in der Lage waren, als Geschlechtswesen »Frau« außerhäuslich zu arbeiten und sich zu qualifizieren, ohne ihre wahre Bestimmung »Hausfrau und Mutter« zu vernachlässigen. Kritikfähigkeit und Problembewußtsein galt (und gilt zuweilen heute noch) als Beweis des Gegenteils. Nicht wenige Frauen akzeptierten diesen Legitimationszwang, wie aus so manchen Beiträgen und Erläuterungen zur Frauenarbeit insgesamt hervorgeht, die von Verfasserinnen stammen. Fast nirgends findet sich die Frage nach der Legitimation derer, die solche Beweise wie selbstverständlich einforderten. Im Gegenteil, in Fällen des Zweifels haben Mädchen und Frauen auch heute noch die Gründe ›ihres‹ Scheiterns bei sich selbst zu suchen; nicht anders als vor 20 Jahren, als die Redakteurin der Frankfurter Allgemeinen Zeitung, Brigitte Beer, durchaus wohlwollend schrieb: »Was die Frauen heute zum Bau einer veränderten, noch nach neuen Formen suchenden Gesellschaft beitragen, ist weniger, als sie ihrer Begabung nach geben könnten. Sie werden daran gehindert durch zählebige Vorurteile gegen ihre Fähigkeiten und gegen ihr Wirken in der Öffentlichkeit, aber sie stehen sich auch selbst im Weg. Sie setzen ihre beruflichen Ziele häufig von vornherein niedriger an, als es ihrer Bega-

bung nach gerechtfertigt wäre. Sie wählen ihren Beruf oft nicht nach Neigung und Anlage, sondern nach der Kürze der Ausbildung und raschen Verdienstmöglichkeiten. Sie bescheiden sich leichter als ihre Brüder, wenn ihre Berufsziele den Eltern zu kostspielig sind.« Zwei Gründe machte die Redakteurin dafür aus: »Der eine ist ein Mangel an Selbstbewußtsein; viele Mädchen glauben, sie könnten es mit den Männern im Berufsleben doch niemals voll aufnehmen. Der zweite Grund reicht an die Wurzeln ihrer Existenz: immer wird die Frau dem Heim, der Familie, in erster Linie aber der Mutterschaft mit einem entscheidenden Teil ihrer Wünsche, Hoffnungen und Verpflichtungen verhaftet bleiben, auch wenn sie in der äußeren Welt andere Ziele und Aufgaben sieht. So denkt ein Mädchen, das seinen Lebensplan entwirft, in zwei Richtungen. Wenn sie einen Beruf wählt, bedeutet das für sie nicht Verzicht auf Ehe und Kinder. Die überwiegende Meinung der Öffentlichkeit ist jedoch, daß beides sich nicht ohne Schaden vereinen lasse. Daher betrachten viele Mädchen den Beruf nur als eine Art von Rückversicherung.«[25] Dieser Text erschien zwei Jahre nach dem Urteil des Bundesverfassungsgerichts, in dem bundesdeutschen Ehefrauen Berufstätigkeit als Zuverdienst verordnet und den Ehemännern die Möglichkeit gegeben worden war, gegen Berufsidentifikationen ihrer Ehefrauen Einspruch zu erheben. Letzteres, wenn sie über das Motiv, die Familie mit zu erhalten, hinausgingen oder aber der Ehemann der Meinung war, die Erfüllung der Hausarbeitspflichten werde beeinträchtigt.

Tatsächlich standen bis tief in die 60er Jahre alle sozialen, ideologischen, rechtlichen und ökonomischen Zeichen so, daß Mädchen und Frauen in permanente Rollen- und Normenkonflikte gerieten und geraten mußten. Und die hatten sie mit sich alleine auszumachen. Was immer sie taten: sie kollidierten in jedem Fall mit irgendeinem verinnerlichten oder an sie herangetragenen Anspruch. Sind verheiratete Frauen berufstätig, sorgt sich die Öffentlichkeit lüstern um die »Schlüsselkinder« (so geschehen Ende der 50er Jahre, als die Regenbogenpresse »Bilder von weinenden Kindern mit dem Haustürschlüssel um den Hals« veröffentlichte und damit berufstätige Mütter unter Druck setzte[26]). Sind Ehefrauen aber nicht berufstätig, droht ihnen – je nach Konjunktur – gleichfalls der Bannstrahl der öffentlichen Meinung. Da werden dann z. B. folgende Fragen gestellt: Kann »die Volkswirtschaft überhaupt auf die Dauer auf einen Teil von Arbeitskräften verzichten?« Ist es »mit dem demokratischen Gleichheitsgrundsatz vorüber . . ., wenn ein Teil der Bevölkerung (die Gruppe der verheirateten Frauen ohne oder mit 14jährigen Kindern) über mehr Muße und persönliche Freiheit verfügt als andere Bevölkerungsgruppen bei gleichzeitig geringerer Leistung zum Brutto-Sozialprodukt (wenn man überhaupt – entgegen der volkswirtschaftlichen Gesamtrechnung –

den Betrag der Hausfrauentätigkeit miterfaßt)?« Oder schließlich: Ist »die Nichterwerbsarbeit dieser Gruppe von verheirateten Frauen lediglich als Familienluxus, als private Verteilung des Familienbudgets« zu betrachten?[27] Wie nicht anders zu vermuten, entstanden solche Fragen in Zeiten der Hochkonjunktur. Die Absicht war zu klar, um noch einzuleuchten: Im Namen des zweifelhaften theoretischen Konstrukts »Volkswirtschaft« – und geschickt manipulativ an latente Übervorteilungsängste und weiblichkeitsfeindliche Tendenzen in weiten Bevölkerungskreisen appellierend – sollte sozusagen die letzte billige einheimische Arbeitskraft aus häuslichen Winkeln hervorgezerrt werden.

Heute sieht dasselbe Problem schon wieder ganz anders aus. Die vorprogrammierte Rationalisierungsarbeitslosigkeit, vor allem in sogenannten Frauenberufen, schärft ein gewisses Erinnerungsvermögen in ungeahntem Ausmaß: ... war die eigentliche Wesensbestimmung der Frau nicht die Mutterschaft? ... hat die innerfamiliale Sozialisationsfunktion unter der Doppelbelastung der Frauen – vor allem in unteren Schichten – nicht erhebliche Mängel aufzuweisen? ... ja, sind Frauen am Fließband und vor Bildschirmen überhaupt glücklich? Fragen über Fragen, eifrig blättert man in diversen, längst verstaubten Studien. Sprachschöpfungen wie beispielsweise »Emanzipationshysterie« haben jetzt Hochkonjunktur!

Von der korporativen zur autonomen Frauenbewegung

Nach dem Zusammenbruch 1945 entstanden in vielen Großstädten Frauenausschüsse, die – ähnlich wie die antifaschistischen Arbeiterausschüsse – überparteilich waren und erste kommunalpolitische Neuansätze darstellten. So in Frankfurt, Köln, Düsseldorf, Duisburg und Essen. »Der Frauenausschuß will durch Unterbreitung entsprechender Vorschläge und praktischer Mithilfe die Arbeit der Stadtverwaltung zwecks Überwindung der Schwierigkeiten des täglichen Lebens unterstützen. Er will durch Aufklärung in Wort und Schrift die Frau im demokratischen Geist erziehen und ferner mitwirken im Kampf um die Gleichberechtigung der Frau auf politischem, wirtschaftlichem und sozialem Gebiet, in der kulturellen Betreuung von Frauen sowie in der Schaffung von Frauenberatungsstellen und Frauenheimen«, so lautete das Programm des Frauenausschusses Duisburg von 1949.[28] Im gleichen Jahr trat der Frankfurter Frauenausschuß mit einem 8 Punkte-Katalog an die Öffentlichkeit:

1. Gleichberechtigung der Frau
2. Mitwirkung in der Verwaltung
3. Gleiches Recht auf Arbeit und gleicher Lohn

4. Gerechte Beteiligung der Frau in den Berufsvertretungen
5. Hinzuziehung im Rechtswesen
6. Neuordnung des Familienrechts
7. Mehr Frauen in führenden Stellen und im Erziehungswesen
8. Höhere Wertschätzung der Frauenarbeit

Gleichzeitig forderte er »die Frauen aller Städte und Gemeinden auf, lokale Frauenausschüsse zu gründen, die dann später in einer einheitlichen Organisation unter Leitung des Frankfurter Frauenausschusses zusammengefaßt werden sollten mit dem Fernziel einer Vereinigung aller Frauenorganisationen in ganz Deutschland«. Für Gabriele Strecker, die erste von der amerikanischen Militärregierung bestallte Leiterin des Hessischen Frauenfunks, war dies der Versuch, »eine Frauenbewegung zu schaffen, die der Zeit entsprach«, nämlich Aufbau von unten, strenge Überparteilichkeit, Unabhängigkeit von staatlichen Institutionen, eine einheitliche, »keine Klassen mehr kennende Interessenvertretung«.[29]
Im Mai 1947 fand in Bad Boll die 1. Interzonale Frauenkonferenz statt, und im Juni 1947 schlossen sich 15 Frauenverbände in Bad Pyrmont zur »Arbeitsgemeinschaft überkonfessioneller und überparteilicher Frauenorganisationen« zusammen. Im Oktober 1949 wurde an demselben Ort der »Deutsche Frauenring e. V.« unter dem Vorsitz der ehemaligen Regierungspräsidentin von Hannover und späteren Staatssekretärin Theanolte Bähnisch gegründet. Ab 1951 erschien das Informationsorgan des »Deutschen Frauenrings«, der »Informationsdienst für Frauenfragen e. V.« in Bad Godesberg.[30] Die frühe Organisationsgeschichte der Nachkriegsfrauenbewegung ist bislang wenig erforscht. Ungeklärt ist z. B. auch, ob die im »Deutschen Frauenring« u. a. zusammengeschlossenen Frauenausschüsse auch über längere Zeitspannen hinweg personelle Kontinuitäten aufgewiesen haben oder ob die einsetzende, feindselige Abgrenzung gegen Osten – wie gegen kommunistisches Denken allgemein – jene Frauen abdrängte, die mit Gleichberechtigung mehr verbanden als Gleichwertigkeit auf der Basis traditionaler Geschlechterarbeitsteilung. Gabriele Streckers Polemik gegen den »Demokratischen Frauenbund Deutschlands« (DFD), er sei eine Gründung »aus den vorgebildeten Kadern der Frauenausschüsse – die ursprünglich unter anderen Zeichen angetreten« seien –, läßt auf massive Konflikte in den westzonalen Frauenausschüssen schließen. Ähnliches ist zu ihrer sonderbaren Kritik zu vermuten, in der »Ostzone« sei Gleichberechtigung »einfach dekretiert« worden, das dortige Familienrecht sei »der Frau in ihrer fraulichen Substanz feindlich« und die Frauen bildeten »im großen Arbeitshaus der ›Zone‹ ... die Reservearmee, aus der man immer neue Arbeitsrekruten herausholen« könne.[31] Überparteilichkeit mochte also in Sachen Kom-

munismus Parteilichkeit gegen ihn heißen. Wie auch immer, Tatsache scheint, daß das Selbstverständnis und der Aktionsradius der bundesdeutschen Frauenbewegung bald wesentlich konservativ geprägt war und darin an die traditionelle bürgerliche Frauenbewegung vor 1933 anschloß. Die Jahre zwischen 1933 und 1945 blieben für sie – wie für andere gesellschaftliche Gruppierungen in der Bundesrepublik auch – lange Zeit tabu, waren das »dämonische Rätsel«, wie die einst weithin bekannte konservative Frauenrechtlerin Gertrud Bäumer 1946 in »Der neue Weg der deutschen Frau« schrieb.[32] Aktuell zu tun habe man es jetzt mit »bevölkerungspolitischen Veränderungen«, die »doch das Schicksal eines jeden, vor allem aber das der Frauen (beeinflussen), die zahlenmäßig als unbestrittene Sieger – leider – aus der biologischen Katastrophe des Krieges« hervorgegangen seien.[33]

Auf der Dreijahreskonferenz des International Council of Women (IWC) am 2. April 1951 in Athen wurde der »Deutsche Frauenring« als vollberechtigtes Mitglied in den IWC aufgenommen und fand damit wieder Anschluß an die internationale Frauenbewegung. Die Aufgaben des »Deutschen Frauenrings« schilderte Theanolte Bähnisch vor den in Athen versammelten Frauen:

1. Staatsbürgerliche Erziehung und Vorbereitung von Frauen auf eine Arbeit in der politischen Öffentlichkeit, staatsbürgerliche Kurse, höhere Frauenquoten in leitenden, politischen Stellungen usw.

2. Mitarbeit im Rechtsausschuß an der Rechtsreform zu Art. 3 des Grundgesetzes

3. Beteiligung an der Lösung von Fragen der Volks- und Heimwirtschaft: Berufung des Deutschen Frauenrings in Ausschüsse der Behörden und Fachverbände, Hinzuziehung zu den Verbrauchervertretungen, Zusammenarbeit mit Handel und Industrie, mit Preisüberwachungsstellen und mit der Wirtschaftspresse

4. Als beratendes Mitglied Vertretung in Bau- und Wohnungsausschüssen der Städte und Gemeinden; Mitarbeit an Wohnungs- und Siedlungsfragen. Kontaktierung der Fachverbände; Mitgliedschaft in verschiedenen Forschungsausschüssen, dem Institut für Bauforschung und im Normenausschuß. Den »Deutschen Frauenring« vertretende Architektinnen und Wohnungsexpertinnen arbeiten a) an der Zusammenstellung von Material für rationellen Wohnungsbau, b) an der Rationalisierung der Hauswirtschaft (Geräte und Arbeitsvorgänge), c) an Raumgestaltung und der Konstruktion »geschmackvoller und zeitgemäßer Möbelformen«.

Die eher konservativ-puritanischen Züge des Arbeitsprogramms verdeutlichen sich in den beiden Schwerpunkten »Kulturelle Arbeit« und

»Sozialpolitik«. Zur kulturellen Arbeit hieß es: »Im Mittelpunkt ... steht für uns das Bild vom rechten Menschen ... Ziel ist der Wiederaufbau der seelischen Substanz im Menschen.« Wie die Arbeit in den darunterfallenden Bereichen Erziehung und Bildung und die Beobachtung von Schrifttum, Rundfunk, Film und Theater aussah, läßt sich angesichts der zitierten Leitmotivik denken. Auf den Fahnen stand Kampf gegen Schmutz und Schund und die Zusammenarbeit mit der freiwilligen Selbstkontrolle der deutschen Filmwirtschaft. ›Keine Experimente‹, das galt auch für die bürgerlichen Frauenorganisationen der ersten zweieinhalb Nachkriegsjahrzehnte. Deren vorwiegend ältere Mitglieder hatten kaum sozio-ökonomische oder andere prinzipielle Neuerungsinteressen, noch unternahmen sie größere Ausflüge ins Reich von Veränderungsphantasien. Im Rahmen der Sozialpolitik spielte die Gesundheitspflege eine große Rolle. Man kämpfte gegen Tabak- und Alkoholsucht, gegen Geschlechtskrankheiten und Prostitution und erwirkte »Fürsorge- und Bewahrungsmaßnahmen«. Auch das Schlußlicht des Punktekatalogs war Anliegen, nämlich die »Förderung der beruflichen Interessen«. Darunter fielen Berufslaufbahnfragen, Probleme im Tarifwesen und die Stellung der berufstätigen, verheirateten Frau. In dieser Form blieb der Arbeitskatalog des »Deutschen Frauenrings« lange gültig. Neue Impulse kamen in der zweiten Hälfte der 60er Jahre wohl nicht zufällig von außen.

Binnen weniger Jahre nach seiner Gründung war für den »Deutschen Frauenring« – in Zusammenarbeit mit dem seit 1949 im Bundesinnenministerium existierenden Frauenreferat und allen angeschlossenen berufsständischen und konfessionellen Frauenverbänden – nichts so signifikant wie seine bürokratisch genormte Institutionalisierung. Kämpferische Töne waren nur in den Anfangsjahren vereinzelt zu hören. Wenig später sind sie wohl in verbandsinternen Widersprüchen, in der Flut von Petitionen, Eingaben, Appellationen, Tagungen, Expertisenerstellung und Ausschußtätigkeiten untergegangen. Beispielsweise hatte der Verband nie die Tatsache kontrovers diskutiert, daß in ihm Unternehmerinnen neben Arbeiterinnen organisiert waren. Ihrer Struktur und Zusammensetzung gehorchend, wandten sich die Frauenverbände dort, wo sie keine dezidierten Eigeninteressen ökonomischer, ideologischer oder sozialer Natur verfochten, dem Dasein der Frauen als Bürgerinnen zu. Das war sozusagen der abstrakteste gemeinsame Nenner. Dorothea Karsten, erste Leiterin des Frauenreferats im Bundesinnenministerium, sah die Frauenorganisationen selbst »als hohe Schule für die erstrebte Zusammenarbeit im Sinne organischer Partnerschaft« mit Männern in öffentlichen und politischen Gremien. Staatsbürgerkunde und politische Erziehung von Frauen standen immer wieder auf Tagungs- und Seminarprogrammen. Selbstredend war man der Ansicht, daß die weibliche

Unterrepräsentanz – der Begriff »Diskriminierung« wurde erst später gängig – auf Kommunal-, Länder- und Bundesebene auf entsprechende politische und interessenbedingte Qualifikationsdefizite bei Frauen zurückzuführen sei. Die Frauen sollten sich die harten Brotkanten aneignen: das vorgefertigte, gar nicht erst zur Diskussion stehende Wissen über staatliche Institutionen, Bürokratien, die demokratischen Organisationen, Entscheidungsprozesse, -wege und Wahlvorgänge. Sie sollten lernen, wie es funktioniert, wie es gemacht wird. Als Demokratinnen und Mütter künftiger Generationen von Staatsbürgern hatten sie ein politisches Pflichtpensum zu absolvieren. So offerierte man den Frauen – freilich in nettem, plauderndem Ton – verselbständigte Polit-Abstrakta. Sanft aufbereitet, im Kern aber autoritativ, versuchte man den Mythos jener Jahre unanfechtbar zu machen, nämlich »Sachlichkeit« und damit das herrschende Demokratie- und Politikverständnis.

Zugleich wurden die Frauen offen gewarnt: »Die Formen und Ordnungen dieser Welt sind vom Mann entwickelt und geprägt ... Der Rhythmus in der Öffentlichkeit ist männlicher Rhythmus. Ganz anders als in der Familie sind die Aufgaben, die im Beruf und im sonstigen öffentlichen Bereich zu erfüllen sind ... sie sind versachlicht und dienen sehr oft einem nicht sichtbaren, unbekannt bleibenden (!) Empfängerkreis. Unbewußt, ungewollt und unmerklich, im ganzen aber auch ohne Widerspruch hat die Frau sich dieser männlich geprägten Welt und ihren Ordnungen angepaßt, die ihrem Wesen und ihren andersgearteten körperlichen und seelischen Bedürfnissen im Grunde diametral entgegengesetzt sind.«[34] Das manipulative Spiel mit der Angst von Frauen, scheinbar gesicherte Identitäten zu verlieren, die Beschwörung des Teufelswerks der Vermännlichung und die Anspielungen auf Wissensdefizite, die Unbekannte mißbrauchen könnten (naive Frauen, die unbewußt Moskaus 5. Kolonne werden) das alles mußte die weitverbreitete Rede vom schmutzigen Geschäft »Politik« verstärken. Die Drohung, daß »die Frauen in der Öffentlichkeit nicht mehr wie in der Familie als etwas Weseneigenes betrachtet und behandelt werden, sondern als Abbild des Mannes«[35], wie es Dorothea Karsten formulierte, spiegelte aber auch gängige Frauenmoral: *Jede* weibliche Beschäftigung hatte ein Opfer zu sein. Als Frau in der Polit-Welt der Männer zu arbeiten, bedeutete Leiden und Verzicht auf die Äußerungen des weiblichen Wesens: Emotionalität, Personenbezug, Passivität, Hingabefähigkeit und natürlich, wie es die evangelische Kirche sah, Verzicht auf Familie, wesensverwirklichende Hausarbeit und Kindererziehung. In kritikloser Affirmation des Bestehenden, unter anderem durch diese so merkwürdigen Anthropologisierungen gesellschaftlicher Resultate *und* Machtkonstellationen, paralysierten sich – alles in allem – die Frauenorganisationen selbst. Interessenwahrnehmung war zwar gefordert, doch eigentlich nicht wirklich möglich, weil eben unweiblich. So gerieten Demokratie und Wesensbestimmung des Weiblichen tendenziell in Gegensatz zueinander. Gemäß ihrer faktischen Unterdrückungssituation in Familie, Beruf und Politik wurde die Frau als Frau implizit zu dem nicht demokratiefähigen Wesen erklärt, das aber, weil es nun einmal in einer Demokratie lebt, Rechte, vor allem aber Pflichten hat und deshalb so tun muß, als ob es diese auch wahrnehmen könnte. Schließlich brauchte man z. B. die kostenlose, ehrenamtliche Sozialarbeit der Frauen in den Gemeinden, aber auch an den Nahtstellen zwischen Parteien und Wahlvolk, eine vor allen den CDU-Frauen reservierte Aufgabe.[36] Nicht einmal der argumentative Widerspruch war für die verwaltete Frauenbewegung auflösbar, darin überlebte sie sich selbst. In ihrer weiteren Geschichte hinkte sie den wirklichen Ereignissen hinterher. Oder besser, sie wurde von ihnen überrascht. Allzu fixiert auf Behörden, Parteien, Parlamente und weibliches Wahlverhalten, auf geltende Normen politischen Agierens, auf berufständische Interessen, auf Verbraucherschutz und Konsumentinnenberatung, verkannte sie die Zeichen der Zeit. Obwohl auch die vom »Deutschen Frauenring« mitinitiierte »Frauenenquête« und deren – allerdings von der Notstandsgesetzgebung völlig in den Hintergrund gedrängten – Anhörungen bereits 1966 gezeigt hatten, daß sich die objektive und subjektive Situation der Frauen unerträglich zuspitzte, obwohl der auf den Straßen wedelnde ›studentische Mob‹ (so titulierte Springers Bild-Zeitung die protestierenden Studenten) für neue, dieser Republik bisher unvorstellbare, unerhörte Art von Reinlichkeit sorgte und objektiv eine politische Sensibilisierung für gesellschaftliche Probleme ausdrückte, war die verwaltete Frauenbewegung nicht in der Lage, die Signale aufzunehmen. Die Neue Frauenbewegung entstand unabhängig und teilweise gegen sie. Das war auch in anderer Hinsicht kein Zufall. Der gesellschaftliche Entstehungsort der Neuen Frauenbewegung lag so ziemlich außerhalb des politischen Blickfeldes der etablierten Frauenorganisationen. Es war aber der Ort, an dem sich die vorhandenen Widersprüche für Frauen am schärfsten bemerkbar machten *und* an dem Frauen am ehesten die Probleme selbstbewußt aufnehmen konnten: im kritisch gesinnten, studentischen Milieu.

1969 gründeten sieben höchst gestreßte, doppelbelastete SDS-Frauen in Berlin den »Aktionsrat zur Befreiung der Frau«. Damit reagierten sie auf SDS- (= Sozialistischer deutscher Studentenbund) und sonstige dreiste Mannsherrlichkeit. Geschickt gezielte, überreife Tomaten in Richtung SDS-Jungpatriarchen aber – so geschehen auf der 23. Delegiertenkonferenz des SDS 1968 in Frankfurt – wurden zum eigentlichen Gründungssymbol der Neuen oder Autonomen Frauenbewegung. Sie ließen ahnen, wie künftig mit Weiblichkeitsetikettierung wie »weich, emotional, personenbezogen« umgegangen werden würde. Im Grundsatzpapier des Aktionsrates hieß es später noch recht trocken: »Die Frauen linker Männer empfinden den Widerspruch zwischen dem politischen Anspruch und ihrer eigenen abhängigen Situation am schärfsten, sie fallen praktisch für die politische Arbeit, die sie als notwendig erkannt haben, aus, weil ihnen im wesentlichen die Sorge für die Kinder überlassen bleibt ...«[37] Derweil skandierte der 1968 gegründete Frankfurter Weiberrat: »Befreit die sozialistischen Eminenzen von ihren bürgerlichen Schwänzen!« Der Feminismus hatte die politische Landschaft betreten und ist heute aus ihr nicht mehr wegzudenken.

»Wenn man feministische Zeitungen und Zeitschriften, Flugblätter, Broschüren und Bücher der letzten zehn Jahre studiert, so fällt einem auf: Die Frauen, die sich zum Beginn der siebziger Jahre zusammenschlossen, glaubten wirklich, sie seien die Begründerinnen der Frauenbewegung«, so faßt beispielsweise Renate Wiggershaus ihren Eindruck zusammen.[38] Daß dem so war, hing im wesentlichen damit zusammen, daß die bundesrepublikanische Nachkriegsgesellschaft die Geschichte der Frau generell und die der Frauenemanzipation besonders – entstellt, verdrängt, verschwiegen oder der Lächerlichkeit preisgegeben hatte. Das hatte u. a. nicht nur die traditionelle Frauenbewegung geprägt, es sollte auch die Neue Frauenbewegung prägen, und zwar in spezifischer Weise. So stellten sich die Einzelkonflikte, an denen sie sich entzündete, erst nach und nach als grundsätzlich gesellschaftliche heraus. Nur sehr wenigen Frauen war anfangs klar, daß sie gegen Diskriminierungen, Unterprivilegierung und Abhängigkeit zu kämpfen begonnen hatten, die systemimmanent tragend waren und die ihr Geschlecht als solches – nur eben graduell verschieden – betrafen.[39] Erst als zahlreiche Frauen, auch im Zusammenhang mit dem aktionsreichen Kampf gegen den Abtreibungsparagraphen 218 des Strafgesetzbuches mit dem Slogan »Mein Bauch gehört mir!« zusammenfanden, wurden die Probleme transparenter. Als sie nämlich das in der je einzelnen Privatheit individuell Erlebte und Erfahrene zusammentrugen und wider alle Tabuisierungen öffentlich machten, wurden gesellschaftliche Methodik, Struktur und ökonomische Funktionalität weiblicher Diskriminierung erkennbar. Die Privatisierung in der Form der Hausfrauenehe, die weibliche Konkurrenz um den Mann, der sexuelle Objektstatus und die den Frauen ansozialisierten und qua verlogener Moral stabilisierten Sprechverbote – was sogenannte Intimitäten, zwischengeschlechtliche Umgangsweisen und weibliche Bedürfnisse anging – erwiesen sich als probate Mittel, patriarchale Strukturen zu erhalten: Jede Frau mochte in ihrer individuellen Isolation und verinnerlichten Konkurrenzhaltung gegenüber dem eigenen Geschlecht glauben, daß es an ihr selbst, oder den besonderen Umständen liege, daß es nur ihr so ergehe, weil sie eben doch zu ungeschickt, zu unbegabt, zu unqualifiziert, zu dumm, zu häßlich …, also eben ›nur eine Frau‹ sei. Immer deutlicher wurden auch die Folgen der langen Unterdrückungsgeschichte, nämlich Minderwertigkeitsgefühle, Verachtung für das eigene Geschlecht und daraus resultierende, selbstzerstörerische Anpassungsbereitschaften. »Sisterhood« und »Frauenpower« dagegen wurden zum gänzlich neuen Gefühl. Euphorische Selbstentdeckungen in neuer Gemeinsamkeit führten zur Setzung eigen-williger Kriterien. Die Forderungen nach Selbstbestimmung und Selbstverwirklichung zogen radikale Infragestellungen jener *für* Frauen entworfenen Verhaltensmuster nach sich. Geltende Weiblichkeitsmoralitäten, Frauenbilder (»Frauen zerschlagt Ideologien, die uns nur wollen auf Knien!«), geschlechtsspezifische Arbeitsteilungen (»Frauen kriegen Kinder, Männer sind Erfinder«) und Rollenzuweisungen (»Wir haben begriffen, was unsere Rolle war, politisch eine Null, im Bett immer da«)[40] wurden zu wichtigen Themen der Neuen Frauenbewegung, wohl erstmalig in der jüngeren Geschichte von Frauen selbst völlig neu aufgerollt und überdacht. Der Schock allerdings, auf diesem Weg mit der eigenen historischen Nicht-Existenz und der fehlenden Realisation von Weiblichkeit in der Sprache, den Wissenschaften, der Kunst, der Architektur und Technik konfrontiert worden zu sein, sitzt bis heute tief. Das war schwer auszuhalten und nicht wenige Teile der Frauenbewegung neigten zu neuen Verleugnungsstrategien der schlechten Geschichte und Gegenwart. Anfang der 70er Jahre bildeten sich in den Großstädten und später auch in den Regionen zahllose Frauenzentren, -foren und -selbsthilfegruppen. 1972 erschien das erste Frauenhandbuch, verfaßt von der Westberliner Frauengruppe »Brot und Rosen«. Es behandelte vorwiegend die Abtreibungsproblematik und Fragen einer neuen weiblichen Gesundheitspolitik. Die folgenden Jahre waren von vielfachen Aktionen und Aktivitäten geprägt. 1973 trafen sich die Delegierten der Frauengruppen in München; hier setzte erstmals die Diskussion um Matriarchat und Lohn für Hausarbeit ein. Im September 1974 fand der erste nationale Selbstorganisationskongreß in Bochum statt, im November kurz darauf der internationale Frauenkongreß in Frankfurt. Mittlerweile waren die jeweils dazu und zu anderen Anlässen stattfindenden Frauenfêten mit mehr als 1000 Teilnehmerinnen, organisiert von Frauen für Frauen, längst sprichwörtlich; der Ausschluß von Männern erregte nicht nur in Szene-Kreisen Zorn und heftige Vorwürfe.[41]

Im Februar 1975 äußerte sich der nationale Frauenkongreß in Mannheim/Ludwigshafen noch einmal zum § 218 StGB und zur damals anstehenden Entscheidung des Bundesverfassungsgerichts. Am 26. April 1974 hatte der Bundestag die Fristenregelung angenommen, d. h. die Legalisierung der Abtreibung innerhalb der ersten drei Monate, wenn vor dem Schwangerschaftsabbruch eine ärztliche Beratung erfolgte. Dagegen hatten die CDU/CSU-regierten Länder und die CDU/CSU-Bundestagsfraktion beim Bundesverfassungsgericht geklagt. Die Fristenlösung garantiere nicht mehr das Recht auf Leben und sei für verfassungswidrig zu erklären. Mit Urteil vom 25. Februar 1975 entschied das Bundesverfassungsgericht im Sinne der CDU/CSU. Fünf von sieben Richtern brachten die Fristenregelung zu Fall. Sie gingen davon aus, daß der Staat »grundsätzlich von einer Pflicht zur Austragung der Schwangerschaft« ausgehen müsse. Somit sei der Schwangerschaftsabbruch »grundsätzlich als Unrecht« anzusehen. In das Urteil fand auch folgender Satz Eingang: »Viele Frauen . . . lehnen die Schwangerschaft ab, weil sie nicht willens sind, den damit verbundenen Verzicht und die natürlichen mütterlichen Pflichten zu übernehmen.«[42]

Im Juni 1975 organisierte das Frauenzentrum Frankfurt die erste öffentlich bekanntgemachte Abtreibungsfahrt nach Holland. In regelmäßigem Turnus fanden diese Fahrten ungefähr 2 Jahre lang statt, bis das Frauenzentrum nicht mehr länger bereit war, das Problem des Abbruchs in der Bundesrepublik durch Export zu umgehen. Eine Genehmigung zum Abbruch, insbesondere die soziale Indikation zu erhalten, ist bis heute ein Spießrutenlaufen durch Arztpraxen und Behörden. Längst waren den Frauenzentren Ärzte bekannt, die heftigst gegen die Fristenlösung operiert hatten und nebenbei, im Dunkel der Illegalität, Abtreibungen gegen hohe Summen durchführten. Das magere Krankenscheinentgelt für eine Abtreibung kann natürlich bis heute mit den früheren Einnahmen nicht konkurrieren.

Im März 1976 fand in Brüssel das Internationale Tribunal »Gewalt gegen Frauen« statt. Im gleichen Jahr liefen Kampagnen einiger großstädtischer Frauenzentren gegen Gynäkologen, die in Verdacht standen, Patientinnen vergewaltigt zu haben. Im März 1977 fand in München der Anti-Gewalt-Kongreß statt. Die erste Sommeruniversität für Frauen, 1976 in Berlin, leitete eine Reihe weiterer Initiativen in den Bereichen Wissenschaft, Frauenforschung und -praxis ein. Im Frühjahr 1978 gründete sich in Köln der Verein »Sozialwissenschaftliche Forschung und Praxis für Frauen e. V.« und schon im November 1978 fand der Kongreß »Feministische Theorie und Praxis in sozialen und pädagogischen Berufsfeldern« statt. Seit 1977 demonstrierten großstädtische Frauen am 30. April, in der Walpurgisnacht (»Wir holen uns die Nacht zurück und später noch viel mehr!«); diese Demonstrationen sind als außergewöhnlich spektakuläre Ereignisse in die Geschichte der Auseinandersetzung zwischen den Geschlechtern eingegangen. Ein relativ dichtes Netz von Frauenprojekten trug all diese Initiativen, längst war ein weiblich geprägtes, gegenkulturelles Milieu entstanden: Frauen betrieben Selbsthilfegruppen, Gesprächskreise, Werkstätten, Cafés, Kneipen, Verlage, Rock-Bands, Buch- und andere Läden und wohnten zusammen in Frauenwohngemeinschaften. Wie notwendig es war, eine eigene Frauenöffentlichkeit zu schaffen, hatten die Kämpfe um den § 218 bereits gezeigt. Die entstehende weibliche Gegenkultur setzte weitere Akzente, forderte einen kontinuierlichen Informationsfluß und Diskussionsforen. »Es begann, als wir Anfang der 70er Jahre anfingen, miteinander zu reden und zu handeln. Immer, wenn wir dann am nächsten Tag die Zeitungen aufschlugen, war klar: Wir brauchen unsere eigenen Zeitungen! Zeitungen, in denen wir unverzerrt schreiben können, was wir denken, tun und hoffen. Zeitungen, in denen wir unverblümt sagen können, was wir halten von der Lage der Frauen heute«, so Alice Schwarzer 1981.[43]

Die erste Nummer der Berliner Frauenzeitschrift »Courage« erschien im September 1976, herausgegeben von sogenannten nicht-professionellen ›Bewegungsfrauen‹. Nichtprofessionalität, inhaltlich aus der Unterdrückungsgeschichte der Frauen begründet, spielte ja bekanntlich in der Neuen Frauenbewegung eine große Rolle. 1977 startete »Emma«, verfaßt von Journalistinnen, die es satt hatten, dem männerbeherrschten Medienbetrieb auf Gnade oder Ungnade weiterhin ausgeliefert zu sein. Vorläuferin beider Zeitschriften war das »Journal«, herausgegeben von dem Verlagskollektiv »Frauenoffensive« in München, dem heute wohl wichtigsten Frauenbuchverlag in der Bundesrepublik. Schon dessen zweite Nummer »Feminismus und Ökologie« vom April 1975 verdeutlicht den innovierenden Denk- und Aktionsradius der Neuen Frauenbewegung. Tatsächlich war sie es, die die radikale Technikdiskussion der Alternativbewegung auf den Weg brachte und wesentliches zur Entwicklung von Alternativlebensformen beitrug. Teile der Frauenbewegung wurden im Umweltschutz, in der Anti-Atomkraft- und Friedensbewegung aktiv. Doch sind bis heute die Selbsthilfeprojekte zentral, die Frauen vor Übergriffen der Männergesellschaft schützen und weibliche Initiativen in Richtung sozialer, ökonomischer und kultureller Selbständigkeit unterstützen. Und wie notwendig dies auch weiterhin sein wird, zeigten die ersten von Frauen durchgeführten Untersuchungen über Gewalt gegen Frauen in privaten und halböffentlichen Räumen der bundesrepublikanischen Gesellschaft.[44] Was sich hinter der Ideologisierung der Familie als Schutzraum vor den Unbilden der feindlichen Gesellschaft verbirgt, wurde erstmalig ins träge Bewußtsein einer breiteren Öffentlichkeit gerückt. Aber nicht nur das: Diese Untersuchungen belegen auch, daß weibliche Selbständigkeitsbestrebungen oder auch Versuche von Frauen, minimalste demokratische Rechte im Alltag wahrzunehmen (wie z. B. Freizügigkeit und Koalitionsfreiheit), von Ehemännern oder Lebensgefährten aus allen sozialen Schichten in zunehmendem Maße mit offener körperlicher Gewaltanwendung, mit Zwang, Erpressung und häuslichem

Terror beantwortet werden. In diesem Zusammenhang entstand schon 1976 in Berlin das erste Haus für geschlagene Frauen, angelehnt an einen ähnlichen Versuch in London. Seither sind eine Reihe weiterer solcher Häuser auch in anderen bundesdeutschen Großstädten entstanden. Zum Teil wurden sie staatlich unterstützt, in der Regel aber finanzieren sie sich selbst und kämpfen – trotz einer so großen Zahl schutzsuchender Frauen – ums ökonomische Überleben. Ob sie als Einrichtungen weiterhin bestehen werden, ist offen. Als sicher kann gelten, daß sie vielen Vertretern kommunaler und wirtschaftlicher Belange ein Dorn im Auge sind, die – so sei abschließend vermerkt – unterstützt von der katholischen Kirche, Teilen der Ärzteschaft und der Pharmaindustrie neuerlich auf eine Abschaffung der sozialen Indikation im § 218 und – natürlich – auf die Reprivatisierung der Abbruchskosten, hinarbeiten. Doch ist kaum anzunehmen, daß solcherlei Vorstöße von der Frauenbewegung unbeantwortet bleiben werden. In der Fraueninitiative 6. Oktober, gegründet 1980 in Bonn unmittelbar nach der Bundestagswahl, haben sich inzwischen Teile der traditionellen und Teile der Neuen Frauenbewegung zusammengefunden. Das Werkstattpapier für den Zweiten öffentlichen Bundeskongreß 1982 macht deutlich, daß die Frauenbewegung über das Erreichte hinausgehen will.

Anmerkungen

1 Marielouise Janssen-Jurreit, Sexismus. Über die Abtreibung der Frauenfrage, Frankfurt 1979, S. 308 ff.

2 Ebenda, S. 309 und S. 312.

3 Ebenda, S. 312 f.

4 Ebenda, S. 307.

5 Hildegard Krüger, Die Rechtsstellung der Beamtin, in: Informationsdienst für Frauenfragen e. V. (IFf), Nr. 4, 1952, S. 6 f.

6 IFf, Nr. 7, 1952, Anlage B, S. 1 ff; Faktisch bedeutete das eine Schlechterstellung der Töchter, viele Eltern sahen das Ausbildungsgebot nicht ein, weil die Tochter ja sowieso heirate.

7 IFf, Nr. 8, 1952, Anlage C, S. 1.

8 IFf, Nr. 2, 1953, Anlage C, S. 1 und S. 3.

9 IFf, Nr. 6, 1953, Anlage A.

10 Elisabeth Schwarzhaupt, Verlängerung der Frist für die Familienrechtsreform, in: IFf, Nr. 10, Anlage c, S. 2 f.

11 Erna Scheffler, Zwölf Jahre Rechtsprechung des BVG zu den Bestimmungen des Grundgesetzes für die Gleichberechtigung von Mann und Frau und über den Schutz von Ehe und Familie – ein Überblick – in: IFf, Nr. 9, 1964, S. 4 ff; vgl. Erna Scheffler, BVerfGE, Bd. 10, S. 53 ff.

12 Ines Reich-Hilweg, Männer und Frauen sind gleichberechtigt, Art. 3, Abs. 2 GG, Frankfurt 1979, S. 30.

13 Herta Däubler-Gmelin, Frauenarbeitslosigkeit oder Reserve zurück an den Herd, Reinbek 1977, S. 37.

14 Maria Tritz, Die berufstätige Frau, in: Die Frau in unserer Zeit, Oldenburg 1954, S. 116.

15 Norbert Schmidt, Die Berufstätigkeit der Frau als soziologisches Problem, Stuttgart 1959, S. 47.

16 Ilona Schöll-Schwinghammer, Lothar Lappe, Arbeitsbedingungen und Arbeitsbewußtsein erwerbstätiger Frauen, Frankfurt 1978, S. 2.

17 Die Frau, in: Deutschlandbuch, Hrsg. Presse- und Informationsdienst der Bundesregierung, Bonn 1960, S. 673.

18 Ebenda, S. 668.

19 Udo Kollenberg, Zur Situation der Frau in der Industriegesellschaft, in: Helga Wex, Frau und Industriegesellschaft: Plädoyer für die freiheitliche Alternative Partnerschaft, Köln 1979, S. 36.

20 Barbara Hegelheimer, Berufsqualifikation und Berufschancen von Frauen in der BRD, Berlin 1977, S. 39.

21 Helge Pross, Die Wirklichkeit der Hausfrau. Die 1. repräsentative Untersuchung über nichterwerbstätige Ehefrauen. Wie leben sie? Wie denken sie? Wie sehen sie sich selbst?, Reinbek 1975, S. 57.

22 Frauen '80, Hrsg. Bundesminister für Jugend, Familie und Gesundheit, Bonn-Bad Godesberg 1980, S. 17.

23 Schöll-Schwinghammer, a. a. O., S. 1.

24 Helga Läge, Die Industriefähigkeit der Frau, Schriftenreihe der Landesvereinigung der industriellen Arbeitgeberverbände Nordrhein-Westfalen, Düsseldorf 1962, zit. nach Giesela Kessler, Frauenarbeit »leicht und einfach«, FrauenBilderLesebuch, Reinbek 1982, S. 189 ff

25 Brigitte Beer, Mädchenerziehung in einer veränderten Welt, in: Frauen der Zeit zu Fragen der Zeit, München 1961, S. 58.

26 Vgl. den Vortrag der Gewerkschafterin Hilde Junker-Seeliger, Die Frau im Spannungsfeld zwischen Beruf und Familie, in: Die berufstätige Frau heute und morgen, Referate und Diskussionen auf einer Tagung der Gesellschaft für Sozialen Fortschritt in Bad Godesberg am 3. Mai 1966, S. 31; vgl. auch: Ludwig Preller, Die berufstätige Frau als Glied der Gesellschaft, in: Die berufstätige ..., a. a. O., S. 52 ff.

27 Rosemarie Nave-Herz, Das Dilemma der Frau in unserer Gesellschaft. Der Anachronismus in den Rollenerwartungen, Neuwied 1972, S. 52.

28 Frauen in der Nachkriegszeit und im Wirtschaftswunder 1945–1960, in: Frauenalltag und Frauenbewegung im 20. Jahrhundert, Historisches Museum Frankfurt, Frankfurt 1980, S. IV/25.

29 Gabriele Strecker, 100 Jahre Frauenbewegung in Deutschland, Wiesbaden 1950, S. 34 f.

30 Renate Wiggershaus, Geschichte der Frauen und der Frauenbewegung, Wuppertal 1979, S. 93 ff; Gründungsvereine waren: die Arbeitsgemeinschaft katholischer Frauen, die Evangelische Frauenarbeit Deutschlands, der Jüdische Frauenbund, der deutsche Landfrauenverband, die Arbeitsgemeinschaft für Mädchen- und Frauenbildung, der Deutsche Verband berufstätiger Frauen,

die Frauenabteilungen des Deutschen Gewerkschaftsbundes und der Deutschen Angestellten Gewerkschaft, der Staatsbürgerinnenverband. Hinzu kamen: Vereinigung weiblicher Juristinnen und Volkswirte, der Deutsche Hausfrauenbund, der Deutsche Ärztinnen-Bund, der Deutsche Berufsverband der Sozialarbeiterinnen und der Verband Deutscher Frauenkultur e. V.

31 Strecker, a. a. O., S. 44.
32 Gertrud Bäumer, Der neue Weg der deutschen Frau, Stuttgart 1946, S. 6.
33 Strecker, a. a. O., S. 33.
34 vgl. Hannah Vogt, Die Fibel der Staatsbürgerin, hrsg. vom Büro für Frauenfragen in der Gesellschaft zur Gestaltung öffentlichen Lebens, Wiesbaden 1952.
35 Dorothee Karsten, Frauenfragen im heutigen Deutschland, in: Die Frau in unserer Zeit, a. a. O., S. 96.
36 Die Frau im Beruf, Hamburg, 1954, S. 31 f; vgl. Gabriele Bremme, Die politische Rolle der Frau in Deutschland, Göttingen 1956, S. 224.
37 Rote Presse Korrespondenz (RPK) Oktober 1969.
38 Wiggershaus, a. a. O., S. 111.
39 Erste theoretische Ansätze erarbeitete Jutta Menschik, in: Gleichberechtigung oder Emanzipation? Die Frau im Erwerbsleben der BRD, Frankfurt 1971, S. 166f.
40 »Von heute an gibt's mein Programm«, 1. Frauenplatte im Verlag Frauenoffensive München o. J.
41 Lottemi Doormann, (Hrsg.), Keiner schiebt uns weg. Zwischenbilanz der Frauenbewegung in der BRD, Weinheim–Basel 1979.
42 Irene Hübner, Die »Aktion 218«, in: Doormann, a. a. O., S. 162.
43 Alice Schwarzer (Hrsg.), Das Emma-Buch, München 1981, S. 11.
44 Gewalt gegen Frauen, Beiträge zum Internationalen Tribunal über Gewalt gegen Frauen, Brüssel 1976, Hrsg. Frauenzentrum Berlin e. V.; Dagmar Uhl, Ursula Rösener, a. a. O.

Literatur

Gabriele Bremme, Die politische Rolle der Frau in Deutschland, Göttingen 1956
Herta Däubler-Gmelin, Frauenarbeitslosigkeit oder Reserve zurück an den Herd, Reinbek 1977
Lottemi Doormann (Hrsg.), Keiner schiebt uns weg. Zwischenbilanz der Frauenbewegung in der BRD, Weinheim–Basel 1979
Dorothea Frandsen, Ursula Daldrup, Der Frauenbericht der Bundesregierung, rechtliche Konsequenzen I, Hannover 1969
FrauenBilderLesebuch, Reinbek 1982
Die Frau im Beruf. Tatbestände, Erfahrungen und Vorschläge zu drängenden Fragen in der weiblichen Berufsarbeit und in der Lebensgestaltung der berufstätigen Frau, hrsg. im Auftrag der Studiengemeinschaft der Evangelischen Akademien von Heinrich Greeven, Hamburg 1954
Frauenjahrbuch, hrsg. und hergestellt von Frankfurter Frauen, Frankfurt 1975

94   Angela Vogel

Frauen in der Zeit zu Fragen der Zeit, hrsg. von Barbara Bondy, München 1961

Margarete Heinz, Politisches Bewußtsein der Frauen, München 1971

Marielouise Janssen-Jurreit, Sexismus. Über die Abtreibung der Frauenfrage, Frankfurt 1979

Informationsdienst für Frauenfragen e. V. (IFf), Bonn–Bad Godesberg 1951–1980

Ulrike Meinhof, Falsches Bewußtsein, in: Christa Rotzoll, Emanzipation und Ehe, München 1969

Rosemarie Nave-Herz, Das Dilemma der Frau in unserer Gesellschaft. Der Anachronismus in den Rollenerwartungen, Neuwied 1972

Claudia Pinl, Das Arbeitnehmerpatriarchat – Die Frauenpolitik der Gewerkschaften, Köln 1977

Helge Pross, Die Wirklichkeit der Hausfrau. Die 1. repräsentative Untersuchung über nichterwerbstätige Ehefrauen. Wie leben sie? Wie denken sie? Wie sehen sie sich selbst?, Reinbek 1975

Ines Reich-Hilweg, Männer und Frauen sind gleichberechtigt, Art. 3, Abs. 2 GG, Frankfurt 1979

Hans-Dieter Schmidt u. a., Frauenfeindlichkeit. Sozialpsychologische Aspekte der Misogynie, München 1973

Norbert Schmidt, Die Berufstätigkeit der Frau als soziologisches Problem, Stuttgart 1959

Ilona Schöll-Schwinghammer u. a., Arbeitsbedingungen und Arbeitsbewußtsein erwerbstätiger Frauen, Frankfurt 1978

Alice Schwarzer, Das Emma-Buch, München 1981

Gabriele Strecker, 100 Jahre Frauenbewegung in Deutschland, Wiesbaden 1950

Gabriele Strecker, Frau-Sein heute, Weilheim 1965

Renate Wiggershaus, Geschichte der Frauen und der Frauenbewegung, Wuppertal 1979

Chronik

1946–1949
Entstehung von Frauenausschüssen in westzonalen Großkommunen und Wiedergründung von Frauenorganisationen, die schon vor 1933 existiert hatten.

1949
23. 5.   Verkündung des Grundgesetzes., Art. 3 II sieht die Gleichberechtigung von Mann und Frau vor.
Gründung des »Deutschen Frauenrings e. V.« in Bad Pyrmont.
Einrichtung des Frauenreferats im Bundesinnenministerium.

1950
17. 5.   Zölibatsklausel für weibliche Beamte im vorläufigen Bundespersonalgesetz.

1951

»Informationsdienst für Frauenfragen e. V.«, herausgegeben vom »Deutschen Frauenring e. V.«, erscheint erstmals in Bad Godesberg. Aufnahme des »Deutschen Frauenrings e. V.« in den »International Council of Women« in Athen.

1953

18. 12.   Das Bundesverfassungsgericht erklärt den Art. 3 II des Grundgesetzes zur echten Rechtsnorm; damit Außerkrafttreten aller dem Art. 3 II des Grundgesetzes entgegenstehenden Paragraphen im Bürgerlichen Gesetzbuch (Familienrecht), da der Gesetzgeber die in Art. 117 des Grundgesetzes vorgesehene Anpassungsfrist versäumte.

31. 3.   Internationales Übereinkommen über die politischen Rechte der Frau (tritt für die Bundesrepublik erst am 2. 2. 1971 in Kraft).

1955

15. 1.   Das Bundesarbeitsgericht verbietet Frauenlohngruppen.

1957

Das ›Gleichberechtigungsgesetz‹ wird verkündet (in Kraft am 1. 7. 1958).

1959

29. 7.   Das Bundesverfassungsgericht korrigiert das sogenannte ›Gleichberechtigungsgesetz‹.

1966

Sept.   Frauenenquête der Bundesregierung.

1969

Gründung des »Aktionsrates zur Befreiung der Frau« durch SDS-Frauen in West-Berlin.

1970

Erste regionale Kampagnen der ›Frauenaktion 70‹ gegen den § 218 StGB.

1971

Im »Stern« bekennen 374 zum Teil prominente Frauen: »Ich habe abgetrieben«.
Mehrere hunderttausend Frauen nehmen im Sommer an Großdemonstrationen gegen den § 218 StGB teil.
»Aktion 218« überreicht dem Bundesjustizminister 86 500 »Solidaritätserklärungen zur Abschaffung des 218« und 3000 Abtreibungsselbstanzeigen.

Nov.   Frauen sammeln auf Demonstrationen öffentlich Geld für eine Abtreibung.

1972

Das erste Frauenfest mit über 1000 Teilnehmerinnen findet in Berlin statt.

Gründung der »Arbeitsgemeinschaft sozialdemokratischer Frauen« (ASF).

Der Deutsche Gewerkschaftsbund erklärt das Jahr zum »Jahr der Arbeitnehmerin«.

März | 1. Bundesfrauenkongreß mit 35 Gruppen aus ca. 20 Städten tagt in Frankfurt.

Mai | In Köln findet das Frauentribunal gegen den § 218 StGB statt.

16. 10. | Die gesetzliche Rentenversicherung wird durch das Rentenreformgesetz auch für Hausfrauen geöffnet.

1973

Streik der Pierburger Arbeiterinnen in Neuß: Gleicher Lohn für gleiche Arbeit.

Febr. | Treffen von Delegierten aller Frauengruppen in München.

1974

Aktion »Gerechte Eingruppierung« der IG Druck und Papier.

Febr. | In Berlin erklärt die Frauengruppe »Brot und Rosen« öffentlich, gegen 5 Ärzte Anzeige erstattet zu haben wegen Notzucht, Beleidigung, Betrug, Steuerhinterziehung u. a.

März | 329 Mediziner bezichtigen sich im »Stern« des Verstoßes gegen das Abtreibungsverbot.

26. 4. | Annahme des Fristenentwurfs; Neufassung des § 218 StGB durch den Bundestag.

Sept. | Nationaler Kongreß der Frauengruppen in Bochum.

Nov. | Der internationale Frauenkongreß tagt in Frankfurt: Motto »Frauen gemeinsam sind stark«.

Die 1. Nummer des »Journals« des Verlags »Frauenoffensive« erscheint in München.

1975

Febr. | Der nationale Frauenkongreß tagt in Mannheim/Ludwigshafen zum Thema des § 218 StGB und zur anstehenden Entscheidung des Bundesverfassungsgerichts.

25. 2. | Das Bundesverfassungsgericht korrigiert die Fristenregelung.

Juni | Das Frauenzentrum Frankfurt startet die erste öffentlich bekanntgemachte Abtreibungsfahrt nach Holland.

1976

Erste Sommer-Universität in Berlin.

Gründung des ersten Hauses für geschlagene Frauen in Berlin.

März | Internationales Tribunal »Gewalt gegen Frauen« in Brüssel.

Juni | Die Neufassung des Abtreibungsgesetzes tritt in Kraft; Straffreiheit für die medizinische, eugenische, kriminologische und soziale Indikation.

Sept.	1. Nummer der Frauenzeitschrift »Courage«.

1977

Febr.	1. Nummer von »Emma«.
März	Anti-Gewalt-Kongreß tagt in München.
30. 4.	1. Walpurgisnacht-Demonstrationen.
1. 7.	Reform des Ehe-, Familien- und Scheidungsrechts tritt mit dem 1. Gesetz zur Reform des Ehe- u. Familienrechts in Kraft.

1978

Gründung des Vereins »Sozialwissenschaftliche Forschung und Praxis für Frauen e. V.« in Köln.

Tagung des Kongresses »Feministische Theorie und Praxis in sozialen und pädagogischen Berufsfeldern«.

1980

Gründung der bundesweiten Fraueninitiative »6. Oktober« in Bonn.

Familie

von Angela Vogel

Als der Krieg zu Ende war ...

Die Situation nach 1945: Wer entsinnt sich nicht der längst klischierten Bilder von den Frauen mit Eimern an Hydranten, der Oma mit dem Leiterwagen, dem stumpf blickenden Altbauern am Rande einer norddeutschen Landstraße? Wer nicht der Pärchen, die todesmutig über die grüne Grenze hechten, hinein in die Elbe ... oder der mit kostbaren Teppichen, Silber und Porzellan vollgestopften guten Bauernstube, an deren Tür die Bäuerin steht, eine hamsternde Stadtfrau gestisch abweisend? Worte wie »Kohlenklau« oder »Organisieren« haben ihre Spuren in der Sprache hinterlassen. Andere Spuren sind längst verwischt und waren doch prägend: Kaum eine Familie, die von den Verfolgungen durch die Nazis, durch den Krieg, den Zusammenbruch des Regimes oder Entnazifizierung nicht in der einen oder anderen Weise betroffen gewesen wäre. Kaum ein Körper oder eine Psyche, die die grauenhaften und entsetzlichen Ereignisse unbeschadet überstanden hätten.

Die öffentliche Verwaltung war weitgehend zusammengebrochen, viele Verkehrsmittel und -wege unbenutzbar. Strom, Wasser und Gas gab's nur zu bestimmten, oft nicht vorhersehbaren Zeiten. Die Ernährungslage war denkbar katastrophal. Es fehlte an allem: Kleidung, Möbel, Hausrat, alltägliche Gebrauchsgegenstände und Wohnraum. 22 % des Wohnbestandes war völlig zerstört. 1947 lebten in Frankfurt z. B. 54 % der Familien in Untermiete. Noch 1950 standen 0,6 Wohnung je Haushalt zur Verfügung. Im Winter drängten sich die Familien im einzig beheizbaren Raum. Bis 1950 strömten 12 Millionen Vertriebene in die Westzonen. Allein die Zahlengröße ließ befürchten, man könne der »Flüchtlingsfrage ebensowenig Herr werden, wie das England des 15. und 16. Jahrhunderts der Not und Plage der beggars Herr« geworden sei.[1] Düster vermutete man, »in der Gestalt des Flüchtlings« trete »dem deutschen Volk sein eigenes Bild« entgegen.[2] Helmut Schelsky spricht von 1,5–2,5 Millionen Kriegerwitwen, 2,5 Millionen Schwerversehrten und 1,5–2,5 Millionen Deklassierten und schätzt die Zahl derjenigen, die in der Nachkriegszeit von »typisch sozialen Schicksalen« getroffen wurden, auf ein Drittel der westdeutschen Bevölkerung.[3]

Die gesamtgesellschaftliche und individuell ökonomische Lage mußte vielen hoffnungslos erscheinen. Zwar liegen bis 1949 keine statistischen Angaben über Einkommenshöhen und Arbeitslosigkeit vor, doch noch 1950 betrug die Arbeitslosenquote 11 %. Der männliche Durchschnittsverdienst lag bei 304,– DM brutto, der der Frauen bei 165,– DM. Bis zur Währungsreform sagen freilich Verdienst- und Arbeitslosenquoten wenig aus, mit dem Schwarzmarkt regierten andere Gesetze.

1946 gab es 7 283 000 mehr Frauen als Männer. Davon waren 6–7 Millionen Frauen im heiratsfähigen Alter. Bis 1947 erhielten arbeitsfähige Kriegerwitwen keine Rente. 1946 wurden allein in Berlin 25 000 Ehen geschieden. Das waren, auf 724 625 anwesende, verheiratete Männer bezogen, 3,5 % Ehescheidungen. 140 793 Berliner waren zu dieser Zeit noch in Gefangenschaft.[4] 1948, dem Rekordjahr und Nachkriegshöhepunkt der Scheidungswelle, kamen in den Westzonen auf 100 000 Einwohner 186 Scheidungen. In diesen Jahren wurden 80 000 Kinder zu sogenannten Scheidungswaisen. Noch 1950 lebten nur etwa 60 % der gesamten westdeutschen Bevölkerung in ›vollständigen‹ Familien. Erst 1950 kündigte sich die Trendwende an: die junge Generation strebte aus den elterlichen Familien. Mit knapp 536 000 Eheschließungen wurde ein »absoluter Nachkriegshöchststand« erreicht. Keine der nachfolgenden Generationen wird jemals wieder eine solche Heiratsfreude entwickeln. Bis aufs Nachwuchsproblem, den ›Willen zum Kind‹, scheinen die diesbezüglichen Verhältnisse 1953 schon wieder gefestigt. Als Institution und Idee hatte sich die Familie in den Augen Helmut Schelskys z. B. trotz aller Schwierigkeiten und Gefährdungen bewährt und würde sich weiter bewähren, wenn auch die Frauenbewegung endlich zur Vernunft käme.

Doch: In den Jahren bis zur Gründung der BRD und darüber hinaus hatte es so manche öffentliche Debatte über »Freie Liebe«, »Mutterfamilie«, Eheprobleme usw. gegeben. Ohne hier entscheiden zu können, wie weit sie gesellschaftlich reichten, signalisierten sie, daß die Idee der bürgerlichen Familie angesichts der faktischen Nachkriegssituation so unumstritten nicht mehr war. Dies freilich in anderer Weise als heutzutage. In der progressiven Frauenzeitschrift »Constanze« z. B. tauchten Artikel auf wie »Der Mann als Ballast«, »Wiederverheiratung nicht gefragt« oder »Muß Liebe amtlich beglaubigt sein?« Alleinstehende Mütter mit Kindern verlangten hier und da die rechtliche Absicherung der »Mutterfamilie« als »Vollfamilie«, also, schlicht gesagt, das Sorgerecht für ihre Kinder. Die Not ließ Frauenwohngemeinschaften entstehen und – nach Walter von Hollander – gab es »nicht wenige« Frauen, »die sogar das Leben der berufstätigen Frau dem Leben der Ehefrau bei weitem vorziehen, nicht wenige, die ... über den Mann zur Tagesordnung übergehen, wenn sie erst das Kind haben ...«[5]

1950 wurden 9,5 % aller Neugeborenen unehelich zur Welt gebracht.
Gleichfalls eine bislang nicht wieder erreichte Rekordmarke. Unbekannt ist allerdings, wie hoch die Quote der ungewollten ›Besatzungs-
kinder‹ war.

Heftig kritisierten Publizistinnen wie Helga Prollius die zynische Formel
vom »Frauenüberschuß«: »Welch ein häßliches Wort! Und welch noch
häßlichere Bedeutung! Ein Wort, das aus der Handelssprache übernommen worden ist und nichts mehr und nichts weniger bezeichnet als eine
Ware, und zwar eine Ware, die überschüssig und in letzter Folge überflüssig ist.«[6] Trotz ihres Protestes, solche Worte entstammten faschisti-
schem Vokabular, wurde andernorts in dieser Diktion weitergeschrie-
ben. So scheute sich der christliche Sozialist Walter Dirks nicht, im
»Frauenüberschuß ... eine Versuchung zur schlechteren Wahl auf beiden Seiten« zu sehen. Nach »dem Gesetz von Angebot und Nachfrage«
werde »die Frau als Liebes- und Ehepartner ›billiger‹«.[7] Tatsächlich ließen sich viele weitere Beispiele anführen, daß Ehe- und Familiengrün-
dungen in der Nachkriegszeit unter dem Aspekt des ›dumping‹ abgehandelt wurden. Man fand nichts dabei, die Familie als Notgemeinschaft zu
feiern. In einer repräsentativen Umfrage, 1949 im Auftrag von »Constanze« durchgeführt, antworteten auf die Frage: »Würden in Ihren Augen junge Frauen, die keine Hoffnung auf Heirat haben, Ansehen verlieren, wenn sie ein sogenanntes Liebesverhältnis eingingen?« 29 % der
Befragten mit »Ja«, 61 % mit »Nein« und 10 % äußerten keine Meinung. Für die Publizistin Petra Lundt Anlaß, von einer »grundsätzlichen
Verschiebung« im Moralempfinden zu sprechen, die »zu klaren Entscheidungen« dränge: Es sei »ganz zuerst die Sache der Frauen ... ihre
Ansichten zu einer Ehereform von Grund auf« kundzutun und »zu
verfechten«, denn: »die bewußte Schlechterstellung der Frau, die sich
wie ein roter Faden durch das gesamte deutsche Recht zieht und die
furchtbare soziale Not unserer Tage sind die Hauptursachen der Ehekri-
sen.« Und: »Man sollte sich ... nicht darüber hinwegtäuschen, daß sich
unsere Generation in aller Formlosigkeit anschickt, das Recht auf Freie
Liebe zu einer selbstverständlichen Einrichtung zu machen.«[8] Familie
und Mutterschaft als traditionale Identitätszuweisungen für Frauen wie-
sen offenbar Risse auf. Das traf freilich nicht auf ein gesellschaftliches
Bewußtsein, das die Infragestellung als objektiven Konflikt zu begreifen
imstande gewesen wäre. Die »bewußte Schlechterstellung« der Frauen
auf allen gesellschaftlichen Ebenen korrespondierte mit traditionalen
und nationalsozialistisch eingefärbten Familienvorstellungen. Ermöglicht wurde so eine scheinbar bruchlose *Propagierung* bestimmter bürgerlicher Familienformen und führte – auf dem Hintergrund politischer
und ökonomischer Machtkonstellationen – zur faktischen und ideologi-

schen Ausgrenzung jener 40 % der westdeutschen Bevölkerung, die nicht in sogenannten vollständigen Familien lebten.[9]

Im Alltag mag es sich u. a. so abgespielt haben: da waren die Düsseldorfer Gastwirte, die 1949 (!) Frauen ohne männliche Begleitung ihr Lokal verboten. Da waren Vermieterinnen, die möblierte Zimmer nurmehr an alleinstehende Männer vermieten wollten, oder jene, die den Besuch ihrer Untermieterinnen kontrollierten und ihn nach 22 Uhr auf die Straße setzten. Alleinstehende erhielten von den Wohnungsämtern keine Wohnungen. Der Fall von Lehrerinnen, die zu zweit wohnen wollten, denen aber eine bereits zugesagte Dienstwohnung zugunsten eines jungen, frisch verheirateten Lehrers wieder entzogen wurde, dürfte kein Einzelfall gewesen sein. Das Stichwort »Fräulein Veronika«, häufig öffentlich geäußerter Prostitutionsverdacht (Besatzernutte!), und die Dolchstoßlegende im Nachkriegsgeschlechterkampf, sowie die permanent wiederholte Unterstellung, Kinder alleinstehender Mütter trügen Erziehungsschäden davon, schlossen sich mit politischen Abgrenzungen und der Neubelebung von Ressentiments in Richtung Antikommunismus kurz. Das Bekenntnis zur heiligen, monogamen Familie wurde zum Bekenntnis zur Freiheit westlich demokratischer Prägung. ›Hosenweiber‹ sollte es nur noch in der SBZ geben! Walter von Hollanders Eindruck, »der Staat« wolle wohl alleinstehende Frauen »wegen Eheverweigerung bestrafen«, klang zwar absurd – immerhin waren die Chancen für heiratswillige Frauen minimal – hat aber vieles für sich. Die gesellschaftliche Diffamierung alleinstehender Frauen und Mütter traf alle Frauen und kam objektiv einem Zwang zur Familie, Ehe und Mutterschaft im traditionalen Sinne gleich. Der deutsche ›Weiblichkeitswahn‹, hier dürfte eine seiner Wurzeln liegen. Ob eingestanden oder nicht, gebraucht wurden abhängige Familienmütter, die gebärend das dezimierte Bevölkerungskontingent wieder aufzufüllen hatten. Sie sollten der in den Startlöchern des Wiederaufbaus hockenden Nachkriegsgesellschaft – pflegend, heilend, Wunden leckend und fröhlich – in Haushalt und Familie kostenlos zuarbeiten, ohne selbst irgendwelche Forderungen zu stellen. Schließlich hatte man sie bereits hinreichend belohnt mit dem Art. 3, Absatz II des Grundgesetzes: »Männer und Frauen sind gleichberechtigt.« Indizien für diese Intentionen sind u. a., daß auch in der liberalen Publizistik Abtreibung (= Fortführung nationalsozialistischer Verbrechen), Scheidung, Eheromantik und Freie Liebe, wenn nicht völlig sanktioniert, so doch der Rubrik ›Schuldhaftigkeit und mangelnde Vernunft‹ verfielen. Der Verfechter des Ehesakraments, Walter Dirks, hielt das »Ideal der Autonomie« für schädlich, weil es »für das öffentliche Bewußtsein die absolute Geltung des ehelichen Bundes zerstört« habe, und Rüdiger Proske nannte die romantische Ehevorstellung

»einen Bazillus«. Er finde immer mehr »Opfer« und sei nichts als eine Verwechslung mit Liebe.[10]

Familie ja! Nationalsozialistische Familie nein! Man hatte schließlich etwas gelernt. Dem künftigen westdeutschen Staat sollte ein unmittelbarer Zugriff auf die Familie und die Familienmitglieder verwehrt sein. Unbeaufsichtigt wollte man sie aber auch nicht lassen, zu unwägbar die Resultate. So produzierte die Nachkriegsgesellschaft statt staatlicher Zugriffe ein Übermaß an Familienideologie und Sozialmoral, die in reziprokem Verhältnis zur tatsächlichen Verfassung so vieler Familien standen. Doch: Die Verhimmelung der schlechten Realität dürfte diversen subjektiven Bedürfnissen sehr entgegengekommen sein. Wer wünschte sich nicht unbeaufsichtigtere Intimitätsräume, Normalisierung der Verhältnisse und freiere Handlungsmöglichkeiten? Man wollte sich zurückziehen, wollte neu, besser, illusionsloser anfangen oder aber: privat und ungestört im alten, ja nur militärisch unterlegenen Sinne weitermachen. So kann angenommen werden, daß der Zwang zur Familie, Reprivatisierung und die Stabilitätsforderungen subjektiv nur von wenigen als repressiv wahrgenommen wurden.

Die Reprivatisierung der Familie bedeutete aber auch den Versuch, an das bürgerliche Familienverständnis der Zeit vor 1933 anzuknüpfen und leitbildhaft vorzugeben. Unterstützt wurde dieses Bestreben – von der westdeutschen Bevölkerung wahrscheinlich kaum registriert – durch das Kontrollratsdekret Nr. 16 der alliierten Interregnumsgesetzgeber. Es setzte 1946 das alte BGB-Familienrecht wieder in Kraft, gereinigt von expliziten NS-Bestimmungen. Damit wurde den Männern das private Kontroll- und Verfügungsrecht über ›ihre‹ Frauen und deren Vermögen erneut eingeräumt. Die Frauen fanden sich auf juristisch angestammten unterprivilegierten Plätzen wieder. Selbst der Stichentscheid (§ 1628 BGB) und das generelle familiäre Entscheidungsrecht des Mannes (§ 1354 BGB) kamen zu morschen, aber rechtsgültigen Ehren, mithin die väterliche Gewalt auch über die Kinder.

Daß hinter solchen Bestrebungen auch die Familiensoziologie der ersten Nachkriegsstunden nicht zurückstand, kann nicht verwundern. Tatsächlich erlebte sie bis etwa 1955 ihre erste Blütezeit. 1946 erschien René Königs »Materialien zu einer Soziologie der Familie« und 1953 Helmut Schelskys »Wandlungen der deutschen Familie der Gegenwart«. Letztere Studie maß der Gestalt des Flüchtlings besondere Bedeutung zu und enthielt erste Ansätze der Theorie von der nivellierten Mittelstandsgesellschaft: In der demokratischen Leistungsgesellschaft galten Klassenkampf und Klassenkonflikte künftig als überholt.

Beide Untersuchungen sind familientheoretische Entwürfe, die bis heute. in keinem diesbezüglichen Anmerkungsapparat fehlen (dürfen).[11]

Ebenso wie Königs und später Schelskys Forschungen stand auch eine der frühesten Untersuchungen, nämlich Hilde Thurnwalds »Probleme Berliner Familien« von 1948, im Zeichen der Sorge um die Wandlungsvorgänge und die Stabilität der Nachkriegsfamilie. Die unmittelbare Zeiteingebundenheit dieser Studie – mitnichten nur eine empirische Bestandsaufnahme, wie Heidi Rosenbaum meint – verweist auf die übermäßige Produktion handlungsanweisender Sozialmoral in der ersten Nachkriegsdekade.

Bei Thurnwald sozusagen vorausgesetzt ist das Schema der zwei Generationen umfassenden Mittelstandsfamilie ohne produktives Eigenkapital. Als hauswirtschaftliche Konsumeinheit bestimmt sich ihr sozialer Status über die Qualifikation und Berufstätigkeit des Mannes im Erwerbsleben auch dann, wenn die Frau allein erwerbstätig ist. Generell zielte Hilde Thurnwalds Glaube an ein gewisses Maß familiärer Selbstheilungskräfte auf erneute Befestigung traditioneller Werthaltungen. Innerfamiliale Konflikte sind – ihrzufolge – dann zu meistern, wenn die Familien zur Moral der bürgerlich-christlichen Leistungsethik zurückfinden. Mehr noch: Die familialen Konflikte sind selbst Ausdruck von individuellem Versagen: a) mangelnder *Anpassungsfähigkeit* an die *gegebenen* Umstände und b) dem Versagen vor der Moral. Kurz, es ist dies der klassische double-bind familiärer Erziehung, nur gerät jetzt die Familie selbst zum Objekt pädagogisierender Maßnahmen. So ist die Rede von in destabilisierten Familien vorgefundenen »minderwertigen Charakteren«. Diese, sozusagen familienuntauglich, genügten jenen bürgerlichen Tugenden nicht, die familiäres Leben bestimmen und organisieren sollten: Sparsamkeit, Ordnungsfähigkeit in Zeit und Raum, Repetitionsfähigkeit bei Frauen und in unteren Schichten, physische und psychische Belastbarkeit (oberste Ziele sind absolute Selbstbeherrschung, Ausgleichsvermögen, Opfer- und Leidensfähigkeit), Häuslichkeit, Planungs- und Einteilungsvermögen, Fähigkeit zum Lustaufschub und -verzicht, Seßhaftigkeit, Gehorsam, Disziplin, Fleiß, Gewissenhaftigkeit, Arbeitsfreude, Bescheidenheit, Achtung des Privateigentums usw. usf. Alles andere ist von Übel und wird auch so benannt: Faulheit, Schlampigkeit, Depressivität, Verzweiflung, Verschwendung, Ich-Sucht und Egoismus, sexuelle Hemmungslosigkeit, Übervorteilung (Schwarzmarktgeschäfte werden bedingungslos als moralische Verfehlungen angeprangert). Oberster positiver Wert ist generell die Fähigkeit zur widerspruchslosen Triebzügelung bzw. -unterdrückung bei allen Familienmitgliedern.

Daß damit vor allem die Ehefrauen und Mütter gemeint waren, deren ›Reich‹ schließlich Haushalt, Familie (neben eventuell notwendig werdender Erwerbsarbeit) zu sein hatte, ist evident. Es galt, jene Fähigkeiten verstärkt zu entwickeln und Werte zu internalisieren, die – zukunftsorien tiert – den Wiederaufbau nach marktwirtschaftlichem Modell gewährleisten sollten. Daß dabei vor allem die Ehekonflikte als Störpotentiale ins Blickfeld rückten, hängt mit der Funktion dieses Moralkodexes zusammen. Vielfach hatten sich die kriegs- und fluchtbedingten Trennungen von Eheleuten und Familienmitgliedern »entfremdend« ausgewirkt. Man fand sich verändert wieder, Bild und Wirklichkeit stimmten oftmals nicht mehr überein, d. h. auch geschlechtsspezifische Projektionsfelder brachen in sich zusammen. Kinder konnten sich schwer wieder an ihre Väter gewöhnen, die nicht eben selten verstört, aber auch verroht und nicht ansprechbar aus dem Kriegsgeschehen zurückkehrten. Vätern erging es umgekehrt nicht anders: Schnell empfanden sie die Kinder als nervtötenden, hungrigen Ballast.[12]

Angesichts dieser wohl häufig anzutreffenden Situation brachte die Studie Hilde Thurnwalds durchgängig Verständnis für die Kriegsheimkehrer auf, die sich nur schwer an das wieder geltende Monogamiegebot gewöhnen konnten, währenddessen dasselbe bei Frauen zur »Verwahrlosung« wurde und strenge sozialpädagogische Mängelbehebungsblicke auf sich zog. Verständnis verrät auch die Situationsdiagnose, daß »vielfach die heimgekehrten Männer gegen die ›zu große Selbständigkeit‹, die ihre Frauen während der langen Trennung erworben haben«, opponierten. Das sei einsichtig, denn »auch wenn der Mann die Nötigung der Frau zu selbständigem Planen, zu verantwortlichem Handeln in den Jahren der Trennung anerkannt hat, wünscht er meistens die Frau bei seiner Heimkehr so vorzufinden, wie er sie verlassen hat«. Gesteigert werde dieser Wunsch öfter durch eine »überbetonte Selbständigkeitshaltung jüngerer Frauen, vor allem aber durch die niedergedrückte Seelenverfassung, in der viele Männer heimkehren«. Die harte Wirklichkeit hole sie ein: Arbeitslosigkeit, u. U. Deklassierung, unbefriedigender Berufswechsel, Kriegsversehrung, Niederlagengefühle, Verlust von Haus und Habe, die »verblühte Frau«, die »öfter unter der jahrelangen Last der Verantwortung und Ausschöpfung aller Kräfte eine Gefühlsverhärtung und betont rationalistische Haltung ausgebildet« habe. Hilde Thurnwald konstatierte korrekturbedürftige »Minderwertigkeitsgefühle« und »Autoritätsverluste« der Männer. Schreckliches sei zu verzeichnen: Bei mangelndem Verständnis der Frau für die »besondere und schwierige Seelenlage des heimgekehrten Mannes« flüchte dieser zu seinen Eltern. Bei »Vater und Mutter« suche »der Mann als Kind den Trost, den ihm die Frau als Gefährtin nicht zu geben« vermochte. Auf die Tatsache, daß Frauen als Scheidungsgrund häufig Gewalt und Brutalität der Männer angaben, ging Hilde Thurnwald nicht ein.

Hinter all diesen Phänomenen vermutete sie nun das Walten von »Geistesströmungen«, die, bedingt »durch politische, soziale und andere Fak-

toren« eine »generelle Änderung in der Einstellung der Geschlechter zueinander« bewirkt hätten. »Tatsächlich«, so stellte sie fest, habe »die traditionelle Stellung des deutschen Familienvaters schon mit der Frauenbewegung und weiterhin durch die Jugendbewegung« gelitten, beschleunigt
durch die beiden Weltkriege und die »einsetzende politische Gleichberechtigung der Frauen«. Die »nationalsozialistische Ideologie« habe sich
lediglich als »retardierendes Moment« dazwischengeschoben. Nun setze
sich der Prozeß fort. »Bei der jüngeren Frauengeneration« scheine »der
Nimbus männlicher Überlegenheit mehr oder weniger erloschen«. Zahlreiche Frauen würden »im alltäglichen Existenzkampf« erkennen, wieviel
von »ihrer Initiative und Tatkraft« abhänge. So gelangten sie »ihrerseits
manchmal zu einer Überschätzung ihrer Person«, währenddessen bei
Männern »die mangelnde Tatkraft« auffiele und »Gleichgültigkeit gegenüber den Alltagslasten der Frauen«.[13]
Als ideologieträchtige Handlungsanweisung zielte die Studie, darin ist sie
paradigmatisch für das Familienverständnis im westlichen Nachkriegsdeutschland, auf Regulierung familiärer Arbeitsteilung und deren ge-
schlechtsspezifischer Internalisierung. Die Hausfrau, als Hüterin des Hauses und liebendes, pflegendes, heilendes Aktionszentrum der Familie,
sollte eigenverantwortlich, aber ungratifiziert reproduktiv wirtschaften,
Nachwuchs gebären und im Sinne der dargestellten Moral sozialisieren.
Der Mann aber sollte physisch, psychisch und moralisch zugunsten des
außerhäuslichen Erwerbslebens entlastet werden. Als Haushaltsvorstand
jedoch sollte er kompensativ jene Autorität (zurück)erhalten, die ihm die
Gesellschaft durch Industrialisierung, Technisierung, Zerstörung von Besitz, Macht und Einfluß (u. a. damals auch als Folge von Faschismus,
Krieg, Niederlage und Aufteilung des Deutschen Reiches) jenseits der
Familie in unterschiedlichem Maße entweder genommen hatte oder sowieso verweigerte. Analog zur privatkapitalistischen Arbeitsorganisation
sah diese Arbeitsteilung zwischen Ehemann und Ehefrau hierarchisch
strukturierte Eigenverantwortlichkeiten für die jeweiligen Tätigkeitsfel-
der und Aufgabengebiete vor. Die so genormte Geschlechterhierarchie,
strukturelles Merkmal der bürgerlichen Familie überhaupt,[14] erschien in
der damals anerkannten Wahrnehmung und der dazugehörigen Sprachre-
gelung als ›Gleichwertigkeit in der Verschiedenheit‹. Der gesellschaftlichen Wertschätzung und ideellen Wichtigkeit nach könne keine Rang-
ordnung von männlicher Erwerbs- und weiblicher Hausarbeit behauptet
werden. Nur krudem Materialismus fiel damals (wie heute) auf, daß die
unter dem Kommando des Kapitals stehende Arbeit des Mannes in Geld
ausdrückbar ist, während die unter dem Kommando des Mannes stehende Tätigkeit der Hausfrau solcherlei Wertausdruck nicht kennt, also
ungratifiziert bleibt. Auf dieser konzeptionellen Basis erfolgte denn auch

die Kritik an einem Zuviel/Zuwenig an väterlich-männlicher Autoritäts-
ausübung und umgekehrt an weiblicher Selbständigkeit/Unselbständig-
keit. Natürlich präsentierte sich diese Normalisierung allerorten als fortschrittliche, moderne Verheißung. Das Erbe von Krieg und Faschismus
verharmloste man auf dieser Ebene zur subjektiven Verhaltensunsicher-
heit oder zu verständlichem Fehlverhalten mit eher momentanem Charakter, bedingt durch die politische Ausnahmesituation.
Damit waren für lange Zeit die ideologischen und strukturellen Familien-
weichen gestellt. Die Chancen wurden vertan, Form und Struktur inti-
men Zusammenlebens von Erwachsenen und Kindern als Frage des Frei-
heitsanspruchs und der Selbstverwirklichung zu diskutieren.

Die Fassadenfamilie

Mit der Währungsreform, dem Marshallplan und der Verabschiedung des
Grundgesetzes, d. h. der Gründung eines beschränkt souveränen, westdeutschen Staates, veränderten sich, langsam aber stetig, die objektiven
Bedingungen für die materielle Lage vieler Familien. Subjektiv wichen
die von Hilde Thurnwald beschriebene tiefe Resignation, Geducktheit
und politische Enttäuschung weiter Bevölkerungskreise – freilich aus unterschiedlichen Motiven – einem sachlich orientierten (Schelsky), zaghaften Pioniergeist. Dieser war wohl besonders in den Kreisen protestanti-
scher, mittelständischer Flüchtlingsfamilien zu finden. Wohnung, Arbeit,
Gebrauchsgüter, Möbel, Kleider zu beschaffen waren vordringliche
Ziele. Allerdings: Allein um Arbeit zu erhalten, mußten Familienväter
wiederum langjährige Trennungen von ihren Familien hinnehmen. Der
Wiederaufbau der Städte, der öffentlichen Verwaltung und Dienstle-
stungen, der Verkehrswege und die Aktivierung der Privatwirtschaft
standen auf der Tagesordnung. Sie boten im Zusammenhang mit den genannten innerfamilialen Zielen Möglichkeiten für gemeinsame Zweckge-
richtetheiten familialen Handelns. Das Grundgesetz hatte die Familie unter den besonderen Schutz des Staates gestellt (Art. 6, Abs. I GG), die
Unverletzlichkeit der Wohnung garantiert (Art. 13 GG) und die Gleichberechtigung der Frau zum Grundrecht erhoben, wenn auch erst nach
längeren Auseinandersetzungen. Am 18. Juni 1957 wurde das Familienanpassungsgesetz verabschiedet, es trat am 1. Juli 1958 in Kraft. Ihm zufolge konnte die Frau nun gleichberechtigt am Erwerbsleben teilnehmen,
aber, so Petra Milhoffer, »das Leitbild ihrer unentgeltlichen Dienstpflicht
in der Ehe, die *Hausfrauenehe*«, blieb unangetastet.[15] Die familiale Hier-
archiestruktur war im Bürgerlichen Gesetzbuch festgelegt:

§ 1356: Die Frau führt den Haushalt in eigener Verantwortung. Sie ist berechtigt, erwerbstätig zu sein, soweit dies mit ihren Pflichten in Ehe und Familie vereinbar ist.

§ 1360: Die Ehegatten sind einander verpflichtet, durch ihre Arbeit und ihr Vermögen die Familie angemessen zu unterhalten, die Frau erfüllt ihre Verpflichtungen, durch Arbeit zum Unterhalt der Familie beizutragen, in der Regel durch die Führung des Haushalts; zu einer Erwerbstätigkeit ist sie nur verpflichtet, soweit die Arbeitskraft des Mannes und die Einkünfte der Ehegatten zum Unterhalt nicht ausreichen.

Die bisherigen Bestimmungen über Ehe- und Familiennamen wurden ebensowenig geändert wie der umstrittene Stichentscheid des Vaters. Letzteren revidierte schließlich das Bundesverfassungsgericht mit Urteil vom 29. Juli 1959.

1951 war die Studie »Leitbilder gegenwärtigen deutschen Familienlebens« von Gerhard Wurzbacher erschienen, eine Sammlung von Familienmonographien, die die Familie der einsetzenden 50er Jahre in prekärer Lage schilderte. Wurzbacher zufolge existierten in den Klein- oder Kernfamilien mehrere familiale Leitbilder. Neben ausgeprägt patriarchalen Entscheidungsstrukturen und Mischformen machte der Autor eine starke Tendenz zur partnerschaftlichen Ehe-Beziehung aus. Partnerschaftlichkeit – vormals wohl Kameradschaftlichkeit – war für Wurzbacher, daß die Ehefrau und Mutter als solche jene ihre Tätigkeitsbereiche betreffenden Fragen teils allein, teils gemeinsam mit ihrem Mann entschied. In der Eltern-Kind-Beziehung schwinde die Ausübung starker elterlicher Verfügungsgewalt über das Kind (= Kind als Arbeitskraft, Prestigeinstrument oder Ballast). Zwei Tendenzen hielten sich ungefähr die Waage: a) alles für das Kind, es soll es einmal besser haben und mehr werden und b) Achtung des Eigenwertes und der Freiheit zu eigenbestimmter Entwicklung und Lebensgestaltung des Kindes.

Diese erstaunlichen Resultate werfen auch heute noch ein bezeichnendes Licht auf die methodischen Schwierigkeiten jeglicher empirischen Familiensoziologie, die, in zeiteingebundene Wahrnehmungsfähigkeiten und Werthaltungen verstrickt, sich dem Objekt ihrer Untersuchungen beobachtend nähert. Bemerkenswert ist ferner, daß offenbar auch die Familiensoziologie der 50er Jahre – bis auf Gerhard Baumerts Untersuchung über Darmstädter Familien von 1954 – keine weiterreichende, dem Grundgesetz adäquate Vorstellung von Gleichberechtigung, bzw. Partnerschaftlichkeit, entwickeln konnte. Wichtig scheint dabei der theoretische Hintergrund. In Anlehnung an die Institutionenlehre von Arnold Gehlen sah Gerhard Wurzbacher die Familie als »eine vertraute, selbstbestimmte eigene Welt« und folgerte: »Der im gesellschaftlichen Ge-

triebe einflußloseste oder als bloßer ›Funktionsträger‹ ›Entpersönlichte‹
bedeutet hier als Vater, Mutter, Kind unendlich viel und findet totale
menschliche Teilnahme. Hier sind nicht Ohnmacht des einzelnen der vor-
herrschende Eindruck und Abschiebung der Verantwortlichkeit die
Folge, sondern der ständige Anruf an die ganze Persönlichkeit fordert
vielseitige Entfaltung der sozialen Fähigkeiten.«[16] Familie als Gesell-
schaftsnische war jedoch auch nicht so unproblematisch. Diesem Theo-
rem stand die Entdeckung entgegen, daß die »totale menschliche Teilnahme« offenbar zu einem ungünstigen binnenfamiliären Treibhausklima
führe, ständig emotionale und soziale Überforderungen erzeuge. Es
komme zu einer »immanenten Spannung zwischen Innen- und Außenver-
hältnis«, die zu bewältigen »im allgemeinen ein zu hohes Maß an sozialer
Bildung« verlange. So beklagte Wurzbacher die »starke Isolierung« vieler
Familien »von der Gesamtgesellschaft« und einen »Rückzug der sozialen
Teilnahmewilligkeit und -fähigkeit fast ausschließlich auf die Familie«.
Über ein Drittel der Befragten lebe »für sich ... zurückgezogen«, wolle
»mit Nachbarn, der Öffentlichkeit, der Politik, mit ›den Leuten‹ nichts zu
tun haben ... Trautes Heim – Glück allein«, sei der Wahlspruch.
Dennoch, die »Entwicklung zur eigenständigen Familie in der industriellen Gesellschaft« stelle »eine wesentliche soziale Leistung dar«. Sie stärke
»uns in der Überzeugung, daß der moderne Mensch nicht hilflos einer
wirtschaftlichen und technischen Entwicklung ausgeliefert ist, der gegenüber ihm nichts übrigbleibe, als sich ›anzupassen‹, sondern daß er imstande ist, sie zu meistern – wenn ihm die Entfaltung einer Eigenständigkeit mehrerer einander ausgleichender und ergänzender Lebenssphären
durch unsere Gesellschaftsstruktur ermöglicht wird«.[17]
Offener konnte die politische Funktionalität der Familie zur Erhaltung
des Status quo nicht formuliert werden. Konsequenterweise zeigt sich
Wurzbacher auch nur dort wirklich besorgt, wo die so beschriebene, hu-
manistisch verbrämte Instrumentalisierung der Familie unangenehme
Folgen zu zeitigen begann. Zur Problematik der isolierten Betrachtung
von Familie, herausgelöst aus ihren gesellschaftlichen und ökonomischen
Kontexten, haben Familienforscher/-innen in den 70er Jahren mannigfache Überlegungen angestellt. Hier sei nur soviel angemerkt, daß gerade
in den 50er Jahren die industrielle Nachkriegsgesellschaft familiäres Leben nachhaltig beeinflußte und keineswegs vor den diversen Haus- und
Wohnungstüren haltmachte. In diesen Jahren setzte in großem Maßstab
der Bau von durchgängig genormten Trabantenstädten ein, zu 69 % als
sozialer Wohnungsbau, die ersten seriellen Küchengeräte wurden ebenso
wie der Einzug des Fernsehens in das Familienleben gefeiert. In den zumeist kleinen, dünnwandigen Wohnungen breitete sich der Stil der knap-
pen »funktional organischen Sachlichkeit« aus, Nierentisch und Tüten-

lampen gehen mitsamt der hell furnierten Wohnzimmergarnitur in Serienproduktion. Die Möbel, insbesondere die Betten, sind leicht und multifunktional konzipiert. Vespa, Goggomobil und Isetta lockten, schon erzählten die ersten Mallorca-Reisenden, ihnen sei am sonnigen Strand die ›eigene‹ Putzfrau begegnet. Das frühere Hausmädchen gehörte inzwischen zu den aussterbenden Berufen. Das Wirtschaftswunder rollte, die sogenannte Freßwelle zeugte von eigenartigen Nachholbedürfnissen. Soziale Marktwirtschaft: Wer will, zielstrebig arbeitet und was kann, dem ist Erfolg beschieden. Diesem Leitspruch im betriebsamen Taumel der Wirtschaftswunderjahre schien Wahrheit eigen zu sein. Man arbeitete wie besessen. Bekanntlich sühnt Arbeit und hilft über vieles hinweg, auch über die jüngste deutsche Geschichte. Allenthalben wurden jetzt Erfolgsmeldungen gesehen: Die neue Einrichtung, der spiegelblanke, gerade vom Fließband gerollte VW, hier und da ein Kühlschrank, ein Fernseher ... Mithalten wurde zur Devise, Erfolglosigkeit die neue Schuld. Da konnte es schon mal zu Mißverständnissen kommen, wie folgende von Peter Brückner wohl mehr als anekdotisch gemeinte Geschichte bezeugt: »Da sind Leute, die gleich nach dem Krieg enttrümmert und aufgebaut haben, sie hungern, schwarzhandeln und bauen Kohlrabi an, ein Kaninchen im Stall; dann fängt ihre materielle Lage an, sich zu bessern. 1954 oder 1955 konnten sie sich schon mal die ersten neuen Möbel kaufen – Gelsenkirchner Barock, ein unsäglicher »Stil«, und wenn dann die ganze Familie arbeitet – Mann, Frau, der älteste Sohn – dann kriegen sie zu dritt ›ganz schön‹ was zusammen, konnten sich vielleicht eine etwas bessere Wohnung nehmen oder ihr Häuschen ausbauen (in den drei Zimmern saßen sie immer noch zu fünft und ungeheuer eng). Und dann, vielleicht 1957, kauften sie sich ein Goggomobil. Danach ging es nicht mehr weiter, *mehr* war nicht zu erreichen, für ihre Klasse nicht vorgesehen, und sie brachen zusammen – der Mann wurde schwer krank oder die Frau bedurfte dauernder ärztlicher Behandlung oder/und eines der Kinder wurde psychiatrie- und ›fürsorge‹bedürftig, nachdem es lange ein Schlüsselkind gewesen war. Die Familie verwandelte sich in eine Szenerie von Kälte, Streß und Auseinandersetzung.«[18]

Noch 1954 verfügte jede zehnte Familie (11%) über ein *Gesamteinkommen* von unter 250,– DM mtl. netto. Jede 4. Familie hatte ein solches zwischen 250,– und 400,– DM. Nur ein knappes Drittel der Familien hatte ein Gesamteinkommen von über 600,– DM. Fast jeder fünfte *Haushaltungsvorstand* verfügte über ein Einkommen von unter 250,– DM (18%) und mehr als ein Drittel verdiente zwischen 250,– und 400,– DM und nur jeder vierte hatte ein Einkommen zwischen 400,– und 600,– DM (23%). Nur jede zweite Frau hatte ein Einkommen über 250,– DM, d. h. die meisten Mutterfamilien vegetierten am Rande des Existenzminimums dahin. Immer mehr Mütter verdienten mit. Nach Kuczinsky[19] gab es 1957 rund eine Million Familien, in denen die Frau hauptberuflich außerhalb des Hauses tätig war. Dazu wußte z. B. die Bundesregierung nur die Befürchtung auszudrücken, »daß durch die Berufstätigkeit der jungen Ehefrauen nicht nur die Geburten hinausgezögert werden, sondern daß die Geburtsfreudigkeit überhaupt abnimmt.«[20] Tatsächlich blieb das generative Verhalten – wie es so schön heißt – bis 1953 rückläufig und begann erst 1954 wieder zuzunehmen. Im Jahre 1957 wurde der höchste Stand der Lebendgeborenen seit dem Krieg (außer 1949) erreicht. Es kamen auf 1000 Einwohner 17 Geburten, wobei die allgemeine Tendenz zur Ein- oder Zweikinderfamilie faktisch, Zweikinderfamilie ideell ging. 1950 wurden 84 % Erstgeborene während der drei ersten Ehejahre geboren. 1956 waren es nur noch 77 %, wobei anzumerken ist, daß die bundesdeutsche Müttersterblichkeit bis in die 70er Jahre hinein und im Vergleich zu anderen europäischen Ländern skandalös hoch war.

Die Verhältnisse waren also für viele Familien keineswegs so rosig wie es Propagandareden vom Wirtschaftswunder glauben machen wollten. Häufig zwang die Not zur Konzentration auf den Erwerb, zwang zu familienfeindlichen Akkord-, Schicht- und Nebenarbeiten, von Überstunden in allen Branchen ganz zu schweigen. Doch, subjektiv wurde gearbeitet, um die Familie zu erhalten und vorwärtszubringen. Zu kurz dürfte dabei das familiäre Leben selbst gekommen sein, nicht zuletzt auch deshalb, weil sich Not und Mangel in ihrer gesellschaftlichen Bedeutung wandelten. Die Not wurde mehr und mehr zum Konsumzwang selbst, über den sich der schichtspezifische Status bestimmte und soziale Anerkennung zu verteilen begann. Mehr und mehr geriet auch die Familie, das »positive Bildzeichen ›Familie‹« zum Privateigentumsersatz. Ob die Ehefrau mitarbeiten *mußte* oder nicht, wurde zur Prestige- und sozialen Zugehörigkeitsfrage: Das *Haben* einer Familie, einer modernen Familie, wurde selbst zum Statuskriterium. »Wir sind so glücklich ...über unser Graetz Radio«, verkündete eine flotte, jung-dynamische Kleinfamilie von Werbeplakaten. Mutter und Sohn strahlen den Vater in hierarchischer Ordnung von unten nach oben hin an. Er, breitschultrig, wendet dem Bildbetrachter Rücken und Hinterkopf zu. Glück erhielt zunehmend dinghaften Charakter.

Hier korrespondieren die Universalität des Tauschprinzips (Adorno) mit innerfamilialen Refeudalisierungen, die folgerichtig 1961 zu einer gesetzlichen Erschwerung der Scheidung führten. Auf unmittelbarer Verhaltensebene beobachtete Rolf Fröhner, daß sich neben der »Verpersönlichung des Familienlebens« eine zunehmende »Personifizierung der Störungen und Hindernisse des Familienlebens« zeige. Zwischenmenschliche Konflikte, berufliche Sorgen und Nöte, Wohnraumbeen-

gung, mangelnder Aufstieg im gesellschaftlichen Rahmen oder gesund-
heitliche Belastungen würden »zum großen Teil auf Personen, vor allen
Dingen auf die Ehepartner zurückgeführt«. Gleichzeitig sei ein »innerfa-
milialer Drang zum ›Beisammensein‹« auffällig, obwohl die »Unfähigkeit, tatsächlich etwas gemeinsam zu tun«, ständige emotionale Brüche
und Enttäuschungen erzeuge. Die Einsamkeit wirke wesentlich öfter be-
lastend, als umgekehrt die mangelnde Möglichkeit der Absonderung:
»Der Wunsch nach Gesellung ist einerseits ein Streben nach Herstellung
menschlicher Kontakte und andererseits ein Ausweichen oder gar eine
Flucht vor der Leere der Einsamkeit. Es scheint, daß der negative
Aspekt der Gesellung, diese ›Flucht vor der Einsamkeit‹ einen wesentlichen Einfluß auf die Gesellungswünsche der Menschen der Gegenwart
ausübt.«[21]
Tatsächlich, die Leistungsgesellschaft und die von ihr permanent veröffentlichte Ideologie von der Familie als leistungsfreiem Raum, legte
binnenfamiliär ihre Leimruten aus. Im gesellschaftlichen Komplement
»Familie« – der Zeit selbst kaum gegenwärtig als feudales Relikt,
basierend auf dem Prinzip des ›Blutes‹, der natürlichen Verwandt-
schaft, dem Inzest-Tabu und der faktischen Leibeigenschaft der Ehefrau – stießen die Widersprüche brutal aufeinander. Humanitätsan-
sprüche und Erwartungen, emotionale Bedürfnisse allseitig *jenseits*
von Machthierarchien, Konkurrenz und Leistung befriedigen zu können, kollidierten mit der Feudalstruktur der Familie und ihrer gesellschaftlichen Aufgabe, Sozialisationsagentur und Reproduktionsstätte
für eben jene Fähigkeiten zur Konkurrenz, zu Anpassung und Unterordnung zu sein. Der Druck von außen reproduzierte sich im Inneren.
Und dem waren die wenigsten Familien gewachsen. Sie sonderten ihrerseits Unterdrückungsmechanismen ab. Sentimentalität und die See-
lenseichtigkeit des ›Guten‹, das ist der Familienschweiß der 50er
Jahre, der durch die Poren der Fassaden drang und zur Patina der
Neubauten wurde.
Im Kulturleben der 50er Jahre induzierte dies eine sonderbare Eindimen-
sionalität. Mit ihr gingen – wie im familiären Leben selbst – regelrechte
öffentliche Konfliktverbote einher. Der Kulturkonsum – vom »Spiegel«
als »Taschenbuch-Dramatik und Heide-Romantik« ironisiert – ist allerdings, genauer besehen, selbst nur Code, und zwar Code der Kollisionen.
Alle Kollisionen prinzipieller Art verschweigend, wirkt er erdrückend,
wenn nicht atemberaubend beredt. Filme wie »Grün ist die Heide«,
»Sissi«, »Die Försterchristl«, aber auch »Des Teufels General« führen in
qualitativer Steigerung das vor, was Otto Brunner als die »spezifische Ge-
fühlsbetontheit« heraushebt, die »mit der Aufspaltung des ganzen Hauses in Betrieb und Haushalt« der »Rationalität des Betriebes die Senti-

mentalität der Familie entgegenhalte«.[22] Diese qualitative Steigerung taumelte dabei ihrem eigenen Widerspruch zu: Der Film »Die Sünderin« veranlaßte z. B. 1951 biedere RCDS-Studenten zu spektakulären Unbotmäßigkeiten. In Tübingen sprengten sie kurzerhand (und mit geschlossenen Augen) die Filmvorführung. Anlaß war, daß wenige Sekunden lang ein als nackt *vorstellbarer* Frauenkörper auf der Leinwand zu sehen war. Die »Aktion saubere Leinwand«, in den 50er Jahren von dem katholischen Rechtsanwalt, Abgeordneten und Minister Adolf Süsterhenn initiiert und bis in die 60er Jahre künstlich beatmet, reproduzierte das so gewaltsam Verdrängte gleichfalls. Die »Heile Welt« betätigte sich unablässig als eine riesige Ausgrenzungsmaschinerie. Überall witterten paranoiagebeutelte Mittelständler schmutzigen Unrat. Der Sauberkeitswahn tobte auf allen kulturellen Ebenen. Daß manifeste Sprachverbote einhergingen und kritische Stimmen als »Brunnenvergifter« (!) und »Nestbeschmutzer« (!) öffentlich stigmatisiert wurden, liegt dabei auf einer Ebene. Allein der Sprachgebrauch zeigte die familial aufgeladene Überemotionalisierung an. Frauen und Mädchen – die adrette, pferdebeschwänzte, punktierte und eng taillierte Kindsweiblichkeit und die unscheinbare ›Dame‹ bezeugen dies – waren »zu beschützen, zu behüten, heilig zu halten«.

An diesem Punkt bot sich der Konsum als Ausweg an, vermittelt über die Propaganda aus der Warenwelt. Die Strumpfindustrie zeigte als erste ›nackte‹ Beine, die torsogleich im Bilde schweben. Das von Industrie, Bürokratie, Kultur und Familie Ausgegrenzte verschob sich in die Bereiche der Warenwelt und kehrte dort, freilich fast unkenntlich, als orale Kauflust wieder.

Nicht zuletzt deshalb schwand die Notwendigkeit, sich weiterhin genauer mit Familie und familiären Lebensformen zu beschäftigen. Die Befriedung schien geglückt und für Schelsky war annehmbar, daß »gerade durch die schwere Wandelbarkeit und das tiefe, begründete Beharrungsvermögen« die Institution Familie »Restbestand einer erhöhten Stabilität in einer solchen Welt bildet, deren umfassendere und öffentliche Gebilde sich zur Zeit in einer stetigen Krise und ihrerseits auf der Suche nach neuen Stabilitätsfaktoren befinden«.[23]

Die Kühlschrank-Waisen

In den 60er Jahren standen die Definitionsmerkmale der modernen Familie fest: hohe Mobilität, Funktionsverlust als Produktionsstätte, Reduktion auf die Kernfamilie, Privatisierung und Partnerschaftlichkeit. Zeitweise bewegte das Problem der ›Schlüsselkinder‹ die Öffentlichkeit heftig. In diesem Zusammenhang veranlaßte das ›Für und Wider‹ um mütterliche Berufstätigkeit, Soll und Haben zu überschlagen. Doch die nach wie vor prosperierende Wirtschaft versprach, mit steigendem Wohlstand und schwindendem Nachholbedarf der Konsumentengruppe »Familie«, auch dieses Problem zu lösen. Diverse Untersuchungen vermeldeten zudem Beruhigendes: Berufstätige Mütter arbeiteten nur mit größtem Schuldbewußtsein ihrer Familie gegenüber und identifizierten sich selten mit ihrer Berufstätigkeit. Die Familien als Freizeit- und Konsumentengruppen schienen ihr Bestes zu tun. Die Do-it-yourself-Bewegung versprach neuerlichen familiären Funktionszuwachs, die Möglichkeit für Väter nämlich, ihren (männlichen) Kindern Sachwissen zu vermitteln und so ihre Autoritätsstellung zu verbessern. Die These Schelskys von der nivellierten Mittelstandsgesellschaft schien erwiesen, die gesellschaftliche Orientierung quer durch alle Schichten und Klassen auf Leistung und Erfolg hin fest verankert.

In diese Welt platzte dann 1964 der publizistische Alarm von der »deutschen Bildungskatastrophe« (Georg Picht) und stieß offenbar auf ein längst verbreitetes, latent wirksames Unbehagen. Das Selbstverständnis der Nachkriegsbildungsinstitutionen, »für die Begabten« und »nicht für die Begüterten« da zu sein, stimmte in keinem Punkt mit der Realität überein. Die Quote der Arbeiterkinder an den Universitäten war mit 6 % äußerst gering. Die BRD drohte, auch was die berufliche Qualifikation und die Allgemeinbildung ihrer Bevölkerung anbelangte, hinter die Standards ihrer westlichen Nachbarn zurückzufallen. Industrie, Staat und gesellschaftliche Großorganisationen bangten plötzlich um Nachwuchs und sahen sich mit gesellschaftspolitischen Legitimationsproblemen konfrontiert: Der freie deutsche Westen, eben doch die alte Klassengesellschaft?

Bildungs- und Politikabstinenz der bundesdeutschen ›Ohne-Michel‹ schienen – wie man schuldsuchend bald vermutete – Hand in Hand zu gehen. Nicht zufällig führte die Spur, sorgfältig an dem westdeutschen Bildungssystem vorbei, hin zur Familie. Wie vor nicht ganz zwei Jahrzehnten der allgemeine Mangel der familiären Situation Aufmerksamkeit eingetragen hatte, so jetzt – besonders von konservativer Seite – der ›Wohlstand‹ und dessen Folgeprobleme. Die zuvor gelobte »Zweckgerichtetheit« und »Sachlichkeit« geriet nun ins Zwielicht, als sich steigender Wunsch »nach dem ›Mehr‹, nach dem ›Besseren‹, nach dem ›Größeren‹«.[24] Wissenschaftler empörten sich über »Mißbrauch« von Freizeit in Arbeiter- und unteren Mittelstandsfamilien: Mißbrauch deshalb, weil diese Familien »den Gewinn an freier Zeit nicht dazu benutzen, sich in zweckdienlicher Weise zu erholen, sich fortzubilden oder sich im Dienst allgemeiner oder überpersönlicher Interessen zu betätigen«. Ja mehr noch: »Die Demokratisierung der allgemeinen Lebensbedingungen und die Nivellierung der Konsumgewohnheiten, die früher schicht- und einkommensmäßig differenziert waren«, hätten »in Verbindung mit Werbung und Reklame, die alles allen zu bieten scheint, eine Steigerung der Lebensansprüche in allen Schichten« zur Folge gehabt. »Das ordentliche Arbeitseinkommen der Familie« werde »häufig überfordert« und zwinge »zu zusätzlichen Verdiensten«, die »nach Art und Ausmaß desintegrierend und desorientierend auf die innere Struktur und das Leben der Familie« wirken.[25] Die Studie von Richard Wolf, eine der ersten schichtspezifischen Untersuchungen, hatte 1962 ergeben, daß, gemessen an den Konsum*wünschen* das Einkommen von Arbeiter- und unteren Angestelltenfamilien nicht reichte. Zur Standardausrüstung zählten breite Bevölkerungskreise den Besitz von Radio, Plattenspieler, Tonbandgerät, Waschmaschine, Kühlschrank, elektrischen Küchengeräten.

87,5 % der Industriearbeiterfrauen arbeiteten mit. Die Männer machten Überstunden, daneben übernahmen sie Reparaturarbeiten bei Nachbarn und Freunden.

Das durchschnittliche Einkommen betrug bei gelernten Arbeitern – je nach Qualifikation und Akkord – zwischen 410,– und 600,– DM netto. Wunsch und Wirklichkeit: Nicht wenige der befragten Arbeiter gaben an, mit dem Geld aus Nebenverdiensten ihre morgendliche Betriebsbrotzeit, Tabak und Getränke kaufen zu müssen. 35 % hatten 1961/62 ein Auto und 38,5 % Fernsehen. Letzteres nahm bereits Anfang der 60er Jahre einen breiten Raum im familiären Leben ein, heftigen Widerstand gegen das neue Medium leisteten wohl vor allen Dingen bildungsbürgerlich geprägte Familien. In großstädtischen Arbeiterkreisen und auf dem Land waren damals noch die Fernsehgemeinschaften mehrerer Familien üblich, wie sich überhaupt Geselligkeit und Geselligkeitsformen signifikant von Angestelltenfamilien unterschieden. Nachbarschaftskontakte in sozial relativ homogenen Wohngegenden waren häufiger, lockerer im Umgang und dichter. Verwandtschaftsverhältnisse wurden stärker gepflegt. Im Unterschied dazu pflegten Angestellten-Familien eher den gezielten Umgang mit Freunden und Bekannten, der »wesentlich konventioneller und unter Wahrung der Intimsphäre« verlief. In diesen Kreisen dürfte auch das familiäre Konkurrenzsyndrom sehr viel stärker ausgeprägt gewesen sein, d. h. der permanente Zwang, die eigene Familie positiv von allen anderen abzuheben, eine der prägnantesten Ursachen familiärer Isolation. Angestellte konservierten, häufiger lesend, den traditionellen Bildungsbegriff auch als Abgrenzungsmöglichkeit nach außen, währenddessen Arbeiterfamilien »alles, was ihnen in Bild, Wort und Ton zu Augen und Ohren kam, für weiterbildend« hielten. Auch im Verhältnis zu den Kindern zeichnete sich ab, daß die Krise der väterlichen Autorität damals eher ein Mittelstandsproblem gewesen sein mag und die Konstitution der traditionell bürgerlichen Familie betraf, die sich mehr und mehr im Umbruch befand. Nach der Untersuchung von Richard Wolf beschäftigten sich Arbeiterväter an Wochenenden eher mit ihren Kindern als Angestellte. Diese benutzten ihre freie Zeit häufiger für sich und überließen ihren Frauen die Kinder, bzw. die dankbare Aufgabe, ihnen die Kinder fernzuhalten. Wie jedoch die Arbeiterväter mit ihren Kindern umgingen, darüber gibt die Studie keine Auskunft. Anzumerken bleibt, daß auch in den 60er Jahren – freilich hinter vorgehaltener Hand – von häufigen Kindesmißhandlungen erzählt wurde. Betroffen waren Kinder und Jugendliche aller Schichten. Daß die Prügelstrafe an den Schulen erst 1971 verboten wurde, mag da für sich und die Vermutung sprechen, daß das familiäre Spannungspotential in den damaligen Mittelstandsfamilien höher war als in vielen Arbeiterfamilien. Die soziale Isolation, die krampfhafte Statusabgrenzung und Konkurrenz nach außen, die emotionale Erwartungshaltung untereinander bei gleichzeitiger starker Regelhaftigkeit, Konventionalität und Problemtabuisierung im innerfamiliären Umgang: All das dürfte die Konflikte zugespitzt und die familiäre Identität wesentlich schärfer bedroht haben. Die Irrationalität der Verhaltenskodices war sichtbarer. Selbst kaum zu begründen, mußten sie vor allem den Kindern gegenüber imperativ durchgesetzt werden.

Die damalige Familiensoziologie widmete demgegenüber ihre Aufmerksamkeit verstärkt den Arbeiterfamilien und hob Fragen der Sozialisation, Rollenverteilung, Sprach- und Wertvermittlung in den Problemstatus. Damit betrat sie relatives Neuland, aber in gewohnter Weise: Die »Ausscheidung der eigentlich ökonomischen Fragen, der nach dem tragenden Produktions- und Reproduktionsprozeß der Gesellschaft, der den sogenannten Formen der Vergesellschaftung ihr Leben einbläst« führte sie, so Adorno, »bis zur Verdünnung der soziologischen Problematik« und zur Fetischisierung des Rests, der »zwischenmenschlichen Beziehungen«.[26]

Andernorts siedelten auf zäh kulturpessimistischer Ebene die Klagen um den unheilvoll zerstörerischen Einfluß von Fernsehen, Comic-strips und seichter Schlagerwelt. Niemand ahnte, daß es noch ganz anders kommen sollte: Mit der Beat-Generation und der die Welt der Erwachsenen allseits beunruhigenden ›Gammler‹-Bewegung tauchten wenig später völlig neuartige habituelle und wertbestimmte Züge unter Jugendlichen auf. Die schmerzvolle Einsicht lag nahe, daß *das* keine Neuauflage der ›leichten Halbstarkenkrawallerie‹ zu James Deans Idolzeiten mehr war. Deren motorisierte Männlichkeitsrituale hatten immerhin noch altvertraute Charakteristika. Pilzköpfe und Uni-look aber, die den generellen Angriff auf die ›Zahnbürste‹ – *das* Symbol nachkriegsbürgerlicher Sozialisationshygiene – anzeigten, kündeten auch von den ersten manifesten Rissen im Gestrüpp von Leistungsdenken, Lebensaskese, Statusideologismen und gesellschaftlicher Mimikry: Dem Erbe von Nationalsozialismus und dessen Nachkriegsverdrängung. Mit der neuen Jugendbewegung – so unpolitisch sie zunächst auch immer war – deutete sich an, daß die Leistungsgesellschaft unglaubwürdig geworden war und an ihre Grenzen geriet. Nicht zufällig fiel das Ende der ökonomischen Rekonstruktionsperiode der westdeutschen Wirtschaft in dieselbe Zeit. Man war verunsichert. Was war in den Familien los?

Harsche Antwort kam wenig später von seiten der Studentenbewegung, allerdings auch auf für deutsche Wissenschaftler und Kulturschaffende unbekanntem Terrain: Der Praxis! In Berlin entstand ein Alternativentwurf zur Familie und zur Familienidee des Bürgertums. Dieses Gebilde machte als Kommune I bundesweite Schlagzeilen und leitete die Gründung vieler Wohngemeinschaften ein. 1975 wurde ihre Zahl inoffiziell auf etwa 80 000 geschätzt.[27] Eine ganze Republik erregte sich angesichts nackter Kommunard(inn)en und wenig später flüchtete selbst Altmeister Adorno – bewaffnet mit Aktentasche – vor barbusiger Weiblichkeit vom Katheder. Folgende Thesen – entwickelt in der bislang nicht hoffähigen Tradition von Sigmund Freud, Wilhelm Reich, Max Horkheimer und Theodor W. Adorno – kündeten von der Generalabrechnung mit der Familie:

- Die Verdrängung der genitalen Sexualität (vom Säugling an) erzeugt autoritätsgläubige, untertanenhafte Charaktere. Sie garantiert damit die Aufrechterhaltung der herrschenden gesellschaftlichen Verhältnisse, Herrschaftsstrukturen und Produktionsverhältnisse. Der autoritär strukturierte Mensch ordnet sich ihnen – wenn auch oft widerstrebend – unter und erfüllt in ihnen systemerhaltende Funktionen.
- Die sexualverneinende Psychostruktur erzeugt die Disposition zu entfremdeter Arbeit. Ohne entfremdete Arbeit würde das ökonomische, auf Produktions- und/oder Profitmaximierung ausgerichtete System der Warenproduktion zusammenbrechen.
- Die sexuelle Unterdrückung vermindert die Kritikfähigkeit und ermöglicht die Ideologisierung des Bewußtseins mit Inhalten, die den wahren Bedürfnissen entgegengesetzt sind.
- Die gesellschaftliche Institution zur Unterdrückung der Sexualität ist die bürgerliche Familie ... Die Erwachsenen sind durch die Gebote von *Monogamie* und ehelicher Treue sowie durch das *Postulat der Lebenslänglichkeit* der Ehe sexuell eingeschränkt.
- Die Dreieckstruktur der Familie (Vater-Mutter-Kind) nimmt für das Kind die Autoritätsstruktur der Gesellschaft vorweg. In der Familie übt das Kind die *Anpassung an autoritäre Hierarchien* ein, verinnerlicht die Realität der Herrschaft von Menschen über Menschen, des ›Oben‹ und ›Unten‹, des Befehlens und Gehorchens.

- Der Mann erhält in der Familie ein besonderes Herrschaftsreservat, das seine Beherrschung durch Übergeordnete am Arbeitsplatz kompensieren soll. Der autoritäre Charakter (Gehorsam nach oben, Befehlen nach unten) kann sich erst unter dieser Bedingung voll entwikkeln.
- Die Herrschaft des Mannes über die Frau produziert aus sich selbst heraus die Beherrschung des Mannes durch die Frau. Aus materiellem Familien- und Selbsterhaltungstrieb erzwingt die Frau ein auf Anpassung, Absicherung der gesellschaftlichen Position und sozialen Aufstieg gerichtetes Verhalten des Mannes am Arbeitsplatz und wirkt jedem Rebellionsdrang entgegen.[28]

Selbstverständlich vermochte weder die Familiensoziologie, noch die Gesellschaft solcherlei Generalabrechnungen zu folgen. Das ging entschieden zu weit. Doch die Praxis des »Andersdenkens und Anderswerdens« erwies die Familien als genau das, was von ihnen behauptet wurde: Gegenüber ihren Kindern *beklagten* sie ihr *Versagen* als repressive Anpassungsinstanz an den gesellschaftlichen Status quo, als Einübungs- und Konditionierungsmaschinerie oder, anders ausgedrückt: Als Erziehungseinrichtung zur Anerkennung gesellschaftlicher Produktion und privater Aneignung. Kaum geklagt, schlugen sie zu und machten ihrem Ruf doppelt Ehre. Es wurde klar, wenn es die Familie nicht gäbe, sie müßte erfunden werden. Für Jahre rückte der Herrschaftscharakter des scheinbar so Unpolitischen und Privaten ins Zentrum emanzipativen Denkens und damit das, was die Familiensoziologie so sorgsam aus jeglicher Thematisierung ferngehalten hatte: Die polit-ökonomische Dimension. Auf dieser Folie konnte erstmals reflektiert werden, wie normengeleitet die Familiensoziologie vorging und wie weit internalisierter Triebverzicht Familie und Familiensoziologie inhaltlich verband. Ersatzbefriedigung war hier wie dort die Kehrseite des Triebverzichts. Erst der Kritik zeigte sich die *spezifische* Wohlstandsentwicklung der bundesdeutschen Nachkriegsgesellschaft als Verweigerung dessen, was die bürgerliche Gesellschaft seit ihrer Existenz stereotyp versprach und nie einzulösen vermochte: Die Emanzipation zum allseits entwickelten Individuum – zur Freiheit, nicht zur Freizeit.

Zwischen Emanzipation und Restauration

Die Thesen der Studentenbewegung und die wenige Jahre später – u. a. in Reaktion auf deren habituellen Patriarchalismus[29] – entstandene Neue Frauenbewegung artikulierten gesellschaftliche Spannungen und Brüche im familiären Leben. Sie bewirkten aber ihrerseits eine breite Öffnung der Diskussion um Familie, familiäre Lebensformen und familienbestimmte Werthaltungen. Als real besonders veränderungsanfällig zeigte sich dabei der Mittelstand: Die Ritualisierungen um Verlobung, Heirat, Geburt und Tod bröckelten ab, die Wohnkulturen tendierten zu größerer Flexibilität und die traditionelle Einteilung in Wohn-, Schlafzimmer und Küche begann sukzessiv dem Konzept ›ein Zimmer für jedes Familienmitglied‹ zu weichen. Traditionelle Feste wie Weihnachten, Ostern und Pfingsten verloren mehr und mehr ihren religiös-familiären Sinn.

Angriffsziele der Neuen Frauenbewegung waren der Biologismus in der sozialen Definition weiblicher Rollen und damit das feudale Relikt nichtgratifizierter Haus- und Erziehungsarbeit des Geschlechtswesens Frau: Der kleine Unterschied und die großen Folgen, wie es Alice Schwarzer nannte. Biologische und soziale Mutterschaft in eins zu setzen, ließ sich nicht mehr so ohne weiteres halten; Blutsbande und Verwandtschaftlichkeit als natürliche Konstitutionsmerkmale der bürgerlichen Familie verloren ihren quasi apriorischen Charakter. Sie konnten nicht mehr – nach allen Erfahrungen – als Bedingung zur Möglichkeit gegenseitigen Verständnisses, Kommunikationsbereitschaft und gemeinschaftlicher Selbstverwirklichung gelten. Der Begriff von Familie wandelte sich und mit ihm, zeitweilig, die Bestimmung der Funktion familiärer Sozialisation (wenn an diesen Punkten Funktionalität nicht ganz in Frage gestellt und abgelehnt wurde!). 1973 wurde in einer Expertise des Bundesministeriums für Familie, Jugend und Gesundheit zugestanden, daß Fragen wie:
– was rechtfertigt die öffentliche und rechtliche Bevorzugung einer bestimmten Familienform?

und:
– ist es nicht im Gegenteil die dem Grundgesetz angemessene Verpflichtung des Staates, die erheblichen (und keineswegs selbstverschuldeten) Schwierigkeiten aller familialen Gruppen in unserer Gesellschaft zu erleichtern?

legitim sind. Neu war auch die Interpretation, daß das Grundgesetz Familienschutz nicht nur für eine bestimmte Familienform vorsehe. Erstmals wurde vom Staat zur Kenntnis genommen, daß das herrschende Bild von Familie und staatlich legitimierter Ehe andere Formen von Lebensgemeinschaften illegitimisiert hatte, wie z. B. die seit den 50er Jahren weit verbreitete Onkel-Ehe. Der zweite Familienbericht der Bundesregierung von 1975 hob zwar heraus, daß die Familie eine »Gruppe besonderer Art« sei, deren »Begriff ... die Besonderheit der Eltern-Kind Beziehung eindeutig erfassen« soll, andererseits aber sollte das Untersuchungsfeld nicht mit einem engen Begriff von Familie eingeschränkt werden.[30] Unter »Fa-

milie« verstand man nun alle Formen privaten menschlichen Zusammenlebens mit Kindern. Freilich blieb die Eheschließung formale Grundlage,
um als Familie ein »Anspruchsrecht sozialen Charakters« gegenüber
Staat und Gesellschaft geltend machen zu können. Das Anspruchsrecht
selbst war neu.

Besagtem zaghaften Wandel lagen eine Reihe gesellschaftlicher Probleme zugrunde. Sie erforderten unbedingt staatliches Handeln. Die
Doppelbelastung so vieler Frauen, der sozial-familiale Absentismus
vieler Väter, die immer noch unverhältnismäßig hohe Quote von Mußhei-
raten bei gleichzeitig weiter sinkender Geburtsrate und drastisch rückläufigen Eheschließungen zeigten Entwicklungen an, die sich dem Staat kri-
senhaft darboten.

Die Kampagnen der Neuen Frauenbewegung gegen den Abtreibungsparagraphen des Strafgesetzbuchs, die lautstarke Forderung von Frauen,
weibliche Diskriminierung auch durch Eheverweigerung und Gebär-
streik zu bekämpfen, stellten Konfliktpotentiale dar, die geeignet waren,
an den Grundfesten der bürgerlichen Ökonomie zu rütteln. Wer sollte in
Haushalt und Familie der Gesellschaft weiterhin kostenlos zuarbeiten?
Spätestens die Diskussion »Lohn für Hausarbeit« hatte ergeben, daß die
Gesellschaft nicht in der Lage ist, Haus- und Sozialisationsarbeit nach
marktwirtschaftlichen Maßstäben zu bezahlen, obwohl sie die Resultate
dieser Arbeit selbstverständlich für sich in Anspruch nimmt. Der »Fami-
lienersatz« sei »in mehrerlei Hinsicht so kostspielig, daß der Gedanke an
eine allgemeine Auflösung der familialen Eltern-Kind-Gruppierung zu
einer schlechten Utopie« gerate, sagten die Verfasser des zweiten Fami-
lienberichts der Bundesregierung 1975.[31]

Auch in den 70er Jahren gab es zum Teil erhebliche Einkommensdifferen-
zierungen. Und noch 1969 lebten z. B. 63 % der Arbeiter, 43 % der Angestellten und Beamten und 31 % der Selbständigen in Wohnungen unter 60
qm^2. Nach den sogenannten »Kölner Empfehlungen« von 1971, verfaßt
von einer internationalen Expertenkommission, sollte die Mindestwohn-
fläche für Familien mit 2 Kindern wenigstens 69 qm^2 betragen. Daß sich
die Wohnverhältnisse bis heute eher verschlechtert denn verbessert
haben, ist anzunehmen. In unteren Schichten hatte der zweite Familienbericht gravierende Sozialisationsmängel neben starken Tendenzen zu
konservativ-autoritären Werthaltungen ausgemacht, die sich u. a. bei
Kindern und Jugendlichen in sozialer Aggressivität und Delinquenz mani-
festierten. Bei über 80 000 arbeitslosen Jugendlichen im Jahre 1982 dürften
sich die Früchte dieser innerfamilialen Zerreißproben bald zeigen.

Daß das eheliche Geschlechterverhältnis seit der prinzipiellen Infragestellung der geschlechtsspezifischen Rollenteilung und weiblicher Diskriminierung problematischer geworden ist für Frauen und Kinder, bezeu-

gen zudem einschlägige Studien über Gewalt gegen Frauen und Kindesmißhandlungen. Vor allem Frauen sind ehemüde. Durchschnittlich 70 %
der Ehescheidungen pro Jahr wurden von Frauen eingereicht. Daran hat
auch die Reform des Familienrechts von 1977 wenig geändert, deren entscheidenden Passagen nun lauteten:

§ 1356: Die Ehegatten regeln die Haushaltsführung im gegenseitigen
Einvernehmen. Ist die Haushaltsführung einem der Ehegatten über-
lassen, so leitet dieser den Haushalt in eigener Verantwortung. Beide
Ehegatten sind berechtigt, erwerbstätig zu sein. Bei der Wahl und
Ausübung haben sie auf die Belange des anderen Ehegatten und der
Familie die gebotene Rücksicht zu nehmen.

§ 1360: Die Ehegatten sind einander verpflichtet, durch ihre Arbeit und
mit ihrem Vermögen die Familie angemessen zu unterhalten. Ist einem
Ehegatten die Haushaltsführung überlassen, so erfüllt er seine Verpflichtung in der Regel durch die Führung des Haushalts.

Bei Scheidung gilt statt des bisherigen Schuldprinzips das Zerrüttungs-
prinzip. Die elterliche Gewalt gegenüber dem Kind wurde in elterliche
Sorge umformuliert. Trotz inzwischen vorliegender Studien über Fami-
lienzyklen hielt der Gesetzgeber am Prinzip der »lebenslangen Gemeinschaft von Mann und Frau« fest.

Die weiteren Entwicklungen in und um die Familie sind heute noch nicht
überschaubar. 1982 ist in der Frankfurter Rundschau zu lesen: »Die Zahl
alleinstehender Mütter und Väter steigt. Die Einelternfamilie ist keine
Ausnahme mehr ... und die Tendenz ist steigend: In Großstädten machen
nach neuesten Ermittlungen des »Verbandes alleinstehender Mütter und
Väter« (VAMV) Einelternfamilien bis zu 25 % aller Familien mit Kindern unter 18 Jahren aus.«[32]

Schon 1973 hatte der Familienforscher Klaus Wahl geschrieben: »Ehe,
Familie und Erziehung in der Familie werden in der kritischen Öffentlichkeit nicht mehr als ›Selbstverständlichkeiten‹ hingenommen, sondern auf
ihre Angemessenheiten zur Befriedigung der Bedürfnisse und Interessen
der Betroffenen hin befragt und gegebenenfalls als modifizierbar betrachtet.«[33]

Zu Beginn der 80er Jahre scheint sich der Bogen zu schließen. Interessierte
Kreise knüpfen an die Verhimmelungspraktiken der Familie in den 50er
Jahren an. Wie »zeitgemäß« und marketinggerecht dies geschieht, mag
ein Anzeigentext stellvertretend für andere demonstrieren. Frischwärts
formuliert der renommierte Beck-Verlag zu Ferdinand Mounts »Die au-
tonome Familie«: »Entgegen anderslautenden Beteuerungen war sie allen Autoritäten stets ein Dorn im Auge – die Familie. Denn sie wehrte
sich hartnäckig gegen jede Einmischung ›von oben‹. Anhand neuester

historischer Forschungen, die Leben und Denken des ›einfachen Volkes‹ widerspiegelt, entlarvt der Autor unser Bild von der staatstragenden Familie als einen von den jeweils Mächtigen geprägten, historischen Mythos.«

Die neokonservative Offensive ist in vollem Gange und scheut sich nicht vor kleinen Verbeugungen: Die Familie als Widerstandsnest, vor deren Toren die Mächtigen Niederlage um Niederlage erlitten und sich mythos-bildend rächten, das dürfte auf gewisse Vorstellungen in grün-alternativen Kreisen zielen. Sinn ergibt diese Offensive allerdings erst im Kontext gegenwärtiger ökonomischer Entwicklungen. Die technische Revolutionierung von industrieller und verwaltender Arbeitsorganisation, Arbeitsplatzstruktur und -inhalte, die auch daraus resultierende Arbeitslosigkeit mit überproportional hohem Frauenanteil legen den bekannten Rückgriff auf die »Eigeninitiative« der Familie nahe. Die Familie rückt wieder als Ventil und den jetzigen Gegebenheiten entsprechende Anpassungsnotwendigkeiten produzierende Institution ins ökonomische Kalkül. Ob dies gelingt, ist fraglich. Die sprachlichen Ummünzungen und der neokonservative Entlarvungsdrang jedenfalls verweisen auf die Schwierigkeit dieses Unterfangens.

Anmerkungen

1 Bernhard Schäfers, Sozialstruktur und Wandel der Bundesrepublik Deutschland, Stuttgart 1981, S. 261; Presse- und Informationsamt der Bundesregierung (Hrsg.), Gesellschaftliche Daten 1979, Reihe Berichte und Dokumente, Bd. 20, S. 236 ff; Elisabeth Pfeil, Fünf Jahre später. Die Eingliederung der Heimatvertriebenen in Bayern bis 1950, Frankfurt 1951, S. 9; dies.: Der Flüchtling, Hamburg 1948, S. 49.

2 Elisabeth Pfeil, Der Flüchtling, a. a. O., S. 7.

3 Helmut Schelsky, Wandlungen der deutschen Familie der Gegenwart, Stuttgart 1953, S. 48. Unter die Gesamtzahl fallen auch die Bombengeschädigten. Der Autor gibt sie mit 4,5–6 Mio an.

4 Hilde Thurnwald, Gegenwartsprobleme Berliner Familien, Berlin 1948, S. 20.

5 Walther von Hollander, Der Mann als Ballast, in: Constanze, H. 5, 1948; vgl. auch Helga Prollius, Frauen haben keine Ehefrauen . . ., in: Constanze, H. 12, 1948, Petra Lundt, Muß Liebe amtlich beglaubigt sein?, in: Constanze, H. 1, 1949.

6 Helga Prollius, in: Constanze, a. a. O.

7 Walter Dirks, Was die Ehe bedroht. Eine Liste der kritischen Punkte. Zur Krise der modernen Ehe I, in: Frankfurter Hefte, 6 (1951) H. 1, S. 22.

8 Petra Lundt, in: Constanze, a. a. O.

9 Gabriele Strecker, Frau-sein heute, Weilheim 1965, S. 25 ff; vgl. auch Lucie Stampfli, Die unvollständige Familie, Zürich 1951.

10 Walter Dirks, a. a. O., S. 26; Rüdiger Proske, Krise der modernen Ehe III, in: Frankfurter Hefte, 6 (1951), H. 4, S. 182.

11 vgl. dazu die ausführliche Würdigung dieser Studien in: Heidi Rosenbaum, Familie als Gegenstruktur zur Gesellschaft, Stuttgart 1978, S. 30 ff; S. 52 ff.

12 Die Ehebilder dieser Zeit finden sich auch in Artikeln der Frauenzeitschrift »Lilith«: Sind Sie immer noch verheiratet? Nr. 16/1948; Soll die Ehescheidung erleichtert werden oder nicht? Nr. 18/1948; Teils geschieden – teils verheiratet, Nr. 20/21/1948; Die Ehe ist tot – es lebe die Ehe! Nr. 22/23/1948; Ist die Ehe ein Geschäft? 1. Sept. 1949.

13 Hilde Thurnwald, a. a. O., S. 197 ff.

14 Dagmar Ohl, Ursula Rösener, Und bist du nicht willig . . . Ausmaß und Ursachen von Frauenmißhandlung in der Familie, Frankfurt 1979, S. 144 ff.

15 Petra Milhoffer, Frauenrolle und Familienrecht, in: Dieter Claessens, Petra Milhoffer (Hrsg.) Familiensoziologie. Ein Reader zur Einführung, Königstein/ T. 1979, S. 169.

16 Gerhard Wurzbacher, Leitbilder gegenwärtigen deutschen Familienlebens, Stuttgart 1969[4], S. 247.

17 Ebenda, S. 250; S. 253.

18 Peter Brückner, Die 50er Jahre – Lebensgeschichtlich ein Zwischenland, in: Fuffziger Jahre, hrsg. von Götz Eisenberg und Hans-Jürgen Linke, Gießen 1980, S. 30; vgl. dazu auch die Schizophrenieforschung: Heino u. Susanne Gastager, Die Fassadenfamilie, München 1973. Diese Studie enthält reichliches Fallmaterial aus den 50er Jahren und den damals gegebenen, besonderen Konfliktfeldern.

19 Jürgen Kuczynski, Frauenarbeit. Geschichte der Lage der Arbeiter, Bd. 18, Berlin 1963, S. 290 f.

20 Die Frau, in: Deutschlandbuch, Hrsg. Presse- und Informationsamt der Bundesregierung, Bonn 1960, S. 669.

21 Rolf Fröhner, Maria v. Stackelberg, Familie und Ehe, Bielefeld 1956, S. 135.

22 Otto Brunner, Das ›ganze‹ Haus und die alteuropäische Ökonomik, in: Ferdinand Oeter (Hrsg.), Familie und Gesellschaft, Tübingen 1966, S. 33 f.

23 Helmut Schelsky, a. a. O., S. 13.

24 Richard Wolf, Zur Lebenssituation der Industriearbeiterfamilie, München 1963, S. 61.

25 Dorothee-L. u. Theodor Scharmann, Das Verhältnis von Familie, Beruf und Arbeit in ihren Sozialisationswirkungen, in: Gerhard Wurzbacher, a. a. O., S. 262; S. 266.

26 Theodor W. Adorno, Zum gegenwärtigen Stand der deutschen Soziologie, in: Kölner Zeitschrift für Soziologie und Sozialpsychologie, Bd. 11 (1959), S. 257 ff.

27 Paul Petersen, Wohngemeinschaft oder Großfamilie. Versuch einer neuen Lebensform, Wuppertal 1972; Johann A. Schülein (Hrsg.), Kommunen und Wohngemeinschaften. Der Familie entkommen? Gießen 1978; Dieter Kerbs (Hrsg.), Die hedonistische Linke, Neuwied-Berlin 1970; Reimut Reiche, Sexualität, Moral und Gesellschaft, Gießen 1975[2].

28 Dietrich Haensch, Zerschlagt die Kleinfamilie?, in: Sozialistische Politik 4, 1969, S. 81 ff.

29 »... wenn's uns mal hochkommt, folgt: sozialistisches schulterklopfen, väterliche betulichkeit: dann werden wir ernst genommen, dann sind wir wunder-
sam, erstaunlich, wir werden gelobt, dann dürfen wir an den Stammtisch, dann
sind wir identisch: dann tippen wir, dann verteilen wir flugblätter, malen wand-
zeitungen, lecken briefmarken: wir werden theoretisch angeturnt! kotzen wir's
aus: sind wir penisneidisch, frustriert, hysterisch, verklemmt, asexuell, les-
bisch, frigid ... BEFREIT DIE SOZIALISTISCHEN EMINENZEN
VON IHREN BÜRGERLICHEN SCHWÄNZEN!« Aus dem Flugblatt
des Frankfurter Weiberrates im Oktober 1968, abgedruckt in: Frauenjahrbuch,
hrsg. und hergestellt von Frankfurter Frauen, Frankfurt 1975.

30 Zweiter Familienbericht der Bundesregierung, Bonn-Bad Godesberg, 1975,
S. 17.

31 Zweiter Familienbericht, a. a. O., S. 60.

32 Frankfurter Rundschau, 22. 6. 1982, Nr. 140, S. 20.

33 Klaus Wahl, Familienbildung und -beratung in der BRD, Schriftenreihe des
Bundesministers für Jugend, Familie und Gesundheit, Bd. 8, Bonn-Bad Godesberg 1973, S. 13.

Literatur

Franz Filser, Einführung in die Familiensoziologie, Paderborn 1978

Fuffziger Jahre, hrsg. von Götz Eisenberg und Hans-Jürgen Linke, Gießen 1980

Heimo und Susanne Gastager, Die Fassadenfamilie, München 1973

Gesellschaftliche Daten 1982. Bundesrepublik Deutschland, hrsg. vom Presse-
und Informationsamt der Bundesregierung, Stand: Januar 1982

Dietrich Haensch, Repressive Familienpolitik, Reinbek 1969

Ilse Langner-El Sayed, Familienpolitik: Tendenzen, Chancen, Notwendigkeiten,
Frankfurt 1980

Herbert Marcuse, Triebstruktur und Gesellschaft, Frankfurt 1968

Jutta Menschik, Gleichberechtigung und Emanzipation, Frankfurt 1971

Petra Milhoffer, Frauenrolle und Familienrecht, in: Dieter Claessens, Petra Milhoffer (Hrsg.), Familiensoziologie. Ein Reader als Einführung, Königstein/T.
1979

Petra Milhoffer, Familie und Klasse, Frankfurt 1973

Alexander Mitscherlich, Die vaterlose Gesellschaft, Frankfurt 1966

Claus Mühlfeld, Familiensoziologie, Hamburg 1976

Alva Myrdal, Viola Klein, Die Doppelrolle der Frau in Familie und Beruf, Köln
1962

Friedhelm Neidhardt, Die Familie in Deutschland. Gesellschaftliche Stellung,
Strukturen und Funktionen, Opladen 1966

Ferdinand Oeter (Hrsg.), Familie und Gesellschaft, Tübingen 1966

Dagmar Ohl, Ursula Rösener, Und bist du nicht willig ... Ausmaß und Ursachen
von Frauenmißhandlung in der Familie, Frankfurt 1979

Elisabeth Pfeil, Die Berufstätigkeit von Müttern. Eine empirisch-soziologische Erhebung an 900 Müttern aus vollständigen Familien, Tübingen 1961

Meinrad Perrez (Hrsg.), Krise der Kleinfamilie? Bern 1979

Paul Petersen, Wohngemeinschaften oder Großfamilie. Versuch einer neuen Lebensform, Wuppertal 1972

Helge Pross (Hrsg.), Familie – wohin? Reinbek 1979

Hans-Werner Richter (Hrsg.), Bestandsaufnahme. Eine deutsche Bilanz, München 1962

Heidi Rosenbaum, Familie als Gegenstruktur zur Gesellschaft, Stuttgart 1978[2]

Horst-Eberhardt Richter, Eltern, Kinder und Neurose, Reinbek 1969

Christa Rotzoll (Hrsg.), Emanzipation und Ehe, München 1968

Bernhard Schäfers, Sozialstruktur und Wandel der Bundesrepublik Deutschland, Stuttgart 1981

Helmut Schelsky, Wandlungen der deutschen Familie der Gegenwart, Stuttgart 1953

Georg Schwägler, Soziologie der Familie – Ursprung und Entwicklung, Tübingen 1970

Lucie Stampfli, Die unvollständige Familie, Zürich 1951

Hilde Thurnwald, Gegenwartsprobleme Berliner Familien, Berlin 1948

Klaus Wahl, Greta Tüllmann, Michael S. Honig, Lerke Gravenhorst, Familien sind anders. Wie sie sich selbst sehen. Anstöße für eine neue Familienpolitik, Reinbek 1980

Ingeborg Weber-Kellermann, Die deutsche Familie. Versuch einer Sozialgeschichte, Frankfurt 1974

Richard Wolf, Zur Lebenssituation der Industriearbeiterfamilie, München 1963

Gerhard Wurzbacher, Leitbilder gegenwärtigen deutschen Familienlebens, Stuttgart 1969

Gerhard Wurzbacher (Hrsg.), Familie als Sozialisationsfaktor, Stuttgart 1968

Chronik

1949

23. 5.   Verkündung des Grundgesetzes; Art. 6 stellt Ehe und Familie unter den besonderen Schutz der staatlichen Ordnung.

1950

Gründung des Müttergenesungswerks.

Gründung des »Deutschen Familienverbandes e. V.« (beide Konfessionen) in München.

1952

24. 1.   Gesetz zum Schutz der erwerbstätigen Mutter (Mutterschutzgesetz).

1953

Okt.   Gründung des Ministeriums für Familienfragen in Bonn.

1954
Entstehung der »Arbeitsgemeinschaft Deutscher Familienorganisationen«.

13. 11. Gesetz über die Gewährung von Kindergeld und die Errichtung von Familienausgleichskassen (Kindergeldgesetz).

1956
27. 6. 2. Wohnungsbau- und Familienheimgesetz fördert u. a. den Bau von Sozialwohnungen für einkommensschwache und kinderreiche Familien.

1957
Bildung eines Bundestagsausschusses für Familien- und Jugendfragen.

Okt. Erweiterung des Bundesministeriums für Familie zum Bundesministerium für Familie und Jugend.

1958
1. 7. Gesetz über Gleichberechtigung von Mann und Frau auf dem Gebiet des Bürgerlichen Rechts (Familienanpassungsgesetz) tritt in Kraft: Stärkung der Rechte der Frau und Einführung der Zugewinngemeinschaft.

1959
29. 7. Mit Urteil vom 29. 7. 1959 korrigiert das Bundesverfassungsgericht das Familienanpassungsgesetz.

1961
Erschwerung der Scheidung.

18. 7. Gesetz über die Gewährung von Kindergeld und die Errichtung von Kindergeldkassen.

1964
14. 4. Bundeskindergeldgesetz bringt neben Verbesserungen der Leistungen die Übernahme der Kosten durch den Bund (Kindergeldkasse).

1965
24. 8. Gesetz zur Änderung des Mutterschutzgesetzes und der Reichsversicherungsordnung.

1968
Jan. Erster Familienbericht der Bundesregierung.

18. 4. Mutterschutzgesetz stellt die berufstätige Mutter vor u. nach der Geburt für insgesamt 14 Wochen von der Arbeit frei.

1970

1. 7.   Gesetz über die rechtliche Stellung nicht-ehelicher Kinder und ihrer
         Mütter tritt in Kraft.

1971

26. 8.   Bundesausbildungsförderungsgesetz.

1973

         »Aktion Familienplanung«, eingerichtet von der Bundeszentrale für
         gesundheitliche Aufklärung.

1974

1. 1.   Gesetz zur Verbesserung der Leistungen in der gesetzlichen Kran-
         kenversicherung, das Eltern eines erkrankten Kindes zur Pflege frei-
         stellt und bei Erkrankung der Sorgeperson im Haushalt einen Ersatz
         finanziert, tritt in Kraft.

24. 4.   Zweiter Familienbericht der Bundesregierung.

5. 8.   Gesetz zur Reform der Einkommenssteuer, des Familienlastenaus-
         gleichs und der Sparförderung (Einkommenssteuerreformgesetz).

1976

14. 6.   Reform des Familien-, Eltern- und Scheidungsrechts durch das
         1. Gesetz zur Reform des Ehe- und Familienrechts.

1979

25. 6.   Mutterschaftsurlaubsgesetz stellt die berufstätige Mutter für 6 Mo-
         nate nach der Geburt von der Arbeit frei, gewährt Mutterschaftsgeld
         und erhöht den Kündigungsschutz auf 8 Monate.

1980

1. 1.   Gesetz zur Neuregelung des Rechts der elterlichen Sorge tritt in
         Kraft; es schränkt die elterliche Gewalt zugunsten des Kindes ein,
         schützt erstmals das Pflegekindverhältnis und stärkt die richterlichen
         Eingriffsmöglichkeiten in den Kindern ungünstige Familienverhält-
         nisse.

Gastarbeiter

von Hartmut Esser

Im Jahre 1982 leben etwa 4,7 Millionen ausländische Mitbürger in der Bundesrepublik Deutschland. Der weitaus größte Teil dieser Personen sind »Gastarbeiter«, die einst in den 60er und 70er Jahren von der Bundesanstalt für Arbeit in den Entsendeländern angeworben worden waren, hier eine Beschäftigung fanden, sich im Laufe der Zeit in der Bundesrepublik eingelebt haben und ihre Familie nachkommen ließen. Inzwischen haben sich viele dieser Gastarbeiter-Familien auf einen Daueraufenthalt eingerichtet – selbst wenn die Umstände nicht mehr so günstig scheinen wie noch vor einiger Zeit. Inzwischen gibt es eine Zweite und schon eine Dritte Generation ausländischer Kinder und Jugendlicher, die zu einem immer größeren Anteil hier geboren und aufgewachsen sind. Andererseits wachsen in letzter Zeit die Anzeichen für Erscheinungen der Ausländerfeindlichkeit bei Teilen der deutschen Bevölkerung. Und es gibt auf der politischen Ebene Versuche, die ehemals Angeworbenen wieder zur Rückkehr in ihre Herkunftsländer zu bewegen.

Die Bundesrepublik versteht sich offiziell nach wie vor nicht als Einwanderungsland. Gleichwohl ist davon auszugehen, daß der Aufenthalt der ausländischen Familien kein vorübergehender Zustand ist. Es wiederholt sich hier lediglich eine Entwicklung, die längst einen europäischen bzw. internationalen Maßstab angenommen hat: die zunehmende wirtschaftliche, politische und militärische Verflechtung hat Wanderungen und Vermischungen der Bevölkerungen zur Folge, die nicht einfach aufzuhalten oder rückgängig zu machen sind. Insofern ist ein Ende der Entwicklung weder abzusehen noch überhaupt möglich. Die Brisanz der Problematik ergibt sich aus der Kombination jener Unvermeidlichkeit der Entwicklung und den mit der Gastarbeiterbeschäftigung zum Teil völlig ungeplant eingetretenen Konflikten und sich abzeichnenden Benachteiligungen einer ganzen Gruppe, die für die absehbare Zeit ein Dauerbestandteil der bundesrepublikanischen Gesellschaft sein wird. Bevor auf diese Situation eingegangen wird, muß zum Verständnis der Schwerfälligkeit und auch Uneinheitlichkeit der politischen Reaktion auf die Ausländerproblematik etwas ausführlicher die Vorgeschichte der Ausländerbeschäftigung in der Bundesrepublik und deren eigene Entwicklung erläutert werden.

Einwanderungen und »Fremdarbeiter« im Deutschen Reich bis 1945

Grenzüberschreitende Wanderungsbewegungen bzw. Arbeitsmigrationen finden in Deutschland – wie anderswo auch – erst mit fortschreitender Industrialisierung gegen Ende des 19. Jahrhunderts in nennenswertem Umfang statt. Davor war Deutschland eher ein Auswanderungsland. Zielgebiete der deutschen Auswanderer waren in erster Linie die Vereinigten Staaten von Amerika, aber auch Kanada, Australien und Südamerika. Emigrationsgründe waren vor allem politische Unruhen und Unterdrückungen sowie ökonomische Probleme vor allem im landwirtschaftlichen Sektor.

Ihren absoluten Höhepunkt erreichte die Auswanderung aus Deutschland zwischen 1881 und 1885 mit 857 000 Auswanderern, um dann sehr rasch in der Folge der einsetzenden wirtschaftlichen Expansion wieder abzuebben. Nach 1896 wanderten in den folgenden Fünf-Jahres-Perioden immer nur maximal 150 000 Deutsche aus.

Die eigentliche Einwanderungsgeschichte in das Deutsche Reich beginnt erst nach 1885. Selbstverständlich zogen auch vorher schon Ansiedler in das Gebiet des späteren Deutschen Reiches: Friedrich der Große z. B. siedelte 300 000 Einwanderer in über 900 preußischen Dörfern an; während der Regierungszeit Ludwig XIV. bzw. während des ganzen 18. Jahrhunderts wanderten französische Protestanten in großer Zahl auch nach Deutschland ein.

Die erste größere Einwanderung von Arbeitsmigranten in das Deutsche Reich betraf vor allem den Zuzug von Polen. Hierbei ist die Beschäftigung von Polen in den östlichen Provinzen Preußens, vor allem auf dem Agrarsektor, zu unterscheiden von der Einwanderung von Polen in das Industriegebiet des Ruhrgebietes. Aus politischen Gründen war die preußische Regierung sehr daran interessiert, eine Seßhaftigkeit der Polen in den östlichen Provinzen zu verhindern. Daher wurde eine Reihe von Maßnahmen erlassen, durch die die Anwesenheit der Polen in diesen Provinzen nach Möglichkeit beschränkt wurde. Die wichtigste Maßnahme war die sogenannte Karenzzeit, wonach die Polen jeweils zwischen 15. November und 1. April das Land wieder zu verlassen hatten. Im Jahre 1908 arbeiteten 309 000 ausländische Landarbeiter in Preußen, von denen 80 % Polen waren. Bis zum Jahr 1913 wuchs diese Zahl auf über 430 000 an.

Die häufig als Modellfall gelungener Integration angesehene Zuwanderung polnischer Arbeiter in das Ruhrgebiet ist dagegen ein Sonderfall. Bei diesen Zuwanderern handelte es sich zwar auch um Polen, was die Volkszugehörigkeit angeht, jedoch waren sie rechtlich Reichsdeutsche, so daß für diese Polen die genannten Restriktionen nicht zutrafen. Im Jahre 1907 arbeiteten über 100 000 polnische Arbeiter im Ruhrgebiet, sie stellten damit ein Drittel der dort Beschäftigten. Zur Bekämpfung der bei den Polen im Ruhrgebiet einsetzenden Bestrebungen zur Erhaltung der kulturellen und ethnischen Eigenständigkeit betrieb die preußische Regierung eine sehr starke Germanisierungspolitik. Der Höhepunkt dieser Politik war der sogenannte Sprachenparagraph im 1908 erlassenen »Reichsvereinsgesetz«, wonach in Vereinen Deutsch die Verhandlungssprache sein mußte. Die Folge dieser Politik war allerdings zunächst eher eine Verstärkung der ethnischen Solidarität und des Nationalbewußtseins der Polen im Ruhrgebiet. Die später dann doch erfolgende »Integration« war einerseits die Folge der Generationenentwicklung, andererseits war sie aber auch abhängig von bestimmten Zwangsmaßnahmen im Ersten Weltkrieg und besonders im Dritten Reich.

Mit dem Zusammenbruch des Deutschen Kaiserreiches verlor die Ausländerbeschäftigung in der Weimarer Republik nach 1918 infolge wirtschaftlicher Schwierigkeiten quantitativ an Bedeutung. Zwischen 1918 und 1933 überstieg die Zahl der ausländischen Arbeiter im Deutschen Reich nie die Grenze der Viertelmillion. In diese Zeit fallen allerdings die ersten speziellen, auf Ausländer zugeschnittenen und auch heute noch wirksamen Regelungen. Dazu gehörten die »Verordnung über die Anwerbung und Vermittlung ausländischer Landarbeiter« des Jahres 1922 und die »Verordnung über die Einstellung und Beschäftigung ausländischer Arbeiter« des Jahres 1923. Mit diesen Regelungen wurde die Ausländerbeschäftigung nach zwei Seiten hin abgesichert: Der Arbeitgeber mußte die Beschäftigung staatlich genehmigen lassen und sich so unter die Kontrolle der Arbeitsbehörden stellen. Und der ausländische Arbeiter unterlag der jährlichen Legitimation der Weiterbeschäftigung. Ebenfalls wurde in dieser Zeit – nicht zuletzt auf Betreiben der Gewerkschaften – der sogenannte »Inländerprimat« eingeführt. Danach konnte ein Ausländer erst dann an einem bestimmten Arbeitsplatz beschäftigt werden, wenn sich hierfür kein Deutscher bereit fand.

Diese Bestimmungen blieben bis 1932 in Kraft. Die »Verordnung über ausländische Arbeitnehmer« vom 23. Januar 1933 verlagerte die Legitimationspflicht auf eine Arbeitserlaubnispflicht, für die nun die Arbeitsverwaltung verantwortlich zeichnete. Damit waren beide Kontrollen der Ausländerbeschäftigung auf die Arbeitsverwaltung konzentriert. Eine weitere wichtige Verordnung war die »Preußische Ausländerpolizeiverordnung« vom 27. April 1932. In ihr war festgelegt, daß der Aufenthalt im preußischen Staatsgebiet so lange gestattet war, wie die Gesetze und Vorschriften des Staates befolgt wurden, daß aber für einen mehr als sechs Monate dauernden Aufenthalt eine eigene Aufenthaltserlaubnis eingeholt werden mußte. Diese Aufenthaltserlaubnis konnte unter vielfältigen Umständen verweigert werden, wobei die Behörden einen erheblichen Ermessensspielraum hatten.

Für die Zeit des Nationalsozialismus müssen zwei Abschnitte unterschieden werden: Von 1933 bis 1938 und ab 1938 bis zum Zusammenbruch des Regimes 1945. Mit dem allmählichen Wirtschaftsaufschwung ab 1934 stieg auch die Zahl der ausländischen Beschäftigten von gut 100 000 auf knapp 400 000 im Jahre 1938 an. Spätestens ab 1938 stand fest, daß das Reich seine Arbeitskräfteknappheit nicht durch Anwerbung alleine, sondern durch Zwangsrekrutierung lösen mußte. Der rechtliche Ausdruck dieser Tendenzen war die »Ausländerpolizeiverordnung« vom 22. August 1938, die die Preußische Ausländerpolizeiverordnung von 1932 ablöste. Mit dieser neuen Bestimmung waren alle Möglichkeiten, auch der zwangsweisen Beschäftigung von Ausländern, rechtlich gegeben, die dann im Zweiten Weltkrieg überreichlich angewandt wurden.

Die Ausländerbeschäftigung im Deutschen Reich nahm nach 1938 zunehmend den Charakter von Zwangsarbeit an. Im Jahre 1945 arbeiteten insgesamt etwa acht Millionen Ausländer im Deutschen Reich, davon etwa ein Drittel in der Landwirtschaft und die Hälfte in der Industrie. Es handelte sich dabei um sechs Millionen zivile Zwangsarbeiter und um etwa zwei Millionen Kriegsgefangene. Die Situation dieser »Fremdarbeiter« war vor allem gegenüber den Polen und den Russen durch einen öffentlich geäußerten Willen zur höchstmöglichen Ausbeutung und Unterdrückung, bis hin zu physischer Vernichtung, gekennzeichnet. Hiervon profitierten – wie im übrigen auch im Ersten Weltkrieg – nicht zuletzt die Privatwirtschaft und die großen Konzerne in erheblichem Maße. Ohne dieses System der durch Terror und absolute Rechtlosigkeit gekennzeichneten Zwangsarbeit wäre die deutsche Kriegswirtschaft nicht in der Lage gewesen, die Nahrungsmittelversorgung und die Rüstungsproduktion noch bis 1945 sicherzustellen. Der Zusammenbruch der Produktion und Versorgung erst nach Kriegsende ist in erster Linie darauf zurückzuführen, daß mit der Befreiung der Zwangsarbeiter und der Kriegsgefangenen der Produktion ein Eckpfeiler genommen war.

Die Entwicklung der Ausländerbeschäftigung in der Bundesrepublik

Die Entwicklung der Ausländerbeschäftigung nach 1945 muß in sechs einzelne Phasen unterteilt werden. Die erste Phase erstreckt sich von 1945 bis etwa 1955. In diese Zeit fallen vor allem zwei Vorgänge: Die Behandlung ehemaliger, nicht in ihre Heimat zurückgekehrter Zwangsarbeiter und die Vertreibung von insgesamt knapp neun Millionen Personen aus den deutschen Ostgebieten in den Westen. Hinzu kommt bis 1961 die Zuwanderung von etwa drei Millionen Flüchtlingen aus der DDR.

Die Eingliederung der Vertriebenen und Flüchtlinge hatte primär die Wirkung, daß nach Abbau der anfänglichen Massenarbeitslosigkeit zu Beginn der fünfziger Jahre die Arbeitskräfteknappheit nicht so groß wurde, daß ausländische Arbeitnehmer hätten rekrutiert werden müssen. Da die Flüchtlinge und Vertriebenen zu einem hohen Anteil Arbeiter bzw. Landarbeiter waren, konnten sie gerade in den Bereichen eingesetzt werden, die ansonsten die traditionellen Ausländerbranchen waren. Das schaffte somit ein zeitliches Moratorium zwischen der Fremdarbeiterbeschäftigung im Zweiten Weltkrieg und der späteren Anwerbung von »Gastarbeitern«.

Politisch hatte diese Pause eine wichtige Entwicklung zur Folge: Die ausländerpolitischen Regelungen konnten im zeitlichen Abstand von der nationalsozialistischen Erfahrung und noch ohne aktuellen Handlungsdruck »rekonstruiert« werden. Die Verankerung der heutigen Regelungen in der Kontinuität der Bestimmungen von 1938 ist nur daher zu verstehen, daß diese Rekonstruktion des Ausländerrechts in einer Zeit öffentlichen Desinteresses nahezu unbemerkt vor sich gehen konnte. Die Rekonstruktion der ausländerrechtlichen Bestimmungen geschah in ausdrücklicher Anlehnung an die Ausländerpolizeiverordnung von 1938, die im Jahre 1951 für »wiederverwendbar« erklärt wurde. Damit war die Kontinuität hinsichtlich des *Aufenthaltsrechts* hergestellt. Die *Zulassung zum Arbeitsmarkt* – als zweite Säule der ausländerbezogenen Regelungen und Kontrollen – wurde an die »Verordnung über ausländische Arbeitnehmer« von 1933 angeschlossen.

Dieses alles geschah in einer Zeit, in der noch niemand an eine weitere Ausländerbeschäftigung dachte. Das Jahr 1955 markierte jedoch insofern einen gewissen Einschnitt, als in diesem Jahr sich das deutsche Arbeitskräftereservoir in einzelnen Bereichen (vor allem in der Landwirtschaft) zu erschöpfen begann. Es wurden bereits die ersten Anwerbeabkommen, zum Beispiel 1955 mit Italien, abgeschlossen. Diese Phase von 1955 bis 1961 ist gekennzeichnet durch Vollbeschäftigung im Verlaufe des sogenannten Wirtschaftswunders und erste nennenswerte Engpässe auf dem Arbeitsmarkt. Diese wurden jedoch durch den anhaltenden Zustrom von Flüchtlingen aus der DDR einstweilen noch nicht offenkundig. Ende Juli 1960 befanden sich etwa 280 000 ausländische Arbeitnehmer in der BRD, wovon 45 % alleine aus Italien stammten. Inzwischen waren auch Anwerbeabkommen mit Spanien (1960), Griechenland (1960) und der Türkei (1961) abgeschlossen worden.

Mit der Grenzsperrung durch die DDR am 13. August 1961 versiegte der

Zustrom der DDR-Flüchtlinge. Zu diesem Zeitpunkt begann die »unkontrollierte Expansion« in der Ausländerbeschäftigung, die im Grunde erst mit dem Anwerbestopp vom 22. November 1973 endete. Hier wird aber auch die dritte Phase der Entwicklung der Ausländerbeschäftigung nach 1945 bis zur ersten größeren Nachkriegs-Rezession von 1966 bis 67 datiert. In dieser Zeit stieg die Zahl der ausländischen Arbeitnehmer kontinuierlich bis auf 1,3 Millionen. Weitere Anwerbeabkommen bzw. vertragliche Regelungen wurden mit Entsendeländern abgeschlossen: mit Portugal (1964), mit Tunesien (1965) und mit Marokko (1963 bzw. 1966). Am 28. April 1965 wurde das auch heute noch geltende Ausländergesetz (mit den Durchführungsbestimmungen vom 26. Juni 1972) beschlossen.

Es muß beachtet werden, daß in dieser Expansionsphase *alle* Beteiligten davon ausgingen, daß die einsetzende Arbeitsmigration ein *vorübergehendes* Phänomen sei. Die Entsendeländer erhofften einen dadurch bewirkten Entwicklungsschub; die deutsche Wirtschaft beabsichtigte die Lösung ihrer dramatisch gewordenen Arbeitsmarktprobleme; die Gewerkschaften sahen in der Ausländerbeschäftigung nicht mehr die Gefahr, daß die Ausländer als »industrielle Reservearmee« eine Schwächung der einheimischen Arbeiterschaft bedeuteten, sondern eher eine Möglichkeit zur Durchsetzung bestimmter Forderungen, zum Beispiel nach Arbeitszeitverkürzung; und die einzelnen Ausländer erhofften sich von dem befristet geplanten Aufenthalt eine Lösung ihrer jeweiligen individuellen Probleme wie Arbeitslosigkeit und finanzielle Notlage. Von daher verwundert es nicht, daß man in dieser Phase tatsächlich zunächst »Arbeitskräfte gerufen« hat und daß auch lediglich Arbeitskräfte gekommen sind. Das später aufkommende Problem der zunehmenden Inanspruchnahme der sozialen Infrastruktur gab es damals objektiv nicht.

Dieser Zustand änderte sich im Prinzip auch mit und nach der Rezession von 1966/67 nicht. Das zeigt sich vor allem daran, daß innerhalb eines Jahres mit dem Rückgang der Beschäftigungsmöglichkeiten die Anzahl der Ausländer in der BRD um rund 400 000 abnahm (vgl. Tabelle 7). Die Funktion der Ausländer als »Konjunkturpuffer« hatte sich voll bewährt. Mit der Überwindung der Rezession im Jahre 1967 nahm die Zahl der ausländischen Arbeitnehmer dann aber wieder stetig zu und erreichte mit dem Ende dieser vierten Phase im Jahre 1973 die Zahl von 2,6 Millionen. Die Gesamtzahl aller Ausländer betrug gegen Ende 1973 knapp 4 Millionen. Bemerkenswert ist auch, daß der Anteil der Erwerbstätigen in dieser Phase mit etwa 66 % über die Jahre nahezu konstant blieb und damit deutlich über dem entsprechenden Anteil bei der deutschen Wohnbevölkerung lag.

Tabelle 7: Ausländer in der Bundesrepublik Deutschland (einschl. Berlin-West); Wohnbevölkerung und Beschäftigte insgesamt und nach ausgewählten Nationalitäten

Angaben in 1000

| Jahr | Ausländer | | Nationalitäten | | | | | | | | | |
| | | | Griechen | | Italiener | | Jugoslawen | | Spanier | | Türken | |
	Wohnbevölkerung	Beschäftigte	Wohnbevölkerung	Beschäftigte	Wohnbevölkerung	Beschäftigte	Wohnbevölkerung	Beschäftigte	Wohnbevölkerung	Beschäftigte	Wohnbevölkerung	Beschäftigte
1950	567,9		–		–		–		–		–	
1951	506,0		3,3		23,5		23,7		1,6		1,3	
1952	466,2		3,4		24,5		21,2		1,7		1,3	
1953	489,7		3,6		26,0		22,1		1,8		1,5	
1954	481,9	72,9	3,6	0,5	25,6	6,5	21,0	1,8	1,9	0,4	1,5	
1955	484,8	79,6	3,8	0,6	25,8	7,5	21,0	2,1	2,1	0,5	1,7	
1956		98,8		1,0		18,6		2,3		0,7		
1957		108,2		1,8		19,1		2,8		1,0		
1958		127,1		2,8		25,6		4,8		1,5		
1959		166,8		4,1		48,8		7,3		2,2		
1960		329,4		20,8		144,2		8,8		16,5		2,5
1961	686,1	548,9	42,1	52,3	196,7	224,6	16,4	23,6	44,2	61,8	6,7	
1962		711,5		80,7		276,8		44,4		94,0		18,6
1963		828,7		116,9		287,0		53,1		119,6		33,0
1964		985,6		154,8		296,1		64,1		151,1		85,2
1965		1216,8		187,2		372,3		96,7		182,8		132,8
1966		1313,5		194,6		391,3		95,7		178,2		161,0
1967	1806,7	991,3		140,3		266,8		119,1		118,0		131,3
1968	1924,2	1089,9		144,7		304,0		265,0		115,9		152,9
1969	2381,1	1501,4		191,2		349,0		423,2		143,1		244,3
1970	2976,5	1949,0	271,3	242,2	514,6	381,8	331,6	478,3	206,9	171,7	322,4	353,9
1971	3438,7	2240,8	342,9	268,7	573,6	408,0	514,5	474,9	245,5	186,6	469,2	453,1
1972	3526,6	2352,4	394,9	270,1	589,8	426,4	594,3	535,0	270,4	184,2	652,8	511,1
1973	3966,2	2595,0	399,2	250,0	622,0	450,0	673,3	466,7	286,1	190,0	893,6	605,0
1974	4127,4	2286,6	406,4	229,2	629,6	331,5	707,8	415,9	272,7	149,7	1027,8	606,8
1975	4089,6	2038,8	390,5	196,2	601,4	292,4	677,9	387,2	247,4	124,5	1077,1	543,3
1976	3948,3	1920,9	353,7	173,1	568,0	279,1	640,4	377,2	219,4	107,6	1079,3	521,0
1977	3948,3	1888,6	328,5	162,5	570,8	281,2	630,0	369,5	201,4	100,3	1118,0	517,5
1978	3981,1	1869,3	305,5	146,8	572,5	288,6	610,2	367,3	188,9	92,6	1165,1	514,7
1979	4143,8	1933,6	296,8	140,1	594,4	300,4	620,6	357,4	182,2	89,9	1268,3	540,4
1980	4450,0	2070,0	298,0	132,9	618,0	309,2	632,0	336,2	180,0	86,5	1462,0	591,8
1981	4630,0	1917,2	299,0	122,2	625,0	285,4	637,0		177,0	80,9	1546,0	583,9

Die Zeit von 1966/67 bis 1973 war von einer sehr geringen Arbeitslosigkeit – bei Deutschen und Ausländern – gekennzeichnet. Wegen der anhaltenden Arbeitskräfteknappheit wurde 1968 ein deutsch-jugoslawisches Abkommen über die Beschäftigung jugoslawischer Arbeitnehmer in der Bundesrepublik geschlossen. In der nationalen Zusammensetzung der Ausländer sank der zuvor hohe Anteil der Italiener immer stärker, dagegen stieg der Anteil der Jugoslawen und ab 1969 vor allem der der Türken. Anfang der siebziger Jahre betrug der Anteil der Türken in der BRD etwa nur 13 % aller Ausländer, er wuchs im Jahre 1980 auf 33 % an. Bemerkenswert ist ferner, daß in jener Zeit der Überbeschäftigung, aber auch noch bis 1976, die Arbeitslosenquote bei den Ausländern geringer war als bei den Deutschen – ein Indiz für die ökonomische Unentbehrlichkeit der ausländischen Arbeitnehmer.

Der Anteil der Ausländer an der erwerbstätigen Bevölkerung betrug 1973 11,9 %. Dieser Wert sank seitdem nur leicht ab und er liegt heute bei knapp 10 %. Die Hauptbeschäftigungsbereiche für ausländische Arbeitnehmer in der Bundesrepublik sind die industrielle Produktion (vor allem Metallverarbeitung, Maschinenbau, Textilindustrie), die Bauindustrie und der Dienstleistungsbereich. Im Unterschied zur Ausländerbeschäftigung im Kaiserreich und in den folgenden Perioden finden in der Landwirtschaft nur relativ wenige Ausländer eine Beschäftigung. Im Bergbau sind ebenfalls nur relativ wenige Ausländer beschäftigt, wenngleich in Teilbereichen, insbesondere in der Untertagearbeit, der Anteil der Ausländer an den Bergarbeitern nennenswert ist (vor allem im Ruhrgebiet).

In der Phase der Expansion der Ausländerbeschäftigung fand keine Ausweitung der Beschäftigung, sondern lediglich eine *Substitution* deutscher Arbeitskräfte durch ausländische Arbeitnehmer statt. Die ausländischen Arbeitnehmer übernahmen bei diesem Substitutionsvorgang nach und nach die unqualifiziertesten und am meisten belastenden Arbeitsplätze, wodurch neben Arbeitszeitverkürzungen auch der Übergang eines zunehmenden Anteils deutscher Jugendlicher in das Bildungssystem ermöglicht werden konnte, ohne daß es zu weiteren Engpässen auf dem Arbeitsmarkt gekommen wäre. Der Aufbau der Bundeswehr ab 1955 wäre ohne die Beschäftigung von Ausländern ebenfalls kaum so reibungslos möglich gewesen, wie er sich dann vollzog. Insgesamt hatte diese Substitution eine »kollektive Mobilität« der deutschen Bevölkerung zur Folge – ohne daß dieses zunächst von den Ausländern als »relative Deprivation« wahrgenommen worden wäre.

Das Ende der Expansion der Ausländerbeschäftigung war mit dem Öl-Embargo und der weltweiten Wirtschaftskrise nach 1973 erreicht. Die Bundesregierung erließ am 27. November 1973 den sogenannten Anwerbestopp. Damit sollte den aufkommenden Beschäftigungsproblemen begegnet werden in der Hoffnung, daß nun ähnlich wie 1966/67 ein deutlicher Rückgang der Ausländerbeschäftigung kurzfristig einsetzen würde. Und in der Tat sank die Anzahl der ausländischen Arbeitnehmer nach 1973 von 2,6 Millionen bis 1978 auf den bisherigen Tiefststand von 1,87 Millionen, was eine Brutto-Abnahme der erwerbstätigen Ausländer um rund 700 000 Personen bedeutet. Allerdings wird diese Bewegung überlagert von einer anderen Entwicklung: Durch Familiennachzug und erhöhte Fertilität nahm die Anzahl der Ausländer insgesamt nur von 4,1 Millionen auf 3,9 Millionen im Jahre 1976/77 ab und *steigt* seitdem kontinuierlich auf inzwischen knapp 4,7 Millionen an. Damit liegt der Ausländeranteil inzwischen bei insgesamt 7,8 % der Gesamtbevölkerung der Bundesrepublik Deutschland. Der Anteil der erwerbstätigen Ausländer sank in dieser Zeit kontinuierlich von ursprünglich 67 % auf nunmehr etwa 42 % und liegt damit sogar leicht *unter* dem entsprechenden Anteil der deutschen Bevölkerung (der bei etwa 43 % liegt). Die Anzahl der ausländischen Jugendlichen unter 16 Jahren beträgt unterdessen 1,4 Millionen. Es sei noch erwähnt, daß der Anteil der Erwerbstätigen bei den Türken mit knapp über 40 % am niedrigsten liegt, bei den Italienern (50 %) und bei den Jugoslawen (56 %) am höchsten ist.

Diese Entwicklung war so nicht antizipiert worden. Statt der geplanten Verminderung der ausländischen Bevölkerung hatte der Anwerbestopp eine Erhöhung und – am wichtigsten – eine Umstrukturierung bewirkt. Mit der nach 1973 verstärkten Familienzusammenführung, die unter anderem durch bestimmte Kindergeldregelungen des Jahres 1975 noch forciert wurde, und der gewachsenen Aufenthaltsdauer wurde nunmehr auch mehr und mehr die Inanspruchnahme der sozialen Infrastruktur durch ausländische Kinder und Jugendliche spürbar. Deren Zukunftsprobleme besonders im Hinblick auf die weiterhin ungesicherte rechtliche Position, die kulturelle Marginalität und schulische und berufliche Unterqualifikation traten nun – freilich nicht schlagartig – in den Mittelpunkt des öffentlichen Interesses.

Aber auch die Erste Generation veränderte ihren Charakter als bloße »Gastarbeiter«: Die durchschnittliche Aufenthaltsdauer stieg an; sie liegt heute bereits bei über 10 Jahren. Auch diese Entwicklung ist durch den Anwerbestopp beschleunigt worden, da mehr und mehr Ausländer aus Nicht-EG-Ländern eine Rückkehr schon deshalb nicht ins Auge fassen, da sie befürchten, dann nicht mehr in die Bundesrepublik einreisen zu können. Mit der Verschlechterung der wirtschaftlichen Situation insgesamt und insbesondere mit der Wegrationalisierung vor allem unqualifizierter Arbeitsplätze sind die ausländischen Arbeitnehmer nunmehr auch stärker von Arbeitslosigkeit betroffen. Nach 1976 übertraf der Anteil der arbeitslosen Ausländer den der deutschen Bevölkerung.

Offiziell hält die Bundesregierung bis in die jüngste Zeit auch in allen darauf folgenden politischen Entscheidungen und Verlautbarungen daran fest, daß die Bundesrepublik »kein Einwanderungsland« sei. Immer noch geht man – implizit – davon aus, daß die Anwesenheit der 4,7 Millionen Ausländer ein im Grunde vorübergehendes Phänomen sei. Die neuesten Entwicklungen sind vor allem dadurch gekennzeichnet, einerseits die Integration der bleibewilligen Ausländer zu fördern, andererseits aber auch die Rückkehr von eventuell rückkehrwilligen Ausländern u. a. durch gezielte Anreize zu ermuntern. Die Beibehaltung des Anwerbestopps von 1973 wird für selbstverständlich gehalten. Man ist sich im übrigen darüber einig, daß ein weiteres Ansteigen der ausländischen Bevölkerung und insbesondere der weitere Zuzug von Jugendlichen und Familienangehörigen vor allem höheren Alters zu unterbinden sei, damit die Integration der bereits anwesenden ausländischen Bevölkerung nicht gefährdet werde. Erst ganz allmählich beginnt auch die Öffentlichkeit und Politik in der Bundesrepublik anzuerkennen, daß es sich bei der Anwesenheit der ausländischen Bevölkerung nicht mehr nur um ein vorübergehendes Phänomen handelt. Von dieser Anerkennung bis zu entsprechenden politischen Reaktionen ist es jedoch noch ein weiter Weg.

Die Lebensbedingungen der Ausländer in der Bundesrepublik Deutschland

Bei der Beschreibung der Lebensbedingungen der Ausländer in der Bundesrepublik sind zwei unterschiedliche Bereiche zu unterscheiden: Die formal-rechtliche Situation einerseits und die faktische soziale und ökonomische Situation andererseits. Die formal-rechtliche Situation ist weitgehend mit den Bestimmungen des Ausländerrechtes und den inzwischen vorgenommenen politischen Regulierungen der Ausländerbeschäftigung beschreibbar. Die soziale und ökonomische Situation der ausländischen Bevölkerung stellt sich im Prinzip ebenfalls sehr eindeutig dar; sie kann aber nur angemessen verstanden werden, wenn man sich vor Augen hält, unter welchen Bedingungen die Ausländerbeschäftigung in der Bundesrepublik sich entwickelt hat.

Die rechtliche und politische Situation

Bei den geltenden Instrumenten zur Regulierung und Kontrolle des Zustroms und der Anwesenheit von Ausländern in der Bundesrepublik sind zwei Aspekte zu unterscheiden: einerseits die generellen Bestimmungen, die unabhängig von der Anwerbung von »Gastarbeitern« für alle Ausländer gelten und zweitens die speziellen Maßnahmen zur Anwerbung von Arbeitsmigranten bzw. zur Regelung der Familienzusammenführung bei Arbeitsmigranten. Diese beiden Aspekte stehen selber zwar in enger Beziehung zueinander, die Anwerbemaßnahmen waren jedoch zeitlich nur bis 1973 wirksam, während die allgemeinen ausländerrechtlichen Bestimmungen – mit einigen Veränderungen – auch weiterhin gelten.

Die rechtliche, politische und aktuelle soziale und ökonomische Situation der Ausländer in der Bundesrepublik ist nicht zu verstehen ohne Kenntnis der Bedingungen, unter denen sie in die Bundesrepublik gekommen sind. Die Hauptmasse der heute in der Bundesrepublik arbeitenden Ausländer ist nicht durch einen »individuellen« Entschluß, sondern aufgrund gezielter Anwerbungsmaßnahmen der Bundesanstalt für Arbeit anwesend. Die Anwerbeverfahren waren das Hauptinstrument zur speziellen Kontrolle der Einwanderung von Arbeitsmigranten und erlaubten bzw. gewährleisteten eine präzise Abstimmung der Bedürfnisse der deutschen Wirtschaft nach bestimmten Arbeitskräften mit dem »Angebot« in den Entsendeländern. Auf dieser Grundlage wurden die Anwerbeabkommen mit Italien, Spanien, Griechenland, der Türkei, Marokko, Portugal, Tunesien und schließlich Jugoslawien abgeschlossen.

Es gab im Prinzip zwei unterschiedliche Verfahren der Anwerbung: das *staatliche Anwerbeverfahren* (auch als »erster Weg« bezeichnet) und das *Sichtvermerkverfahren* (auch als »zweiter Weg« bezeichnet). Beide Verfahren verbinden auf je unterschiedliche Weise zwei Zulassungskriterien: die Zulassung zum Arbeitsmarkt und die ausländerpolizeiliche Zulassung. Und sie verknüpfen drei Regelungselemente der Einwanderungsregulierung: den Sichtvermerk über die Einreise, die Aufenthaltserlaubnis und die Arbeitserlaubnis. Gemeinsam ist ihnen die Überprüfung des Inländerprimates durch die Arbeitsämter als Voraussetzung für jede Anwerbung.

Beim staatlichen Anwerbeverfahren (auch: »anonyme« Anwerbung genannt) wurden die Anträge der interessierten deutschen Betriebe auf Ausländerbeschäftigung bei den Arbeitsämtern gesammelt. Dort wurde dann überprüft, ob bei einer entsprechenden Anwerbung der Inländerprimat gewahrt bliebe, ob die Anträge bestimmten Musterarbeitsverträgen entsprachen und ob sichergestellt war, daß der gleiche Lohn wie für die deutschen Arbeiter bezahlt würde. Schließlich mußte noch nachgewiesen werden, daß den ausländischen Arbeitnehmern »angemessene Unterkünfte« (zum Beispiel Wohnheime) zur Verfügung standen. Die von der Arbeitsverwaltung genehmigten Anwerbeverträge wurden dann an die Anwerbekommissionen in den verschiedenen Anwerbeländern weitergeleitet. Derartige Kommissionen bestanden zum Beispiel in Athen, Belgrad, Lissabon, Madrid und Istanbul. Die Kommissionen hatten eine dreifache Selektionsaufgabe: Überprüfung und Auswahl der Arbeiter nach der angeforderten Arbeitsqualifikation, nach der gesundheitlichen Eignung und nach der »arbeitsmarktpolizeilichen Auffälligkeit« des Bewerbers. Daneben wickelten die Anwerbekommissionen die erforderlichen Formalitäten ab (Aufenthaltserlaubnis und Arbeitserlaubnis – zunächst immer nur für ein Jahr) und organisierten die Sammeltransporte an die Bestimmungsorte in der Bundesrepublik.

Das Sichtvermerkverfahren (auch: »namentliches« Verfahren genannt) mußte ebenfalls über die deutschen Anwerbestellen abgewickelt werden. Die Prozedur – historisch der ältere Weg – basierte darauf, daß der deutsche Arbeitgeber einen ausländischen Arbeitnehmer namentlich benannte, der bereit war, ein entsprechendes Arbeitsverhältnis einzugehen. Der deutsche Arbeitgeber beantragte daraufhin beim entsprechenden deutschen Konsulat, dem betreffenden ausländischen Arbeitnehmer einen Sichtvermerk zur Einreise zu erteilen. Bei Zustimmung der Ausländerbehörde in der Bundesrepublik konnte das Konsulat den Sichtvermerk erteilen, der Ausländer reiste in die Bundesrepublik ein und erhielt – meist für ein Jahr – Aufenthalts- und Arbeitserlaubnis.

Die wichtigste Grundlage der generellen Bestimmungen sind die *Aufenthaltserlaubnis* nach dem Ausländergesetz (vom 28. April 1965) und das Erfordernis einer *Arbeitserlaubnis* nach dem »Arbeitsförderungsgesetz« (vom 25. Juni 1969) sowie der »Arbeitserlaubnisverordnung« (vom 2. März 1971). Ganz allgemein kann nach dem Ausländergesetz kein Rechtsanspruch auf Einreise oder Aufenthalt abgeleitet werden. Infolgedessen ist eine Aufenthaltserlaubnis für alle Ausländer grundsätzlich erforderlich, die länger als drei Monate in der Bundesrepublik bleiben wollen. Die Erteilung der Aufenthaltserlaubnis steht im Ermessen der Ausländerbehörde. Grundlage für dieses Ermessen ist die »Zweckmäßigkeit« des Aufenthalts für die »Belange« der Bundesrepublik. Die Erlaubnis kann räumlich und zeitlich begrenzt erteilt werden. Diese Regelung betraf bislang die Arbeitsmigranten, denen bei der Anwerbung zunächst meist nur eine einjährige Aufenthaltserlaubnis erteilt wurde. Nach einem mehr als dreijährigen Aufenthalt *kann* die Aufenthaltserlaubnis auf zwei oder mehr Jahre ausgestellt werden. Nach mindestens fünf Jahren *kann* diese Erlaubnis als Aufenthaltsberechtigung erteilt werden, die räumlich und zeitlich unbefristet ist. Angehörigen von EG-Ländern muß allerdings grundsätzlich der Aufenthalt genehmigt werden und kann nicht räumlich und nur beschränkt zeitlich eingegrenzt werden. Kinder und Jugendliche unter 16 Jahren benötigen ebenfalls keine Aufenthaltserlaubnis; eine Beschränkung dieser Bestimmung wird zur Zeit diskutiert.

Mit einer Änderung der »Allgemeinen Verwaltungsvorschrift zur Ausführung des Ausländergesetzes« (vom 7. Juli 1978) kann eine *unbefristete*

Aufenthaltserlaubnis nach fünf Jahren und eine Aufenthaltsberechtigung nach acht Jahren erteilt werden. Hieran sind drei Bedingungen geknüpft: eine angemessene Wohnung nach ortsüblichen Maßstäben, Schulbesuch der Kinder gemäß der Schulpflicht und ausreichende Deutschkenntnisse. Minderjährigen Kindern und Ehegatten kann die unbefristete Aufenthaltserlaubnis schon vor Ablauf der fünf Jahre erteilt werden, wenn sie über genügende Sprachkenntnisse verfügen.

Ausländer, die in der Bundesrepublik einer Arbeit nachgehen wollen, benötigen eine gesonderte *Arbeitserlaubnis*. Diese kann gemäß § 19 des Arbeitsförderungsgesetzes »nach Lage und Entwicklung des Arbeitsmarktes unter Berücksichtigung der Verhältnisse des einzelnen Falles« und dann, wenn keine Bewerbung eines Deutschen für den entsprechenden Arbeitsplatz vorliegt (Inländerprimat), erteilt werden. Voraussetzung für die Erteilung der Arbeitserlaubnis ist die Aufenthaltserlaubnis. Angehörige von EG-Staaten benötigen keine gesonderte Arbeitserlaubnis; ihnen genügt der Nachweis eines Arbeitsplatzes.

Nach dem Anwerbestopp von 1973 wurden diese Bestimmungen stärker in Richtung des Inländerprimates verschärft. Das betraf die im Rahmen der Familienzusammenführung nach dem 30. November 1974 eingereisten Ehegatten und die nach dem 31. Dezember 1976 zugezogenen Kinder: Ihnen wurde generell der Zugang zum Arbeitsmarkt verweigert (Stichtagsregelung). Diese Regelung wurde am 1. April 1979 durch eine »individuelle Wartezeitenregelung« abgelöst: Vorbehaltlich des Vorrangs Deutscher auf einen Arbeitsplatz erhalten nachgereiste Kinder nach zwei Jahren und nachgereiste Ehegatten nach vier Jahren die Arbeitserlaubnis in Branchen mit besonderen Engpässen (z. B. Restaurations- und Hotelgewerbe), wobei der Zeitpunkt der Einreise nicht mehr wichtig ist. Bei Kindern, die an berufsorientierten Maßnahmen von mindestens einem halben Jahr teilgenommen haben, kann diese Wartezeit erlassen werden. Beide Regelungen enthalten eine deutliche Priorität der »Belange« der Bundesrepublik, insbesondere des deutschen Arbeitsmarktes und gestatten eine hohe Disponibilität der Behörden über die Anwesenheit von Ausländern, insbesondere da nahezu alle Entscheidungen im Ermessen der Behörden stehen und Rechtsansprüche nur in Ausnahmefällen vorhanden sind. Nach 1973 war zunächst eine weitere Verschärfung dieser Disponibilität zu beobachten. Erst unter dem Eindruck der weiteren Entwicklung wurden dann vor allem für Kinder und Jugendliche und für länger Anwesende gewisse Erleichterungen des Aufenthalts zugestanden. Die aktuelle Entwicklung ist dadurch gekennzeichnet, daß man den bislang relativ unbeschränkten Zuzug von Familienangehörigen einschränken will. Nach den Beschlüssen der Bundesregierung vom 2. Dezember 1981 soll der Nachzug ausländischer Kinder und Jugendlicher nur noch bis zur

Vollendung des 16. Lebensjahres zulässig sein, der Zuzug ausländischer Kinder zu einem allein in der Bundesrepublik lebenden Elternteil soll gänzlich unterbunden werden, ebenso wie der Nachzug von Ehegatten solcher Ausländer, die als Kind eingereist oder in der BRD geboren sind. Eine besondere Position haben in rechtlicher Hinsicht die Asylbewerber. Nach Artikel 16 des Grundgesetzes genießen »Politisch Verfolgte« in der Bundesrepublik »Asylrecht«. Jedoch stehen der faktischen Aufnahme ein langwieriges Anerkennungsverfahren und eine inzwischen zweijährige Sperre der Arbeitserlaubnis entgegen. Zwar ist die Anzahl der Asylbewerbungen (*insgesamt* von 1953 bis 1983 450 000 Anträge, davon 70 000 Anerkennungen) relativ gering; jedoch hat sich die öffentliche Diskussion um die Notwendigkeit der Abwehr neuer Einwanderungen besonders hierauf bezogen.

Mit dem Anwerbestopp wurden die Regelungen hinsichtlich der Familienzusammenführung bedeutsamer als zuvor. Die Bestimmungen hierzu lauten, daß ein ausländischer Arbeitnehmer nur dann die Aufenthaltserlaubnis für seine Familie erhält, wenn er mindestens drei Jahre regulär gearbeitet hat und eine »familiengerechte« Wohnung nachweisen kann. Der Nachzug ist nur für Familienangehörige und Kinder unter 21 Jahren gestattet. Kinder unter 16 Jahren benötigen keine Aufenthaltserlaubnis. Angehörige aus EG-Staaten unterliegen diesen Beschränkungen nicht. Ihre Verwandten der auf- und absteigenden Linie können frei nachreisen.

Für den Bereich der arbeits- bzw. sozialrechtlichen Regelungen gilt, daß hier im wesentlichen eine Gleichstellung der Ausländer mit der deutschen Bevölkerung innerhalb der besonderen Bestimmungen des Aufenthalts- und Arbeitserlaubnisrechtes vollzogen ist. Zwar herrscht nach dem Arbeitsförderungsgesetz und der Arbeitserlaubnisverordnung der Inländerprimat, innerhalb eines Beschäftigungsverhältnisses ist der ausländische Arbeitnehmer jedoch tarifrechtlich gleichgestellt. Auch für die Sozialversicherung gilt diese Gleichstellung: Die in der Bundesrepublik erworbenen Ansprüche und Versicherungszeiten werden voll angerechnet – auch wenn der Ausländer in das Heimatland zurückkehrt. Allgemein haben ausländische Arbeitnehmer in der Bundesrepublik unter den gleichen Bedingungen Anspruch auf Arbeitslosenunterstützung bzw. Arbeitslosenhilfe wie die deutschen Arbeitnehmer, jedoch unter der Voraussetzung einer gültigen Aufenthalts- und Arbeitserlaubnis.

Hohen Anteil an der recht günstigen Position der Ausländer im Arbeits- und Sozialbereich haben die Gewerkschaften, die nach den ursprünglichen Widerständen gegen die Ausländerbeschäftigung schon bald eine Reihe von betrieblichen Eingliederungs- und Fortbildungsmaßnahmen eingerichtet und gefördert haben. Ausländer genießen nach Artikel 9, Absatz 3 des Grundgesetzes die Koalitionsfreiheit. Bis 1972 waren sie jedoch als Gewerkschaftsmitglieder nicht mit ihren deutschen Kollegen gleichgestellt. Sie verfügten für die Wahlen zum Betriebsrat bis dahin nur über das aktive, nicht über das passive Wahlrecht. Durch eine Änderung des Betriebsverfassungsgesetzes wurde diese Ungleichbehandlung inzwischen beseitigt. Bemerkenswert ist, daß die ausländischen Arbeitnehmer einen durchweg höheren Organisationsgrad aufweisen als ihre deutschen Arbeitskollegen: Eine Untersuchung von 1976 in Berlin schätzt, daß etwa 27 % der türkischen Arbeiter, aber nur etwa 18 % der deutschen Arbeiter gewerkschaftlich organisiert waren.

Anders als im Arbeits- und Sozialbereich sind die Ausländer in der Bundesrepublik jedoch von der politischen Beteiligung so gut wie ausgeschlossen. Das ist die wichtigste Folge der nach wie vor auf Kurzfristigkeit des Aufenthaltes angelegten allgemeinen Politik gegenüber den Ausländern. Da Ausländer dem Gesetz nach keine deutschen Staatsbürger sind, genießen sie auch nicht die für die deutschen Staatsbürger reservierten politischen Rechte. Zwar stehen die Ausländer generell bei ihrem Aufenthalt in der Bundesrepublik unter dem Schutz des Grundgesetzes, das Diskriminierungen nach Geschlecht, Rasse, Sprache, Herkunft oder politischen und religiösen Überzeugungen verbietet und die Rechte zur Versammlung, zur Bildung von Organisationen und zur Freizügigkeit garantiert. Diese Rechte sind jedoch für Ausländer zum Teil eingeschränkt. Die wichtigste Beschränkung bezieht sich auf das Wahlrecht, das nur deutsche Bürger haben. Ein Ausländer könnte es nur durch Einbürgerung erhalten. Das Problem der politischen Beteiligung vor allem im kommunalen Bereich wurde bisher nur durch die den Ausländern gebotene Möglichkeit, als »sachkundige Bürger« in kommunalen Ausschüssen, in sogenannten Ausländerbeiräten, tätig zu sein, angegangen. Die Einzelbestimmungen hierzu sind von Bundesland zu Bundesland verschieden. Gemeinsam ist diesen Beiräten jedoch, daß sie nur beratende, nicht aber auch entscheidende Funktionen haben und somit von relativ geringer Wirksamkeit sind.

Die Rechte zur Bildung von Organisationen und zur Gründung von Parteien sind für Ausländer ebenfalls eingeschränkt. Nach Paragraph 6, 2 des Ausländergesetzes können ausländische Organisationen dann verboten werden, wenn sie die Belange und Interessen der Bundesrepublik »gefährden«. Ebenso ist nach dem Parteiengesetz der Bundesrepublik die Bildung von Ausländerparteien untersagt. Allerdings können Ausländer Mitglieder deutscher Parteien werden, wobei es im Ermessen der Parteien steht, inwieweit sie den Ausländern innerhalb der Partei aktives oder passives Wahlrecht zugestehen.

Es gibt unterdessen Überlegungen, die Probleme der Ausländerbeschäftigung durch eine Liberalisierung der bisher geltenden Regelungen zur

Einbürgerung zu lösen. Voraussetzung für die Einbürgerung sind derart vage Kriterien wie die Forderung, daß der Staatsangehörige »selbst diese staatliche Gemeinschaft mitbildet und mitprägt«. Es wird vom Bewerber gefordert, daß er eine »gewachsene Beziehung und Bindung als Bürger zum Gemeinwesen« entwickelt hat. Daher wird zunächst ein Mindestaufenthalt von 10 Jahren als Voraussetzung der Einbürgerung angesehen. Weitere Voraussetzungen sind die Aufgabe der ursprünglichen Staatsangehörigkeit, die Unbescholtenheit und eine weitere Eingliederung in die deutsche Gesellschaft, die sich zum Beispiel durch entsprechende Sprachkenntnisse feststellen ließe. Diese – in der Praxis recht restriktiv gehandhabten – Bedingungen sollen den Beschlüssen der Bundesregierung vom 19. März 1980 zufolge gelockert werden. Eine Mehrstaatigkeit soll hingenommen werden, geringere Verfehlungen sollen kein Hindernis zur Einbürgerung sein, ebenso wie eine Einbürgerung von Jugendlichen, ohne daß auch die Eltern sich einbürgern müßten. Man schlägt sogar vor, bei ausländischen Personen, die in der Bundesrepublik aufgewachsen sind und den überwiegenden Teil der Ausbildung dort erhalten haben, einen gesetzlichen Anspruch auf Einbürgerung zu übertragen.

Insgesamt haben die ausländerrechtlichen Zuwanderungs- und Aufenthaltsregulierungen zu einer dauerhaften Unsicherheit der Alltagssituation bei den ausländischen Familien geführt, wodurch eine Integration so gut wie unmöglich wurde. Das Dilemma der gegenwärtigen Situation besteht eben darin, daß man für einen Teil der Ausländer die Integration beabsichtigt und fördert, gleichzeitig aber für alle den aufenthaltsrechtlichen Status so beläßt, daß ihre Disponibilität möglichst hoch bleiben kann.

Die ökonomische und soziale Situation

Hinsichtlich der sozialen und wirtschaftlichen Situation der Ausländer in der Bundesrepublik sind drei Aspekte zu unterscheiden: erstens die Stellung der ausländischen Bevölkerung im Wirtschaftssystem der Bundesrepublik; zweitens die Situation der Ausländer im Wohnbereich; und schließlich die Situation der ausländischen Kinder und Jugendlichen.

Aufgrund der besonderen Bedingungen der Ausländerbeschäftigung, die ja mit sehr speziellen Arbeitskräftenachfragen in bestimmten Branchen zu Beginn der 60er Jahre begonnen hatte, befindet sich die Mehrzahl der ausländischen Beschäftigten in speziellen Bereichen der Produktion und Dienstleistungsbetrieben. Da die ausländischen Arbeitnehmer gerade in solche Betriebe und Positionen hineindrängten, die für die deutsche Bevölkerung nicht mehr attraktiv waren, stellte sich auch in der Bundesrepublik eine Erscheinung ein, die man anderswo mit »Unterschichtung«

bezeichnet hat: Die ausländische Bevölkerung nimmt insgesamt (natürlich nicht in jedem Einzelfall) eine in ökonomischer Hinsicht untere Stellung gegenüber der deutschen Bevölkerung ein. Diese bezieht sich weniger auf die Einkommenssituation, als auf die Art und das Ansehen der beruflichen Tätigkeit. Von der Einkommenssituation her ist die Unterschiedlichkeit zur deutschen Bevölkerung nicht so groß, jedoch muß beachtet werden, daß die relativ hohen Einkommen der Ausländer auf einen erhöhten Arbeitseinsatz (Schichtarbeit, Überstunden) zurückzuführen sind. Ausländer besetzen nach wie vor die Arbeitsplätze, die am gefährlichsten, am schmutzigsten und am wenigsten angesehen sind. Da die Ausländer zu einem sehr hohen Prozentsatz auch solche Tätigkeiten übernommen haben, für die keine besonderen Qualifikationen erforderlich waren, sind sie neuerdings mit der zunehmenden Wegrationalisierung besonders der unqualifizierten Arbeitsplätze von Arbeitslosigkeit betroffen. Allerdings läßt sich bei der relativ hohen Arbeitslosigkeit von Ausländern, die auch von Nationalität zu Nationalität verschieden ist, beobachten, daß die Arbeitslosigkeit bei Personen mit geringer schulischer und beruflicher Qualifikation insgesamt höher liegt. Die berufliche und wirtschaftliche Mobilität der ausländischen Arbeitnehmer ist insgesamt in der Bundesrepublik außerordentlich gering. Ein sozialer Aufstieg – sofern man davon überhaupt sprechen kann – findet statt von völlig ungelernten Positionen zu angelernten Positionen. Facharbeiter- oder Meisterstellen bilden nach wie vor eine seltene Ausnahme. Generell ist davon auszugehen, daß die ausländische Bevölkerung – auch in absehbarer Zukunft – die deutsche Gesellschaft unterschichten wird – auch hier wieder, je nach Nationalität in sehr unterschiedlichem Maße: Jugoslawen nehmen die relativ höheren Positionen, Italiener und Türken dagegen die niedrigsten Positionen ein.

Ein wichtiger Aspekt dieser Unterschichtung ist die Wohnsituation. Es läßt sich hier eine dreifache Konzentration der ausländischen Bevölkerung beobachten. Ein Ausländeranteil von 7,8 %, wie er insgesamt zu beobachten ist, würde an sich keinerlei Grund zur Beunruhigung abgeben. Allerdings verteilen sich die Ausländer über die Wohngebiete der deutschen Städte und Gemeinden nicht gleichmäßig. Einerseits erfolgt eine Konzentration der Ausländer in den Regionen, in denen die entsprechenden Branchen angesiedelt sind. Bereits bei dieser regionalen Verteilung hat sich eine bedeutsame zeitliche Reihenfolge ergeben. Die Ausländerbeschäftigung fand zuerst in solchen Gebieten Eingang, in denen die wirtschaftliche Entwicklung zuerst an Arbeitskräftebedarf (z. B. in Baden-Württemberg) stieß, und zuletzt in Gebieten mit Strukturschwächen (zum Beispiel Ruhrgebiet). Da in diese »schwachen« Gebiete dann auch die zuletzt eingewanderten Ausländer gezielt strömten, wird erklärlich, daß zum Beispiel im Ruhrgebiet sowohl die wirtschaftlichen wie die sozialen Probleme der ausländischen Bevölkerung sich besonders ausgeprägt darstellen. Die zweite Ebene der Konzentration der Ausländer bezieht sich auf die Gemeinden: Je nach der Branchenstruktur der verschiedenen Gemeinden gibt es innerhalb der verschiedenen Industrieregionen noch einmal Schwerpunkte der Ausländerbevölkerung. Und innerhalb der Gemeinden läßt sich dann beobachten, daß auch hier die Konzentration der Ausländer auf einige wenige Stadtgebiete eingesetzt hat. Diese Konzentration hat dazu geführt, daß etwa 80 % der Ausländer in Gebieten wohnen, in denen der Ausländeranteil 20 und mehr Prozent beträgt.

Die Konzentration der ausländischen Wohnbevölkerung hat vor allen Dingen in solchen Gebieten stattgefunden, in denen eine schlechte Bausubstanz vorhanden war und in denen sich auch die deutsche Bevölkerung in einer relativ schlechten wirtschaftlichen und sozialen Lage befand. Gelegentlich wird die Ansicht vertreten, daß die Konzentration der Ausländer in bestimmten Gebieten eine Folge ihres eigenen Wunsches sei, mit ihren Landsleuten zusammenzuleben. Diese Ansicht ist falsch. Eine Vielzahl von Untersuchungen hat unabhängig voneinander ergeben, daß es weniger der Wunsch der ausländischen Bevölkerung nach eigenethnischem Zusammenleben ist, als vielmehr die auf dem Wohnungsmarkt vorgefundenen Bedingungen und Möglichkeiten, eine den eigenen Wünschen angemessene und finanzierbare Wohnung zu beziehen.

Die Konzentration in bestimmten Wohngegenden hatte vor allen Dingen zwei Auswirkungen: Einerseits erhöhte sich dadurch die Präsenz der ausländischen, besonders der türkischen, Bevölkerung im Erscheinungsbild bestimmter Wohnbezirke und gab dadurch Anlaß zu Überfremdungsbefürchtungen und »Ausländerfeindlichkeit«. Von besonderer Bedeutung sind andererseits die Auswirkungen der ethnischen Konzentration auf den Schulsektor. In Gebieten mit hohem Ausländeranteil konzentrieren sich die ausländischen Kinder noch überproportional auf den dort vorhandenen Schulen, weil die Fertilität der ausländischen Familien im Vergleich zu der der deutschen Bevölkerung relativ höher ist, so daß hier Schulklassen mit 80 bis 100 Prozent ausländischen Kindern keine Seltenheit sind.

Aber auch unabhängig vom Problem der ethnischen Konzentration gestaltete sich die Schulsituation der ausländischen Kinder und Jugendlichen besonders schwierig. Sie ist durch einen unzureichenden Schulbesuch, eine extrem niedrige Erfolgsquote bereits beim Hauptschulabschluß und eine erhebliche Unterrepräsentanz der ausländischen Kinder in den weiterführenden Schulen gekennzeichnet. Die schulische Betreuung erstreckt sich fast ausschließlich auf die Grund- und Hauptschulen. Vor allem in Gemeinden mit hoher Ausländerkonzentration gestaltet sich die Situation oft so, daß die ausländischen Kinder in den Schulen in der Mehrheit sind und es dadurch auch für die deutschen Kinder zu erheblichen Benachteiligungen kommt. Der Rückzug der deutschen Kinder in Privatschulen und eine unverhohlene Ausländerfeindlichkeit im Schulbereich sind Reaktionen der deutschen Bevölkerung auf diese Entwicklungen. Sehr problematisch ist die Situation insbesondere für solche Kinder und Jugendliche vor allem der türkischen Nationalität, die erst in relativ fortgeschrittenem Alter in die Bundesrepublik eingereist sind (die sogenannten Seiteneinsteiger) und für die damit – auch bei Besuch weiterführender Schulen im Heimatland – eine deutsche Schulausbildung nur sehr begrenzt Erfolg haben kann.

Es steht außer Frage, daß alles dies – insbesondere bei den türkischen Jugendlichen – die Chancen auf die Ergreifung eines qualifizierten Berufs sehr vermindert. Dabei ist noch zu erwähnen, daß allenfalls die Hälfte der jeweils jährlich rund 120 000 ins Berufsleben tretenden ausländischen Jugendlichen der Berufsschulpflicht nachkommt. In einem geregelten Ausbildungsverhältnis steht nur jeder vierte ausländische Jugendliche. Entsprechend ist die Arbeitslosigkeit bei den ausländischen Jugendlichen erheblich höher als bei deutschen. Und wenn eine Beschäftigung zustande kommt, dann vor allem in den traditionellen Bereichen der Ausländerbeschäftigung und in ungelernten oder höchstens angelernten Tätigkeiten.

Insgesamt gesehen läßt sich feststellen, daß sich bei den Kindern der ausländischen Arbeitnehmer eine Entwicklung anzudeuten beginnt, die auf eine Fortsetzung der Unterschichtungsposition hinausläuft. Für die Bundesrepublik wird damit das zu erwarten sein, was in anderen Ländern in vergleichbaren Situationen ebenfalls eingetreten ist: der Ausschluß von den beruflichen und sozialen Möglichkeiten wird von der Zweiten Generation nicht mehr (wie noch von der Ersten Generation) hingenommen, sondern mündet in Unzufriedenheit, Resignation oder auch in kriminelles Verhalten. Das in letzter Zeit zu verzeichnende (noch: geringe) Ansteigen der Kriminalitätsbelastung bei der ausländischen Bevölkerung bestätigt diese Entwicklung nur.

Die Entwicklung der Ausländerpolitik in der Bundesrepublik

Alle Bundesregierungen haben die Sicherung des wirtschaftlichen Wachstums und die reibungslose Versorgung der Wirtschaft mit Arbeitskräften als den vorrangigen Zweck der Ausländerbeschäftigung angesehen. Diese politische Zielsetzung, wonach die Ausländerbeschäftigung den wirtschaftlichen Erfordernissen der Bundesrepublik in jedem Fall unterzuordnen ist, hat sich auch angesichts der neueren Entwicklungen und der Tendenz zur Dauerhaftigkeit der Ausländerbeschäftigung im Prinzip nicht geändert. Bis zum Jahre 1970 hatte es über die einseitig ökonomische Ausrichtung der Ausländerpolitik noch keinerlei Diskussion gegeben. Noch in den »Grundsätzen zur Eingliederung ausländischer Arbeitnehmer« der Bundesregierung vom 2. Februar 1970, in denen eine erste zaghafte Hinwendung zur Integrationspolitik angedeutet wurde, heißt es, daß sich der Umfang der Ausländerbeschäftigung »nach der Entwicklung des Arbeitsmarktes und der Wirtschaft« zu richten habe. Erst in *diesem* Rahmen komme die Beachtung weiterer Gesichtspunkte – Wohnversorgung, Familienzusammenführung, Schul- und Berufsausbildung der Kinder – in Betracht. In allen Abkommen zur Anwerbung von ausländischen Arbeitnehmern wurde dann auch auf die Vorrangigkeit der deutschen Kollegen geachtet. Der Anwerbestopp von 1973 war der sichtbarste Ausdruck für diesen Primat der ökonomischen Bestimmungsgründe der Ausländerbeschäftigung. Die in den 70er Jahren scheinbar beginnende Erweiterung der rein ökonomischen Zielsetzung auch auf »soziale« Ziele hin war dabei im Grunde nur eine Anpassung des ursprünglichen Zielkatalogs an die veränderten Umstände: weil die Ausländer für viele Betriebe unentbehrlich geworden waren und die Betriebe selbst zunehmend Interesse an der Stabilisierung ihrer ausländischen Belegschaft hatten, weil dadurch die wachsende Einbindung der Ausländer in die soziale Infrastruktur der Bundesrepublik unumgänglich wurde, weil die »sozialen Kosten« einer marginalisierten zweiten Generation höher zu werden drohten als der Nutzen der Ausländerbeschäftigung und weil schließlich für die 90er Jahre erneut Arbeitsmarktengpässe bei der deutschen Bevölkerung erwartet werden.

Die Weigerung, die Bundesrepublik als Einwanderungsland anzuerkennen, wird mit der relativ hohen Bevölkerungsdichte begründet, aber auch damit, daß die dauerhafte Zulassung ethnischer Minderheiten vor allem in den Ballungsgebieten unvermeidlich zu Konflikten führe, daß die infrastrukturellen Voraussetzungen für eine Integration fehlten und – last not least – daß dies auch den Interessen der Abgabeländer entgegenstünde. Mit diesem Grundsatz dürfte wohl in absehbarer Zeit nicht gebrochen werden, obwohl die Bundesrepublik inzwischen faktisch durchaus ein Einwanderungsland ist.

Die neueste Entwicklung ist durch eine doppelte Zielsetzung gekennzeichnet: einerseits soll den bleibewilligen Ausländern das »Angebot der Integration« gemacht werden; andererseits soll gleichzeitig die Rückkehrbereitschaft von rückkehrwilligen Ausländern gefördert werden. Es handelt sich dabei um den Endpunkt einer längeren Diskussion, aus der insgesamt deutlich wird, daß die politische Reaktion auf die faktischen Verhältnisse immer nur ex post und dann sehr schwerfällig eingesetzt hat. Nach den »Grundsätzen zur Eingliederung ausländischer Arbeitnehmer« der Bundesregierung von 1970 brachte vor allem das »Aktionsprogramm zur Ausländerbeschäftigung« der Bundesregierung von 1973 die sozialen Zielsetzungen und den Integrationsgedanken erstmals systematisch zur Geltung. In den vorgeschlagenen Bestimmungen wurde versucht, das unvermindert anhaltende Interesse der Wirtschaft an der Beschäftigung ausländischer Arbeitnehmer »in Einklang mit ihrer angemessenen Eingliederung« zu bringen, unter Ablehnung eines Prinzips der Zwangsrotation. Das Ziel war nun »die Konsolidierung der Ausländerbeschäftigung« im Sinne ihrer auf ein Mindestmaß reduzierten Beschränkung; die Idee einer »Integration auf Zeit« wurde erstmals dabei explizit gemacht.

Dieses Aktionsprogramm ist nicht unumstritten gewesen, jedoch waren die 1975 von einem interministeriellen Ausschuß im Bundeskanzleramt erarbeiteten »Thesen zur Ausländerpolitik« vom 23. Oktober 1975 noch umstrittener. Darin wurde die Absicht der Konsolidierung bekräftigt und ein Ausgleich der »sozialen und humanitären Ansprüche« der Ausländer in der Bundesrepublik mit dem »gesellschaftlichen und gesamtwirtschaftlichen Nutzen« für die Bundesrepublik gefordert. Das bedeutete zwar eine gewisse Abkehr vom ausschließlichen Primat der ökonomischen Ziele der Politik der 60er Jahre, gleichzeitig wurde aber der Anwerbestopp bekräftigt und mit den Gegebenheiten des Arbeitsmarktes begründet. Insgesamt enthielten diese Thesen wieder eine stärkere Tendenz zur Steuerung der Ausländeranwesenheit bis hin zur Idee der Zwangsrotation und dem Versuch, die im Aktionsprogramm von 1973 angekündigte Verbesserung des Ausländerrechtes wieder zurückzunehmen. Von erheblicher Bedeutung für die dann folgende ausländerpolitische Diskussion war das Memorandum zum »Stand und Weiterentwicklung der Integration der ausländischen Arbeitnehmer und ihrer Familien in der Bundesrepublik Deutschland« des inzwischen von der Bundesregierung eingesetzten Ausländerbeauftragten Heinz Kühn vom September 1979 (mittlerweile hat die Position des Ausländerbeauftragten der Bundesregierung Frau Liselotte Funcke von der Freien Demokratischen Partei übernommen). Dort wurde erstmals – und bislang einmalig – eine konsequente Eingliederungspolitik gefordert, die weder von der Vorstellung einer »Integration auf Zeit« und der Förderung der Rückkehrbereitschaft, noch von vornehmlich ökonomisch-instrumentellen Gesichtspunkten bestimmt sein sollte. Zur Absicherung dieser Integrationspolitik wurde jedoch die Beibehaltung des Anwerbestopps gefordert, ansonsten aber konsequent auf eine volle rechtliche Absicherung und eine Unterbindung aller segregierenden Maßnahmen abgestellt.

Fast zur gleichen Zeit (am 22. November 1979) legte ein beim Bundesministerium für Arbeit und Soziales angesiedelter »Koordinierungskreis ausländischer Arbeitnehmer«, dem verschiedene Bundes- und Landesministerien, die Bundesanstalt für Arbeit, Arbeitgeber, Gewerkschaft, Kirchen und Wohlfahrtsorganisationen angehörten, einen Thesenkatalog zur »Integration der Zweiten Ausländergeneration« vor. Im wesentlichen gleicht dieses Papier den Forderungen des Kühn-Memorandums, wonach es zur Integration insbesondere der Zweiten Generation keine Alternative gebe.

Auf der Grundlage dieser Vorschläge (die alle in der Kompetenz des Bundesministeriums für Arbeit und Soziales erarbeitet wurden) erfolgte am 19. März 1980 eine Kabinettsentscheidung zur »Weiterentwicklung der Ausländerpolitik«, in der als zukünftige Schwerpunktaufgabe der Ausländerpolitik die »Soziale Integration der Zweiten und Dritten Ausländergeneration« genannt ist. Diese Integration soll sich auf *alle* Lebensbereiche beziehen. Gleichzeitig wurde zur Absicherung dieser Bemühungen die 1973 eingeleitete Politik der Konsolidierung und der Zuwanderungsbegrenzungen bekräftigt. Neu war, daß die Notwendigkeit der Erhaltung von Beziehungen zur heimatlichen Kultur betont wurde. Das bedeutete aber mehr als nur ein Bedauern über eine mögliche kulturelle Entfremdung der ausländischen Jugendlichen, es enthielt nämlich die ausdrückliche Forderung, die Rückkehrbereitschaft, die sogenannte Re-Integration und die Investitionstätigkeit im Herkunftsland zu stärken. Mit dieser doppelten Zielsetzung hat die generelle Ausländerpolitik endgültig zu jener Widersprüchlichkeit gefunden, die auf den ersten Blick wie ein Kompromiß zwischen der rein arbeitsmarktorientierten und einer klar auf Integration und Verbesserung der sozialen Situation abzielenden Ausländerpolitik aussieht. Diese doppelte Zielsetzung ist auch nach wie vor und auf unabsehbare Zeit das Kennzeichen der bundesrepublikanischen Ausländerpolitik.

Aus dem amtlichen Verständnis der deutschen Ausländerpolitik in erster Linie als einer Politik zur Regulation der Einreise und des Aufenthaltes wird es klar, daß Ansätze einer die Integration anzielenden Politik sehr sporadisch sind. Versuche von Integrationspolitik sind – wenn überhaupt – vor allem im Bereich der Schul- und Berufsausbildung der ausländischen Kinder und Jugendlichen festzustellen. Insbesondere die Schulpolitik litt dabei generell unter der Doppelbödigkeit der Ausländerpolitik. Noch in einer Entscheidung der Kultusministerkonferenz vom April 1966 wurde die Ansicht vertreten, daß die ausländischen Kinder zu befähigen seien, sich zwischen »zwei Welten« problemlos zu bewegen. Der Hintergrund war die Vorstellung, die Rückkehr in die Heimat als Alternative jederzeit offenzuhalten. Allerdings beginnt sich in letzter Zeit insbesondere in der Schulpolitik die Einsicht durchzusetzen, daß, unabhängig von Rückkehr oder Verbleiben, schulische und berufliche Qualifikation der ausländischen Kinder von entscheidender Bedeutung sind. Von daher gilt der allgemeine Grundsatz, ausländische Kinder auch dann, wenn sie sich nur vorübergehend in der Bundesrepublik aufhalten, voll in das deutsche Schulsystem zu integrieren. Hierfür wurden genauere Richtlinien erlassen: Ausländische Kinder mit ausreichenden Deutschkenntnissen sollten in die deutschen Regelklassen ihres Alters und Leistungsstandes eingegliedert werden. Für Kinder ohne ausreichende Deutschkenntnisse sollten Vorbereitungsklassen eingerichtet werden, die dann ein Jahr zu besuchen wären, bevor ein Übergang in die Regelklassen möglich würde. Zwar wurden jeweils Begrenzungen für den Anteil ausländischer Schüler in den Klassen angegeben (maximal 20 %), diese Begrenzungen konnten aber nur in Ausnahmefällen auch tatsächlich eingehalten werden. Wieder aufgegriffen wurde die Möglichkeit der Instruktion ausländischer Kinder in ihrer Muttersprache. Das Hauptproblem im Schulbereich und bei der Durchführung dieser schulpolitischen Bestimmungen besteht darin, daß durch die regionalen Konzentrationen der Ausländer, dort wo Ausländerkinder überhaupt im Schulsystem auftreten, ihr Anteil so hoch ist, daß die bildungspolitischen Integrationsmaßnahmen nahezu wirkungslos bleiben müssen. Außerdem wurde den Entsendeländern ein zusätzliches nationales Bildungsangebot gestattet, das je nach Bundesland unterschiedlich stark der staatlichen Schulaufsicht unterliegt und damit die angestrebte volle Integration in das Regelklassensystem behindert.

Wegen der Kulturhoheit der Länder kann der Schwerpunkt der Schulpolitik jeweils anders gelegt werden. So tendieren die Stadtstaaten (Hamburg, Bremen, Berlin) und die sozialdemokratisch regierten Länder (vor allem Nordrhein-Westfalen und Hessen) eher zu einem Integrationskonzept, während Bayern und Baden-Württemberg das Schwergewicht auf eine nationalsprachliche Ausbildung und eine möglichst starke Separation und Stärkung der Rückkehrbereitschaft legen.

Mit dem Heranwachsen der ausländischen Jugendlichen gewinnt der früher kaum beachtete Bereich der beruflichen Ausbildung eine zunehmende Bedeutung. 1977 beschloß die von der Bundesregierung eingerichtete Bund-Länder-Kommission, die Integrationsbemühungen hinsichtlich der Berufsausbildung der ausländischen Jugendlichen zu verstärken. Seitdem führte der Sprachverband »Deutsch für ausländische Arbeitnehmer e. V.« berufsvorbereitende Kurse für arbeitslose ausländische Jugendliche, die »Maßnahmen zur sozialen und beruflichen Eingliederung« durch. Von 1980 an sind diese Kurse mit den berufsvorbereitenden Lehrgängen der Bundesanstalt für Arbeit verbunden und wer-

den jetzt als »Maßnahmen zur Berufsvorbereitung und sozialen Eingliederung junger Ausländer« (MBSE) bezeichnet. Für die Teilnehmer der
MBSE-Kurse entfällt die ansonsten anhängige zweijährige Wartezeit für
die Erteilung einer Arbeitserlaubnis. Absolventen dieser berufsvorbereitenden Maßnahme haben einen Rechtsanspruch auf die Erteilung der
Arbeitserlaubnis. Durch die Änderung der Arbeitserlaubnisverordnung
vom 30. Mai 1980 ist dieses ermöglicht worden. Darüber hinaus wird in
den Beschlüssen der Bundesregierung vom 19. Oktober 1980 vorgeschlagen, daß die Jugendlichen einen Rechtsanspruch auf Erteilung der
Arbeitserlaubnis erhalten, die mindestens einen Hauptschulabschluß erworben, eine berufliche Ausbildung abgeschlossen oder an den genannten berufsorientierenden Maßnahmen mindestens ein Jahr regelmäßig
teilgenommen haben.

Da es Vorstellungen zu einer Minoritätenpolitik in der Bundesrepublik
so gut wie nicht gibt, laufen die bisherigen Überlegungen lediglich auf
Vorschläge zur politischen Integration und rechtlichen Erleichterung der
Einbürgerung der ausländischen Arbeitnehmer hinaus. Die bisherige
Praxis zur Einbürgerung ist recht restriktiv: ein Mindestaufenthalt von
10 Jahren, Aufgabe der ursprünglichen Staatsangehörigkeit, die Unbescholtenheit und eine weitgehende Eingliederung in die deutsche Gesellschaft, die sich z. B. durch entsprechende Sprachkenntnisse äußern
würde. Diese Bestimmungen sollten den Beschlüssen der Bundesregierung vom 19. März 1980 zufolge gelockert werden. Eine Mehrstaatigkeit
soll hingenommen werden, geringere Verfehlungen sollen kein Hindernis zur Einbürgerung sein, ebenso soll eine Einbürgerung möglich sein,
ohne daß auch die Eltern sich einbürgern müssen. Es gibt sogar den Vorschlag, daß bei ausländischen Personen, die in der Bundesrepublik aufgewachsen sind und den überwiegenden Teil der Ausbildung dort erhalten haben, ein gesetzlicher Anspruch auf Einbürgerung übertragen
wird.

Zusammenfassend läßt sich festhalten, daß die verschiedenen politischen Maßnahmen nicht auf einen Daueraufenthalt bzw. nicht auf die
Anerkennung eines besonderen Minderheitenstatus der Ausländer aus-
gerichtet sind. Immer noch geht man davon aus, daß die Ausländerbeschäftigung in der Bundesrepublik ein vorübergehendes Phänomen sei.
Die politischen Maßnahmen intendieren infolgedessen immer noch lediglich die Bewältigung spezieller Probleme, z. B. mangelnder Qualifikationen im Beruf, oder die Abwehr kurzfristig befürchteter Konfliktla-
gen, z. B. aus der Marginalität der Zweiten Generation. Daher schwankt
auch die bundesdeutsche Ausländerpolitik zwischen dem Ansinnen auf
völlige Anpassung und Inkorporation (z. B. durch die Einbürgerung) und
dem Erhalt der Rückkehrorientierung. Nach wie vor geht die Politik

(mindestens implizit) davon aus, daß die Ausländerbeschäftigung und die Anwesenheit der ausländischen Familien sich unmittelbar den Bedürfnissen des deutschen Arbeitsmarktes anzupassen haben. Die aus dieser Konfliktsituation heraus entstehenden Probleme, z. B. im Familien- und Freizeitbereich, versuchen vor allem die Wohlfahrtsverbände (Arbeiterwohlfahrt, Caritas, Innere Mission mit derzeit 500 Beratungsstellen und etwa 700 Mitarbeitern) und die Kirchen aufzufangen. Diese Maßnahmen reichen aber weder aus, noch können die Ursachen der Schwierigkeiten damit tatsächlich bekämpft werden. Konzeptionen oder praktische Maßnahmen, in denen eine Absicherung des Aufenthalts bei gleichzeitiger Förderung der schulischen und beruflichen Qualifikationen unter fakultativem Erhalt der kulturellen Eigenständigkeit auch ohne Orientierung auf eine Rückkehr, kurz: eine Minderheitenpolitik verfolgt würde, sind derzeit nicht erkennbar. Angesichts der Traditionen der Behandlung von Ausländern und Fremden in Deutschland wäre etwas anderes aber auch sehr erstaunlich.

Literatur

Tugrul Ansay und Volkmar Gessner (Hrsg.), Gastarbeiter in Gesellschaft und Recht, München 1974

Stephen Castles and Godula Kosack, Immigrant Workers and Class Structure in Western Europe, London–New York–Toronto 1973

Carlo M. Cipolla und Knut Borchardt (Hrsg.), Bevölkerungsgeschichte Europas, München 1971

Knuth Dohse, Ausländische Arbeiter und bürgerlicher Staat. Genese und Funktion von staatlicher Ausländerpolitik und Ausländerrecht. Vom Kaiserreich bis zur Bundesrepublik Deutschland, Königstein/Ts. 1981

Hartmut Esser, Aspekte der Wanderungssoziologie. Assimilation und Integration von Wanderern, ethnischen Gruppen und Minderheiten, Darmstadt und Neuwied 1980

Ernst Gehrmacher, Daniel Kubat und Ursula Mehrländer (Hrsg.), Ausländerpolitik im Konflikt. Arbeitskräfte oder Einwanderer? Konzepte der Aufnahme- und Entsendeländer, Bonn 1978

Hans Heinz Heldmann, Ausländerrecht. Disziplinarordnung für eine Minderheit, Darmstadt und Neuwied 1974

Paul Kevenhörster, Ausländische Arbeitnehmer im politischen System der BRD. Ausländer-Interessenvertretung im politischen Entscheidungsprozeß, Opladen 1974

Hermann Korte, Entwicklung und Bedeutung von Arbeitsmigration und Ausländerbeschäftigung in der Bundesrepublik Deutschland zwischen 1950 und 1979, in: Hans Mommsen und Winfried Schulze (Hrsg.), Vom Elend der Handarbeit. Probleme historischer Unterschichtenforschung, Stuttgart 1981

Manfred Kremer und Helga Spangenberg, Assimilation ausländischer Arbeitnehmer in der Bundesrepublik Deutschland, Königstein/Ts. 1980

Reinhard Lohrmann und Klaus Manfrass (Hrsg.), Ausländerbeschäftigung und
internationale Politik, München 1974

Ray Rist, Guestworkers in Germany. The Prospects for Pluralism, New York–
London–Toronto 1978

Hans Ulrich Wehler, Die Polen im Ruhrgebiet bis 1918, in: Hans Ulrich Wehler
(Hrsg.), Moderne Deutsche Sozialgeschichte, Köln 1976[5]

Chronik

bis ca. 1885
Deutsches Reich als Auswanderungsland.

1908
»Reichsvereinsgesetz«; »Sprachenparagraph«; 309 000 ausländische
Landarbeiter in Preußen; ca. 120 000 polnische Arbeiter im Ruhrgebiet.

1913
430 000 ausländische Landarbeiter; Höhepunkt der Ausländerbeschäftigung vor dem 1. Weltkrieg.

1914–1918
1. Weltkrieg; ca. 1 Million ausländische Zwangsarbeiter (Polen; Belgier
u. a.).

1922
Verordnung über die Anwerbung und Vermittlung ausländischer Landarbeiter.

1923
Verordnung über die Einstellung und Beschäftigung ausländischer
Arbeiter.

1932
27. 4.   Preußische Ausländerpolizeiverordnung.

1933
23. 1.   Verordnung über ausländische Arbeitnehmer.

1938
22. 8.   Ausländerpolizeiverordnung (ermöglicht zwangsweise Beschäftigung
von Ausländern).

1939

5. 9.   Verordnung über die Behandlung von Ausländern sieht erstmals weitgehende Aufenthaltsregelungen für Ausländer vor.

1939–1945

2. Weltkrieg; 6 Millionen Zwangsarbeiter (aus den sog. »Feindstaaten«), 2 Millionen Kriegsgefangene.

1949

24. 5.   Das Grundgesetz tritt in Kraft (Art. 16,2 »Asylrecht«).

1951

25. 4.   Gesetz über die Rechtstellung heimatloser Ausländer. Wiederverwendbarkeitserklärung der Ausländerpolizeiverordnung von 1938.

1952

22. 2.   Inkraftsetzung der Verordnung über ausländische Arbeitnehmer von 1933 durch den Bundesarbeitsminister.

1955

20. 12.   Anwerbevereinbarung mit Italien.

1957

25. 3.   Die Unterzeichnung der Römischen Verträge schafft u. a. die Voraussetzung für einen integrierten Arbeitsmarkt in der EWG.

1960

29. 3.   Anwerbevereinbarung mit Spanien.
30. 3.   Anwerbevereinbarung mit Griechenland.
3. 5.   Die Bundesrepublik tritt dem Übereinkommen der Westeuropäischen Union über Grenzarbeitnehmer und Gastarbeiter bei.

1961

13. 8.   Beginn des Berliner Mauerbaus und die Sperrung der Grenzen der DDR zur BRD läßt Zustrom von DDR-Flüchtlingen versiegen.

30. 10.   Anwerbevereinbarung mit der Türkei.

1963

21. 5.   Anwerbevereinbarung mit Marokko.

1964

1. 4.   Mindestanforderungen des Bundesministeriums für Arbeit und Soziales (BMAuS) für die Unterbringung ausländischer Arbeitnehmer.
17. 3.   Anwerbevereinbarung mit Portugal.

1965

28. 4.　　　Ausländergesetz.

3./4. 6.　　Ständige Konferenz der Innenminister beschließt Grundsätze der Ausländerpolitik.

7./8. 10.　　Anwerbevereinbarung mit Tunesien.

1966/67
Rezession.

1968

12. 10.　　Anwerbevereinbarung mit Jugoslawien.

1969

25. 6.　　　Arbeitsförderungsgesetz (§ 19 Inländerprimat).

1970

2. 2.　　　»Grundsätze zur Eingliederung ausländischer Arbeitnehmer« (Bundesregierung).

1971

2. 3.　　　Arbeitserlaubnisverordnung für nichtdeutsche Arbeitnehmer.

1. 4.　　　Erlaß erhöhter Mindestanforderungen für die Unterbringung ausländischer Arbeitnehmer.

3. 12.　　　Beschluß der Kultusministerkonferenz über die Integration der ausländischen Kinder in das deutsche Schulsystem.

1972

15. 1.　　　Änderung des Betriebsverfassungsgesetzes gewährt ausländischen Arbeitnehmern aktives und passives Wahlrecht zum Betriebsrat.

20. 4.　　　Neufassung der Grundsätze zur Eingliederung ausländischer Arbeitnehmer und ihrer Familienangehörigen durch das BMAuS.

August　　Einrichtung der Bundesstelle für den Deutschunterricht ausländischer Arbeitnehmer in der BRD.

7. 12.　　　Abkommen zwischen der BRD und der Türkei zur Ausbildung türkischer Arbeitnehmer und ihrer späteren Reintegration.

1973

Juni　　　Aktionsprogramm der Bundesregierung zur Ausländerbeschäftigung.

1. 9.　　　Erhöhung der Anwerbepauschale (von 300/350 DM auf 1000 DM).

23. 7.　　　Gesetz über die Mindestanforderungen an Unterkünfte für Arbeitnehmer.

Okt.　　　Krieg im Nahen Osten, Ölembargo.

23. 11.　　Anwerbestopp für ausländische Arbeiter.

1974

Gründung des Sprachverbands »Deutsch für ausländische Arbeitnehmer e. V.«.

Nov.   Erlaß der Stichtagsregelung zur Fernhaltung von Familienangehörigen von Ausländern vom deutschen Arbeitsmarkt (bis 1. 4. 1979).

1975

31. 1.   Neue Kindergeldregelung erweitert Kreis der anspruchsberechtigten Ausländerkinder.

1. 4.   Steuerungskonzeption zur regionalen Verteilung der Ausländer (bis April 1977).

23. 10.   17 Thesen des interministeriellen Ausschusses zur Ausländerpolitik.

1976

8. 4.   Grundsätze der Kultusministerkonferenz zum Unterricht für Kinder ausländischer Arbeitnehmer.

4. 8.   Bildung der Bund-Länder-Kommission mit dem Auftrag der Entwicklung einer umfassenden Konzeption der Ausländerbeschäftigungspolitik.

1977

Vorschläge der Bund-Länder-Kommission zur Fortentwicklung einer umfassenden Konzeption der Ausländerbeschäftigungspolitik.

Frühjahr   Maßnahmen zur sozialen u. berufl. Eingliederung (MSBE) von Ausländern.

1978

7. 7.   Neufassung der Verwaltungsvorschriften zum Ausländergesetz.

29. 8.   Beseitigung des abgeleiteten Rechtsanspruchs nachgereister Ehegatten auf eine besondere Arbeitserlaubnis.

Ende   Einsetzung des »Beauftragten der Bundesregierung für die Integration der ausländischen Arbeitnehmer und ihrer Familienangehörigen« (Heinz Kühn, später Liselotte Funcke).

1979

Frühjahr   Hearing zu Problemen der zweiten Ausländergeneration im Bundestag.

1. 4.   Wartezeitregelung für nachziehende Familienangehörige (Ablösung der Stichtagsregelung).

Katalog des Gesprächskreises »Bildungsplanung« beim BMBuW mit Verbesserungsvorschlägen zugunsten von Ausländerkindern.

22. 11.   Vorschläge des Koordinierungskreises beim BMAuS zur »Integration der zweiten Ausländergeneration«.

Ende   »Stand und Weiterentwicklung der Integration der ausländischen Arbeitnehmer und ihrer Familien in der Bundesrepublik Deutschland« (Kühn-Memorandum).

1980

Maßnahmen zur Berufsvorbereitung u. sozial. Eingliederung junger Ausländer (MSBE).

19. 3.   Orientierungslinien der Bundesregierung für die »Weiterentwicklung der Ausländerpolitik«.

30. 5.   Änderung der Arbeitserlaubnisverordnung (Arbeitserlaubnis nach Absolvierung von MSBE etc.).

1981

3. 8.   Verabschiedung des Wartezeitgesetzes (Änderung des § 19 AFG).

11. 9.   Drittes Gesetz zur Änderung des Aufenthaltsgesetzes/Einschränkung der Freizügigkeit für Staatsangehörige von EG-Mitgliedsstaaten, die nach dem 31. 12. 1980 der EG beigetreten sind.

1982

4. 2.   Bundestagsdebatte zur Ausländerpolitik: sowohl Förderung von »Integration« wie »Rückkehrbereitschaft«; Bestrebungen zur Begrenzung des Familiennachzugs.

Die Arbeitswelt

von Anton Kehl

Die öffentliche Diskussion über die Arbeitswelt ist häufig noch von überholten Klischeebildern geprägt, da die historische Betrachtung der Innenwelt der Fabriken seit dem Kriegsende etwas vernachlässigt wurde. Obgleich die Arbeit einen zentralen Teil im Leben eines jeden Einzelnen darstellt und obwohl es unbestritten ist, daß die Arbeitssphäre ein bestimmendes Element für den Charakter und das Erscheinungsbild einer Gesellschaft ist, enden Erörterungen über die Entwicklung der Bundesrepublik Deutschland meist an den Fabriktoren. Im Mittelpunkt der Auseinandersetzungen über die Arbeitswelt stehen vorwiegend gesellschaftspolitische Themen, wie etwa das Problem der Mitbestimmung oder lohn- und beschäftigungspolitische Fragen. Die umwälzenden Veränderungen der Arbeitsplätze in den vergangenen Jahrzehnten, die Leben und Bild des Arbeiters entscheidend gewandelt haben, sind bisher nur am Rande behandelt worden. Industriearbeit wird deshalb in der Regel im öffentlichen Bewußtsein entweder noch mit zermürbender Fließbandarbeit gleichgesetzt oder im Bild des muskulösen Stahlarbeiters, der in der glühenden Hitze des Hochofens seinen Mann steht, heroisiert.

In letzter Zeit sind jedoch globale Entwicklungen in den Vordergrund gerückt, die man unter dem Stichwort »Trend zur Dienstleistungsgesellschaft« zusammenfassen kann. Dieses Schlagwort markiert eine Bedeutungsverlagerung zwischen den einzelnen Wirtschaftssektoren in den letzten dreißig Jahren. Noch 1950 verdiente sich ein Viertel der erwerbstätigen Bevölkerung den Lebensunterhalt in der Landwirtschaft, während der Großteil in der Industrie beschäftigt war. Im Jahre 1983 bietet sich ein völlig verändertes Bild: im Dienstleistungssektor arbeiten mehr Menschen als in den Fabriken, und die Landwirtschaft ist, gemessen an der Zahl der Beschäftigten, ein unbedeutender Bereich geworden. Diese Entwicklung ist, neben der Ausdehnung der Handels- und Verwaltungsbereiche und der Freizeitsphäre, vor allem das Resultat einer stetigen Verbesserung und Effektivierung der Produktionstechnik, die die notwendige menschliche Arbeit in Industrie und Landwirtschaft reduzierte. Darüber hinaus setzte sie auch den Prozeß der wirtschaftlichen Konzentration in Gang. Das bekannteste »Opfer« der billigeren und effektiveren Massenfertigung ist der einst bedeutende Bereich des Handwerks, der

Tabelle 8: Entwicklung der Wirtschaftssektoren – Anteil der Erwerbstätigen in den einzelnen Sektoren in % der Beschäftigten

	1950	1960	1970	1979
primärer Sektor:				
Landwirtschaft	23,2	14,1	8,5	6,0
sekundärer Sektor:				
Industrie	42,3	47,8	48,8	44,9
tertiärer Sektor:				
Dienstleistungen und				
öffentlicher Dienst	32,3	37,1	42,7	49,1

Tabelle 9: Veränderung der Berufsstruktur – Anteile der Erwerbstätigen in den einzelnen Tätigkeitsbereichen in % der Beschäftigten

	1950	1960	1970	1979
Arbeiter	51,0	49,7	46,6	42,3
Angestellte/Beamte	20,6	28,1	36,2	45,2
Selbständige	14,5	12,4	10,4	8,3
mithelfende Familienangehörige	13,8	9,8	6,7	3,6

Quelle: Bernhard Schäfers, Sozialstruktur und Wandel der Bundesrepublik Deutschland, München 1976, S. 153/157.

von der übermächtigen industriellen Konkurrenz in eine Randposition gedrängt wurde.

Hinter diesen globalen Veränderungen verbirgt sich jedoch mehr als nur eine Umschichtung der Arbeitskräfte. Hält man sich vor Augen, daß in den letzten dreißig Jahren die Arbeit von Drehern, Buchhaltern, Bäckern, Händlern immer mehr von Maschinenbedienern, Arbeitsvorbereitern, Programmierern, Elektrotechnikern und Industriekaufleuten ausgeführt wurde, so kann man erahnen, wie tief der Wandel in den konkreten Arbeitsplatz selbst eingegriffen haben muß. In der arbeitssoziologischen Diskussion wird dieser Vorgang als »Professionalisierung« bezeichnet, d. h. das Wissen über das konkrete Produkt tritt immer mehr hinter die optimale Beherrschung und Verfeinerung technischer Mittel zurück. Der Begriff der »Dienstleistungsgesellschaft« meint in diesem Zusammenhang nicht nur einen Wandel zwischen den Wirtschaftssektoren, sondern auch, daß industrielle Arbeit zur »Dienstleistungsarbeit« an Maschinen geworden ist.

Für den Arbeiter war dies nicht nur ein Problem der Aneignung neuartiger technischer Fähigkeiten, sondern bedeutete für ihn eine tiefgreifende

Umstellung im Verhältnis zur Arbeit. Der folgende Beitrag versucht nun die Auswirkungen dieses Umbruchs an den Arbeitsplätzen für den einzelnen Arbeiter zu beschreiben. Im Mittelpunkt steht dabei der grundlegende Wandel der Arbeitsmoral und des Selbstverständnisses des Arbeiters. Die Darstellung beschränkt sich auf den Bereich der industriellen Arbeit, obwohl man ähnliche Entwicklungen in der Angestelltenarbeit und im Dienstleistungssektor feststellen kann. In der Fabrik wird jedoch eindringlicher die Radikalität dieses Veränderungsprozesses sichtbar, der dem Begriff »Arbeit« eine neue Bedeutung gegeben hat.

Die Nachkriegsphase: Chaos und Reorganisation

Unter dem Eindruck der zerstörten Städte wird unmittelbar nach dem Ende des Krieges das Ausmaß der Schäden an den industriellen Anlagen tark überschätzt. Die Bombardierungen der Alliierten hatten vor allem das Ziel, die Moral der deutschen Bevölkerung zu brechen und sollten erst in zweiter Linie die Wirtschaftskraft schwächen, so daß die Luftangriffe vorwiegend gegen Wohngebiete geflogen wurden. So beträgt der Schaden am Brutto-Anlage-Vermögen in den Westzonen 1945 nur ca. 20 %, wodurch es, wegen der hohen Investitionen während des Krieges, immer noch 20 % über dem Wert von 1936 liegt. Dennoch ist in dem allgemeinen Chaos und in der allgemeinen Not eine geregelte Produktionsaufnahme noch eine Zeitlang nicht möglich. Die zur Wiederinbetriebnahme der Anlagen notwendige Zuteilung von Rohstoffen und Gütern wird behindert durch die Abschottung der einzelnen Besatzungszonen, die den notwendigen Warenaustausch erschwert, durch eine Zwangsbewirtschaftung, die mehr bürokratische Engpässe als eine geregelte Versorgung schafft und durch das stark beschädigte Transport- und Verkehrssystem, an dessen Überresten in der französischen und der sowjetischen Zone die Militärbehörden auch noch Raubbau treiben.

Hinzu kommt die mangelnde Ausstattung der deutschen Stellen mit exekutiven Befugnissen bei der Verteilung und ein Mangel an Arbeitskräften. Auch nach der Verschmelzung der amerikanischen und britischen Zone zu einem einheitlichen Wirtschaftsgebiet verhindern langanhaltende Kompetenz- und Verwaltungsprobleme zunächst eine gesicherte Versorgung.

Die Stimmung in der Bevölkerung ist in dieser Situation vom Gefühl der Ohnmacht und Hilflosigkeit gegenüber den Maßnahmen der Sieger geprägt; viele haben den Eindruck, als sollte die wirtschaftliche Not Deutschlands »verewigt« werden. Auch die angeordneten Produktionsbeschränkungen und Demontagen schaffen ein angespanntes psychologisches Klima, obwohl der materielle Schaden letztlich gering bleibt (die Demontagen reduzieren die Produktionskapazität im Endeffekt, der freilich erst in den 50er Jahren sichtbar wird, nur um 5 % des Wertes von 1945). In der allgemeinen Unsicherheit versuchen mancherorts die Arbeiter, parallel zu den behördlichen Maßnahmen durch Eigeninitiative den Wiederaufbau der Fabriken voranzutreiben. Der Betriebsrat eines westfälischen Stahlwerks schildert den Alltag der Arbeiter in dieser Zeit: »Wir arbeiteten acht bis zehn Stunden pro Tag in der Fabrik, wir mauerten, und wir bauten die Maschinen wieder auf, die uns noch geblieben waren. Wir hatten leere Mägen in diesen Tagen. Wir arbeiteten manchmal für eine einzige Zigarette am Tag. Dann gingen wir nach Hause, und wir arbeiteten weitere sechs Stunden am Abend, um unsere Häuser wiederaufzubauen. Drei unserer Leute verunglückten tödlich, weil sie keine Erfahrung im Häuserbau hatten.«[1] Für die Arbeiter ist die Wiederherstellung der Fabriken eine Art Überlebensgarantie, so daß neben den vielfältigsten individuellen Aktivitäten zur Überwindung der eigenen materiellen Not auch eine gemeinsame Anstrengung zum Aufbau funktionierender Produktionsbedingungen in den Vordergrund rückt.

Im Mittelpunkt des Produktionsgeschehens steht in der Anfangsphase die Kohleförderung. Während im ganzen Land die industriellen Anlagen langsam wieder instandgesetzt werden, fahren im Ruhrgebiet die Bergleute bereits ihre ersten Förderschichten. Die Bergwerke haben nur geringen Schaden genommen, so daß unmittelbar nach dem Ende des Krieges mit dem Abbau der Kohle begonnen werden kann. Kohle stellt die einzige verfügbare Energiequelle dar und ist zudem das primäre Exportgut in der Nachkriegszeit (wobei der Export aber von den Alliierten kontrolliert wird, die die Kohle weit unter dem Weltmarktpreis verkaufen). Um die Förderung zu steigern, starten die Behörden einen Werbefeldzug für die Arbeit unter Tage und führen 1947 ein Punktesystem ein, das den Bergleuten Vorteile bei der Versorgung mit Nahrung, Kleidung und Genußmitteln garantiert. Die Kampagne wird ein großer Erfolg, und die Kapazitäten der Zechen zur Unterbringung der vielen Arbeitswilligen sind bald ausgeschöpft. Die Privilegien der Bergarbeiter, die bei einer Fehlschicht schon wieder entzogen werden können, stellen allerdings nur einen geringfügigen Ausgleich für die harten Tag- und Nachtschichten in den immer wieder von Streckeneinbrüchen bedrohten Stollen dar. Zudem gibt es Spannungen mit den Militärregierungen, die die Abbauleistung bemängeln und eine fortwährende Erhöhung der Fördermenge verlangen, um die bedrohliche Unterversorgung an Kohle zu überwinden. Diese resultiert jedoch vorwiegend aus der mangelhaften Ausstattung der veralteten Bergwerksanlagen und dem katastrophalen Zustand des

Transportsystems und nicht aus dem fehlenden Einsatz der Bergleute, die ihre Arbeit vielfach als Pioniertätigkeit zur Herstellung geordneter Verhältnisse begreifen. So heißt es etwas pathetisch in einem »Bergmanns-Brevier« aus dem Jahre 1950: »Schwer ist die Arbeit. Sie ist Dienst, ist härtester Einsatz einer Front, die von keinem zerstörenden Willen beherrscht wird, sondern von guten, starken, gewaltigen Kräften zu Frieden und Aufbau. Wer möchte es wagen, verächtlich von dieser Arbeit zu sprechen? Gefährliche und schmutzige Arbeit? O ja! Arbeit für bedauernswerte Menschen? Nein! Mag sie hart sein und schwer, aber sie ist stark und gut, diese Arbeit, und schafft freie und gläubige Herzen ... Dieser Beruf will Männer, Kerle mit harten Fäusten und mutigen Herzen.«[2]

Industriearbeit Anfang der 50er Jahre –
ein »physisches Drama«

Dem Aufbauwillen und der spezifischen Arbeitsmoral der Nachkriegszeit korrespondieren Produktionstechniken, die auf der Erfahrung und dem persönlichen Einsatz des einzelnen Arbeiters gründen. Als nach dem »Petersberger Abkommen« Ende 1949 die Produktionsbeschränkungen weitgehend aufgehoben werden und die industrielle Produktion wieder vollständig aufgenommen wird, überwiegen in den Fabriken handwerklich und manuell orientierte Fertigungsprozesse. Die Arbeit spielt sich oft noch im handwerklichen Rahmen ab und erfordert eine gewisse Perfektion, wie etwa der Arbeitsgang in einer Glasfabrik: »Der Arbeitsjunge (Kölbelmacher) holt mit seinem langen Blasrohr so viel flüssiges, glühendes Glas aus dem Ofen, wie der Geselle ungefähr braucht. Dieser bläst einen runden Kolben zur Vorform, erhitzt ihn noch einmal und reicht ihn dann dem Gehilfen, der dem Kolben noch etwas mehr Form gibt, um ihn dann in eine eiserne Form zu senken und so lange in seine Pfeife hineinzublasen, bis sich das Glas dem Innern der Form angepaßt hat. Dann kommt das rohe Produkt in den Kühlraum, von dort in die Schleiferei zur Veredelung.«[3] Flinke Hände und Geschicklichkeit verlangen auch die vergleichsweise weniger anspruchsvollen Arbeitsplätze an den Fließbändern, da beispielsweise in der Elektroindustrie beim Montieren und Löten von Radioteilen noch mehrere Arbeitsgänge auf einmal erledigt werden müssen. Im allgemeinen erfordert der Grad der Mechanisierung des Arbeitsprozesses, trotz vieler neuartiger Anlagen, eine gewisse individuelle Kunstfertigkeit und Erfahrung bei den einzelnen Arbeitsgängen.
Der betriebliche Ablauf ist noch sehr unvollkommen organisiert, so daß die Abwicklung der Arbeit großteils von den Arbeitern selbst übernom-

men werden muß. Es gehört oft zum Alltag von Automobilfabriken, daß die Schweißer ihre Karrosserieteile eigenhändig zusammentragen oder daß das Arbeitsmaterial mit Schubkarren geholt wird. Die körperlich harte Handarbeit fungiert auch an industriellen Großanlagen als »Scharnier« der Fertigung. In chemischen Werken werden die Schwefelverbrennungsanlagen von Hand beliefert und ätzende Substanzen über Loren weitertransportiert – am Arbeitsplatz regiert die Muskelkraft. Das Bild der Blechwalzwerke prägen breitschultrige Muskelmänner, die sogenannten »Umwalzer«, die in blechbeschlagenen Holzschuhen und dicken Lederschürzen mit langen Zangen das heiße Eisen von einem Arbeitsgang zum anderen befördern. Das Zusammenspiel der schwitzenden Arbeiter dirigiert mittels Pfiff und Zuruf der Walzmeister, im Jargon »Tanzmeister« genannt, um die Walzstraße in Fluß zu halten. Die Arbeit ist eine Art »physisches Drama« mit Gefahrenmomenten und Bewährungsproben für den Einzelnen. Beim Hochofenabstich muß jeder Schmelzer, von der Preßlufthammerbedienung bis zum Rinnenausbau seine Aufgabe »im Griff haben«, damit im entscheidenden Moment der rasende Strahl des glühenden Eisens seinen richtigen Weg nimmt. Typisch für den Charakter der Arbeit ist dabei die symbolische Anwesenheit des Schmelzmeisters, der auch bei perfekt eingespielten Teams diesen Vorgang, mit einer gewissen rituellen Feierlichkeit abseits stehend, beobachtet. Er verkörpert einen irrationalen Rest der Industriearbeit bei der Meisterung schwieriger Aufgaben.

Diese zentrale Stellung des Arbeiters im Produktionsprozeß und das Bewußtsein von der Bedeutung des individuellen Könnens für den Arbeitsablauf schaffen die Grundlage für das ausgeprägte Berufsethos dieser Zeit. Eine als selbstverständlich empfundene Verantwortung für den Arbeitsplatz und der Ehrgeiz, die Aufgabe perfekt zu beherrschen, sind maßgebende Triebfedern der Arbeitsleistung. Das Organ der IG Druck und Papier enthält eine regelmäßige Kolumne des »Technischen Ratgebers«, der ausführliche Tips zur optimalen Bedienung neuartiger Setzmaschinen oder zu Techniken des Farbmischens für besonders schöne Farbkombinationen gibt, verbunden mit Appellen an die Sorgfalt der Setzer: »Haltet die Setzmaschinen in allen Teilen sauber und trocken! Wie das Blei das Blut, so ist das Magazin das Herz der Maschine! Wenn die trockenen Matrizen hellschlagend durch die verschiedenen Herzkammern jagen, dann ist es eine Freude, die Maschine zu bedienen. Also Mahnung und Forderung: Pflegt und hegt das Herz der Maschine!«[4] In diesen beschwörenden Worten artikuliert sich noch ein unproblematisches Verhältnis zur Maschine, deren Funktionieren von der sicheren Hand des qualifizierten Arbeiters abhängt, der ihre Tücken kennt und sie beherrscht.

Durch dieses Engagement und die hohe körperliche Belastung wird das

Leben des Arbeiters in diesen Jahren vollkommen von der Arbeit, die etwas Zwangsläufiges und Notwendiges an sich hat, vereinnahmt. Der Arbeiter ist an einen festen Rhythmus gefesselt, der den Spielraum zwischen Arbeit und physisch notwendiger Bettruhe klein hält. Die Freizeit dient vornehmlich der Wiederherstellung der in der Fabrik verbrauchten Kräfte, Brieftaubenzucht und Gartenarbeit sind Lieblingsbeschäftigungen des deutschen Industriearbeiters. Die ausgeprägte Arbeitsmoral bedeutet aber keineswegs automatische Unterordnung unter gesellschaftliche und betriebliche Verhältnisse. Gerade das Bewußtsein der Arbeiter von ihrer körperlichen Leistung stiftet eine ausgeprägte soziale Identität und ist die Basis für die Anmeldung gesellschaftlicher Ansprüche: »Die Arbeiterschaft hat etwas zu bieten, das dem Kapital – dem ›toten Kapital‹ – zumindest ebenbürtig, wenn nicht überlegen ist: die Arbeit – die ›menschliche Arbeit‹. Sie wird verstanden als körperliche Arbeit, d. h. diejenige menschliche Tätigkeit, die am ›sinnfälligsten‹ Arbeit ist; als produktive Arbeit, d. h. eine unmittelbar wertschaffende Leistung als primäre Arbeit; d. h. eine Funktion die für die anderen, für die Gesellschaft, eine fundamentale Voraussetzung ihrer Existenz schafft.«[5]

Die »Explosion« der Produktivitätsrate in den 60er Jahren

Der Umfang der industriellen Produktion hat im Jahre 1955 durch den enormen Arbeitseinsatz den Stand von 1936 bereits um das Eineinhalbfache überschritten. Die Produktivität der Arbeit, d. h. die zur Herstellung eines Produkts notwendige Arbeitszeit, befindet sich jedoch immer noch auf dem Vorkriegsniveau. Die rasche Ausdehnung des Produktionsvolumens basierte hauptsächlich auf dem vermehrten Einsatz von Betriebsmitteln des alten technologischen Standards, der Ausschöpfung des durch ehemalige Landarbeiter und durch Flüchtlinge stark angewachsenen Arbeitskräftepotentials und der hohen körperlichen Beanspruchung der Belegschaften. Erst nach Abflauen des »Korea-Booms« und der Sättigung des Arbeitsmarkts setzt Ende der fünfziger Jahre und vor allem im Laufe der sechziger Jahre ein ungeheurer Maschinisierungs- und Rationalisierungsprozeß ein, der die Fabrikarbeit gründlich umgestaltet. Durch die Ausdehnung des Mechanisierungsgrades der industriellen Fertigung wird die extensive von der intensiven Form der Produktionsausweitung abgelöst – mit einem geringeren Aufwand an menschlicher Arbeitskraft lassen sich mehr und billigere Produkte herstellen.

Das Ausmaß dieses technischen Umbruchs dokumentiert die Steigerung der Arbeitsproduktivität: während sich die Zahl der Beschäftigten im industriellen Bereich zwischen 1950 und 1965 von 8,5 Millionen auf 13 Millionen erhöht, vervielfacht sich in diesem Zeitraum die Summe der hergestellten Waren von 63 Milliarden auf 240 Milliarden DM (zu Preisen von 1962). Mußten 1950 noch 203 Arbeitsstunden zur Erzeugung von Industriewaren im Werte von 1000 DM geleistet werden, so sind es 1965 nur noch 80.[6]

Technischer Wandel der Arbeitsplätze: Bedeutungsverlust von Muskelkraft und handwerklicher Geschicklichkeit

In der Phase der Hochmechanisierung werden durch den Einsatz von effektiveren, technisch verbesserten Produktionsanlagen und durch die gezielte Anwendung rationellerer Verfahrensweisen einerseits körperlich schwere und damit störanfällige Tätigkeiten maschinell ersetzt und andererseits von Hand ausgeführte komplexe Arbeiten zerlegt und Maschinenfunktionen zugeführt. Bereits Mitte der fünfziger Jahre erledigen in den Walzwerken die Aufgaben der »Muskelmänner« maschinelle Anlagen, die aus einer hochgelegenen Steuerkanzel gefahren werden. Der Kraftakt in der Tiefe des Walzraumes wird übertragen in die Handhabung von Steuerknüppeln und in die Beobachtung von Meßinstrumenten. Die in ihrer gläsernen Kabine über der Hitze und dem Lärm des Arbeitsgangs thronenden Arbeiter müssen mit sicherem Auge und technischer Sensibilität für die Anlage das Walzgut zuleiten und die Walzen öffnen und schließen. Statt Kraft und körperlicher Zähigkeit benötigen die Walzer jetzt geistige Aufmerksamkeit und Feingefühl, um das oft 100 km/h schnelle Eisen zu dirigieren.

Die beginnende Phase der Hochmechanisierung führt langsam zur Auflösung der traditionellen Facharbeitertätigkeit. Diese Entwicklung läßt sich an der Veränderung der Arbeit des Drehers veranschaulichen, einem der traditionsreichsten Berufe in der metallverarbeitenden Industrie, der auch in der Nachkriegszeit noch Bestand hatte. Der Dreher war ursprünglich ein hochqualifizierter Fachmann, dessen Kunstfertigkeit und Kenntnis über die Beschaffenheit des Stahls und der Drehbank entscheidend für den Erfolg der Arbeit war. Anhand einer Zeichnung bereitete er sein Werkstück selbst vor, bestimmte die Reihenfolge der Arbeitsgänge und berechnete die Schnittgeschwindigkeit.

An den neuartigen Drehautomaten sind die technischen Kalkulationen vom Konstruktionsbüro vorgegeben; die vorrangige Aufgabe des Drehers besteht vor allem darin, die Maschinen mit Material zu versorgen und gelegentlich die vorgeschriebene Einstellung nachzuprüfen. Dies sind Aufgaben für einen »angelernten« Arbeiter, der mehrere Apparate gleichzeitig bedienen kann. Der Höhepunkt dieser Entwicklung ist die Einführung der numerisch gesteuerten Werkzeugmaschinen (NC-Maschinen) Mitte der sechziger Jahre. NC-Maschinen sind mittels Lochstreifen auf verschiedene Arbeitsgänge (Bohren, Schleifen, Drehen, etc.) programmierbar; dadurch wird auch die Mechanisierung kleinerer Produktionsserien rentabel. Der Arbeitsgang an diesen Apparaten erfordert nicht mehr die andauernde Konzentration des Arbeiters, da die fachliche Kompetenz des Drehers in einem Lochstreifen komprimiert ist. Die Anlage bestimmt Reihenfolge und Tempo der Arbeitsabläufe, bei denen der Arbeiter nur noch eine Randposition einnimmt, die weder langjährige Berufserfahrung, noch spezifisches persönliches Geschick verlangt. Diese Qualitäten sind für die Steigerung der Produktivität nicht mehr bedeutsam: für die Arbeitsleistung eines einzigen Arbeiters an den Drehautomaten wären 1950 noch 30 Dreher an den herkömmlichen Drehbänken notwendig gewesen. Die ursprüngliche Dreherarbeit ist fortan nur noch in den Reparaturabteilungen der Betriebe und in Werkstätten zur Herstellung von Spezialwerkzeugen gefragt.

Der Einzug der Automaten –
Maschinenarbeit und das Warten auf den Störungsfall

Den Umstrukturierungsprozeß der industriellen Fertigung in den sechziger Jahren markiert, vor allem für die Großbetriebe, die Erstellung komplexer Produktionsaggregate, die verschiedene Teilarbeiten zu einem geschlossenen Produktionsvorgang vereinigen, ohne daß eine menschliche Hand eingreifen muß. Maschinenarbeit in ihren verschiedensten Erscheinungsformen wurde die dominierende Form industrieller Arbeit. Es vermehrten sich die Positionen der Maschinenbeschicker und der Maschineneinrichter, die Anlage und Material für den Produktionsablauf präparieren; vor allem die Funktion des Maschinenführers, der an oft hundert Meter langen Aggregaten die Produktion überwacht, Materialfluß und Maschinengeschwindigkeit reguliert und die Anlage gegen mögliche Störungsquellen präventiv absichert, wurde vorherrschend. Ein Schritt zur »Vollautomation« war in einigen Branchen die Einführung der sogenannten »Transferstraßen«, an denen bei automatischem Transport die verschiedenen Arbeitsgänge (etwa zur Herstellung von Motorblöcken, Textilien oder auch Backwaren) der Reihe nach von Automaten erledigt werden. Der Arbeiter beeinflußt den Fertigungsprozeß nur noch indirekt: ein Steuermann an einer Karosseriestraße ruft mittels Knopfdruck die verschiedenen Bauteile aus »Bahnhöfen« ab, um sie dem Zusammenbau in der Transferstraße zuzuführen; in der Backwarenfabrik löst er nach einer Zahlenkombination die Automatik aus, ohne zu wissen, ob gerade Russisches Brot oder gefüllte Waffeln hergestellt werden. Der Schwerpunkt der Arbeitsaufgaben verlagerte sich immer mehr auf den Störungsfall: zeigt die Meßvorrichtung beispielsweise bei der Zylinderblockfertigung in der Automobilindustrie eine falsche Bohrung an, so wird die Straße automatisch gestoppt; von einem Kontrollarbeiter wird die Einstellung korrigiert oder in schweren Fällen die Reparaturabteilung benachrichtigt.

Die Konzentration der industriellen Arbeit auf die Bewältigung möglicher Notfälle spiegelt sich in der Tätigkeit, die zum Sinnbild für die Arbeit der Zukunft wird – im Beruf des »Meßwarts«. Diese steht im Mittelpunkt der chemischen Industrie und der Mineralölraffinerien, wo durch vollautomatisierte Syntheseverfahren der menschliche Eingriff weitgehend überflüssig gemacht wird. Mit fortschreitender Automation ist diese Funktion auch in anderen Bereichen der Verarbeitung flüssiger Stoffe anzutreffen. Die zur Kontrolle des Prozeßverlaufs notwendigen Meß-, Signal- und Bedienungseinrichtungen sind in den »Meßwarten« zentralisiert, neonbeleuchteten Räumen, die Pilotenkanzeln gleichen und in denen das Summen der Meßanlagen den Maschinenlärm abgelöst hat. Industrielle Arbeit findet hier nicht mehr im unmittelbaren Kontakt mit dem Produktionsprozeß statt, die Kontrolle wird zur Fernkontrolle über die Zahlen und Symbole der Armaturen. Die Aktivitäten des Arbeiters beschränken sich auf die Beobachtung der Instrumente, gelegentliche Korrekturen des Prozeßverlaufs und die Bereitschaft, im Störungsfall selbst oder durch Mitteilung an die Instandhaltungsarbeiter einzugreifen.

Polarisierung der Qualifikationsanforderungen

Die Technisierung der Arbeitsplätze löst eine Wende in den Anforderungen der industriellen Arbeit aus: der Facharbeiter muß seinen Produktionsapparat besser kennen als das Produkt, das er herstellt. Die qualifizierten Arbeitsplätze der Maschinenführung und -steuerung verlangen neben Kenntnissen in der Maschinenschlosserei oder der Elektrotechnik analytisches und technisches Denkvermögen, um dem abstrakten Signal oder einer Störung sofort die konkrete Veränderung im Produktionsvorgang zuordnen zu können. Die Dominanz der Technik durch immer komplizierter werdende Einrichtungen zeigt die Ausdehnung der Reparaturabteilungen und die wachsende Zahl der Instandhaltungsarbeiter, die in regelmäßigen Kontrollgängen die Anlagen überprüfen und im Störungsfall den Fehler beheben. Der Bedeutungszuwachs analytischer Fähigkeiten und die zunehmende Unmöglichkeit, die Leistung des Arbeiters über einen konkreten Produktionsausstoß zu bestimmen, läßt nun die traditionelle Unterscheidung zwischen Arbeitern und Angestellten, die auch angesichts einer Verantwortung für Millionenwerte nicht mehr zeitgemäß ist, langsam verschwinden. Dieser Tatsache tragen 1960 die BASF-Werke Rechnung, als sie den Großteil ihrer Arbeiter zu sogenannten »Werks-« bzw. »Ehrenangestellten« mit verbessertem Kündigungsschutz und ausgedehnter Lohnfortzahlung im Krankheitsfall, befördern.

Die Kehrseite der technischen Entwicklung ist andererseits die Vermehrung angelernter und ungelernter Tätigkeiten durch die Zunahme der repetitiven Teilarbeit, d. h. der stetigen Wiederholung des gleichen Handgriffs in kurzen Zeitabständen. Vor allem in den Montagebereichen der Automobil- und der elektro-technischen Industrie nahm die Fließbandarbeit, der »Lückenbüßer der Mechanisierung«, bei schwer automatisierbaren Teilarbeiten weiter zu. Doch auch die Automation beseitigt nicht zwangsläufig jede unqualifizierte Tätigkeit, sondern schafft im Gegenteil auch neue Formen reduzierter Arbeit. Ein Automatenkontrolleur in einer Weberei, der etwa 40 automatische Webstühle zu betreuen hat, pendelt fortwährend zwischen den immer wieder stillstehenden Apparaten, um die aufgetretenen Fadenbrüche zu beheben. In Form von einfachen, sich wiederholenden Transportarbeiten oder der Beseitigung von Ausschuß an einem automatischen Band existiert die Handarbeit in eingeschränkter Form weiter. Im Gegensatz zur traditionellen Facharbeit, die gedankliche Durchdringung und Konzentration auf die Aufgabe erfordert, ist es bei dieser Arbeit wichtiger, die eigene Aufmerksamkeit abzuschalten, um die Handgriffe in »Fleisch und Blut« übergehen zu lassen.

Arbeit nach dem Baukastenprinzip – die Systeme vorbestimmter Zeiten

Diese Schematisierung der Arbeit wird auch an der gewandelten Form der Zeitfestsetzung für den Akkordlohn sichtbar. Zur Festsetzung der Arbeitssollzeiten wurde an den dafür geeigneten Arbeitsplätzen die gängige Methode der Zeitnahme am jeweils spezifischen Arbeitsplatz durch die aus den USA kommenden »Systeme vorbestimmter Zeiten« wie MTM (Methods Time Measurement) und »Work Factor« ersetzt. Bei diesen Verfahren zerlegt man die Arbeitsvorgänge in einfache Grundbewegungen wie Hinlangen, Bringen, Greifen, Loslassen, etc., denen durch Hochgeschwindigkeitskameras ermittelte feste Zeitwerte auf die tausendstel Sekunde genau zugeordnet werden. Daraus addieren sich dann die Sollzeiten für die jeweiligen Arbeitsgänge, wobei im System »Work

Factor« noch zusätzliche Variablen wie etwa »Richtungsänderung« oder »Gewicht des Werkstücks« berücksichtigt werden. Voraussetzung für die Anwendung dieser Systeme ist, daß die individuelle Gestaltung des Arbeitsplatzes und das persönliche Engagement für die Arbeit keinen produktiven Wert mehr darstellen. Da die Anordnung der Maschine weitgehend bestimmt, wann etwa ein Werkstück genommen werden muß und wo es wieder hingelegt werden soll, ist die Zerlegung in einfache Handgriffe möglich. Die Anwendung persönlicher Tricks oder eigener Ideen zur Verbesserung des Arbeitsgangs, um sich Zeitpuffer für die Akkorderfüllung zu schaffen, sind weder möglich noch nötig, da die Arbeitsplanung den Bewegungsablauf bereits detailliert festgelegt hat. Der einzelne Arbeiter ist an einem solchen Arbeitsplatz von jeglicher Eigeninitiative befreit. Er benötigt statt dessen die Fähigkeit, die Bewegungselemente über acht Stunden hinweg in der geforderten Form zu kombinieren.

Die Zeitwerte finden besonders in der Massenfertigung Anwendung und stellen eine präzise Grundlage für die Rationalisierung der Arbeitsgebiete dar. Von der Gründung der »Deutschen MTM-Vereinigung« im Jahre 1962 an verzehnfachte sich bis Anfang 1970 die Zahl der beigetretenen Unternehmen auf 260, sie repräsentierten etwa 2 Millionen Belegschaftsmitglieder.[7]

Umstellungsprobleme und der Wandel der Arbeitsmoral

An den neuen Arbeitsplätzen entstand ein Mißverhältnis zwischen den Fertigkeiten und Einstellungen der fünfziger Jahre und den Anforderungen einer technisierten Arbeitswelt. Die technische Entwicklung reduzierte im allgemeinen die Möglichkeit des Arbeiters, Menge und Qualität der Produktion zu beeinflussen und verengte seinen persönlichen Handlungsspielraum durch die notwendige Anpassung an den maschinellen Rhythmus. Dieser Verlust der zentralen Position im Arbeitsablauf zwang die Arbeiter zur grundlegenden Umorientierung. In der Anfangsphase stellten die Betriebsleitungen die alten Facharbeiter an die neuen Maschinen, um sich deren Produkterfahrung für die Einarbeitung zunutze zu machen, so daß etwa gelernte Bäcker ihre Nachfolger, die Waffelautomaten, beaufsichtigten. Das Ergebnis waren häufige Produktionsverzögerungen und Ausschußware, weil die Facharbeiter alten Typs der Konfrontation mit der ständig produzierenden, nicht mehr konkret durchschaubaren Anlage nicht gewachsen waren. Zudem irritierte die körperliche Arbeit gewohnten Arbeiter die »untätige« Situation, weshalb sie oft aus Neugier und Handlungsbedürfnis in den Produktionsablauf eingriffen. In der Jungfernphase der maschinellen Steuerung der Walzproduktion registrierte man, als Folge der ungewohnten Arbeitssituation in einer engen Kabine und isoliert vom eigentlichen Produktionsgeschehen, Nervenzusammenbrüche der ehemaligen Umwalzer hinter den Steuerpulten. Bei einigen Firmen wurden sogar die gesamten Anlagen demoliert, weil das überforderte Personal die Walzen nicht mehr im richtigen Moment öffnete.[8]

Der Wandel von körperlicher Beanspruchung zu nervlicher Anspannung erschütterte die Arbeitswerte der fünfziger Jahre. Die traditionellen Attribute der Arbeiterschaft – Muskelkraft und Fleiß – wurden überholt durch Eigenschaften, die es ermöglichten, bei hoher Verantwortung buchstäblich nichts zu tun: Geduld, Ruhe und Ausdauer. In der Mentalität der älteren Facharbeiter hatte man aber nur etwas geleistet, wenn man abends mit naßgeschwitztem Hemd nach Hause kam. Industriepsychologen beobachten bei Arbeitern, die aus körperlich harten Tätigkeiten in die Automationsarbeit wechselten, einen Schuldkomplex aufgrund der erzwungenen Untätigkeit. Sobald der Meister auftaucht, werden sie von einem ziellosen Tätigkeitsdrang überfallen. Die Werksärzte diagnostizieren, vor allem an reinen Automationsarbeitsplätzen, eine neue Berufskrankheit, die Unterbeanspruchung. Die Kehrseite der Entlastung von Lärm und Anstrengung und dem Gefühl, am Arbeitsplatz sein eigener Herr zu sein, sind die aufkommenden Langeweile-Symptome wie Kreislaufbeschwerden, Reizbarkeit, Appetitmangel. Um zumindest ein Minimum an Bewegung zu gewährleisten, verzichten deshalb chemische Werke oft auf den Einbau von Fahrstühlen oder installieren die Toiletten weitab von der Meßwarte. Scheinbeschäftigungen, wie das Aufzeichnen bedeutungsloser Meßwerte, sollen zusätzlich dem Gefühl individueller Entbehrlichkeit gegensteuern. In den Leitständen symbolisiert die Wohnzimmereinrichtung, wie wenig die Arbeit noch mit der herkömmlichen Vorstellung von Mühsal und Anstrengung zu tun hat, Ledersessel und Klimaanlagen sollen das Nichtstun verschönern. Einige Chemiewerke gestatten ihrem Personal sogar, die Arbeitszeit mit Tischtennisspielen und privater Fischzucht zu füllen.

Der Arbeitsprozeß verlangt jetzt eine Einstellung, wie sie der Leiter des Instituts für Sicherheit in Bergbau, Industrie und Verkehr, Wilhelm Lejeune, Anfang der sechziger Jahre formulierte: »Der Automationsarbeiter darf kein aktiver Handlungstyp sein, sondern muß ein Mensch mit gemäßigtem Temperament sein, dem nichts entgeht. Seine Arbeit besteht im rechtzeitigen Erkennen von Produktionspannen.« Überspitzt formuliert sei am besten der Typus des »Wilddiebs, der im Wald das Wild und den Förster förmlich riecht«[9] geeignet. Lejeune, der automatisierte Unternehmen bei der Personaleinstellung beriet, erregte in der Öffentlichkeit großes Aufsehen, als er einem Walzwerk als idealen Steuermann einen Arbeiter empfahl, der vor dem Zweiten Weltkrieg von den Franzosen wegen Untergrundarbeit verurteilt worden war und dann in die Fremdenlegion ging. Im Verständnis der Nachkriegszeit wäre dieser Mann die Unberechenbarkeit in Person gewesen. Doch die fachliche Gleichgültigkeit gegenüber der Apparatur, verbunden mit zäher Ausdauer und einem durch Lebenserfahrung erworbenen »siebten Sinn« sah Lejeune als Vorteil gegenüber der Sorgfalt und der Gründlichkeit des traditionellen Arbeiters, dessen Arbeitseifer kein Ventil mehr hatte und deshalb hinderlich war. Das Ideal der Zuverlässigkeit begann sich zu wandeln und mit ihm Begriff und Sinn der Arbeit, wodurch das alte Arbeitsethos geradezu auf den Kopf gestellt wurde. Auf einer Vortragsveranstaltung 1964 konstatierte der Automationsexperte der Bahlsen-Werke: »Ich bin von Natur aus faul, und ich bin sogar stolz darauf. Ich glaube, daß es gut ist, wenn es möglichst viele Menschen gibt, die ›körperlich‹ faul sind, denn nur von ihnen kann eine Arbeitserleichterung kommen.«[10] Innere Bindung an die Arbeit steht dem Fortschritt im Wege und ist weder an einem Automations- noch an einem MTM-Arbeitsplatz erforderlich.

Ist der deutsche Arbeiter faul geworden?

Die Umstrukturierung der industriellen Arbeit war von einem breiten Umschichtungsprozeß begleitet, der in der Öffentlichkeit ein nachhaltiges Echo fand. Ausgelöst durch die Freisetzung von jährlich 1,5 Millionen Arbeitskräften als Folge der Rationalisierungsmaßnahmen und der Notwendigkeit, die Arbeitsplätze technisch qualifiziert zu besetzen, setzte in den sechziger Jahren eine wahre Völkerwanderung zwischen den Betrieben ein. Jährlich wechselten fünf Millionen Arbeitskräfte die Betriebe, die Fluktuationsrate erreichte streckenweise Werte von 25 % der Beschäftigten pro Jahr und verursachte den Unternehmen hohe Kosten. Diese Entwicklung löste in der Öffentlichkeit Alarmstimmung über die deutsche Arbeitsmoral aus und schuf einen öffentlichen Feind des Wirtschaftswunders: den »Drachen Fluktuation«. Denn anders als etwa in den USA flankierte den Automationsprozeß in der Bundesrepublik ein überproportionales Wachstum der Industrieproduktion, so daß zwischen 1962 und 1967 faktisch Vollbeschäftigung herrschte (in diesem Zeitraum lag die Arbeitslosenzahl immer unter 200 000). Man beklagte nun die Hochkonjunktur als vermeintlichen Verführer zur Betriebsuntreue, der die Arbeiter durch Aussicht auf bessere Bezahlung wählerisch gemacht hätte. Tatsächlich nahm der Arbeitskräftemangel so extreme Formen an, daß Firmen »Kopfprämien« für die Anwerbung von Arbeitskräften zahlten. Durch diese Entwicklung schienen die deutschen Arbeitstugenden aus der Zeit des Wiederaufbaus zu schwinden und das Gütezeichen der Wertarbeit »made in Germany« galt als gefährdet. Es häuften sich Berichte über schlampiges und gleichgültiges Arbeiten, über Aufsässigkeit und Arbeitsunwilligkeit der Belegschaften, über leichtfertiges Krankfeiern und wachsende Konsumorientierung. Die Industrieverbände warnten dramatisch vor dem Verlust der Leistungsfähigkeit der Betriebe, der Bundeswirtschaftsminister sah die kulturellen Fundamente der Demokratie im Wanken und Bundeskanzler Erhards Reden enthielten regelmäßig Aufrufe zu höherer Arbeitsmoral. Die Frage, ob der deutsche Arbeiter faul geworden sei, wurde so häufig gestellt, daß im April 1966 in Südwürttemberg sogar Metallarbeiter in den Ausstand traten, als die BILD-Zeitung mit der Schlagzeile erschien, »Gastarbeiter fleißiger als Deutsche?«[11] Die andere Seite der Entwicklung war nämlich, daß noch nie so viele Überstunden wie in diesen Jahren gemacht wurden und daß die deutsche Ärzteschaft in ihrem Informationsdienst Anzeichen krankhafter Arbeitswut feststellte, die weniger körperliche als nervliche Folgen hatte.

Was war also wirklich geschehen? Die Untersuchungen über die Gründe der Fluktuation stellten übereinstimmend fest, daß nur ein Drittel der Betriebswechsel auf materielle Motive zurückzuführen seien. Der Rest ging auf das Konto schlechter Betriebsverhältnisse, die von der steigenden Veränderung der Arbeitsplätze und der Bewältigung der Folgen der Mechanisierung herrührten. Das durch die schwierigen Umstellungsprobleme gespannte Betriebsklima förderte die Bereitschaft, sich einen geeigneteren oder zumindest besser bezahlten Arbeitsplatz zu suchen. Das Loyalitätsgefühl gegenüber »seinem« Betrieb reduzierte sich in demselben Maße, wie der Einfluß des Arbeiters und seine individuelle Bedeutung im Produktionsprozeß abnahmen. So steckt in der Aufregung um einen Anpassungsprozeß an veränderte Produktionsbedingungen das Wissen um einen sozialen Umbruch: die Arbeitsmoral der fünfziger Jahre mit ihren Merkmalen des Pflichtbewußtseins und der Dienstbereitschaft wurde abgelöst durch die Maximen des modernen Leistungsprinzips, nach denen sich die Bereitstellung der eigenen, austauschbarer gewordenen Arbeitsleistung am möglichen Entgelt orientiert, ohne daß dies die individuelle Leistungsbereitschaft beeinträchtigt. Dies führte zu einem langsamen Wandel der Prioritäten. Die Arbeit wurde zunehmend als notwendige Leistung zur Erweiterung des konsumtiven Lebensstandards begriffen. Die Arbeit ordnete sich, wie der gesamte Produktionsprozeß dem ökonomischen Prinzip, mit dem geringsten Aufwand die größtmögliche Wirkung zu erzielen, unter. Bei der Arbeitsmotivation schob sich ein neuer Wert in den Vordergrund, wie ihn 1966 ein Kommentator der Frankfurter Allgemeinen Zeitung formuliert: »Arbeit sollte nicht einfach absolviert werden. Es steckt in ihr auch ein jeweils winziges Stück ›unternehmerischer Leistung‹. Indem diese hervorgehoben wird, wird der Arbeit etwas zurückgegeben von der Würde und dem Ansehen, das sie mit dem Arbeitsethos früherer Zeiten hatte.«[12] Die »Eigenverantwortlichkeit« ist nun das Stichwort in der Arbeitswelt; die Möglichkeit der selbständigen Organisierung des Arbeitsprozesses nach rationellen Gesichtspunkten auch auf den unteren Ebenen der Betriebshierarchie sollte an die Stelle der Arbeitsmoral der Vergangenheit treten.

Die veränderte Stellung des Meisters – Von der fachlichen Kompetenz zur Menschenführung

In den Nachkriegsjahren erfolgte die Organisation der Arbeit noch nach dem Meister-System, in dem die Regelung und Kontrolle des Arbeitsablaufs einer Werkstatt (Vorgabezeitermittlung, Arbeitsvorbereitung etc.) dem Werkmeister oblag. Er war der »Herr« des Produktionsablaufs, der seine Arbeiter einteilte und anwies. Ein Meister in einer Werkzeugmaschinenfabrik faßte die Anforderungen kurz und prägnant zusammen: »Der Meister mußte einfach ein Fachmann sein. Er mußte alles besser können als die, die ihm beigegeben waren. Auf Menschenführung wurde kein Wert gelegt, weil der Mensch in der Fabrik ein Untertan war.«[13] Der Meister war eine unbestrittene Autorität am Arbeitsplatz gewesen. Seine disziplinierenden Aufgaben entsprangen den Anforderungen handwerklich orientierter Produktion wie Sorgfalt und Genauigkeit, wobei sich die Menschenführung unmittelbar aus seiner betrieblichen Position ergab. Der Umgangston war zwar bisweilen ruppig und grob, aber der Meister war auch für Beschwerden und Probleme der Arbeiter immer unmittelbar ansprechbar. Mit der Technisierung des Arbeitsplatzes verlor er seine universale Funktion im Arbeitsprozeß.

Was wann und in welcher Weise zu tun ist, schreibt den Untergebenen die technische Anlage vor, über die sich Disziplin und Kontinuität der Arbeitsleistung vermitteln. Außerdem erfordert die technische Komplexität der Arbeitsgänge in zunehmendem Maße ein solches Spezialwissen, daß die einzelnen Arbeiter über den konkreten Ablauf zwangsläufig besser Bescheid wissen als der Meister. Durch diese Verlagerung der Produktionskenntnisse erweist es sich auch als effektiver, wenn etwa bei Störungen der offizielle Dienstweg umgangen wird und der Arbeiter sich selbst an die Ersatzteil- oder Reparaturabteilung wendet. Der Meister übernimmt die Position eines Organisators, der den Arbeitsfluß zwischen den Abteilungen überwacht, Personalfragen klärt und bei technischen Umstellungen zu Rate gezogen wird. Diese Aufgaben erfordern einen anderen Umgangston zwischen Vorgesetzten und Untergebenen, da die richtige Behandlung des Arbeiters Voraussetzung für dessen Bereitschaft zur Übernahme von Eigenverantwortung und zu präziser Aufgabenerfüllung auch ohne direkte Aufsicht ist. Der Arbeiter kann den Arbeitsgang zwar nicht mehr gestaltend beeinflussen, aber durch Vernachlässigung seiner präventiven Aufgaben Störungen verursachen, die in dem komplexen maschinellen Produktionsvorgang nicht mehr einer bestimmten Person angelastet werden können. Der Erfolg der Bemühungen des Meisters, das ihm gesetzte Produktionsziel zu erreichen, hängt weitgehend von der freiwilligen Bereitschaft seiner Untergebenen ab, mit ihm zusammenzuarbeiten. Bereits 1960 beschwerten sich deshalb die Werkmeister auf einer Tagung des DGB, daß »sich die Führungsaufgaben des Werkmeisters vom Fachlich-Handwerklichen zum Organisatorisch-Pädagogischen verlagert hätten«.[14]

Der Beginn des Zeitalters der Betriebspsychologie

Auf dem Hintergrund versachlichter Arbeitsbeziehungen führten die Betriebe Schulungen in »richtiger Menschenführung« durch, um den alten, eher patriarchalischen durch einen kooperativen Führungsstil zu ersetzen. Die sozialen Bedürfnisse der Arbeiter betrachtete man nun als eigenständig zu fördernden Produktionsfaktor, um durch eine Art »äußere« Anerkennung der individuellen Leistung und durch betontes Akzeptieren des Arbeiters als Person Arbeitszufriedenheit im Betrieb zu erreichen und die Lücke der fehlenden inneren Anteilnahme am Arbeitsprozeß zu schließen. Mit der Fluktuation im Hintergrund fand die Betriebspsychologie breites Interesse in den Betrieben. »Betriebsklima« und »Motivationsförderung« waren die neuen Schlagworte, mit denen die wachsende Zahl der Unternehmensberater operierte. Die Arbeiter wurden nicht nur aus Effektivitätsgründen zu Rate gezogen, sondern auch um sie in die betriebliche Sozialwelt einzubinden.

Die Verfahren trieben vielfältigste Blüten, im buchstäblichen Sinne des Wortes. Die Zeit berichtete von Betrieben, die in regelmäßigen Abständen sogenannte »Frühlingswochen« durchführten: »In dieser Zeit liefen alle Werksangehörigen mit einem Kunstblumensträußchen im Knopfloch umher, das den Aufruf symbolisieren sollte: ›Laßt Ideen blühen.‹ Wer in dieser Zeit Ideen zur Produktionsverbesserung einreiche, wurde besonders prämiert und unter der Belegschaft herausgestellt. Der Betrieb berichtete, daß in ›blütenreichen Ideenzeiten‹ kein Werksangehöriger ausfällt.«[15]

Die Bedeutung dieser Verfahren stieg in jenem Maße, wie der Anreizcharakter des Leistungslohns, insbesondere des Akkordlohns, abnahm. Bei starker maschineller Durchdringung des Arbeitsprozesses läßt sich immer weniger zwischen menschlichem und maschinellem Anteil am fertigen Produkt differenzieren, die »abstrakt« gewordene Arbeitsleistung ist keinem spezifischen Produktionsergebnis mehr zuzuordnen und die individuelle Leistung ist kaum mehr variierbar. Deshalb wurde der Leistungslohn durch die Einführung von Prämienlöhnen spezifiziert, die sich an betrieblichen Größen wie Umsatz, Gewinn etc. orientieren und den Arbeiter ins Betriebsziel einbinden, um die individuelle Verantwortungsbereitschaft zu stärken.

Die Humanisierung der Arbeitswelt

In den siebziger Jahren setzte sich die Berücksichtigung des Produktionsfaktors »Mensch« und seine betriebliche »Pflege« unter dem Stichwort »Humanisierung der Arbeitswelt« fort. Neben Verbesserungen von Rahmenbedingungen der Produktion, wie etwa durch den Einbau verbesserter Belüftungsanlagen in den Fabriken, konzentrierte sich diese Aktion vor allem auf die Reduzierung der Fließbandarbeit. Die fortschreitende Zergliederung der Arbeitsprozesse an den Bändern und die kontinuierliche Steigerung des Arbeitstempos verschärften die Arbeitsbedingungen und damit die innere Gleichgültigkeit der Arbeiter gegenüber dem herzustellenden Produkt. Der Produktionserhöhung standen deshalb steigender innerbetrieblicher Leerlauf durch hohen Krankenstand und starke Fluktuation, schlechte Warenqualität und sogar heimliche Sabotageakte gegenüber. Die Forderung nach Verkürzung der Taktzeiten war 1973 bei Ford in Köln und in der Metallindustrie Württembergs sogar Gegenstand von Arbeitskämpfen. Im Frühjahr 1974 rief das Bundesforschungsministerium zusammen mit dem Bundesarbeitsministerium das Forschungsprogramm »Humanisierung der Arbeitswelt« ins Leben, durch das betriebliche Umstellungen zur Auflösung extremer Formen der Arbeitsteilung finanziell und wissenschaftlich gefördert werden. Die bekanntesten Versuche sind die Montageinseln bei VW und den Bosch-Werken, in denen statt der Fließbandmontage komplexe Arbeitsgänge von Arbeitsgruppen in eigener Regie durchgeführt werden. Eine breitere Anwendung findet diese Arbeitsweise in der Produktion kleinerer Serien, wo neben dem geringeren Ausschuß durch größere Arbeitszufriedenheit die Kosteneinsparung durch die Möglichkeit der schnelleren Produktionsumstellung ins Gewicht fällt.

Der Reformeifer, der diese Projekte begleitete, verschwand jedoch im Laufe der Jahre. Die Gewerkschaften zogen allmählich ihre Unterstützung zurück, da die Ersetzung schwerer und belastender Arbeit durch verbesserte Produktionsanlagen zwangsläufig Arbeitskräfte freisetzen mußte und so die Unternehmen die Maßnahmen zur verstärkten Rationalisierung ausnutzen konnten. Ökonomische und soziale Interessen deckten sich nur dort, wo durch die »Sinngebung« bei reduzierten Tätigkeiten durch Delegierung von Eigenverantwortung ein erhöhter Produktionsausstoß ausgelöst wurde.

Das Vordringen der Mikroelektronik und der Industrieroboter

In der Phase der »Hochmechanisierung« in den sechziger Jahren entstanden vor allem vielfältige Formen der Maschinenarbeit. Demgegenüber machten klassische Automationsarbeiten, wie die des Meßwarts oder auch des Instandhaltungsarbeiters noch den kleineren Teil der Arbeitsplätze aus. Es dominierten einerseits die unqualifizierten Tätigkeiten in Form der Automatenkontrolleure oder der Maschinenbeschicker und andererseits die Steuer- und Führungsarbeiten. Diese Entwicklung fand vor allem in den industriellen Großbetrieben statt; in kleineren Unternehmen waren wegen der Kostspieligkeit technischer Anlagen noch häufig die traditionellen industriellen Tätigkeiten anzutreffen.

Einen Sprung nach vorne machte die Entwicklung der Automation in den siebziger Jahren, als mit der Verkleinerung der integrierten Schaltkreise die Mikroelektronik für breite Anwendungsbereiche rentabel wurde. Neben der Perfektionierung der automatischen Steuerung flüssiger Prozesse in den Grundstoff- und Nahrungsmittelindustrien bewirkte diese Entwicklung ein starkes Vordringen der Automation in die Bereiche der Verbrauchs- und Investitionsgüterindustrien. Komplizierte Arbeitsgänge lassen sich mit der Anwendung von Industrierobotern billig und technisch einfach ausführen. Die sehr teuren numerisch gesteuerten Werkzeugmaschinen können durch billigere computergesteuerte Anlagen ersetzt werden, die bei einem Drittel der bisherigen Arbeitszeit wesentlich präziser arbeiten. Diese Entwicklung beginnt vor allem die Maschinenführungsarbeit zu reduzieren, deren Kontroll- und Steuerungsfunktionen durch selbststeuernde Regelkreise effektiver erledigt werden.

Zusätzlich zur Verbesserung der Produktionstechniken verursacht das Vordringen der miniaturisierten Schaltkreise einen radikalen Wandel in Industriezweigen, die Produkte mit mechanischen Bauteilen herstellen. Die benötigten Teile der komplizierten und arbeitsintensiven Montage von Uhren, Büromaschinen oder Registrierkassen lassen sich auf ein Minimum reduzieren und mit ihnen die notwendige qualifizierte Arbeit. Ein exemplarisches Beispiel dafür ist die Arbeit in der Uhrenindustrie. Die

Montage einer nur noch aus fünf Teilen bestehenden Quarzuhr, gegenüber 1000 Teilen einer mechanischen Uhr, erfordert geringe Vorkennt-
nisse und läßt sich um ein Vielfaches schneller durchführen. Dadurch reduzierte sich in der Uhrenindustrie des Schwarzwaldes die Beschäfti-
gungszahl von 32 000 Anfang der siebziger Jahre auf 18 000 Ende 1977.
Ins öffentliche Bewußtsein rückte der Einbruch der Mikroelektronik ins
Arbeitsleben, als im Arbeitskampf der Druckindustrie im Winter 1977/78
die Maschinensetzer gegen die Auflösung ihres Berufsstands streikten.
Die durch die Umstellung von maschinellem Bleisatz auf computerisier-
ten Lichtsatz bedrohten Setzer erreichten noch einmal einen achtjährigen
Aufschub ihrer Ablösung. Doch der Satz, die Korrektur und der Umbruch von Druckvorlagen erfolgt zunehmend am Bildschirm, die entsprechenden Arbeitsgänge können von angelernten Kräften mit Grundkennt-
nissen im Maschinenschreiben erledigt werden. Der Übergang zu Moni-
tor-Arbeitsplätzen, wie sie auch für Stahl- und Walzwerke typisch werden, symbolisiert die Zukunftsaussichten der industriellen Arbeit: das
Verschwinden von lauten, schweren und schmutzigen Arbeitsplätzen und
die Annäherung der Arbeitsverhältnisse von Werkhalle und Büro.
Der Einzug der Industrieroboter in die Fabrikhallen bildet den vorläufigen Höhepunkt des Wandels der industriellen Arbeit der letzten dreißig
Jahre in der Bundesrepublik. Diese Entwicklung reduzierte entscheidend
den gestaltenden Anteil des arbeitenden Menschen am Arbeitsprozeß
und ließ die »Körperlichkeit« der Arbeit in vielen Bereichen als dominie-
rendes Merkmal verschwinden. Das Bild des Arbeiters verlor in diesem
Prozeß seine klaren Konturen. Aus dem schuftenden und zupackenden
Proletarier der fünfziger Jahre ist eine Art profilloser Verwalter und Kon-
trolleur technischer Apparaturen geworden, dessen Aufgaben sich oft
kaum noch von denen eines Angestellten unterscheiden.
Der fehlende »tiefere Sinn« der Arbeit wurde durch ein »hierarchisches
Bewußtsein« ersetzt, das den sozialen Status an der Intensität der Ar-
beitsbelastung orientiert. Was früher der Ausgangspunkt des Selbstbe-
wußtseins des Arbeiters war, die körperlich anstrengende, schmutzige
Arbeit, wird heutzutage eher als Makel empfunden, der das eigene Pre-
stige mindert. An den übriggebliebenen »harten« industriellen Arbeitsplätzen findet man heute vorwiegend ausländische Arbeitskräfte. So bietet der Hochofenabstich des Jahres 1979 folgendes Bild: »Sieben Uhr
zehn auf Gießbühne drei. Mit einem Schwebekran wird die Gießpfanne
sieben über die leeren Kokillen gehievt. Ein deutscher Arbeiter liftet
über die elektrische Steuerung den Ausgußstopfen der Pfanne. Glühend
heißer Stahl fließt aus, flüssige Schlacke sprüht auf. Je näher man an die
Kokillen kommt, um so unerträglicher wird die Hitze. Drei Türken, zwei
Griechen und ein Spanier, die Gießmannschaft, hieven die Abdeckmasse

auf die Feuerglut. Ein zweiter Spanier läßt durch ein Stahlrohr Kühlwasser auf die Glut fließen. Wasserdampf taucht uns in einen gespenstischen Nebel.«[16]

Anmerkungen

1 Hagen Rudolph, Die verpaßten Chancen – Die vergessene Geschichte der Bundesrepublik, Hamburg 1979, S. 79.

2 Harry Hille, Das Bergmanns-Brevier, Saarbrücken 1950, S. 4/5.

3 Aufwärts, Jugendzeitung des DGB, Nr. 8 vom 25. Sept. 1948, S. 8/9.

4 Druck und Papier, Zentralorgan der IG Druck und Papier Nr. 23 vom 1. Dez. 1950, S. 384.

5 Heinrich Popitz, Hans-Paul Bahrdt, u. a., Das Gesellschaftsbild des Arbeiters, Tübingen 1957, S. 238.

6 Martin Osterland, Wilfried Deppe, u. a., Materialien zur Arbeits- und Lebenssituation der Industriearbeiter in der BRD, Frankfurt/M. 1973.

7 Ulrich Mergner, Martin Osterland, Arbeitsbedingungen im Wandel, Göttingen 1975, S. 192.

8 Der Spiegel vom 1. Sept. 1953, S. 20.

9 Der Spiegel vom 1. Aug. 1964, S. 39.

10 Ebenda, S. 40.

11 Frankfurter Rundschau vom 4. April 1966.

12 Frankfurter Allgemeine Zeitung vom 2. Aug. 1966.

13 Hermann Novak, Der Wandel der Meisterfunktion in der Industrie, unveröffentl. Manuskript, München 1979, S. 113.

14 Süddeutsche Zeitung vom 20. Sept. 1960.

15 Die Zeit vom 16. Febr. 1962.

16 Stern vom 20. Sept. 1979.

Literatur

Hans-Paul Bahrdt, Industriebürokratie – Versuch einer Soziologie des industrialisierten Bürobetriebes und seiner Angestellten, Stuttgart 1958

Hans-Paul Bahrdt, Horst Kern u. a., Zwischen Drehbank und Computer – Industriearbeit im Wandel der Technik, Reinbek 1970

Wilhelm Bittorf, Automation – Die zweite industrielle Revolution, Darmstadt 1956

Frankfurter Hefte, Sonderheft Arbeitswelt 32 (1977), Heft 4

Günter Friedrichs (Hrsg.), Automation – Chance und Risiko, Beiträge zur 2. Internationalen Arbeitstagung der IG Metall über Rationalisierung, Automatisierung und technischen Fortschritt, Frankfurt/M. 1965

Günter Friedrichs, Computer und Angestellte. Beiträge zur 3. Internationalen Arbeitstagung der IG Metall für die BRD über Rationalisierung, Automatisierung und technischen Fortschritt, Frankfurt/M. 1971

Günter Friedrichs, Adam Schaff (Hrsg.), Auf Gedeih und Verderb – Mikroelektronik und Gesellschaft, Wien 1982

Urs Jaeggi, Herbert Wiedemann, Der Angestellte im automatisierten Büro – Betriebssoziologische Untersuchung über die Auswirkungen elektronischer Datenverarbeitung auf die Angestellten und ihre Funktionen, Stuttgart 1963

Horst Kern, Michael Schumann, Industriearbeit und Arbeiterbewußtsein – Eine empirische Untersuchung über den Einfluß der aktuellen technischen Entwicklung auf die industrielle Arbeit und das Arbeiterbewußtsein, Frankfurt/M. 1970

Burkhart Lutz, Krise des Lohnanreizes – Ein empirisch-historischer Beitrag zum Wandel der Formen betrieblicher Herrschaft am Beispiel der deutschen Stahlindustrie, Frankfurt/M. 1975

Ulrich Mergner, Martin Osterland u. a., Arbeitsbedingungen im Wandel – Eine Literaturstudie zur Entwicklung von Belastungen und Qualifikationsanforderungen in der BRD, Göttingen 1975

Claus Offe, Leistungsprinzip und industrielle Arbeit – Mechanismen der Statusverteilung in Arbeitsorganisationen der industriellen »Leistungsgesellschaft«, Frankfurt/M. 1970

Martin Osterland, Wilfried Deppe u. a., Materialien zur Arbeits- und Lebenssituation der Industriearbeiter in der BRD, Frankfurt/M. 1973

Friedrich Pollock, Automation – Materialien zur Beurteilung der ökonomischen und sozialen Folgen, Frankfurt/M. 1966

Heinrich Popitz, Hans-Paul Bahrdt u. a., Technik und Industriearbeit – Soziologische Untersuchungen in der Hüttenindustrie, Tübingen 1957

Heinrich Popitz, Hans-Paul Bahrdt u. a., Das Gesellschaftsbild des Arbeiters, Soziologische Untersuchungen in der Hüttenindustrie, Tübingen 1957

Chronik

1946

Wiederaufnahme der Serienproduktion des »Käfers« bei »Volkswagen« in Wolfsburg.

26. 3.   Industrieplan der Alliierten Kontrollrats setzt das Produktionsvolumen der Wirtschaft auf die Hälfte des Standes von 1938 fest. Herstellung bestimmter Güter (synthet. Benzin, Chemikalien) verboten oder noch stärker eingeschränkt (Stahl, Maschinen, Chemieerzeugnisse).

1951

Gründung des Bundesverbandes »Verband für Arbeitsstudien REFA e. V.« unter Mitwirkung der Gewerkschaften als Nachfolgeorganisation des 1924 gegründeten »Reichsausschuß für Arbeitszeitermittlung« (REFA).

1953

Errichtung einer vollautomatischen Transferstraße zur Zylinderblockfertigung bei der »Adam Opel Automobil AG« in Rüsselsheim.

3. 9.   Arbeitsgerichts- und Sozialgerichtsgesetz legen die Verfahren bei
Rechtsstreitigkeiten aus Arbeitsverhältnissen und bei Versorgungs-
ansprüchen fest.

1954

Im Ruhrgebiet wird die erste vollautomatische Förderanlage des
Bergbaus in Betrieb genommen, die die Kohle ohne Umladen auf
Förderwagen direkt von den Stollen an die Oberfläche transportiert.
Entwicklung der Linofilm-Lichtsetzmaschine in den USA, bei der
der Drucksatz über einen Film auf optischem Weg hergestellt wird.

1955

Erster Weltkongreß für Unfallverhütung findet in Italien statt.
Errichtung der ersten vollautomatischen Maschinengruppe zur
Glühbirnenfertigung bei der »Osram GmbH-KG« in Berlin, die von
der Zuführung der Rohstoffe über die Formung des Glases bis zur
Gasfüllung die Arbeitsgänge ohne menschlichen Eingriff ausführt.

5. 9.   Landwirtschaftsgesetz schreibt Bundesregierung vor, in jährlichem
Bericht (Grüner Plan) Vorschläge für Weiterentwicklung der Landwirtschaft auch im sozialen Bereich zu machen.

1956

Beim »Bochumer Verein« geht das modernste Walzwerk der BRD in
Betrieb. Alle Produktionsstufen, vom Ziehen der glühenden Stahl-
blöcke aus den Tieföfen bis zum Schneiden des ausgewalzten Bleches
werden automatisch ausgeführt und von einer Steuerwarte aus überwacht.

1957

Bei »AEG« in Frankfurt/M. und Berlin werden die ersten numerisch
gesteuerten Werkzeugmaschinen (NC-Maschinen) benutzt.
Im Großversandhaus »Quelle« in Nürnberg wird zum ersten Mal auf
dem Versandsektor eine automatische Auftragsbearbeitung- und La-
gerbuchhaltungsanlage in Betrieb genommen, die Bestellungen be-
arbeitet, Warenscheine druckt, Rechnungen schreibt und Buch über
Ein- und Ausgänge führt.

1959

In der BRD gibt es in Industrie, Handel, Verwaltung und Forschung
94 EDV-Anlagen

1960

9. 8.   Jugendarbeitsschutzgesetz

1961

Bei der »Zell-Schönau AG« im Schwarzwald nimmt die erste vollautomatische Textil-Transferstraße der Welt, die in einem Durchgang den Stoff schneidet, näht und faltet, die Produktion auf.

Als erstes Chemieunternehmen Europas geht die BASF in Ludwigshafen zur automatischen Steuerung der großtechnischen Syntheseprozesse durch einen Digitalrechner über. Dieser berechnet aus Zustandsgrößen der Rohprodukte und des chemischen Prozesses automatisch die wirtschaftlich bestmögliche Betriebsweise und stellt hierfür erforderliche Änderungen der Synthesebedingungen und der Zuleitung der Substanzen direkt an den Regeleinrichtungen der Anlage ein.

1962

Gründung der »Deutschen MTM-Vereinigung« (MTM = »methods time measurement« = Kleinstarbeitszeitermittlung durch Bewegungsstudien).

Im Ruhrgebiet wird erstmalig eine Zementsiloanlage automatisch gesteuert. Die Befehle zur Mischung der Rohstoffe werden von einem Hauptschalter aus elektronisch erteilt.

1963

8. 1.   Bundesurlaubsgesetz setzt Mindesturlaub von 18 Tagen bezahlten Urlaubs fest.

20. 4.   Unfallversicherungs-Neuregelungsgesetz paßt Unfallrenten an Lohn-/Gehaltsentwicklung an und schreibt bei Betrieben ab 20 Betriebsangehörigen einen Sicherheitsbeauftragten für Unfallverhütung vor.

1965

In der Bundesrepublik gibt es 1618 EDV-Anlagen.

Im Postamt Pforzheim wird die erste vollautomatische Briefverteilungsanlage der Deutschen Bundespost in Betrieb genommen, die elektronisch nicht nur den mechanischen Transport steuert, sondern auch die Briefe automatisch nach Gebieten und Straßen zustellungsfertig sortiert.

1969

1. 7.   Arbeitsförderungsgesetz dient der Hilfe für Arbeitslose durch Beratung und Vermittlung, Umschulung, Fortbildung und Unterstützung.

1970

1. 1.   Lohnfortzahlungsgesetz bringt Gleichstellung von Arbeitern und Angestellten im Krankheitsfalle, indem es auch für Arbeiter die sechswöchige Lohnfortzahlung im Krankheitsfall vorschreibt.

1971
In der Bundesrepublik gibt es 8843 EDV-Anlagen.

15. 12.   Gründung der Bundesanstalt für Arbeitsschutz und Unfallforschung in Dortmund mit dem Auftrag, die Bedingungen für sichere und gesunde Arbeitsplätze zu erforschen und zu verbessern.

1972
Bei der »Daimler-Benz AG« in Stuttgart-Untertürkheim werden die ersten Industrieroboter mit mikroelektronischen Bauteilen in einer Transferstraße zum Punktschweißen von Karrosserieteilen eingesetzt.

15. 1.   Novellierung des Betriebsverfassungsgesetzes vom 11. 10. 1952 erweitert die Rechte des Betriebsrats und des einzelnen Mitarbeiters auch in Fragen des Arbeitsplatzes und der Unfallverhütung.

1973
12. 12.   Arbeitssicherheitsgesetz regelt die Einstellung von Betriebsärzten und Sicherheitsfachkräften in den Betrieben.

1974
Einführung der computergesteuerten numerischen Werkzeugmaschinen (CNC-Maschinen).

Mai   Bekanntgabe eines von den Bundesministern für Arbeit u. Soziales und für Forschung und Technologie entwickelten Forschungsprogramms zur Humanisierung des Arbeitslebens, das die bereits bekannten arbeitswissenschaftlichen Erkenntnisse über menschengerechte Arbeitsplätze u. Arbeitstechnologien aufarbeiten u. weiterentwickeln soll.

29. 10.   Einführung des gesetzlichen Mindesturlaubs auch bei Heimarbeit (Heimarbeitsänderungsgesetz).
In der BRD gibt es 135 Industrieroboter.

1975
Bei der »Ernst-Klett-Druckerei« in Stuttgart wird das erste Lichtsatz-System im Druckereiwesen verwendet, mit dem Druckvorlagen von Bildschirmen aus gesetzt werden können.
In der Bundesrepublik gibt es 17 100 EDV-Anlagen.

20. 3.   Arbeitsstättenverordnung schreibt Richtwerte bei Lärm, Licht und Klima am Arbeitsplatz vor und stützt sich dabei auf arbeitsmedizinische und ergonometrische Erkenntnisse (die Verordnung tritt am 1. 5. 1976 in Kraft).

1977
Einführung von Textverarbeitungsmaschinen, die Bürokorrespondenz aus sogenannten ›Textbausteinen‹ automatisch erstellen können.

In Hamburg wird der erste vollständig rechnergesteuerte Rangier-
bahnhof in Betrieb genommen.

1980
In der Bundesrepublik gibt es 1250 Industrieroboter.

1. 1.   Gerätesicherheitsgesetz tritt in Kraft. Das Gesetz erstreckt sich auf
Maschinen und Werkzeuge in Betrieben, Haushalten, auf Freizeit-
und Sportartikel sowie auf medizinische Geräte und dient, u. a. mit
der Einführung des Prädikats »GS« (= Geprüfte Sicherheit), dem
Unfallschutz.

20. 6.   Errichtung des Bundeszentrums zur Humanisierung des Arbeitslebens bei der Bundesanstalt für Arbeitsschutz und Unfallforschung in
Dortmund.

16. 9.   Chemikaliengesetz schreibt die Meldung gefährlicher Chemikalien
auch an Arbeitsplätzen vor.

Wohnen

von Hannelore Brunhöber

Für die meisten Menschen ist das Haus oder die Wohnung nicht nur der Ort, an dem sie schlafen, essen, lieben und streiten. Die sprichwörtliche Tür, die sie hinter sich schließen, signalisiert den Rückzug in einen Bereich, der Sicherheit und Schutz gewährt. Geborgenheit und Gemütlichkeit, familiäre Traulichkeit und Selbstverwirklichung, Geselligkeit und Fernsehabend – all das bietet der häusliche Rahmen. Wenn die private Wohnumwelt durchschnittlich alle fünf Jahre neu gestaltet wird, wenn über 50 % der Deutschen nahezu jeden Abend zu Hause verbringen, wenn der Wunsch nach einer größeren und schöneren Wohnung in den Ranglisten der Bundesbürger auf den vorderen Plätzen zu finden ist, wenn fast nirgends – außerhalb des Berufslebens – so viel Energie, Zeitaufwand und Eigenleistung aufgebracht wird wie bei der Verschönerung der eigenen vier Wände, dann steckt hierin nicht nur das Streben nach Brauchbarkeit, Gemütlichkeit und Schönheit. Je größer die Erfahrung von Sachzwang und Ohnmacht in Beruf und Politik und je geringer die Chance des einzelnen, seine Bedürfnisse einzubringen oder gar berücksichtigt zu sehen, um so mehr verlagert sich offenbar der Wunsch nach selbstbestimmtem Handeln in den Freizeit- und da vor allem in den Wohnbereich. Die Wohnung, ein Spielraum für Leben also? Ein Ort der Freiheit, der Privatheit und des Glücks jenseits der Zwänge der Arbeit, geschützt vor den Eingriffen der großen Politik, verborgen vor den Augen der Öffentlichkeit? Ein geschichtsloser Raum, abhängig nur vom altersbedingten Wandel der Bedürfnisse im Fluß der Lebenszeit und den zur Verfügung stehenden finanziellen Mitteln? Ein Bereich, in den politische, wirtschaftliche und soziale Entwicklungen nur ereignishaft hereinragen?

Der Blick nicht nur auf die nüchtern zweckmäßigen Fassaden der meisten nach dem Krieg hochgezogenen Neubaublöcke, die einfallslosen Grundrisse der meisten Sozialwohnungen, die eintönigen Reihen- und Einfamilienhausweiden an den Rändern von Städten und Dörfern, auf kleine Kinderzimmer, hohe Mieten und schlechte Verkehrsanbindung läßt daran zweifeln. Auch die im deutschen Wohnzimmer jeweils vorherrschenden Moden – von der historisierenden Ornamentik altdeutscher Konzerttruhen über die neue Sachlichkeit Braunscher Rundfunkgeräte

bis zum japanischen Technodesign moderner Stereo- und Videoanlagen –
stellen dies in Frage. Stereotypes Wohnverhalten und ästhetische Gleichförmigkeit deuten insgesamt nur wenig individuelle Gestaltungsfreiheit,
dafür um so mehr zeit- und gesellschaftsbedingte Prägung an. »Die Wohnungen, die nach 1945 gebaut wurden« – so faßten es 1979 Mitarbeiter des
Deutschen Werkbundes, der seit 1907 mehr Mut zum Wohnen fordert,
zusammen, »sehen fast überall gleich aus und sind ähnlich möbliert. Trotz
aller Heimwerkerei findet man selten überraschende und eigenständige
Alternativen zum normierten Wohnen von der Stange.« Und sie stellten
die naheliegende Frage: »Woher aber rührt diese Uniformität bei so viel
Anstrengung, sich eigenständig zu geben?«[1]
Wohnen, das ist offenbar doch nicht nur Ausdruck ureigenster Bedürfnisse und Verhaltensweisen. Wohnen, das ist auch schlichte Anpassung
an Umweltformen, wie sie durch bestimmte politische, wirtschaftliche
und soziale Gegebenheiten zustande gekommen sind. Menge und Art des
Wohnungs-, Haus- und Möbelangebots, die Richtung der Stadt- und
Dorfentwicklung, die rechtliche Ausgestaltung der Eigentums- und Miet-
verhältnisse, die Normierung der Architektur durch Baugesetze und Verordnungen, die Schwerpunkte der Wohnungspolitik, der Anteil der
Wohnkosten am zur Verfügung stehenden Einkommen und nicht zuletzt
die durch Werbung und Bezugsgruppen verbreiteten Leitbilder für
»Schöneres Wohnen« – all dies bildet den Rahmen, innerhalb dessen man
sich noch allemal einzurichten hat. Dazu kommt das verbreitete Bedürfnis, mit der eigenen Wohnung zu repräsentieren, zu zeigen, wie weit man
es gebracht hat, was man sich alles leisten kann, welchen persönlichen
Hintergrund und welchen gesellschaftlichen Standort man hat. Im Ergebnis jedenfalls stellen die Erscheinungsformen der Wohnkultur der Bundesrepublik meist nur die oberflächliche Abwandlung bestimmter, immer
wieder auftauchender Grundmuster dar.

Die Vereinheitlichung der Wohnkultur –
der Trend zum normierten Wohnen

Versucht man die Entwicklung der Wohnverhältnisse der BRD in den
letzten Jahrzehnten zusammenzufassen, so gehört zu den auffälligsten
Erscheinungen ein – im übrigen auch in anderen gesellschaftlichen Bereichen feststellbarer – Trend zur Vereinheitlichung. Der Herausbildung
und Befestigung eines durchschnittlichen Wohnmusters entspricht die
fortschreitende Austilgung aller traditionellen, klassen- und regionenspe-
zifischen Verschiedenheiten. Sei es im Norden oder Süden, in der Stadt
und auf dem Dorf, im Arbeiter- oder Angestelltenhaushalt, überall

verschwinden unaufhaltsam all jene kulturellen und sozialen Besonder-heiten, die unserer Gesellschaft jahrhundertelang das Gepräge und den betreffenden Gruppen ihr Selbstverständnis gaben.

Die geschichtliche Herausbildung einer einheitlichen Wohn- und Lebens-form für alle Bürger kann nun durchaus nicht nur negativ als Pauperisie-rung der Vielfalt des Alltagslebens[2] oder als Zerstörung der ehemals in dörflichen Nachbarschaften idyllisch gegliederten Arbeits- und Wohnzu-sammenhänge[3] gesehen werden. Die Herstellung gleicher Lebens- und Wohnchancen für alle, die Verbreitung und Anerkennung des – bislang nur den herrschenden Klassen und Schichten vorbehaltenen – Bedürfnis-ses nach einer räumlich wie sozial befriedigenden Wohnsituation, das Bewußtsein vom aus der Würde des Menschen und der Gewähr seiner individuellen Entfaltung folgenden Recht auf die Unverletzlichkeit der Wohnung – all dies trägt der Tatsache Rechnung, daß Wohnverhältnisse jahrhundertelang eben nicht nur Folge, sondern auch Bedingung sozialer Ungleichheit waren. Daß also die Wohnungs-, Stadt- und Regionalpolitik in 35 Jahren Bundesrepublik nicht nur zum »Wohnungswunder«, sondern auch zur Nivellierung der Bau-, Umwelt- und Einrichtungsformen führte, daß die technologische Entwicklung im Bau-und Möbelgewerbe zwar die Verbilligung, aber eben auch die Serienfertigung ihrer Produkte mit sich brachte, daß die über Wohnzeitschriften, Kataloge, Schaufenster und Fernsehspiele verbreiteten Leitbilder »Schöneren Wohnens« zwar durch-aus geschmacksbildend, aber eben in Richtung auf den Absatzbedarf der am Wohnen verdienenden Industrien vereinheitlichend wirkten, und schließlich, daß die allgemeine Durchsetzung eines vormals auf Bürger-tum und Großstädte beschränkten Lebens- und Wohnstils mit der nach-barschaftlichen Enge auch dessen alltagspraktische Solidarität und Idylle wegfegte: dies alles gehört hierher.

Von Brüchen und Widersprüchen der Entwicklung zu einer Wohnkultur der Bundesrepublik, von zeitlichen Verzögerungen, von den unfreiwilli-gen und freiwilligen Abweichungen vom allgemeinen Trend, von alten Wohnghettos und neuen Wohnsubkulturen soll hier nicht abgesehen wer-den. Ob aber die viel zitierte »neue Wohnungsnot« in den Ballungsgebie-ten oder die vereinzelte Suche nach alternativen Lebensformen in Wohn-gemeinschaften und besetzten Häusern tatsächlich bereits Indiz für eine tiefgreifende Strukturkrise der BRD und ihrer Politik ist oder auch wei-terhin, wie gehabt, durch gezielte Maßnahmen »not- und sonderverwal-tet« werden kann, ist noch nicht entschieden.

Sozialer Wohnungsbau und Eigenheim –
Die politische Durchsetzung der Standardwohnung
für jedermann

Der breite Konsens, den die Regierung Adenauer in den 50er Jahren bei der Bevölkerung fand, ist ohne Bezug auf das »Wohnungswunder Bundesrepublik« und die damit in ursächlichen Zusammenhang gebrachte Wohnungsbaupolitik nicht zu erklären. Mit der Förderung von Wohnungsbau und Eigenheim, mit der verbindlichen Festsetzung von Maßstäben für Größe und Ausstattung der neu erbauten Wohnungen und mit der Subventionierung der Wohnkosten gelang es schließlich, das allgemeine und akute Wohnungsproblem zu lösen. Kernstück des unter der Federführung des FDP-Wohnungsbauministers Eberhard Wildermuth ausgearbeiteten ersten Wohnungsbaugesetzes von 1950 war der soziale Wohnungsbau: der schnelle Bau von möglichst vielen Wohnungen, »die nach Größe, Ausstattung und Miete (Belastung) für die breiten Schichten des Volkes bestimmt und geeignet sind«.[4] Das hiermit eingeleitete Wohnungsbauprogramm machte mit seinem gestaffelten System öffentlicher Zuwendungen und Zugeständnisse – je nachdem, ob es sich um sozialen, steuerbegünstigten oder freifinanzierten Wohnungsbau handelte – allein bis zum Jahr 1956 die Errichtung von rund drei Millionen Wohnungen möglich.

Nun war die Wohnungsnot durchaus nicht erst ein Problem der jungen Bundesrepublik. Bereits vor dem Zweiten Weltkrieg hatte der Wohnungsbau – trotz gezielter Werbung für den Kleinsiedlungsbau – mitnichten den Bedarf gedeckt. Mit der Umstellung auf Kriegswirtschaft war die Bautätigkeit noch weiter eingeschränkt worden, und seit der Jahreswende 1941/42 hatten die Bombenangriffe der Alliierten in den Städten zu schweren Zerstörungen geführt. Berlin z. B. hatte fast die Hälfte, Köln, Dortmund, Duisburg und Kassel hatten zwischen 60 und 70 % der Wohnungen verloren. Es gab damals eine »Verordnung zur Wohnraumlenkung«[5], große Bevölkerungsgruppen wurden aus den Städten evakuiert, und mit dem »Deutschen Wohnungshilfswerk« von 1943 war eine Behelfsheimaktion gegründet worden. Die Wohnraumbewirtschaftung, zunächst per Gesetz Nr. 48/1946 des Alliierten Kontrollrats geregelt, und die spätere bundesdeutsche Rechtsgrundlage von 1953 war nur eine Fortsetzung der schon im Krieg eingeführten Mangelverwaltung. Desgleichen stellte das erste Wohnungsbaugesetz, was Finanzierung, Programmatik, Durchführung und Formen – z. B. die Unterscheidung von Geschoßwohnung, Eigenheim und Kleinsiedlung – betraf, nur eine geringe Abwandlung der Wohnungspolitik der Weimarer Republik und der NS-Zeit dar[6]. Als Ausdruck für das fast gänzliche Fehlen praktikabler Gegenmodelle

für den Wiederaufbau und von Vorschlägen für die Reform der Boden-
ordnung war dieses Gesetz mit den Stimmen fast aller damals im Bundestag vertretenen Parteien zustande gekommen. Die Konzentration auf den
allgemeinen Mietwohnungsbau – einer der Gründe für die Zustimmung
der SPD – rückte dabei schon mit der Novellierung von 1953, später mit
der Akzentverschiebung im zweiten Wohnungsbaugesetz von 1956, in
den Hintergrund. Das neue »Wohnungsbau- und Familienheimgesetz«
hatte nunmehr die Zielsetzung, »den Wohnungsmangel zu beseitigen und
für weite Kreise der Bevölkerung breit gestreutes Eigentum zu schaffen«[7]. Durch die »Förderung des Eigenbesitzes« – so ein bekanntes Wort
des späteren Wohnungsbauministers Paul Lücke, sollten »aus besitzlosen
Proletariern verantwortungsbewußte Staatsbürger« gemacht werden.
Der mit der Begünstigung des Eigenheims propagierte Haustypus –
Kleinhaus, Familienheim – war seit der durch die Arbeiterwohnungsfrage
und die starke städtische Verdichtung in den Mietskasernen im 19. Jahrhundert aufgeworfenen Wohnungsdebatte schon immer das Ideal eher
konservativ ausgerichteter Reformkonzepte.[8] Zwar hatten die auf Selbsthilfe und Selbstverwaltung basierenden, in Deutschland seit Mitte des
letzten Jahrhunderts gegründeten Wohnungsgenossenschaften nicht nur
für die damalige Zeit durchaus beispielhafte Bau- und Raumkonzepte wie
Wohnhöfe und Blockbebauungen mit gemeinschaftlich zu nutzenden In-
nenhöfen im Geschoßwohnungsbau entwickelt, doch auch der Gründer
der ersten deutschen Mietgenossenschaft 1852 in Berlin, C. W. Hoffmann, wurde nicht müde, zu betonen, daß diese »zum Nutzen sowohl für
die Beteiligten als für das Ganze eigentumslose Arbeiter in arbeitende
Eigentümer verwandeln«[9] wolle. Hierin war die Hinwendung zu Familie
und Eigentum bereits enthalten, die die späteren Entwicklungen zur
Raumauflösung und Landschaftszersiedelung mitbegünstigen sollte. Obwohl weitsichtige Stadtplaner jener Zeit damals schon vor der Entstehung
der Vorstädte als Folge der Eigenheimförderung gewarnt hatten, wurde
im Dritten Reich – in Abgrenzung gegen die Idee der Genossenschaften –
vor allem für den Kleinsiedlungsbau geworben. Selbst die zu Beginn der
60er Jahre auftauchenden Zweifel am Wohnwert mehrstöckiger Neubaublöcke und Hochhäuser vermochten ihre konservative Herkunft meist
nicht zu verleugnen: Vermassung, Vereinsamung, Unmenschlichkeit,
Verwahrlosung, Kriminalität waren die Argumente[10], die sich bruchlos in
die mit dem »Lücke-Plan«[11] – in Anlehnung an die Gartenstadtbewegung[12] – begonnene Großoffensive zur Förderung des Eigenheims mit
Garten eingliedern ließen.
Die finanzielle und ideologische Ausrichtung der Wohnungspolitik auf
die Eigentumsbildung erfolgte durchaus folgerichtig in engem Zusammenhang mit der schrittweisen Wiederherstellung des freien Wohnungs-

Tabelle 10: Bevölkerung nach dem Wohnverhältnis
(Ergebnis der privaten Umfrageforschung)

Es wohnten: in %	1948	1955	1960	1963	1966	1968	1970	1972	1976	1977	1978
Zur Miete	54	59	61	59	56	56	55	} 61	} 53	46	56
Zur Untermiete	13	9	5	4	6	6	5			1	1
Im eigenen Haus	26	28	32	33	35	36	37	35	} 47	51	} 41
In Eigentumswohn.		1	1	2	3	2	2	3		1	
Andere/ Keine Antwort	7	3	1	2	0	0	1	1	0	0	2
Insgesamt	100	100	100	100	100	100	100	100	100	100	100

Quellen: Elisabeth Noelle, Erich Peter Neumann (Hrsg.), Jahrbuch der öffentlichen Meinung 1968 bis 1973, Allensbach 1973, S. 7; Elisabeth Noelle-Neumann (Hrsg.), Allensbacher Jahrbuch der Demoskopie 1977, Allensbach 1977, S. 246; Divo Inmar, Die Wohnwünsche der Bundesbürger, Frankfurt 1972, S. 38; Schöner Wohnen (Hrsg.), Wohnwert und Alternativen, 1978, S. 35; Mannheimer Wohlfahrtssurvey 1978, Grundauszählung, aus: Wolfgang Glatzer, Wohnungsversorgung im Wohlfahrtsstaat, Frankfurt, New York 1980, S. 246.

marktes. »Die Wohnungszwangswirtschaft« – so hieß es beispielsweise in der Begründung zum »Lücke-Plan« – »enthält Beschränkungen des Eigentums, die nur so lange vertretbar sind, als die Wohnungsnot politisch und sozial keine andere Wahl läßt ... Weder mit der Eigentumsgarantie des Grundgesetzes noch mit dem Gleichheitsgrundsatz ist es vereinbar, das Grundeigentum auf die Dauer unter ein Ausnahme- und Sonderrecht zu stellen. Es ist auch nicht möglich, im Wohnungsbau für die Bildung neuen Eigentums zu werben, ... wenn nicht sichergestellt wird, daß das bereits vorhandene Eigentum in seinem rechtlichen und wirtschaftlichen Bestand erhalten werden kann.«

Der meßbare Erfolg dieser Politik war ablesbar an der Entwicklung der Wohnungsversorgung und der steigenden Eigentumsquote der Bundesrepublik (Tabelle 10).

Bereits 1965 fehlten nur noch rund 1,5 Millionen Wohnungen, die meisten Bundesbürger hatten ihre Notunterkünfte, Flüchtlingslager und Untermietzimmer verlassen, fast 35 % hatten sogar Wohnungseigentum erworben (Tabelle 11).

Ende der 60er Jahre war damit zu Recht weder traditionelle Arbeiter- noch akute Nachkriegswohnungsnot ein (politisches) Thema.

Mit den Wohnungsbaurichtlinien der Länder waren außerdem erstmals wohnungspolitische Maßstäbe für eine als angemessen geltende Wohnungsversorgung gesetzlich festgelegt worden. Vorgeschrieben waren im

Tabelle 11: Wer wohnt im eigenen Haus? Wer wohnt zur Miete?

Es wohnen	in der eigenen Wohnung		zur Miete		zur Untermiete	
	absolut	%	absolut	%	absolut	%
Haushalte insgesamt	7 417 000	33,5	13 456 400	60,8	1 255 700	5,7
davon						
Selbständige	1 359 600	66,7	653 800	32,2	23 600	1,1
Beamte/Angestellte	1 635 400	28,6	3 812 700	67,0	250 200	4,4
Arbeiter	2 135 100	31,2	4 182 800	61,3	505 200	7,5
Nichterwerbstätige	2 286 900	30,2	4 807 100	63,4	476 700	6,4

Aus: Michael Andritzky, Gert Selle (Hrsg.), Lernbereich Wohnen, Bd. 1, Reinbek 1979, S. 77.

sozialen Wohnungsbau eine – je nach Familiengröße – bestimmte Wohnungsgröße, ein eigener Eingang, Keller, Trockenräume und eine – meist vom übrigen Wohnbereich abgegrenzte – kleine Arbeitsküche (vgl. Abbildung 6). So sehr diese Standards auch durch bürokratische Entscheidung von oben, ohne Anhörung oder Befragung der Betroffenen zustande kamen, sie bewirkten jedenfalls, daß sich die Wohnungsqualität der in der Vergangenheit weniger begünstigten Schichten schrittweise verbesserte. Zumindest seit Beginn der 60er Jahre war die Ausstattung neuer Wohnungen mit Bad, WC und Sammelheizung selbstverständlich; immerhin hatten noch ein gutes Drittel der vor 1900 erbauten Wohnungen kein eigenes WC im Gebäude, fast die Hälfte der zwischen 1919 und 1948 errichteten Häuser kein Bad und nahezu 80 % nur Ofenheizung. Entsprechend negativ fielen die in der Bevölkerung damals ermittelten Bewertungen der Bau- und Sozialstruktur von Altstadt- und Sanierungsvierteln aus. In den Augen ihrer Mitmenschen schnitten die Bewohner von Neubauvierteln auch insgesamt besser ab: sie verdienten mehr, waren gebildeter und standen in gehobeneren Berufen.[13] Die hier beispielhaft angeführten Meinungen mögen für das Lebensgefühl der damaligen Zeit stehen: jenseits der Zerstörungen des Krieges, des Verlusts der Heimat und der Verunsicherung des »Zusammenbruchs« war für viele bis weit in die sechziger Jahre hinein die neue Wohnung Sinnbild des Neubeginns. Fortschritt und Modernität, Zukunftsorientiertheit und Bruch mit der Vergangenheit – all dies drückte sich im Umgang der Bundesbürger mit ihren Wohnungen, in ihren Vorstellungen vom »gelungenen Wohnen« ebenso wie in ihrem Drang zum eigenen Häuschen im Grünen aus.
Als hinderlich für eine wirklich breitere Eigentumsstreuung sollte sich

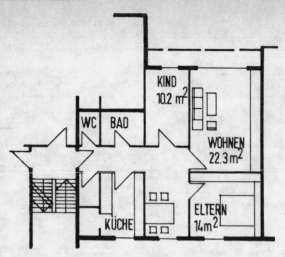

Abb. 6: Sozialer Wohnungsbau (Grundriß): Jagdfeldring, Haar bei München.
Zeichnung: Hans Nerlinger

allerdings die bereits in den 60er Jahren begonnene und dann durch die
sozialliberale Koalition beschleunigte Umstrukturierung der staatlichen
Subventionsmechanismen für den Wohnungsbau erweisen. In diesen Jahren war durch die Finanzierungstechniken des Lücke-Plans, die zunehmenden Verpflichtungen aus der Vergangenheit und die steigenden
Boden-, Bau- und Kreditkosten der Subventionsaufwand pro gebauter
Sozialwohnung stark angestiegen und der Anteil der fertiggestellten Sozialwohnungen am Gesamtbauvolumen entsprechend gesunken. Seit
Mitte der 70er Jahre jedoch – dem Beginn eines erneuten Eigenheim-
booms – wurde der überwiegende Teil öffentlicher Gelder – neben der
Modernisierungs- und Städtebauförderung und dem Wohngeld – für Steu-
ervergünstigungen und Bausparförderungen im privaten Eigenheimbau
vergeben. Ein Verfahren, das grundsätzlich nicht die niedrigeren – wie
ursprünglich beabsichtigt –, sondern die höheren Einkommensschichten
begünstigte. So entfiel beispielsweise im Jahr 1972 auf die Haushalte der
obersten Einkommensklasse mehr als das Achtfache des Subventionsbe-
trages, der an die Haushalte der untersten Einkommensklasse ging. Damit
entwickelte sich die staatlich geförderte Eigentumsbildung stetig zu einer
Sache der Besserverdienenden: im Ergebnis stieg die Eigentumsquote der
20 % Haushalte mit dem höchsten Einkommen von 45,1 % im Jahr 1965
auf 54,1 % im Jahr 1978. Daneben wurde und wird ein wachsender Teil von

Tabelle 12: Verteilung der Vergünstigungen für Eigentümer auf Einkommensklassen im Jahr 1972

Einkommensklasse	Eigentümerhaushalte		Steuervergünstigungen		Öffentliche Förderung		Lastenzuschüsse		Vergünstigungen zusammen		Durchschn. Förderungsbetrag
in DM	1000	%	Mill. DM	%	Mill. DM	%	Mill. DM	%	Mill. DM	%	DM
unter 800	1170	16,6	63	2,7	53	5,5	10	11	126	3,7	108
800–1200	1623	23,0	325	14,0	195	20,4	30	33	550	16,3	339
1200–1600	1442	20,4	472	20,3	236	24,7	29	31	737	21,9	511
1600–2000	1071	15,2	407	17,5	190	19,9	13	14	610	18,1	570
2000–2500	766	10,8	360	15,5	149	15,6	8	9	517	15,3	675
2500–3000	375	5,3	214	9,2	66	6,9	2	2	282	8,4	752
3000 und mehr	616	8,7	484	20,8	66	6,9	.	.	550	16,3	893
Insgesamt	7064*	100,0	2325	100,0	955	100,0	91*	100	3371*	100,0	477

* Abweichungen in der Summe durch Runden.

Quelle: Rudi Ulbrich, Verteilungswirkungen des Förderungssystems für den Wohnungsbau, Bonn 1980, S. 213.

Anspruchsberechtigten über das Wohngeldsystem dauersubventioniert, während sich gleichzeitig die Wohnverhältnisse der sozial schwächeren Gruppen – kinderreiche Familien, alleinstehende Mütter, Behinderte, Rentner und Ausländer – eher verschlechtern als verbessern. Daß die klassischen Mittel der Wohnungspolitik, sozialer Wohnungsbau und Eigenheimförderung, immer weniger dazu geeignet sind, die Probleme der »neuen Wohnungsnot« zu bewältigen, wird heute auch von ihren ehemaligen Verfechtern kaum mehr bestritten.

Von der Wohnungspolitik zur Stadtentwicklung
Die Standardisierung des Wohnumfelds

Die staatlichen Rezepte zur Bewältigung des Wohnungsproblems der Nachkriegszeit hatten jedoch auch andere unvorhergesehene Folgen. Die intensiven Stadtrandbebauungen und die damit auftauchenden Versorgungslücken einerseits und die Ballung von Dienstleistungsunternehmen in den Stadtkernen mit den dadurch bedingten einseitigen Nutzungsstrukturen andererseits führten zu einem neuen Problembewußtsein im Hinblick auf die Wohnsituation der Bundesbürger: ins Blickfeld kam, daß zur angestrebten Schaffung »gleicher Lebensverhältnisse« eben nicht nur die ausreichende Versorgung mit Wohnraum, sondern auch die Ausstattung und Gestaltung des Wohnumfelds – mit Einkaufsmöglichkeiten, Schulen, Krankenhäusern, Parkanlagen und kulturellen Einrichtungen – erforderlich war[14]. Die Einbeziehung des Wohnumfelds ins politische Kalkül drückte sich in einer Aktualisierung städte- und raumplanerischer Fragestellungen aus, wie sie in den 20er Jahren, vor allem durch die Wohnungsgenossenschaften, schon einmal diskutiert worden waren.
Nun hatte es auch in der ersten Phase des Wiederaufbaus städtebauliche Leitbilder und Vorstellungen gegeben. Unter Rückgriff auf die Lebens- und Kulturreformbewegung der Jahrhundertwende und deren Wiederbelebung in der NS-Zeit waren damals unter anderem das »bodenständige Bauen« und der »organische Städtebau« propagiert worden. Gegen die Gefahr der Proletarisierung der Gesellschaft in den Städten (»die zerstörten Großstädte dürfen nicht wieder zu Gespensterhöhlen der sozialen Fragen werden«) richteten sich solche Gestaltungsgrundsätze beispielsweise derart, »daß bodenständige landschaftsgebundene Wohnhäuser und Siedlungskörper entstehen, bei denen die Grundrisse und das Hausbild als organische Einheit zur Geltung kommen«. Um den Gefährdungen des Großstadtlebens durch »Vermassung«, »Entwurzelung« und »Zusammenballung großer Menschenmassen auf kleinem Raum« zu begegnen, sollte der Wohnungsbau dezentralisiert, d. h. die Wohnstätten auf ländliche Bezirke sowie in – überschaubare – Mittel- und Kleinstädte

verlagert werden. Die entsprechenden Raumordnungs- und Städtebauleitbilder der ersten Nachkriegszeit hießen demnach »Entballung«, »Auflockerung« und »Begrünung«.[15] Diesem bodenständigen Bauen entsprach durchaus das anfängliche Festhalten an der handwerklichen Produktionsweise und die Ablehnung von Mechanisierung und Rationalisierung im Baugewerbe. Der Siedlungsbau sollte »in technisch primitiver Methode organisiert« werden, »ähnlich wie dies in den Jahren 1931 und 1932 bei den vorstädtischen Kleinsiedlungen vielfach mit Erfolg geschehen ist« – so hieß es etwa in den Wohntypenvorschlägen aus dem bayerischen Arbeitsministerium. Der Unterschied zu den damals so erfolgreichen Maßnahmen sollte lediglich die – wegen des Mangels an Baustoffen und Fachkräften – »geschlossene Bauweise« sein, das heißt der überwiegende Bau von Gruppen- und Reihenhäusern. »Bodenständiges Bauen« und »organischer Städtebau« verleugneten damit – wie Heide Berndt schon 1968 nachgewiesen hat[16] – ihre geschichtliche Kontinuität nicht. In den 30er wie in den 50er Jahren stand dahinter ein Denkmodell, das sich die Gesellschaft als natürlichen Gliederungs- und Ordnungszusammenhang vorstellte. »Wie die Masse der Menschen durch Gruppierung und Gliederung organisiert und übersichtlich gemacht wird, so kann auch der Stadtraum, die Masse der städtischen Baugebiete als das bauliche und räumliche Gefäß des menschlichen Lebens, nur durch Gliederung in überschaubare Einheiten, das heißt ›organisiert‹ werden.«[17] Eine wichtige Rolle sollte dabei die Nachbarschaftseinheit spielen. In ihrem Buch »Großstadtforschung« hatte Elisabeth Pfeil 1950 noch geschrieben: »In der Idee der Nachbarschaft ist der richtende Gedanke für das Zusammensiedeln innerhalb der Großstadt gefunden ... Mit ihr wurde der formlosen Großstadt die durchgeformte, der endlosen die übersehbare, der vereinzelnden die ins Gemeinleben einfügende, der entwurzelnden die heimatgebende Großstadt gegenübergestellt ... Größe wird überwunden nicht durch Begrenzung, sondern durch Gliederung.«[18]

Erstmals ins Wanken gerieten Bodenständigkeit und Organismusanalogien durch den Einbruch der Technik in das generell rückständige Bauwesen. Während nach Kriegsende verhältnismäßig arbeitsintensiv operiert wurde, bestimmten später – die Berliner Bauausstellung von 1957 markierte da die Wende – industrielle Fertigungsweisen und rationelle Serienproduktion zunächst den Miet- und dann auch den Eigentumswohnungsbau. Nicht nur daß sich mit der Einführung der Systembauweise in der Bauwirtschaft damit erstmals kapitalintensivere Methoden durchsetzten, auch die anfängliche Selbsthilfe zur Mobilisierung brachliegender Arbeitskräfte wurde später mehr und mehr durch angespartes Eigenkapital ersetzt: 1952 gab es in der Bundesrepublik 571 000 Bausparverträge, 1957 waren es bereits über zwei Millionen. Gleichförmigkeit und geringe Qualität vieler Gebäude und Siedlungen der Nachkriegszeit waren jedoch nicht nur die unmittelbare Folge des industrialisierten Bauens an sich, sondern auch der fehlenden städtebaulichen Gesamtplanung. Erst die Ende der fünfziger Jahre an den Stadträndern entstandenen monofunktionalen Schlafstädte brachten städtebauliche Neuorientierungen. Mit dem Bundesbaugesetz von 1960 und der dort niedergelegten Musterbauordnung der Länder setzte sich, ideologisch anknüpfend an die von den französischen Architekten Le Corbusier geforderte Trennung von Wohn- und Arbeitsstätte (die »Charta von Athen«)[19], die doch eher unorganische Gliederung der Städte in ihre Funktionsbereiche auch auf politischer Ebene durch.

Die folgende Offensive zur »Stadterneuerung« brachte mit der Verabschiedung des sieben Jahre lang diskutierten Städtebauförderungsgesetzes 1971 den Kommunen erstmals rechtliche Grundlagen zur Verbesserung ihres Planungsinstrumentariums. Dabei ging es, wie der erste Wohnungsbauminister aus den Reihen der SPD, Lauritz Lauritzen, 1967 festhielt, »nicht nur darum, alte Gebäude oder gewisse alte Baugebiete zu erneuern und zu modernisieren ... Sowohl in den Verdichtungsräumen als auch in den ländlichen Gebieten entsprechen die vorhandenen baulichen Strukturen oft nicht mehr den modernen Funktionen ... Die Stadt- und Dorferneuerung ist daher zu einer der wichtigsten Aufgaben der Zukunft geworden.«[20] Mit diesem Stichwort war aber auch der Perspektivenwechsel angesprochen: erstmals war der Außenbereich der Wohnung, das Wohnumfeld ins (wohnungspolitische) Blickfeld gerückt, nachdem bereits seit den 60er Jahren Kritik an der »Unwirtlichkeit der Städte« und an der Unterversorgung der Neubaugebiete mit privaten und sozialen Dienstleistungseinrichtungen laut geworden war. Im Raumordnungsbericht von 1974 hatte die Bundesregierung programmatisch gefordert, »für die Bevölkerung in allen Teilräumen des Bundesgebiets die räumlichen Voraussetzungen für gleiche Lebensverhältnisse zu schaffen«. Entsprechend sollte durch die »Entwicklungsgenehmigung« im Entwurf zur Novelle zum Bundesbaugesetz die Voraussetzung dafür geschaffen werden, die bisher nach Bundesland, Gemeinde und Stadtviertel höchst unterschiedlichen Versorgungssituationen einander anzugleichen.

Der Städtebaubericht von 1975 zog dann die Konsequenz: in seinem Stadtbauprogramm bezog er die Erreichbarkeit von Infrastruktureinrichtungen und Grünflächen im Wohnumfeld ausdrücklich in seine Forderungen für den sozialen Wohnungsbau und die Objektsanierungen in Altbaugebieten mit ein. Im Rückblick hatten die daraufhin einsetzenden Wohnumfeldverbesserungen zwar die geplanten sozialen Aufwertungs-, aber gleichzeitig die entsprechenden sozialen Umschichtungsprozesse zur

Folge. Zwar konnte die Stadtflucht der Besserverdienenden mit den Folgeproblemen Landschaftszersiedelung, Verkehrs- und Energieanbindung, Segregation in den Städten bis zur Entstehung ghettoähnlicher Altstadtviertel gestoppt werden. Die mietpreistreibenden Effekte der Wohnumfeldverbesserung und die (seit dem Wohnungsmodernisierungsgesetz von 1976) damit verbundene Umwandlung von billigen Mietin teure Eigentumswohnungen waren aber letztlich mit verantwortlich für die »erzwungene Mobilität« der Schlechterverdienenden und die »neue Wohnungsnot« in den Ballungsgebieten.

Wohnbedürfnisse und Wohnleitbilder

Zumindest in der ersten Phase der Wohnungspolitik der Ära Adenauer waren die Wünsche derer, für die geplant und gebaut wurde, sowohl von staatlichen wie privaten Planungsbüros grundsätzlich ausgeblendet worden. Von den zukünftigen Beziehern der Wohnungen war lediglich die Ein- und Anpassung an die vorgegebenen Durchschnittsmaße gefordert. Die Festlegung dessen, wieviel Quadratmeter der Mensch zum Schlafen, Spielen, Kochen und Essen braucht, wieviel Freifläche und wieviel Grün ihm zur Erholung zur Verfügung stehen soll, welche Entfernung zur nächsten Bushaltestelle ihm gerade noch zuzumuten ist, all das war letztlich Ergebnis von Entscheidungen, die von den Betroffenen nicht beeinflußt werden konnten. Kritik daran gab es selten genug. Immerhin hatte beispielsweise die Gemeinnützige Wohnungsbaugesellschaft »Neue Heimat« schon 1955 Einwände gegen diese gängige Planungspraxis vorgebracht: »Insgesamt kann man sich des Eindrucks nicht erwehren, daß die frühere Wohnungsbauproduktion, die bisherige Wohnungsverteilung und Wohnungsbewirtschaftung nur bedingt den geäußerten Wünschen dieser Wohnbevölkerung und ihrer kaufbereiten Nachfrage entspricht, was sich sowohl in Hinsicht auf die Wohnungen selbst als auch ... auf die städteplanerische Lage der Wohnungen sagen läßt.«[21]
Und Elisabeth Pfeil hatte Anfang der 50er Jahre in einer der ersten Wohnwunschuntersuchungen geschrieben (damals wurden alljährlich zwischen 300 000 und 500 000 Wohnungen fertiggestellt): »Niemand weiß, wie die Menschen, für die ganze Wohnblocks und Stadtteile gebaut werden, eigentlich wohnen wollen. Niemand vermag mehr als oberflächlich anzugeben, wie sie darin leben und welche Tiefenwirkungen von dem Hausen in diesen Wohnungen ausgehen, Wohnungen, die ihren wahren Bedürfnissen – vielleicht – nicht entsprechen ... So wurde – zu unabsehbarem Schaden – bisher versäumt, spezifische Wohnbedürf-

Gehbereiche

Grund und Hauptschule
Kurzarbeit
Sportplätze
Kleingärtner
Freibad
Robinsonplatz
Sportverein
Altenheim
Bolzplatz
Krankenschwester und
Gemeinderat
Ambulanz
Kindergarten
Eroberediewelbereich
für Kleinkinder
Baby-Verwahrung
Fahrstraße
Hundebäume
Jugendzentrum
Garage
Abgeschlossenheit
Saalbau und Festwiese
Privatsphäre
Fertiggerichte
Stadtautobahnen
Tankstelle
Wohnung
Autowerkstatt
Sandkasten
Sicht- und Schallschutz
Kinderspielplatz
Spielclubs
Kegelbahn
Müllbeseitigung
Nachbarn
Kirchen
Zeitungsstand
1 Minute Gehen
Ärztezentrum
Beatschuppen
Milchladen
Eckkneipe
Krankenhaus
2 Minuten Gehen
Intime Spazierwege
Handwerker
Friedhof
Quartierszentrum
Läden für Tagesbedarf   **3 Minuten Gehen**
Bibliothek
Supermarkt
Polizei
Feuerwehr
Markt   Stadtpark   Dom   Zoo
Warenhaus   **5 Minuten Gehen**   Stadtrat   Oper   Zentralpark
Kunsthandlung   **U**   Krankenhaus   Theater   Fachschule
Spezialgeschäfte   **Bahn-Station**   Oberschule   Klinik   Akademie
Stadtbücherei   Stadtteilzentrum   Citypark   Universität
Hubschrauberlandeplätze   Schwimmhalle   Tonhalle   Volkshochschule
Kulturhaus   Stadion mit Freibad
Stadtkirche   Betriebe regionaler Bedeutung   Nervenheilanstalt
Exklusive Geschäfte   Naturschutzgebiete
Kinos   **5 Minuten Fahren**   Regattagewässer
Regionalrat
Betriebe überregionaler   City   Hauptpostamt
Hafen   Bedeutung   Landesbibliothek
Flugplatz   Reisebüros   **15 Minuten Fahren**   Bundesligastadion
Stadtwerke   Vergnügungszentrum   Autoreparaturbetrieb
Schlachthof   **20 Minuten Fahren**   Großhandel
Landwirtschaft   Bundesautobahn
Flächenintensive Fabrikbetriebe
30 Minuten Fahren

Fahrbereiche

Abb. 7: Wohnstandort und Infrastruktureinrichtungen nach der räumlichen Entfernung. – Quelle: Ausstellungskatalog ›Profitopolis‹

nisse, subjektiven und objektiven Bedarf, zu ermitteln, ehe man an die Bauplanung ging.«[22]

Deutlicher war der österreichische Maler Friedensreich Hundertwasser 1958 mit seinem »Verschimmelungs-Manifest gegen den Rationalismus in der Architektur« geworden: »Es muß endlich aufhören«, forderte er, »daß Menschen ihr Quartier beziehen wie die Hendeln und die Kaninchen ihren Stall.«[23] Zu allem Überfluß begann der »anonyme Bürger«, für den man so wohlwollend geplant und gebaut hatte, in Bürger-, Mieter- und Stadtteilinitiativen auch noch den Aufstand zu proben. Dennoch gilt mit wenigen Ausnahmen die Mitbestimmung der durch die Wohnungs- und Stadtplanung Betroffenen, ihre Beteiligung am Planungsverfahren und die Einbeziehung ihrer Erfahrungen und Wünsche auch heute immer noch als eine Seltenheit. Zur Begründung verweist man vielfach – von links und von rechts – auf die Inkompetenz der Bewohner eines Hauses oder Stadtviertels, auf ihre fehlende Kritikfähigkeit oder gar auf ihre durch die Konsumgesellschaft entstellten Bedürfnisse. Zum Beweis führte man vielfach die in bezug auf den Wohnwert von Neubauwohnungen – trotz offenkundiger Mängel – durchweg ermittelten Zufriedenheits- bekundungen an oder nahm diese gar als nachträgliche Bestätigung vor- ausschauender staatlicher und architektonischer Planungstätigkeit. Nur wenig wurde so berücksichtigt, daß entsprechende Unzufriedenheitsäu- ßerungen auch deshalb nicht zu erhalten waren, weil diese ursächlich als persönliche Unfähigkeit zur optimalen Lebensgestaltung empfunden werden konnten. Zudem war in der Perspektive der eigenen Lebens- geschichte selbst die kleine, hellhörige und schlecht zu beheizende Neu- bauwohnung am Stadtrand eine Verbesserung des Wohnstandards und Ausdruck der Teilhabe am gesellschaftlichen Aufschwung im Nachkriegs- deutschland. Im eigenen Bad, der eigenen Küche und dem eigenen Ein- gang, wie er für alle Sozialwohnungen vorgeschrieben war, war für den einzelnen die Anerkennung des Rechts auf ein Privatleben erfahrbar ge- worden. Die in dieser Wohnform vergegenständlichte Trennung von öf- fentlichem und privatem Raum hatte dazu geführt, daß den meisten Men- schen ihre (und sei es auch nur 80 qm) Wohnung als Ort individueller Selbstentfaltung und gestalterischer Freiheit gilt.

Daß das Möbelszenario der meisten Wohnungen in Deutschland, von den massigen Couchgarnituren im – nacheinander – historisierenden, organi- schen, altdeutschen, skandinavischen oder englischen Stil über die groß- flächigen Bücher- und Schrankwände bis zu den Madonnen, Jagdszenen oder Landschaftsidyllen überm Sofa, selbst noch Reminiszenz an einen ehedem auf Repräsentation ausgerichteten großbürgerlichen Wohnstil ist, ist kaum verwunderlich. Die selbst auf kleinstem Raum so häufig an- zutreffende Nachahmung dessen, was das Bürgertum früher in herrschaftlichen Villen und Stadthäusern hinter Parkhecken und schmiede-eisernen Gittern an »Wohnkultur« entwickelte, beweist die trotz aller Wandlungen besonders im familiären Bereich nach wie vor ungebrochene Gültigkeit des »Repräsentationspostulats«[24]. Damals wie heute wird um soziale Anerkennung durch die äußere Darstellung des Besitzes und Lebensstandards geworben. Damals wie heute gelten Größe und dekorative Ausstattung des Wohnzimmers oder »Salons« als Zeichen »demonstrativer Muße«. Damals wie heute dienen die Einrichtungsgegenstände nicht nur dem Gebrauch, sondern als vergegenständlichte Zeichen für Werte, die der Bewohner schätzt (»viel Freizeit«), und deren Wertschätzung er nach außen darzustellen wünscht. Wohlbefinden, Gemütlichkeit und Geborgenheit resultieren so weit weniger aus der Unverwechselbarkeit und Eigenart der Wohnung, sondern vielmehr aus ihrer Tauglichkeit für die eigene Selbstdarstellung. Diese Symbolkraft des Mobiliars hat denn auch jenen – je nach sozialer Schicht unterschiedlich stark ausgeprägten – Anpassungsdruck zur Folge, der letztlich für die stereotype Formenarmut, für die Variation der immer gleichen Grundmuster und für die anhaltende Erfolglosigkeit der Geschmackserziehung im Wohnbereich mitverantwortlich ist. Die Durchsetzbarkeit der jeweils in bestimmten Zeitabläufen über Markt und Medien verbreiteten Leitbilder in bezug auf »Gelungenes Wohnen« hängt dabei selbst wiederum vom technologischen, wirtschaftlichen und politischen Entwicklungsstand und dem einschlägigen Epochenbewußtsein ab. Die (in der Mitte des vorigen Jahrhunderts begonnene) industrielle Serienfertigung der Möbel machte es möglich, daß sich bestimmte, jeweils als modisch geltende, Wohnformen derart massenhaft verbreiten und für das ausgeborgte historisierende Selbstdarstellungsbedürfnis aller Schichten gleichermaßen in Dienst genommen werden konnten. Deshalb erscheint das typische Mobiliar im Wohnzimmer der Bundesbürger – 1955 oder 1980 – oft nur als Abbild der in Prospekten und Wohnzeitschriften niedergelegten Einrichtungsratschläge. Deshalb auch stößt man so oft auf jene scheinbar willkürliche Zusammenstellung von Versatzstücken zum namenlosen »Stil« in ihrer Wohnumwelt der Bundesbürger. So machte erst der Siegeszug des Kunststoffs in den 50er Jahren die massenhafte Produktion der bahnbrechenden Entwürfe des Bauhauses möglich, durch die bereits in den 20er Jahren Wohnvorgänge nach dem Vorbild der Arbeitsvorgänge zerlegt, gemessen und in Raum umgesetzt worden waren. Die – unter anderem – hieraus resultierende und heute in den meisten Haushalten vorfindliche »Arbeits- und Funktionsküche« mit platzsparenden Einbaumöbeln, resopalbeschichteten Oberflächen und technischen Haushaltsgeräten ist vor diesem Hintergrund eben nicht nur Beweis für gewandelte Koch-, Eß- und Kommunikationsbedürfnisse, wie gern behauptet wird. Erst die Bewertung der

Abb. 8: Wohnzimmer der 50er Jahre mit »Nierentisch«, schalenförmigen Cock-
tailsesseln, Konzerttruhe, beweglichen Plastiktütenlampen etc. – *Quelle:* Michael
Andritzky, Gert Selle (Hrsg.), Lernbereich Wohnen, Bd. 1, Reinbek 1979.

funktionalen Gestaltungsgrundsätze des technischen Küchen-Designs als
»modern«, als Ausdruck des »morgen«, traf auf jenes Bewußtsein, das
die 50er Jahre prägte: Aufbruch, Fortschritt und Bruch mit der unheilvol-
len Vergangenheit. Die von der aufblühenden Möbelindustrie der jungen
Bundesrepublik in einer Flut von Möbelratgebern und Prospekten propagierten Einrichtungsgegenstände wirkten auf ihren dünnen, schrägge-
stellten Beinen leicht und schwerelos, ließen sich einfach zerlegen und
verschieben und waren für die engen Neubauwohnungen der damaligen
Zeit wie geschaffen. Organische, stromlinienförmige, asymmetrische und
dynamische Formen bestimmten die Gestaltungsgrundsätze. Die schalenförmigen Cocktailsessel, der Nierentisch, der Blumenhocker mit Pail-
letten aus Resopal, die dreiarmigen beweglichen Plastiktütenlampen, die
trapezförmigen Schränke und Konzerttruhen auf abgeschrägten Beinen,
die herz- oder muschelförmigen Schälchen und Aschenbecher und nicht
zuletzt die abstrakten Muster auf Teppichen und Tapeten – dieses ganze
typische Arsenal der Alltagskultur der 50er Jahre sollte vor allem den
Schwung des im Zeichen eines Wirtschaftswunders ablaufenden Neuanfangs ausdrücken. Im Mittelpunkt dieser Wohnästhetik, die Gebrauchsgegenstände zu Skulpturen werden ließ, stand der Versuch, zwischen der
neuen Begeisterung für die Technik und der alten Liebe zur Natur zu

Abb. 9: Wohnzimmer 1982. Foto: Hans Nerlinger

vermitteln. Die naturnahen Formen der Alltagsobjekte sollten Ausdruck dieser engen Beziehung sein. Wenngleich die tatsächliche Durchsetzung dieser heute wieder in den Vordergrund des Interesses gerückten Formen in der Alltagskultur der Bundesbürger auch meist überschätzt werden dürfte, so waren sie doch unzweifelbarer Bezugspunkt individueller Wohnvorstellungen. Überall wurden überflüssige Ornamente und Verzierungen an den aus dem Krieg erretteten Möbelstücken entfernt und die Überreste des »Gelsenkirchener Barocks« mit modernem Lack überzogen. Man war modern, man ging mit der Zeit, man vermied es zurückzublicken. Selbst die viel später wieder auftauchende Vorliebe für das »Alte« – das laut Möbelratgeber heute ruhig neben dem Modernen seinen Platz haben darf – ist im Innen- wie Außenbereich des Wohnens eher äußerlicher Denkmalschutz als Ausdruck historischen Bewußtseins. Einer um sich greifenden Krisen- und Zukunftsangst wird auf den Spuren der neuen Nostalgiebewegung die Heimeligkeit der »guten alten Zeit« entgegengesetzt. Dabei beginnt »sich das Repertoire der Gegenstände zur Sicherung familiärer Gemütlichkeit im Raum der Straßen und Plätze zu verdoppeln«: den antiken Bauernschränken in der Diele entsprechen die mittelalterlichen Schänken und bäuerlichen Grillstuben im Stadtkern, dem altdeutschen oder altenglischen Einrichtungsstil die Kaufhäuser mit Fachwerkverkleidung, den üppigen Blumenfenstern die Pflanztröge in den Fußgängerzonen.[25] Durch Antiquitäten im Wohnzimmer und unter dem Motto »Unser Dorf soll schöner werden« restaurierte Fassaden im Dorfkern wird eine gleichermaßen fiktive Atmosphäre der Vergangenheit heraufbeschworen. Die so im privaten und öffentlichen Raum vor Augen geführten romantischen Abziehbilder einer heilen Welt sollen jenen Sinngehalt und jene Fluchträume bieten, die in einer zunehmend als bedrohlich erfahrenen Gegenwart nicht mehr vorhanden zu sein scheinen.

Wohnverhalten – die Angleichung des Lebensstils

Gemeinde- und Stadtsoziologen haben eine im Lauf der Geschichte der Bundesrepublik sich verstärkende Tendenz zur Verallgemeinerung des »urbanen Lebensstils« festgestellt und in diesem Zusammenhang schon früh von der zunehmenden Verstädterung der Gesellschaft gesprochen.[26] »Sorgfältig gepflegte Distanz« und »Stilisierung des darstellenden Verhaltens«[27] sind die Kennzeichen dieses ursprünglich eher großstädtischen Verkehrsmusters, das heute von allen gesellschaftlichen Gruppen übernommen, nicht nur in Ballungsgebieten, sondern auch in kleinen Gemeinden gepflegt, und – im Zuge des Strukturwandels im ländlichen Raum – sogar von der Landbevölkerung gesucht wird. Beschleunigt wurde diese, mit der Trennung des öffentlichen vom privaten Raum längst eingeleitete Entwicklung insbesondere durch die Folgen der großen Wohndichte, wie sie die neuerbauten Viertel an den Rändern von Dörfern und Städten in den ersten Jahren nach dem Krieg kennzeichnete. Wenn hier räumliche Nachbarschaft und gegenseitige Vertraulichkeit ebenso deckungsgleich gewesen wären, wie in der vorindustriellen Einheit von Arbeits- und Lebenszusammenhang, hätte sich zugleich die soziale Kontrolle unerträglich verschärft. An die Stelle traditioneller Nachbarschaft trat so ein überlokal gestreuter und meist arbeitsbedingter Kontaktkreis, ergänzt durch die soziale Ferne zu den räumlich nahen Wohnungsnachbarn. Daß diese Entwicklung – mitbedingt durch die Motorisierung – nicht ohne weiteres umkehrbar ist, läßt sich am Scheitern des städteplanerischen Versuchs der sechziger Jahre zeigen, die Wiederherstellung nachbarschaftlicher Zusammenhänge als Heilmittel für viele negativen Folgen des Massenwohnungsbaus zu nutzen. »Die Planer«, so schrieb Alfred Lorenzer in einem berühmt gewordenen Pamphlet gegen diese Art von Fortschrittlichkeit, »wollten die Leiden der alten Stadt auf zwei Geleisen zugleich überwinden. Ihre Unzweckmäßigkeit sollte durch ein funktionalisiertes Bauen gebannt, ihre Unpersönlichkeit durch die montierte Kommunikation behoben werden.«[28] Auch dieser Versuch der

Wiederbelebung eines Konzepts der engen Lebensgemeinschaften vergangener Jahrhunderte war so neu nicht: bereits in der ersten Phase des Wiederaufbaus lebte die Nachbarschaftsidee zum ersten Male auf. Im Unterschied zu damals wurde jetzt allerdings der Entwicklung der Dinge nicht geharrt: vielmehr sollte qua Gemeinwesenarbeit bewußt nachgeholfen werden. Unberücksichtigt blieben auch hier die aus gesellschaftlichen Veränderungen herrührenden neuen Bedürfnisse und Verkehrsformen der Betroffenen und die für diese gerade charakteristische Abgrenzung des Wohnbereichs gegenüber dem öffentlichen Raum. Den neugierigen Augen der Nachbarn gerade entronnen, zeigten die Bundesbürger jedenfalls insgesamt nur geringe Neigung für die verordnete nachbarschaftliche Kommunikation. Nun haben sich gerade in den letzten Jahren spontan Ansätze für ein neues, dem urbanen Lebensstil entgegengesetztes, Sozialverhalten im Wohngebiet entwickelt. Mieter schlossen sich zusammen, um gemeinsam gegen Mieterhöhungen oder die Umwandlung von Miet- in Eigentumswohnungen vorzugehen, Stadtteilgruppen versuchten Beteiligungsformen bei Gebietssanierungen durchzusetzen, Bürgerinitiativen kämpften gegen Bodenspekulation und Lärm- und Schadstofemissionen in ihrem Viertel. Gemeinsam war jedoch den meisten dieser Aktivitäten, daß sie nur wenig mit der alten Nachbarschaftsidylle und dafür um so mehr mit den neuartigen Wohnproblemen zu tun hatten. Entzündet an punktuellen Defizienzen im Wohnquartier, verschwanden sie meist sang- und klanglos wieder, wenn die entsprechenden Nahziele erreicht waren oder wenn sich herausgestellt hatte, daß sie nicht zu erreichen waren. Nachbarschaft entstand also dort, wo die Bewohner zur Durchsetzung ihrer Interessen in der Öffentlichkeit eine Handlungsgemeinschaft gründeten, und sie bestand nur so lange fort, wie das Bindeglied, die gemeinsame Öffentlichkeitsarbeit, vorhanden war.[29] Repräsentativer Wohn- und urbaner Lebensstil, die beiden Hauptkennzeichen der Wohnkultur der Bundesrepublik, wurden dadurch allenfalls vereinzelt aufgehoben und ihrer weiteren Befestigung wiederum nichts Wirksames entgegengesetzt.

Anders wohnen?

Im Gegensatz zur Herausbildung einer einheitlichen und nivellierten Wohnkultur der Bundesrepublik stehen seit den 60er Jahren die Wohngemeinschaften, Kommunen und Großfamilien[30]. Daß es auch bei den spektakulären Hausbesetzungen der 80er Jahre nicht nur um das Mißverhältnis zwischen leerstehendem und vom Abriß bedrohten Wohnraum einerseits und der zunehmenden Anzahl wohnungssuchender Dringlichkeitsfälle andererseits ging, haben deren meist jugendliche Protagonisten immer wieder deutlich gemacht: »Anders wohnen« und »anders leben« hieß die Devise. So sehr sich die neuen Wohnmodelle auch im einzelnen im Hinblick auf zugrunde liegende Motivation und Weltbild unterscheiden, allen Versuchen ist das Anliegen der selbstbewußten, phantasievollen und eigenverantwortlichen Organisation eines Lebens- und Wohnzusammenhangs eigen, das die in der Enge der Kleinfamilie wie der normierten Standardwohnung gleichermaßen erfahrene Vereinzelung und Beziehungslosigkeit überwinden will. Jenseits der Konsum-, Darstellungs- und Repräsentationszwänge der herrschenden Wohnkultur soll – jedenfalls dem Anspruch nach – ein authentisches Leben in »Oasen der Freiheit« erprobt werden. Inwieweit diese Wohnsub- oder Alternativkultur Ausdruck aufkeimenden Unbehagens an »verordnetem Dasein« oder nur von der Norm abweichende Lebensweise einer neuen Boheme ist, vermag noch nicht abgeschätzt zu werden: noch lebt die überwältigende Mehrheit der Deutschen unverdrossen getreu dem Grundsatz »Weiter wohnen wie gewohnt«.

Anmerkungen

1 Michael Andritzky, Gert Selle (Hrsg.), Lernbereich Wohnen – Didaktisches Sachbuch zur Wohnumwelt vom Kinderzimmer bis zur Stadt, 2 Bde., Reinbek 1979, hier: Bd. 1, S. 14.

2 So etwa Henri Lefebvre, Das Alltagsleben in der modernen Welt, Frankfurt 1972, und Thomas Leithäuser u. a., Entwurf zu einer Empirie des Alltagsbewußtseins, Frankfurt 1977.

3 wie z. B. Reimer Gronemeyer, Hans-Eckehard Bahr (Hrsg.), Nachbarschaft im Neubaublock – empirische Untersuchungen zur Gemeinwesenarbeit, theoretische Studien zur Wohnsituation, Weinheim und Basel 1977.

4 § 1 WoBauG; zitiert nach Werner Marondel (Hrsg.), Wohnungsbaugesetze, WoBauG, München 1979.

5 Verordnung zur Wohnraumlenkung, RGBl. 1943 I, S. 127.

6 auf diesen Zusammenhang hat besonders Joachim Petsch hingewiesen: Architektur und Städtebau im den 50er Jahren in: Kalter Krieg und Capri-Sonne: Die fünfziger Jahre. Politik – Alltag – Opposition, zusammenstellt von Eckhard Siepmann, Berlin 1981, S. 220 ff.

7 WoBauG 1956, § 1, Abs. 2.

8 Eine Zusammenfassung dieser älteren Wohnungsdebatte findet sich bei Peter Feldbauer, Stadtwachstum und Wohnungsnot – Determinanten unzureichender Wohnungsversorgung in Wien von 1848 bis 1914, München 1977, S. 214 ff.; die defiziente Urbanisierung in den neu entstehenden Industrieansiedlungen untersuchen z. B. Franz J. Brüggemeier, Lutz Niethammer, Schlafgänger, Schnapskasinos und schwerindustrielle Kolonie – Aspekte der Arbeiterwoh-

nungsfrage im Ruhrgebiet vor dem ersten Weltkrieg, in: Jürgen Reulecke, Wolfhard Weber (Hrsg.), Fabrik – Familie – Feierabend – Beiträge zur Sozialgeschichte des Alltags im Industriezeitalter, Wuppertal 1978, S. 135 ff.

9 Zit. nach Janos Zimmermann, Eine historische Betrachtung städtischer Wohnumweltsituationen, in: Michael Andritzky, Gert Selle (Hrsg.): Lernbereich Wohnen, Bd. 2, a. a. O. S. 225 ff (hier: S. 235), wo ein Überblick über die gesamte Stadtentwicklung bis heute gegeben wird.

10 Eine Zusammenfassung der Hochhauskritik dieser Zeit findet sich bei Ulfert Herlyn, Ingrid Herlyn, Wohnverhältnisse in der BRD, Frankfurt 1976, S. 72 ff.

11 Das Gesetz über den Abbau der Wohnungszwangswirtschaft und über ein soziales Miet- und Wohnrecht (Hrsg. Günther Pergande, München 1961).

12 1898 hatte der Engländer E. Howard die »Garden City and Town Planning Association« gegründet, die in den 50er Jahren auch als »Gartenstadtbewegung« in der Bundesrepublik den Eigenheimbau beeinflußte.

13 beispielhaft sei hier verwiesen auf eine Studie von Gerhard G. Dittrich, Wohnwert-Ansätze zu einer empirischen Bestimmung, Nürnberg 1974 (hier: S. 156, 158).

14 erstmals offiziell auch im Städtebaubericht der Bundesregierung 1975.

15 Ein Beispiel aus dieser Zeit: Bayerisches Arbeitsministerium (Hrsg.), Das Wohnhaus im Aufbau – die Wohntypenvorschläge für den Wohnungsbau 1946 in Bayern, München 1946 (o. S.); Mitbegründer der zugrunde liegenden Geschichts- und Gesellschaftsdeutung war Wilhelm Röpke: Die Gesellschaftskrisis der Gegenwart, Erlenbach/Zürich 1948[5] (1. Auflage 1942).

16 Heide Berndt, Das Gesellschaftsbild bei Stadtplanern, Stuttgart 1968.

17 stellvertretend für andere Johannes Göderitz u. a., Die gegliederte und aufgelockerte Stadt (Archiv für Städtebau und Landesplanung Bd. 4), Tübingen 1957, S. 24.

18 Elisabeth Pfeil, Großstadtforschung, Bremen-Horn 1950, hier: S. 126 (ein Buch, das im übrigen zeigt, daß völkisches Gedankengut durchaus nicht nur eine deutsche Eigenart war).

19 Le Corbusier, Die Charta von Athen, Reinbek 1962.

20 Lauritz Lauritzen, Aspekte des Wohnungs- und Städtebaus, Schriften des deutschen Verbandes für Wohnungswesen, Städtebau und Raumplanung, Heft 70, Köln 1967, S. 36.

21 »Neue Heimat« (Gemeinnützige Wohnungs- und Siedlungsgesellschaft) (Hrsg.), So möchte ich wohnen (Ergebnisse einer wohnungswirtschaftlichen Befragung der Bevölkerung in 11 deutschen Städten), Hamburg 1955, 2 Bde., hier: Bd. 1, S. 15.

22 Elisabeth Pfeil, Die Wohnwünsche der Bergarbeiter – soziologische Erhebung, Deutung und Kritik der Wohnvorstellungen eines Berufes, Tübingen 1954, hier: S. 4 f.

23 Veröffentlicht in U. Conrads (Hrsg.), Programme und Manifeste zur Architektur des 20. Jahrhunderts, Gütersloh 1964.

24 Über Wohnbedürfnisse, Wohnleitbilder und die Zeichenhaftigkeit der Möbel v. a. Margret Tränkle, Wohnkultur und Wohnweisen, Tübinger Schloß 1972,

und Alphons Silbermann, Vom Wohnen der Deutschen – eine soziologische Studie über das Wohnerlebnis, Köln 1963.

25 Werner Durth, Die Inszenierung der Alltagswelt – Zur Kritik der Stadtgestaltung, Braunschweig 1977, hier S. 13; siehe hierzu auch den bereits erwähnten Aufsatz von Hermann Sturm.

26 Hans Oswald, Die überschätzte Stadt, Olten/Freiburg 1966.

27 nach Hans Paul Bahrdt. Die moderne Großstadt, soziologische Überlegungen zum Städtebau. Reinbek 1961, S. 42.

28 Alfred Lorenzer, Städtebau: Funktionalismus und Sozialmontage? Zur sozialpsychologischen Funktion der Architektur, in: Heide Berndt, Alfred Lorenzer, Klaus Horn, Architektur als Ideologie, Frankfurt 1968, S. 51 ff., hier: S. 60.

29 Ein Gegenbeispiel ist etwa die Arbeitersiedlung Eisenheim, wo sich über Nachbarschaftshilfe eine kulturell und politisch gerichtete Arbeiterinitiative herausbildete und aufgrund des Bewußtseins von der gemeinsamen Klassenlage auch über einen längeren Zeitraum bestehen blieb: vgl. etwa Roland Günter u. a.: Eisenheim – Die Erfahrung einer Arbeiterkolonie, in: Lutz Niethammer, Wohnen im Wandel, Beiträge zur Geschichte des Alltags in der bürgerlichen Gesellschaft, Wuppertal 1979, S. 188 f.

30 Bekanntestes Beispiel war die Kommune 2, Versuch der Revolutionierung des bürgerlichen Individuums, Berlin 1969; dazu auch Grete Meyer-Ehlers u. a. (Hrsg.), Kollektive Wohnformen – Erfahrungen, Vorstellungen, Raumbedürfnisse in Wohngemeinschaften, Wohngruppen und Wohnverbänden (im Auftrag des Bundesministeriums für Städtebau und Wohnungswesen), Wiesbaden 1973.

Literatur

Michael Andritzky, Gert Selle (Hrsg.), Lernbereich Wohnen – Didaktisches Sachbuch zur Wohnumwelt vom Kinderzimmer bis zur Stadt, 2 Bde., Reinbek 1979

Helmut Brede, Barbara Dietrich, Bernhard Kohaupt, Politische Ökonomie des Bodens und der Wohnungsfrage, Frankfurt 1976

Kalter Krieg und Capri-Sonne: Die fünfziger Jahre. Politik – Alltag – Opposition, zusammengestellt von Eckhard Siepmann, Berlin 1981

Herlinde Koelbl, Manfred Sack, Das deutsche Wohnzimmer, München 1980

Alexander Mitscherlich, Die Unwirtlichkeit unserer Städte. Anstiftung zum Unfrieden, Frankfurt 1965

Eberhard Mühlich (Bearbeiter), Zusammenhang von gebauter Umwelt und sozialem Verhalten im Wohn- und Wohnumweltbereich (im Auftrag des Bundesministers für Raumordnung, Bauwesen und Städtebau), Bonn – Bad Godesberg 1977

Lutz Niethammer (Hrsg.), Wohnen im Wandel – Beiträge zur Geschichte des Alltags in der bürgerlichen Gesellschaft, Wuppertal 1979

Hans Oswald, Ergebnisse der deutschen Gemeindesoziologie nach 1950, in: Archiv für Kommunalwissenschaften, 5. Jg., Stuttgart 1966, S. 93 ff.

Renate Petzinger, Marlo Riege, Die neue Wohnungsnot – Wohnungswunder Bundesrepublik, Hamburg 1981

Marlo Riege, Staatliche Wohnungspolitik in der BRD, in: Hermann Korte (Hrsg.), Soziologie der Stadt, München 1972, S. 77 f.

Gert Selle, Die Geschichte des Design in Deutschland von 1870 bis heute, Köln 1978

Chronik

1851
Erste Ausstellung von Industrieprodukten auf der ersten Weltausstellung in London.

1907
»Deutscher Werkbund« gegründet, der bis heute Impulse zum neuen Bauen, zur Wohnreform und zum Design gibt. Aus dem Programm von 1910: Ziel ist, »einen Sammelpunkt zu bilden für alle, welche die gewerbliche Arbeit als ein Stück ... der allgemeinen Kulturarbeit ansehen«.

1919
Gründung des Bauhauses in Weimar durch Walter Gropius mit dem Ziel, Kunst, Industrie und Handwerk gestalterisch zu vereinen. Das Bauhaus wurde 1933 aufgelöst; erst Ende der 50er Jahre findet eine erste Rezeption der funktionalistischen Gestaltungsgrundsätze in der BRD statt.

1946
Alliierter Kontrollratsbeschluß verfügt Wohnraumbewirtschaftung.

1949
»Neues Wohnen« – die erste Werkbundausstellung nach dem Krieg in Köln;

7. 9.   Gründung der Bundesrepublik Deutschland.

1950
Jedem Bundesbürger stehen 15 qm Wohnfläche und 0,6 Räume zur Verfügung; 80 % der Wohnungen haben kein Bad; rein rechnerisch fehlen rund 6 Millionen Wohnungen.

24. 4.   Erstes Wohnungsbaugesetz mit dem Ziel der Erhöhung des Wohnungsbestandes.

1952
17. 3.   Mit dem Wohnungsbauprämiengesetz wird die Grundlage für die Bausparförderung gelegt.

»Mensch und Form in unserer Zeit« heißt die Ausstellung bei den Ruhrfestspielen in Recklinghausen.

1953
Hermann Staudinger erhält den Nobelpreis für Chemie; er gilt als Vater des Kunststoffs.

25. 8.   Novellierung des 1. Wohnungsbaugesetzes; Förderung des Eigenheimbaus rückt damit in den Vordergrund.

1954
21. 12.   Wohnungsbauprämiengesetz.

1956
27. 6.   Zweites Wohnungsbaugesetz (»Wohnungsbau- und Familienheimgesetz«).

1957
6. 7.–29. 9.   Im Berliner Hansa-Viertel findet die »Interbau«, die Internationale Bauausstellung, statt.
Okt.   Paul Lücke wird Wohnungsbauminister (bis 1965).

1960
23. 6.   Mit dem »Gesetz über den Abbau der Wohnungszwangswirtschaft und über ein soziales Miet- und Wohnrecht« tritt der »Lücke-Plan« in Kraft; u. a. wird der bisherige Mieterschutz durch die Einführung einer Sozialklausel (§ 556) im BGB ersetzt.
29. 6.   Mit dem Bundesbaugesetz wird der Baulandmarkt in den freien Markt übergeführt.

1963
Die ersten »weißen Kreise«, Gebiete, in denen die Mietpreisbindung aufgehoben ist, werden registriert.

1965
1. 4.   1. Wohngeldgesetz als begleitende Maßnahme zur Freigabe der Mieten.
24. 8.   Gesetz zur verstärkten Eigentumsbildung im Wohnungsbau und zur Sicherung der Zweckbestimmung von Sozialwohnungen.

1968
Jedem Bundesbürger stehen 24 qm Wohnfläche und 1,0 Wohnräume zur Verfügung.

1970
1. 12.   Städtebaubericht der Bundesregierung: 800 000 Haushalte sind in Baracken oder sonstigen Wohngelegenheiten untergebracht, ca. eine Million Wohnungen abbruchreif.

1971

23. 7.	Gründung des Darmstädter Instituts »Wohnen und Umwelt«.
27. 7.	Städtebauförderungsgesetz regelt Sanierungs- und Entwicklungs-maßnahmen in den Gemeinden.
4. 11.	Gesetz zur Verbesserung des Mietrechts und zur Begrenzung des Mietenanstiegs.
25. 11.	Rechtsstellung der Mieter wird durch das 1. Wohnraumkündigungs-schutzgesetz grundsätzlich verbessert.
29. 11.	Eröffnung der Ausstellung »profitopolis« mit dem Untertitel »Der Mensch braucht eine andere Stadt« in München (bis 13. 2. 1972).

1975

1. 1.	Kündigungsschutzbestimmungen werden Dauerrecht.
10. 4.	Gesetzesinitiative mit dem Ziel der Eigentumsbildung auch bei Schlechterverdienenden wird vom Bundesrat endgültig abgelehnt.

1976

23. 3.	Gesetz zur Förderung von Wohnungseigentum und Wohnbesitz im sozialen Wohnungsbau.

1977

Eine Gruppe von Architekten beschließt die »Charta von Machu Pic-chu« (in Anlehnung an die Charta von Athen) und fordert die städtische Integration.

1. 1.   Wohnungsmodernisierungs- und Energieeinsparungsgesetz tritt in Kraft.

1978

Jedem Bundesbürger stehen 30 qm Wohnfläche und 1,7 Räume zur Verfügung; 60 % der Wohnungen haben ein Bad; die Eigentümer-quote liegt bei 38 %; 700 000 Wohnungen sind als leerstehend bekannt; die ersten Häuser werden besetzt.

Freizeit

von Kaspar Maase

Freizeit im sozialen Wandel

In der Freizeit des Bundesbürgers laufen verschiedene Stränge des sozialen Wandels zusammen mit dem Ergebnis eines neuartigen historischen Phänomens; in ihm wird jene tiefgreifende Veränderung der Lebensweise der Menschen anschaulich, die die gesamte Nachkriegsgeschichte wesentlich mitbestimmt hat. Freizeit als System von Handlungen wie als subjektive Lebensorientierung von Millionen bildet einen historischen Grundprozeß, dessen Betrachtung unerläßlich ist zum Verständnis der gesellschaftspolitischen Weichenstellungen in der Bundesrepublik.

Es geht dabei um grundlegende Dimensionen des Alltags der Bürger; so wollen wir uns im folgenden – unbeschadet aller theoretischen Fachdebatten – dem verbreiteten Alltagsverständnis von Freizeit anschließen: verhaltensbeliebige Zeit jenseits von Berufsarbeit und -ausbildung sowie natürlichen (Schlaf, Ernährung) wie sozialen (Haushalt, Hygiene, Behördenverkehr, gesellschaftliches Engagement) Verpflichtungen. Ihren besonderen historischen Charakter erhält Freizeit nun nicht als derart negativ abgegrenzter Zeitblock, sondern als konkrete Einheit von Tätigkeiten und damit verbundenen subjektiven Bestrebungen, Lebenszielen, Befriedigungen der Menschen. Als Grundzüge der Freizeit des Bundesbürgers kann man in diesem Sinn herausstellen: sinkender Anteil der Berufsarbeit an der gesamten Lebenszeit; Möglichkeit regelmäßiger Ferienreisen für große Teile der Bevölkerung; eine derartige Erhöhung der Einkommen, daß der Konsum von Waren und Dienstleistungen zu einem bestimmenden Zug der Freizeit werden kann; ein Stand der Konsumgüterindustrie, der das Fernsehgerät, die Wohnzimmergarnitur samt Mini-Hausbar, den privaten PKW, den Wohnwagen und die Sportausrüstung, Heimwerkermaschinen oder die Fotokamera quasi zu Leitfossilien unserer Kultur vorbestimmt hat. Dem entspricht im Bewußtsein der Aufstieg von Freizeit und Freizeitgenuß zum erstrangigen Lebensinhalt und Lebensziel.

Für die historische Betrachtung entscheidend ist der Massencharakter dieser Entwicklungen, die die arbeitende Bevölkerung weitgehend erfaßten. Einzelne Linien dahin lassen sich schon seit dem Beginn des 20. Jahr-

hunderts ziehen: im vergnügungsorientierten Freizeitverhalten besserge-
stellter Gruppen der Arbeiterschaft vor allem zu Zeiten wirtschaftlichen
Aufschwungs, in der Durchsetzung von Kinofilm und Rundfunk als Massenmedien, im nationalsozialistisch gelenkten Massentourismus von
»Kraft durch Freude«; ihre Verbindung auf revolutioniertem techni-
schem Niveau zur Normalität für die abhängig Beschäftigten schuf die
Freizeit des Bundesbürgers als Realität wie – gleichermaßen folgenreich –
als Ideologie.

Die Geschichte der Freizeit in den Westzonen und der Bundesrepublik ist
schwerlich anhand von Schlüsseldaten der ökonomischen oder politischen Entwicklung nachzuzeichnen. Unser Gegenstand ist über weite
Strecken der Alltag der Menschen, und dessen Wandlungen ziehen sich
über längere Perioden hin. Wir wollen im folgenden versuchen, einige
Phasen der Entwicklung zu charakterisieren, wenn auch sachliche Zusammenhänge und notwendige Verallgemeinerungen immer wieder erfordern, Linien durchzuziehen – und wenn auch jeder Periodisierungs-
versuch gerade bei diesem Gegenstand Momente von Willkür hat.

Rekonstruktion des Alltags

Für die Bevölkerung der westlichen Besatzungszonen konnte es Freizeit
in unserem Verständnis zunächst praktisch nicht geben. Alle Kräfte und
alle Zeit waren eingespannt für die Sicherung der elementaren Lebensgrundlagen. Nahrung, Kleidung, die vielen kleinen und großen Güter des
Alltags waren nur durch zeitaufwendiges Suchen, Tauschen, »Organisieren« und ein Höchstmaß an Eigenleistung zu beschaffen. Wieviel Arbeit
war nicht nötig, damit Millionen überhaupt erst wieder eine Unterkunft
fanden! Zugleich konnte es bei aller Zerstörung und aller Not, trotz mil-
lionenfacher Suche nach einer neuen Heimat, nach den Angehörigen
oder einer Arbeitsstelle nicht ausbleiben, daß sich wieder festere Muster
im Alltag herausbildeten, Bedürfnisse nach Erholung und Entspannung,
Unterhaltung und Bildung sich bemerkbar machten. Man ist verleitet zu
sagen: Gerade weil die geistige und körperliche Kraft so konzentriert
wurde auf den Kampf um das Lebensnotwendigste, waren die Ansätze
und Werte der Freizeit, die sich im Rahmen des Möglichen entwickelten,
kaum veränderte Neuauflagen der alten, überkommenen Verhaltensweisen, wenig berührt von 15 Jahren tiefgreifender Umwälzungen.

Beginnende Freizeit kristallisierte sich um Zuhause, Familie und Massenmedien. Man versuchte, vor allem für die Kinder durch geordnetes und
gemeinschaftliches Familienleben wieder Halt, Orientierung und Freude
zu schaffen. Gespräche und Spiele sowie gemeinsame Unternehmungen

vor allem am Sonntag sollten Geborgenheit und Zusammenhalt vermitteln, auf die die einzelnen in so hohem Maß angewiesen waren. Häusliche Arbeiten und Lektüre sowie vor allem der Rundfunk füllten die Abende. Wo möglich, wurde die Tradition des sonntäglichen Ausflugs »ins Grüne« wieder aufgenommen – zu Fuß, mit dem Fahrrad oder mit der Bahn. Sehr schnell hatten viele Lichtspieltheater wieder geöffnet; deutsche und namentlich amerikanische Filme zogen Massen an. 1945 waren schon 1150 Kinos in Betrieb, 1949 dann 3360; 1945 wurden etwa 150 Millionen Besucher, 1946 schon 300 und 1948 443 Millionen gezählt. Wenn auch die Beschäftigung mit Problemen der Gegenwart und der faschistischen Vergangenheit im Filmangebot vergleichsweise großen Raum einnahm – die Neigung zu Traumfabrikaten aus einer heilen Welt zeichnete sich im Publikumsgeschmack schon ab.

Auch in den ersten Nachkriegsjahren war Freizeit nicht für alle gleich. Wer infolge Vermögen und Beziehungen über eine große und gut eingerichtete Wohnung verfügte, konnte schon wieder bürgerliche Tradition mit Hausmusik und gepflegter Gastgeberschaft entfalten. Der oftmals bezeugte geistige Hunger und die Vielzahl so improvisierter wie engagierter kultureller Initiativen, der Nachholbedarf an Kenntnisnahme der geistigen und künstlerischen Entwicklung in der Welt, von der man 12 Jahre abgeschnitten war, bewegten nur kleine, hauptsächlich intellektuelle Minderheiten der jüngeren und mittleren Generation. Ihr Einsatz für einen moralischen und politischen Neubeginn konnte die Restauration im Zeichen des Kalten Krieges nicht aufhalten, in die die Trägheitstendenzen auf private Geborgenheit zugeschnittener Freizeit bequem einzupassen waren.

Weichenstellungen: Freizeit als Privat- und Konsumzeit

Freizeit im oben bestimmten Sinn bildete sich bis etwa zur Mitte der 50er Jahre aus; wir finden am Ende dieser Periode schon alle Grundzüge entwickelt, die bis in die 80er Jahre die Freizeit des Bundesbürgers charakterisierten. Dies vor allem ist der Grund, warum die Jahre bis etwa 1956 hier besonders ausführlich behandelt werden.

Der Normalisierung der Lebensverhältnisse, der Befreiung von täglicher Not und Unsicherheit entsprach auf der anderen Seite die Durchsetzung des strengen Zeitregimes der Berufsarbeit als Rahmen der Lebensführung. Mit dem Ingangkommen der Wirtschaft stieg die durchschnittliche wöchentliche Arbeitszeit von knapp 40 Stunden 1946/47 auf 48 Stunden an 6 Arbeitstagen im Jahr 1950 an und blieb etwa auf dieser Höhe bis zum Herbst 1956. Die Entlastung des Alltags ließ an den Werktagabenden und am Sonntag frei verfügbare Zeit entstehen; hinzu kam zwischen 1950 und 1956 eine Einkommenssteigerung um rund 50 %. Freizeit hat nur, wer auch Arbeit hat: Die Zahl der Arbeitslosen sank von 1,87 Millionen 1950 auf 0,87 Millionen 1956. Eine größere Anzahl von Familien hatte also mehr Mittel zur Verfügung, um sich von Eigenleistungen zu entlasten und sich mehr Wünsche zu erfüllen.

Worauf zielten diese Wünsche? Die Antwort in Kurzfassung lautet: Eine glückliche und geordnete Familie, ein gemütliches und repräsentatives Heim, eine Urlaubsreise für die schönsten Wochen des Jahres. Verstärkt gleichermaßen durch die Erfahrungen der Nachkriegswirren, in denen oft allein die Familie Halt und Hilfe bot, wie durch die herrschende christlich-konservative Wertordnung bestimmte die Familie als Gegenpol zur Arbeitswelt wieder die Leitbilder privater Lebensführung. Freizeit war Familienzeit, Häuslichkeit zentrale Norm – dies um so eher, als die Einrichtung der eigenen vier Wände nach der Stillung von Nachholbedarf an Essen und Trinken und nach der Ausstattung mit seriöser und modischer Kleidung zum vorrangigen Anschaffungsprojekt in der ersten Hälfte der 50er Jahre wurde. Der Konsumentenkredit erlaubte eine wesentliche Ausdehnung der Wünsche – und schuf zugleich finanzielle Zwänge und Abhängigkeiten, die angepaßtes Verhalten in Arbeit und Politik nahelegten: Mehr als jeder vierte Haushalt hatte 1953 Ratenzahlungen zu leisten[1]. Die Wohnung, die unter solchen Belastungen – nicht selten andere Wünsche bis zum Ausgehen oder Essen zurückstellend – eingerichtet worden war, sollte nun natürlich genutzt werden; und warum nicht zu Hause bleiben, wo es dort doch billiger und zwangloser zuging und Radio wie Illustrierte die Welt bequem in die eigenen vier Wände brachten? Vor allem mit den beliebten »Bunten Abenden«, mit Musiksendungen, aber auch mit seinen Hörspielen war der Rundfunk *der* Gestalter der Abende daheim.

Einmal ausgehen zum Tanzen oder in eine Gaststätte, das bildete in der Arbeitswoche die große Ausnahme. Am ehesten lockte noch das Kino, zu dem es in den Städten niemand weit hatte. Bei Preisen um 1000 DM für ein Gerät war das Fernsehen zunächst ein Luxus, den sich nur wenige Privathaushalte leisteten. Das Fernsehspiel »Stille Nacht« eröffnete die Austrahlung eines regelmäßigen TV-Programms an Weihnachten 1952, doch bis zum Frühjahr 1958 hatten sich erst eine Million Teilnehmer angemeldet. Zunächst waren viele von ihnen Gastwirte und Rundfunkhändler, die vor allem mit Sportübertragungen (Fußball-Weltmeisterschaft 1954!) Zuschauer anlockten.

Aber noch konnte das »Pantoffelkino« dem Vorstadt-Kino um die Ecke und den zentralen Lichtspiel-Palästen, wie sie selbstbewußt firmierten, keine Konkurrenz machen: Mit 818 Millionen Besuchern war 1956 das

Glanzjahr der Filmindustrie. Am Film, z. B. an der »Sünderin« (1951) mit
der für Augenblicke unbekleidet sichtbaren Hildegard Knef als Maler-
Modell und Gelegenheits-Prostituierter aus Verzweiflung, entzündeten
sich öffentliche Auseinandersetzungen um den sittlichen Zustand der Nation. Die Operettenseligkeit des »Schwarzwaldmädels«, 1950 mit 16 Millionen Besuchern der Erfolgsfilm, und die heile Welt von »Grün ist die
Heide«, dem Kassenschlager des Jahres 1952, stabilisierten konservative
Bilder von Gesellschafts- und Familienordnung; Streifen wie »Rommel«,
»Canaris« und andere waren höchst massenwirksam bei der Überleitung
oberflächlicher »Vergangenheitsbewältigung« in die Vorbereitung eines
neuen »Wehrbeitrags« der Bundesrepublik.

In der wiedergewonnenen Normalität nach den Kriegs- und Trümmerjah-
ren, die alle Grenzen der Privatheit, eines abgeschlossenen nichtöffentli-
chen Raums niedergerissen hatten, folgten Geselligkeit und Kommunikation recht festen Regeln. Der Verein, dem schon 1953 wieder fast ein
Drittel der Bürger angehörte, war ebenso wie der Stammtisch der Männer und das Kaffeekränzchen der Frauen zumeist Ort streng behüteter
»politikfreier Geselligkeit« (Hans-Jürgen Benedict). Eine zweite Norm:
Man verkehrte mit seinesgleichen. Wenn auch mit dem Neuaufbau der
Städte und der Verbesserung des Lebensstandards viele Unterschiede in
Lebensstil, Kleidung und Wohnsituation die Krassheit der Vorkriegszeit
verloren, so hatten Realität und Bewußtsein von Klassen- und Schicht-
unterschieden doch die »Volksgemeinschaft« wie die »Trümmergemein-
schaft« überlebt; die Empfindlichkeit für ihre Wahrnehmung verfeinerte
sich entsprechend den neuen Verhältnissen und sorgte mit dafür, daß Bekanntenkreis und Freizeitgesellung im wesentlichen dem eigenen Status
entsprachen: Arbeiter verkehrten mit Arbeitern, Angestellte mit Angestellten, Akademiker mit Akademikern, Selbständige mit Selbständigen.
Die Ausnahme, daß jemand über Freizeitbeziehungen zu »besseren Kreisen« den sozialen Aufstieg zu befördern oder zu dokumentieren suchte,
bestätigt auf ihre Weise die Regel.

Dritter Grundsatz: Die eigenen vier Wände waren für Außenstehende
tabu. Man half sich unter Nachbarn aus mit Zucker, der gerade fehlte, auch
mit Werkzeug oder dem Staubsauger, den noch nicht alle Haushalte besaßen; die Frauen führten ihre Unterhaltungen im Treppenhaus, in der
Waschküche und im Gemischtwarenladen wie die Männer auf dem Ar-
beitsweg und auf dem Fußballplatz – aber die eigene Wohnung wurde
gehütet und nur ausgewählten Gästen zugänglich gemacht mit der gleichen
Aufmerksamkeit und Hingabe, mit der man die Entwicklung des Lebensstandards bei Nachbarn und Kollegen beobachtete und erörterte.

Der Traum vom eigenen Haus rückte für viele in den Bereich des Realisierbaren. Eigenheimbau wurde wegen der erwünschten Bildung priva-

ten Eigentums öffentlich gefördert, so daß am Ende der 50er Jahre mehr als die Hälfte der Wohnungen in Ein- und Zweifamilienhäusern entstand. Bis 1957 stieg der Anteil abhängig Beschäftigter an den Bauherren auf über 40 %. Im Laufe der Jahre bedeutete das für Millionen, sich einzuschränken und den größten Teil der arbeitsfreien Zeit in die Beteiligung am Bau, in Reparaturen und Umbauten zu stecken.

Den Gegenpol zur häuslich verbrachten Werktagsfreizeit bildete das Streben aus der gewohnten Umgebung ins Grüne an Sonn- und Feiertagen – am stärksten selbstverständlich bei den Städtern. In vielen Familien war der Sonntagsspaziergang feste Regel, in anderen der Besuch der Männer auf dem Sportplatz des Lokalvereins oder in den Stadien der Fußball-Oberligen, die in der Saison 1947/48 den Spielbetrieb aufgenommen hatten. Viele zog es in die Klein- und Schrebergärten, die man sich zunehmend wohnlich einrichtete – und immer mehr nutzten die Möglichkeit zu einem Ausflug. Von Bahn und Fahrrad stieg, wer konnte, um auf Moped, Motorrad und – Erfüllung eines weiteren Wunschtraums – in den eigenen Wagen.[2] Als anglo-amerikanischer Import gewann das Camping schnell Anhänger, ermöglichte es doch relativ erschwinglichen und unabhängigen Kurz- wie Lang-Urlaub. Die einfachsten Ausrüstungen hatten auf dem Gepäckträger von Moped oder Motorrad Platz; die Popularität der neuen Freizeitform ließ sie schnell in Schlager und Karnevalslieder eingehen (»Da lachste dich kaputt, dat nennt man Camping!«)

Eine einschneidende Veränderung im Rhythmus Arbeit – Freizeit brachte die Entwicklung des Urlaubs. Bis zum Ende der 50er Jahre war der durchschnittliche Urlaubsanspruch bei etwa drei Wochen angelangt – und die steigenden Einkommen machten es wachsenden Teilen der arbeitenden Bevölkerung möglich, Ferienreisen zu unternehmen. 1955 hatte schon jeder zweite Erwachsene seit der Währungsreform mindestens eine Urlaubsreise gemacht; zwischen 1953 und 1956 ging jährlich ein knappes Drittel der Bevölkerung auf Reisen.

Das Bild des Tourismus in der öffentlichen Diskussion war schon damals (und ist bis heute) stark verzerrt; im Vordergrund standen Züge des organisierten Massen-Reisens – die Wirklichkeit war anders. Nur eine Minderheit[3] buchte die von Reise-Unternehmen durchgeplanten Pauschal-Angebote – der Normalfall war die Individualreise. Von den Urlaubern des Jahres 1956 wohnte nur jeder siebte im Hotel, jeder vierte bei Verwandten, und jeder elfte übernachtete im Camping-Zelt. Zum Sinnbild der bundesdeutschen Reisewelle wurden jedoch die Sonderzüge und Busse, die in den 50er Jahren die Urlauber an ihre Ferienziele oder von Sehenswürdigkeit zu Sehenswürdigkeit transportierten; die Bezeichnung »Gesellschaftsreise« läßt heute noch die Aura von sozialem Aufstieg spüren, die mit dem Reise-Boom verbunden war.

Urlaub als Faszination und Moment von Sozialprestige, als Erfahrung von Neuem wie als Bestätigung für die im Wiederaufbau errungene Stellung der Bundesrepublik in der Welt – das versprach in erster Linie die Ferienreise ins Ausland. Leisten konnten sie sich 1954 5 % und 1956 gut 8 % der Bevölkerung – aber sie drang über die Massenmedien wie über das persönliche Gespräch, das Herumzeigen der Urlaubsfotos und ähnliche Wege ins allgemeine Bewußtsein. »Der Urlaub« – das war nicht der auf ein bis zwei Wochen im Jahr beschränkte Zeitraum, er bildete vielmehr als Erlebnis wie als Ziel einen ausstrahlenden Bezugspunkt für das ganze, von ihm strukturierte Arbeitsjahr.

Schlager wie »Die Rose vom Wörthersee« und das »Mariandl aus dem Wachauer Landl«, die »Capri-Fischer« und »Laß uns träumen am Lago Maggiore« hielten die Ferien-Sehnsucht wach, ebenso Filme, Illustrierte und Werbung. Dabei war das Fernweh gebrochen durch den Wunsch, die Fremde nicht gar zu fremd anzutreffen. Obenan in der Gunst der Auslandsurlauber stand Österreich; und auch auf den »Teutonengrills« der norditalienischen Mittelmeerstrände konnte der deutsche Tourist bald die heimischen Lebens- und Ernährungsgewohnheiten beibehalten.

1956 kam es in München, Frankfurt und anderen Städten zu größeren Auseinandersetzungen zwischen der Polizei und »Halbstarken« – jenen Jugendlichen, die den Ausdruck ihres Lebensgefühls in einer durch Rock 'n' Roll und Röhrenhosen, Juke-Box und Elvis-Presley-Tolle, das Filmidol James Dean und das Moped gegen die Erwachsenen abgegrenzten Freizeitwelt fanden. Im Oktober 1958 wurde bei einem Konzert des Rock-Stars Bill Haley die Einrichtung der Westberliner Waldbühne demoliert. Ohne sichtbaren Bezug zu den Massenbewegungen etwa gegen Wiederbewaffnung und Atomrüstung ließ der diffuse Protest der »Halbstarken« gegen »Wirtschaftswunder«-Sattheit schon ahnen, daß Freizeit in der Bundesrepublik eigene Spannungen und Konflikte hervorbringen würde.

Innerhalb weniger Jahre gewann das Dasein der Menschen nach dem wirtschaftlichen und moralischen Tiefpunkt des (meist als Niederlage empfundenen) Kriegsendes und der anschließenden Desorganisation eine Qualität, für deren subjektive Bewältigung die überkommenen Freizeitmuster nur konservative Orientierungen (Häuslichkeit, Privatismus, das Eigenheim im Grünen) oder – oft! – gar keine Hilfen anboten. Die Notwendigkeit, eine Fülle neuer Verhaltensmöglichkeiten und -anforderungen zu verarbeiten, führte zur Konzentration des Bewußtseins auf Konsum und Freizeit. Für den Umgang mit der Chance, eine Wohnung nach eigenen Wünschen einzurichten, ein modernes Einfamilienhaus zu bauen, die mit der Motorisierung gewonnene Bewegungsfreiheit zu nutzen, mit dem Fernsehen auf Knopfdruck Information und Unterhaltung aus aller Welt ins Wohnzimmer zu holen, einen Urlaub gar ins Ausland zu planen, gab es keine Routine, die Entscheidungen erleichtert hätte; vielmehr mußte die Selbstverständlichkeit einer eingefahrenen Lebensweise, die von ständig neuen Überlegungen entlastete, erst entwickelt werden.

Bei aller Verbesserung des Lebensstandards waren es real erst Minderheiten, die sich in den 50er Jahren die »Schlüssel«-Güter wie Fernsehgerät, PKW, moderne Wohnungseinrichtung, Auslandsreise und die damit verbundenen Erfahrungs- und Erfüllungsmöglichkeiten leisten konnten. Entscheidend war, daß zu diesen »Pioniergruppen« auch Arbeiter und Angestellte gehörten; die Beglückungen der neuen Freizeit schienen so prinzipiell für alle erreichbar und bestimmten zunehmend die Lebensorientierung.[4]

Über die Faszination hinaus wurde Freizeit zum sinnlich eindrucksvollen »Beweis« für Richtigkeit und Überlegenheit der »Sozialen Marktwirtschaft« und der sie fundierenden Sozialpartnerschaft gegenüber den Alternativen einer klassenkämpferischen Arbeiterbewegung oder gar der sozialistischen Entwicklung in der DDR. Freizeitphänomene wie sportliche Erfolge (Olympia-Medaillen, Fußball-Weltmeistertitel 1954) oder die Anschauung niedrigeren Konsumniveaus auf Auslandsreisen trugen bei zum Wiederaufbau einer nationalen Identität, in deren Mittelpunkt die wirtschaftliche Leistungsfähigkeit stand; der einzelne hatte daran teil, indem er Selbstwert aus harter und fleißiger Arbeit zog, für die ihn die Freizeit entschädigte. »Freudig schaffen – froh genießen«: so formulierte die Werbung für den Lloyd-Kleinwagen diese Einstellung.

Freizeit wurde zu einem Hauptfeld sozialer Selbsteinordnung. Die weitgehende Auflösung traditioneller Arbeitermilieus und der Verzicht auf die Wiederbegründung eigenständiger Kultur- und Freizeitorganisationen durch die Arbeiterbewegung begünstigten Individualisierungstendenzen: Freizeit gehörte nicht mehr zur Lage einer unterdrückten Klasse, die man mit vielen teilte – im Sonntagsanzug oder im Sportdress hatte jeder die gleiche Chance. Die neue Freizeit in der Bundesrepublik wurde erfahren als Raum der Gleichheit, des Verschwindens alter Klassenschranken, des Aufstiegs der ehemals ausgeschlossenen Proletarier in die große Mittelschicht. Auf der anderen Seite reproduzierten sich Konkurrenz und Ungleichheit: Freizeit wurde zum Feld, auf dem man seinen sozialen Status demonstrierte durch das, was man sich leistete oder wozu man gehörte. Statt proletarischer und bürgerlicher Sportbewegung gab es nur mehr die eine Dachorganisation des Deutschen Sportbundes – doch in ihm erstanden die sozialen Distanzen zwischen Fußball- und Tennisclubs, zwischen einfachen Mitgliedern und Funktionären wieder auf. Vorherrschend aber blieb der Eindruck, daß die äußerliche Sinnfälligkeit von Klassenunterschieden – verglichen mit der Weimarer Republik – weitgehend aufgehoben war (damit auch im politischen Bewußtsein zurücktrat) und ein großer, selbst bestimmbarer Lebensbereich dem individuellen Streben nach Glück und Anerkennung geöffnet wurde.

Mit dieser Entwicklung verstärkte sich der Anspruch auf persönliche Entfaltung in der Freizeit. Die ganze Tragweite dieser Tendenz ist nur zu fassen, wenn man die elementaren sozialen Prozesse betrachtet, die ihr zugrunde liegen: die Ausdehnung der abhängigen Arbeit und die Intensivierung, Straffung und Vereinheitlichung der Arbeitsprozesse selbst, die häufig mit einer Sinnentleerung der Tätigkeiten verbunden waren.[5]

Es prägten sich also Grundzüge abhängiger Berufstätigkeit weiter aus, die man seit Marx als Entfremdung bezeichnet und die die Identifikation mit der Arbeit, ihr Erleben als befriedigend und bereichernd, verhindern. Lohnarbeit wurde überwiegend erfahren als Unterordnung unter fremde Ziele und Weisungen, unter Kapitalinteressen und Maschinerie, als Zwang zu hoher Anpassung bei gleichzeitiger Unmöglichkeit, eigene Fähigkeiten und Bedürfnisse einzubringen – als verlorene statt sinnvoll erfüllte Zeit! Arbeit wurde aufgefaßt und ertragen als unvermeidliches Mittel, um die finanziellen Voraussetzungen für ein Leben nach den eigenen Wünschen in der Freizeit zu erlangen.

Erwartungen an die Freizeit entstanden im spontanen Gegenentwurf zur Erfahrung der Berufsarbeit als äußerlicher Zwang und fremdbestimmte Verpflichtung. Die Antworten auf die Frage, wozu Freizeit verwendet werden solle, sind anfangs der 60er Jahre ganz eindeutig: »Zur Erholung« (87 %); »um zu tun und zu lassen, was man selbst für richtig hält« (84 %); »um nach eigenem Belieben verfügen zu können« (81 %); »zur Erfüllung von persönlichen Interessen und Wünschen« (78 %); »für private Angelegenheiten« (74 %).[6]

Es herrschten also privatistische, sich subjektiv aus gesellschaftlichen Zusammenhängen und Verpflichtungen zurückziehende Vorstellungen von der »idealen Freizeit«. Solche Reaktionen verbanden sich mit Arbeitsbelastungen, die ein großes Bedürfnis nach Erholung und Abschalten hervorriefen und wenig freie Kräfte ließen, und mit einer Einkommenssituation, die meist zur Übernahme einer Fülle von häuslichen Reproduktionsaufgaben zwang: Hausarbeiten aller Art, Kinderbetreuung, Durchführung von Reparaturen und Dienstleistungen, Eigenproduktion im Garten und durch handwerkliche Tätigkeit, Nähen, Stricken usw. Anstöße für spielerisch-kreative, solidarisch-verändernde und lernend-erkennende Aktivität gingen aus diesem Verhältnis von Arbeit und Freizeit kaum hervor.

Expansion und Gewöhnung

1956 begann die Verkürzung der Arbeitswoche; erstes Etappenziel war der freie Samstag. 1954 hatte der Deutsche Gewerkschaftsbund auf seinem dritten Bundeskongreß die stufenweise Einführung der 5-Tage-Woche zu 40 Arbeitsstunden als eine erstrangige Forderung verkündet. Er organisierte anschließend unter der zugkräftigen Losung »Samstags gehört Vati uns!« eine umfassende Kampagne für dieses Ziel. Nachdem eine zentrale Vereinbarung mit der Bundesvereinigung der Deutschen Arbeitgeberverbände (BDA) nicht zustande kam, schaffte die größte Einzelgewerkschaft, die IG Metall, den Durchbruch: Ab dem 1. Oktober 1956 galten in der Metallindustrie neun Stunden an 5 Arbeitstagen als Normal-Arbeitszeit. Andere Gewerkschaften zogen nach; Ende 1958 erfaßte die Regelung etwa 14 Millionen Beschäftigte.

Erneut machte die IG Metall den Vorreiter zur Durchsetzung der 40-Stunden-Woche; nach einigen Verzögerungen auf Drängen der Unternehmer wurde sie schließlich im Januar 1967 in der Metallindustrie eingeführt und im gleichen Jahr noch auf ein gutes Drittel der Arbeiter und Angestellten ausgedehnt; Ende 1974 war für mehr als 90 % der mit Tarifverträgen erfaßten Beschäftigten die 40-Stunden/5-Tage-Woche bei vollem Lohnausgleich erreicht.

Die wirkliche Arbeitsdauer lag teilweise deutlich höher. Bei den Arbeitern stieg die Überstundenzahl im Lauf der 60er Jahre von durchschnittlich zwei auf mehr als vier pro Woche, um in den 70er Jahren wieder auf rund zweieinhalb zu sinken. Hier wirkte sich der Teufelskreis einer Freizeitorientierung aus, die an relativ aufwendige Güter und Dienstleistungen gebunden war. In den verschiedensten Formen, von Überstunden und Schwarzarbeit bis zur Erledigung von Reparaturen und Arbeiten zu Hause, wurde arbeitsfreie Zeit gegen Geld eingetauscht, um die verbleibende Freizeit auf dem technisch neuesten und durch Werbung verbindlich gemachten Standard zu genießen: mit dem eigenen Wagen, in der teuer mit HiFi- und Videogeräten ausgestatteten Wohnung, mit der modernsten Sportausrüstung, im Freizeitpark, beim Urlaub außerhalb Europas.

Es gab große Gruppen von abhängig Beschäftigten, die nicht unter Tarifverträge fielen; für sie galt noch die gesetzliche Arbeitszeitordnung von 1938 mit 48 Wochenstunden als Regel. Schließlich wurde für die Frauen vor allem seit dem Beginn der 60er Jahre Teilzeitarbeit eine zunehmend bedeutsame Form, die Belastungen durch Haushalt und Familie mit den Notwendigkeiten des Geldverdienens und (für kleine, aber wachsende Gruppen) auch mit dem Streben nach Selbständigkeit und sozialem Kontakt zu vereinen.[7]

All dies führte zu großen Abstufungen in der Arbeitszeit der abhängig Beschäftigten. Am Ende der 70er Jahre betrug sie bei rund einem Fünftel der Männer zum Teil erheblich mehr als 40 Stunden; von den Frauen arbeitete ein knappes Drittel bis zu 30 Wochenstunden, aber zugleich jede zehnte über 40 Stunden hinaus. Erheblich länger als der Durchschnitt tätig waren viele Selbständige – wobei man unterscheiden muß zwischen den stark belasteten Bauern und kleinen Gewerbetreibenden mit ihren Familien und jenen Freiberuflern, bei denen oft die scharfe Trennung von Arbeit und Freizeit bis zur weitgehenden Durchdringung aufgehoben ist.

Nach der Mitte der 50er Jahre war die wichtigste Veränderung der alltäglichen Zeitstruktur die Verlängerung des freien Wochenendes um einen Tag; die Arbeitszeit an den Werktagen blieb weitgehend unverändert. In das Muster immer stärkerer Trennung von Arbeit und längeren Freizeitblöcken (dem das zunehmende subjektive Auseinanderfallen von Arbeits- und Freizeitwelt entsprach) gehörte, daß der Freizeitzuwachs sich seit dem Ende der 60er Jahre auf die Ausdehnung des Jahresurlaubs konzentrierte. Bis zum Beginn der 80er Jahre wurde in den meisten Tarifverträgen ein Urlaubsanspruch von fünf Wochen verankert; Regelungen über die zukünftige Verlängerung auf 6 Wochen waren in vielen Branchen schon getroffen. Ein Bundesurlaubsgesetz trat 1963 in Kraft und sicherte drei Wochen Mindesturlaub zu.

Urlaubsgeldregelungen machten es möglich, daß eine wachsende Zahl von Bürgern auch verreiste. 1972/73 wurden gleich zwei »Schallmauern« des Reisebooms durchbrochen: Mehr als die Hälfte der Bevölkerung machte eine zumindest einwöchige Ferienreise – und mehr als die Hälfte der Urlauber zog es ins Ausland. Vor allem der Anteil der südeuropäischen Länder stieg (hinter dem noch immer beliebtesten Reiseziel Österreich) an: Italien, Spanien, Jugoslawien, Griechenland boten die Verwirklichung der bundesdeutschen Träume von Sonne und Meer, Wein und Vergessen des heimischen Alltags. Trotz der alljährlichen Staus auf den in- und ausländischen Schnellstraßen blieb der eigene PKW für die Touristen aus der Bundesrepublik *das* Transportmittel – zwei von drei Reisenden benutzten ihn.

Bis zum Anfang der 80er Jahre hielt der Aufschwung an; der Anteil derer, die keine Urlaubsreise machten, sank auf (immerhin noch!) rund 42 % – fast zwei Drittel der Reisen überschritten die Grenzen der Bundesrepublik. Wie hat dies den Alltag beeinflußt? Offensichtlich war die Veränderung auf den Speisezetteln und in der Restaurant-Szene; mit der Reisewelle wurde z. B. die Pizza eines der gängigen Gerichte hierzulande, und jeder Supermarkt bietet dazu eine Anzahl italienischer, französischer oder spanischer Weine. Von größerer Tragweite war sicher der Abbau national beschränkter Sichtweisen. Die Mehrheit der Urlauber akzeptierte die Touristenghettos; eine wachsende Zahl wurde jedoch seit den 60er Jahren »mündig«. Diese Reisenden gaben sich nicht mit den zurechtgemachten Folklore-Fassaden zufrieden, sondern suchten auf eigene Faust ihre Eindrücke vom Gastland. Sie wollten nicht auf die fremde Kultur herabschauen, sondern sie im direkten und spontanen Kontakt mit den Menschen besser verstehen lernen. Sie stießen dabei nicht selten auf die tiefen sozialen Probleme in den Reiseländern Südeuropas oder gar anderer Erdteile; diese Erfahrung konnte Selbstgerechtigkeit fördern – sie ging aber zunehmend ein in das Bewußtsein der Brisanz von Hunger und Armut in der Welt und der Verpflichtung der Bundesrepublik etwa zur Entwicklungshilfe. Das wachsende Verständnis für die traditionelle Lebensweise in den weniger industriell geprägten Ländern trug nicht nur bei zur Duldsamkeit gegenüber anderen Kulturen, es scheint sogar eine Triebkraft für die Verbreitung »alternativer« Lebensformen und -ansprüche geworden zu sein.

Die arbeitsfreie Zeit dehnte sich bis zur Mitte der 70er Jahre aus, sie bot mehr Menschen vielfältige Genüsse und Vergnügungen – und zugleich sank die Faszination infolge Gewöhnung, wuchsen Rationalität und Souveränität im Umgang mit den Freizeitmöglichkeiten und -erfahrungen, vergrößerte sich der Raum für kritische Distanz. Diese Entwicklung veränderte auch die Rolle der Freizeitgüter PKW und Fernsehgerät.

1958 überstieg zum ersten Mal nach dem Krieg der Bestand an Autos die Zahl der Krafträder; 1965 nannten knapp 36 % aller Privathaushalte einen Personenwagen ihr eigen, 1969 knapp die Hälfte, und bis 1978 stieg der Anteilsatz auf knapp 62 % – mehr als vier Fünftel der Erwerbstätigenhaushalte besaßen ein Auto. War in den 50er Jahren der eigene Wagen noch Gegenstand geradezu zärtlicher Bewunderung und Pflege, den man mit Weißwandreifen schmückte und vor jedem Wochenende dem Ritual der Wäsche unterwarf, so gewann in der Folge eine rationale Benutzerhaltung gegenüber dem Gebrauchsgegenstand an Einfluß – ohne allerdings schon vorherrschend zu werden!

Im Verlauf der 60er Jahre löste der Fernsehapparat das Radio als bestimmendes häusliches Medium ab. 1965 war schon fast die Hälfte der Haushaltungen mit einem Gerät versorgt, 1978 mit 95 % ein kaum noch zu steigernder Sättigungsgrad erreicht. Damit änderten sich die Nutzungsweisen. War am Ende der 50er Jahre das Programm noch ein Gegenstand besonderer Aufmerksamkeit, zu dem die beneideten Gerätebesitzer Verwandte und Bekannte einluden, so wurde mit den 70er Jahren ein eher beiläufiges Sehen parallel zu anderen häuslichen Tätigkeiten die Regel – wobei immer wieder einzelne Kriminalfilme, Unterhaltungsserien oder Sportübertragungen zum Faszinosum und Gesprächsthema der Nation wurden.

Im Charakter der Freizeit brachte das Fernsehen keine grundlegende Änderung. Seit seiner Einführung beansprucht es mit rund 16 Stunden den größten Block an freier Zeit in der Woche. Dem fiel der Kinobesuch der Durchschnittsfamilie weitgehend zum Opfer. Nach dem Höhepunkt 1956 hatte sich die Zahl der Besucher bis 1964 mehr als halbiert, um dann 1976 den Tiefpunkt zu erreichen. Damit veränderte sich der Charakter der Kino- und Filmkultur; ins Kino gingen seit Beginn der 70er Jahre überwiegend Jugendliche und junge Erwachsene, an sie richtete die Industrie ihr Angebot von Action und Abenteuer, Weltraummärchen und vermarkteter Sexualität. Für die Cineasten gab es, meist in eigenen Filmkunststudios, eine Nische – aber als gesellschaftlich wichtiges Verständigungsmittel, das drängende Fragen in massenbewegender Weise aufgreift, wirkte der Film nur noch in Ausnahmefällen, oft auf dem Umweg über den Bildschirm.

Kulturkritische Besorgnisse über die Verarmung der Massenkultur infolge des Fernsehens bestätigten sich aber nicht. Ohne Zweifel formte das Medium mit seinen intensiven sinnlichen Reizen (im Lauf der 70er Jahre setzten sich die Farbempfänger durch) Rezeptionsgewohnheiten vor allem in der jungen Generation, sicher veränderte die Erweiterung des Informations- und Unterhaltungsangebots in die weltweite Dimension das Bewußtsein und die Maßstäbe der Bundesbürger – aber die Schreckensvisionen einer süchtig vor den Bildschirm gebannten Masse wurden nicht Wirklichkeit. Solche Faszination gab es in den ersten Jahren, und sie war seither sicher ein Problem für viele Eltern – aber weder Bücher noch das persönliche Gespräch verloren in den 60er und 70er Jahren an Bedeutung. Zweifellos vertiefte die Kombination Fernsehen/Motorisierung die »Parzellierung des Alltags« (Felizitas Lenz-Romeiss) in Arbeit, häuslich-private Werktagsfreizeit und immer weiter ausgedehnte familiäre Wochenend-Ausflüge – aber eine wichtige Entwicklung ist mit dem Raster der Kulturkritik überhaupt nicht zu erklären: Seit Beginn der 50er Jahre ist die Beteiligung an Vereinen und Parteien anhaltend gestiegen; in den 70er Jahren sprachen Bürgerinitiativen viele Menschen an. Während Gesangs-, Musik- und Traditionsvereine zunehmend Nachwuchssorgen bekamen, kletterte die Mitgliederzahl in den Vereinen des Deutschen Sportbundes von 5,3 Millionen 1960 auf 10,1 Millionen 1970 und 16,9 Millionen 1980.

Darin drückten sich gewachsene Bedürfnisse nach außerhäuslichen Kontakten und Geselligkeit aus; trotz des Fernsehens wurde die Freizeit nicht passiver, sondern aktiver verbracht: Um die Mitte der 70er Jahre trieben mehr als doppelt so viele Bundesbürger regelmäßig Sport wie 20 Jahre zuvor. Die Notwendigkeit einer gesundheitsbewußten Lebensweise bestärkte gleichermaßen jene, die nur ab und zu Sport trieben, sie veränderte den Charakter des Urlaubs hin zu mehr eigener Aktivität – und sie verband sich mit dem Wunsch nach Aufspüren der eigenen Leistungsfähigkeit und Willenskräfte, nach intensivem Erleben von Körper, Natur und Zusammenspiel mit anderen. In den 70er Jahren fanden allerorten lockere, nicht vereinsgebundene »Theken-Mannschaften« von Fußballern oder Volleyball-Begeisterten zusammen, die Tennis- und Squash-Zentren schossen am Rande der Städte aus dem Boden, die Jogger erhielten durch das Vorbild des US-Präsidenten Carter zusätzlichen Auftrieb. Vor allem Frauen hatten einen Nachholbedarf und waren an der sportlichen Aktivierung der Bundesbürger überdurchschnittlich beteiligt.

Wie sah nun die »Freizeit des Bundesbürgers« zu Beginn der 70er Jahre im Querschnitt aus? Einen guten Einblick gibt eine Zusammenstellung aus dem Jahr 1972 (Tabelle 13).

Vor allem Erholung, häusliche Arbeiten und Verpflichtungen sowie Kommunikationsbedürfnisse bestimmten die ganz unspektakuläre Freizeit. Dies am stärksten an den Werktagen: Nichtstun und ein kurzer Schlaf nach der Arbeit waren notwendig, um verbrauchte Kräfte wiederherzustellen, damit überhaupt erst andere Aktivitäten möglich wurden. Noch vor häuslichen Arbeiten, Reparaturen und der Beschäftigung mit den Kindern rangierte der Zeitaufwand für die Massenmedien – in erster Linie das Fernsehen, dann die Lektüre von Zeitungen und Illustrierten. e0001Hier verbanden sich Bedürfnisse nach körperlich-nervlicher Erholung mit solchen nach Unterhaltung und Information.

Gespräche fanden überwiegend im Familienkreis statt; Ausgehen, Empfangen und Abstatten von Besuchen oder gemeinsame Aktivitäten mit Freunden spielten am Werktag-Abend nur für die Jüngeren und Unverheirateten eine größere Rolle. Allenfalls 30 % der arbeitsfreien Zeit wurden im Wochenverlauf außerhalb der Wohnung und des unmittelbaren Wohnumfeldes verbracht.

In dieser Hinsicht ganz anders die Wochenenden: Zwar nahm man sich hier noch mehr Zeit für Schlafen, Nichtstun und Massenmedien. Nach der Erledigung während der Woche liegengebliebener Arbeiten und Verpflichtungen sowie von Einkäufen (zunehmend schon am Freitagnachmittag abgewickelt) verfügte man jedoch über zusammenhängende Freizeit sowie über Spannkraft und Motivation auch für anspruchsvollere Unternehmungen. Bei der Masse der Berufstätigen waren das Ausgehen, Besuche, Ausflugsfahrten mit dem Auto oder Fahrrad, sportlich-spielerische Vergnügung oder auch kulturelle Aktivitäten.

Mit großem Engagement wurden ausgeprägt kreative und Kenntnisse voraussetzende Tätigkeiten nur von Minderheiten betrieben. Das galt am deutlichsten für die traditionellen Künste – ihnen widmeten sich als Besucher oder Amateure höchstens 10 bis 15 % der Bevölkerung. In Gruppen

Tabelle 13: Die Freizeit der Bundesbürger (1972)

	am Werktag			am Samstag			am Sonntag		
	durch-schnittl. Dauer Std.:Min.	Beteili-gungs-grad %	durch-schnittl. Dauer bei Beteilig. Std.:Min.	durch-schnittl. Dauer Std.:Min.	Beteili-gungs-grad %	durch-schnittl. Dauer bei Beteilig. Std.:Min.	durch-schnittl. Dauer Std.:Min.	Beteili-gungs-grad %	durch-schnittl. Dauer bei Beteilig. Std.:Min.
Fernsehen	1:29	69	2:09	2:11	76	2:54	1:53	72	2:37
Radio hören, Schallplatten, Tonband	59	39	2:31	1:04	40	2:40	49	33	2:28
Lesen	33	55	1:00	39	56	1:10	31	37	1:23
Hobby	9	9	1:37	9	10	1:34	10	10	1:42
Nichtstun, Ausspannen, Überlegen, Tagebuch ausfüllen	42	79	54	43	72	1:00	1:01	79	1:17
Unterhalten, Zusammensitzen, Telefonieren, Besuch haben	46	43	1:48	1:05	46	2:20	1:24	50	2:48
Besuch bei Verwandten, Freunden, Bekannten	28	18	2:40	1:01	24	4:17	1:21	30	4:27
Lokale, Café, »Ausgehens«, Tanzen, Vereinstreffen	14	9	2:33	24	13	3:06	33	20	2:38
Kino, Theater, Konzert, Vorträge, Ausstellungen, Kirche	4	3	2:02	8	8	1:45	24	24	1:40
Bummel, Spaziergang, Schwimmbad, Sport, Ausflug, Reise	24	18	2:17	52	29	2:58	2:11	64	3:27
Berufliche Tätigkeit, Arbeitsweg, Lernen	4:37	57	8:07	1:45	31	5:32	32	12	4:25
Einkäufe, Erledigungen	48	48	1:39	52	50	1:42	4	5	1:18
Beschäftigung mit Kindern	37	34	1:49	41	33	2:03	47	36	2:12
Arbeiten und Tätigkeiten im Haushalt	2:25	57	4:15	2:19	61	3:47	1:39	60	2:44
Gartenarbeit, Autowaschen, größere Reparaturen, Nähen, Stricken	41	29	2:20	1:03	38	2:44	9	6	2:16
Mahlzeiten, Körperpflege	2:13	99	2:14	2:24	99	2:25	2:29	99	2:30
Schlafen *	2:32	98	2:35	2:47	97	2:52	4:12	99	4:13

* Bei der Tagebucherfassung des Verhaltens wurden vier Nachtstunden ausgeklammert.

Quelle: Institut für angewandte Sozialwissenschaft (INFAS), Freizeitverhalten. Eine Sekundäranalyse, Bonn-Bad Godesberg o.J. [1973], S. 19.

mit überdurchschnittlichem Bildungsniveau betrug der Anteil ein Mehrfaches; bei denen, die nur die Volksschule besucht und keine Lehre abgeschlossen hatten, wies er gegen Null – und dieses Verteilungsmuster zeigten viele Tätigkeiten: Berufliche und allgemeine Weiterbildung (maximal 10 %); intensives Verfolgen eines Hobbys (Sammeln, Züchten, Laienkunst – ebenfalls um 10 %). Mindestens einmal wöchentlich Sport trieben allenfalls 15–20 % der Erwachsenen. Für gewerkschaftliches, politisches oder sonst interessenvertretendes Engagement (etwa in Bürgerinitiativen) wandten höchstens 5–10 % Freizeit auf.

Mit geringerer Intensität verfolgt, war doch das Spektrum der Interessen und Genüsse der breiten Mehrheit recht weitgefächert: Populäre Musik und Unterhaltungsliteratur, Fernsehspiele und »Volkstheater«, Zeitungslektüre und handwerkliche Arbeiten, Baden und Wandern, Gartenarbeit, Vereinstätigkeiten wie Sport, Gesang oder freiwillige Feuerwehr, Beziehungen zu Verwandten, Bekannten, Kollegen und Nachbarn waren Elemente der Alltagskultur der Bundesbürger, die von vielgestaltigen Bedürfnissen ebenso zeugten wie von dem Versuch, sie im Rahmen ihrer Lebensbedingungen zu befriedigen.

Zwischenbilanz: Freizeit und soziale Ungleichheit

Fragen wir nach der gesellschaftspolitischen Qualität der Erfahrungen und Erkenntnisse in der Freizeit, dann muß man insgesamt feststellen: Angebote, die treffend Informationen und Einsichten vermittelten, realistisch und genußvoll Probleme und Wünsche, Erlebnisse und Hoffnungen der Menschen behandelten, zur Einsicht in die eigene Lage und zum Bewußtsein eigener Interessen beitrugen, Chancen für Lernprozesse zur Veränderung der eigenen Lebenssituation gingen an der großen Mehrheit weithin vorbei; ihre vielfältigen und weiterreichenden Bedürfnisse wurden auf Entspannung, Unterhaltung, Abwechslung, folgenlose Träumerei begrenzt.

Es war nicht so, daß sich auf der Grundlage der Alltagskultur nun die intensiveren, schöpferischen Freizeitaktivitäten relativ gleichmäßig verteilten; sie konzentrierten sich vielmehr in einer vergleichsweise kleinen Gruppe derer, die durch Bildung und sozial-beruflichen Status ohnehin privilegiert waren: Angehörige der herrschenden Eliten sowie der Mittelschichten, vor allem der Intelligenz. Mit der Höhe von Schulabschluß und beruflicher Qualifikation stiegen Vielfalt, Intensität und Bewußtheit der Freizeit. Die Soziologie spricht hier vom »Kumulationseffekt«: Wer sich z. B. beruflich weiterbildete, ging auch mit sehr viel höherer Wahrscheinlichkeit als der Durchschnitt ins Theater, las anspruchsvolle Literatur, trieb Sport, pflegte einen ausgedehnten Bekanntenkreis und engagierte sich eher gesellschaftlich.

Tabelle 14 faßt die Befunde vieler Untersuchungen zur Ungleichheit von Freizeitchancen in der ersten Hälfte der 70er Jahre zusammen.

Die Tabelle stellt die Defizite der Freizeitnutzung in großen Teilen der Arbeiterklasse dar. Die Haupttendenz läßt sich so formulieren: In der Freizeit fand kein Ausgleich statt für die einschränkenden Wirkungen der Berufsarbeit auf Persönlichkeitsentfaltung und Lebenserfüllung, die die herrschende gesellschaftliche Arbeitsteilung für die große Mehrheit der Bevölkerung (neben Arbeitern und einem Großteil der Angestellten und der einfachen Beamten bedeutende Gruppen kleiner Landwirte, Handwerker und Gewerbetreibender) mit sich brachte. Vielmehr wurde der gesellschaftliche Reichtum an Betätigungsmöglichkeiten überwiegend angeeignet durch jene sozialen Gruppen, die von ihrer beruflichen Situation und dem damit verbundenen Status her ohnehin bevorzugt waren. Das heißt gesellschaftspolitisch: Massenfreizeit in der Bundesrepublik war – namentlich dort, wo sie von der Kulturindustrie bestimmt wurde – kein Ort für Anstöße zu selbständigem und interessenbewußtem Handeln der Lohnabhängigen und anderer in ihren Lebenschancen benachteiligter Gruppen – sie verfestigte vielmehr bestehende ökonomisch-politische Herrschaftsverhältnisse.

Seit dem Ende des Zweiten Weltkriegs hat sich die Freizeit der Bundesbürger tiefgreifend und mit anhaltender Dynamik verändert. Der gewerkschaftliche Verteilungskampf und die Anforderungen der modernen Arbeit selbst haben dafür gesorgt, daß die außerordentlich gestiegene Arbeitsproduktivität sich auch in verbesserten Lebensbedingungen niederschlug. Senkung der Arbeitszeiten, gestiegene Realeinkommen, höheres Bildungsniveau, individuelle Motorisierung, Entwicklung der Massenmedien, Ausbau der sozialen und kulturellen Infrastruktur haben der Bevölkerung neue Felder gesellschaftlichen Reichtums an Bedürfnissen und Beziehungen, Fähigkeiten und Genüssen eröffnet.

Dies blieb jedoch ein quantitativer Prozeß, der die Gesellschaft ihrem mit großen Hoffnungen postulierten Verfassungsanspruch als demokratischem und sozialem Rechtsstaat nicht näher brachte. Es herrschte in der Massenfreizeit die Abkapselung gegenüber gesellschaftlichen Problemen, Interessenvertretung und Politik vor, es wurden die sozialen Unterschiede an Interessenbewußtsein und Handlungsfähigkeit eher vertieft als gemindert, es blieben Lebenschancen und gesellschaftlicher Einfluß der Lohnabhängigen weiterhin eng begrenzt. Unter diesem Gesichtspunkt erwies sich Freizeit nicht als der erhoffte und propagierte Ausgleich, sondern als Verlängerung aus der Arbeit herrührender sozialer Herrschaftsverhältnisse.

Tabelle 14: Berufliche Tätigkeit und Verteilung der Freizeitchancen

	FZ-Umfang	FZ-Verteilung	Urlaub	FZ-Infrastruktur	FZ-Angebot	davon: Bildungsangebot	Sport, Gesundh.-Vorsorge	Information, Kommunikation	Politische Beteiligung	Summe −	Summe +	Index
Arbeiter jüngere a)	0	-2	-3	-2	-2	-2	0	-2	-2	-15	+0	-15
Arbeiter ältere b)	0	-2	-2	-2	-3	-3	-3	-2	-1	-17	+0	-17
Angestellte jüngere a)	0	0	-1	-1	-1	0	+2	0	-1	-4	+2	-2
Angestellte ältere b)	0	0	0	0	0	0	-1	0	+1	-1	+1	0
Beamte jüngere a)	0	-2	+1	+2	0	0	+2	0	+1	-2	+4	+2
Beamte ältere b)	0	-1	+3	+2	+1	0	+1	+1	+3	-2	+7	+5
Selbständige	-2	-2	-1	-2	-3	-3	-3	-2	+2	-16	+6	-10
Rentner	+3	+3	0	-1	-3	-3	-3	-2	-3	-13	+0	-13
Auszubildende	-1	0	-2	-1	-2	-2	-1	-1	-3	-13	+0	-13
Schüler/Studenten	+2	+2	+3	-1	-1	+3	+1	+2	-2	-4	+13	+9
Hausfrauen	-1	-2	0	-1	-2	-2	0	-1	-2	-11	+0	-11
Problemgruppe Frauen mit Kleinkindern	-3	-3	-1	-2	-3	-2	-1	-3	-3	-21	+0	-21
Problemgruppe Schichtarbeiter	-3	-3	-2	-2	-3	-3	-2	-3	-3	-24	+0	-24
Ausländische Arbeitnehmer	-2	-2	-3	-3	-3	-3	-3	-3	-3	-25	+0	-25

a) bis 25 Jahre   b) über 25 Jahre

0 = Normalfall
−1 = geringe Benachteiligung
−2 = deutliche Benachteiligung (mittlerer Wert der Abweichung nach unten)
−3 = extreme Benachteiligung (unterer Wert der Abweichung)
+1 = geringfügig überdurchschnittliche Chancen
+2 = deutliche Privilegierung (mittlerer Wert der Abweichung nach oben)
+3 = extreme Privilegierung (oberer Wert der Abweichung)

Quelle: Heribert Kohl, Freizeitpolitik, Frankfurt, Köln 1976, S. 65.

Wertwandel und Konflikt

Der »Ölpreisschock« von 1973 war Vorbote der tiefgreifenden Krise, die ein Jahr darauf begann. In diesem Zeitraum läßt sich ein Einschnitt in der Geschichte der Freizeit markieren, in dessen Folge es zum Bruch mit vielen Zügen der nach 1945 ausgebildeten Massenfreizeit kam.

Die wöchentliche Arbeitszeit konnte nicht weiter gesenkt werden, obwohl hohe Arbeitslosigkeit den Druck in Richtung auf eine Neuverteilung der Arbeit erhöhte. Die 40-Stunden-Woche wurde 1978 in den sogenannten »Tabu-Katalog« der Unternehmerverbände unter die gesellschaftspolitischen Streitpunkte aufgenommen, bei denen keine Zugeständnisse gemacht werden sollten. So mußte die Brauerei-Industrie Nordrhein-Westfalens im Sommer 1978 eine schon ausgehandelte Arbeitszeitregelung auf Druck der Bundesvereinigung der Deutschen Arbeitgeberverbände hin zurückziehen, weil sie für einen Großteil der Beschäftigten weniger als 40 Stunden vorsah. Um die Jahreswende 1978/79 versuchte die IG Metall, einen Schritt in Richtung auf die inzwischen auch vom DGB aus beschäftigungspolitischen Gründen geforderte 35-Stunden-Woche voranzukommen. Nach Streik und Aussperrung konnte die Gewerkschaft ihr Hauptziel, das Durchbrechen der 40-Stunden-Schranke, nicht erreichen. Der 6 Wochen lang erbittert geführte Arbeitskampf machte klar: Arbeitszeitverkürzungen waren in Zukunft nicht mehr quasi automatisch als Nebenergebnis steigender Arbeitsproduktivität zu erwarten.

Wollte man die Veränderungen in Bewußtsein und Bestrebungen der Bundesbürger auf einen Nenner bringen, so könnte man formulieren: Freizeit wurde aus der konsensbildenden Ideologie zum konfliktträchtigen Anspruch an Gesellschaft und Staat, Möglichkeiten zur Persönlichkeitsentfaltung in eigener, selbstbestimmter Tätigkeit zu sichern und auszuweiten. Diese Haltung wurde noch nicht vorherrschend, doch machte sie das wesentlich und anwachsend Neue aus. Verständlicherweise am weitesten ging der Wertwandel bei den nach dem Krieg Geborenen. Sie wuchsen schon in eine eingerichtete Freizeitwelt hinein und erfuhren sie nicht als Ergebnis mühevollen Wiederaufbaus, nicht als faszinierende Anziehungskraft technisch hochentwickelter Freizeitgüter, sondern als gegebenes Lebensniveau, von dem aus andere und höhere Ansprüche anzumelden waren. Die Polarität von Arbeit und Freizeit, die Kompensation fehlender Entfaltung im Beruf durch einen auf Konsum und Prestigekonkurrenz zugeschnittenen Lebensstil wurden zunehmend kritisch gesehen; in den seit der Mitte der 70er Jahre mit großem publizistischem Echo aufgenommenen Bewegungen »alternativer« Projekte und neuer Lebensformen schlug das Pendel am weitesten in die Gegenrichtung aus.

Schwächer wurde seit den 60er Jahren das »christlich-preußische« Arbeitsethos, das ungeachtet aller konkreten Belohnungen und persönlichen Befriedigungen schon in der Pflichterfüllung dort, wohin einen die gegebene Ordnung stellt, Lebenssinn findet; die moralische Überlegenheit von Arbeit gegenüber Nichtarbeit verringerte sich. Vor allem die steigende Entleerung, Rationalisierung und Intensivierung von Arbeitstätigkeiten verstärkten die Neigung, Lebenserfüllung und -genuß in der Freizeit zu suchen. Wie weit diese Entwicklung schon zu Beginn der 70er Jahre gediehen war, macht ein Umfrageergebnis von 1973 deutlich. Auf die Frage »Was ist Ihnen wichtiger in Ihrem Leben: Arbeit und Betrieb oder Familie und Freizeit?« entschieden sich 67 % der Berufstätigen für Familie und Freizeit, nur 17 % für Arbeit und Betrieb.[8] Zunehmend diskutierte man über Alternativen zur bisherigen Arbeitszeitregelung, erwog Teilzeitarbeit, geteilte Arbeitsplätze, flexible Arbeitszeiten – alles aus dem Wunsch nach einem ausgeglicheneren Verhältnis von Arbeit und Freizeit im Leben.

Im Zusammenhang mit der sozialliberalen Reformpolitik wurden »Lebensqualität« und »Humanisierung der Arbeitswelt« zu massenwirksamen Losungen. Neue soziale Bewegungen gewannen wachsenden politischen und geistigen Einfluß: Bürgerinitiativen und Umweltschützer, »alternativer« und jugendlicher Protest antworteten auf Bedrohung und Zerstörung von Lebensbedingungen außerhalb der Arbeitswelt und speisten ihre radikalen Ausdrucksformen aus der Ablehnung einer »konsumfixierten« und damit an ein rücksichtsloses quantitatives Wachstum gefesselten Lebensweise.

Freizeit als gesellschaftlicher Faktor und die staatliche Aufgabe »Freizeitpolitik« fanden seit Beginn der 70er Jahre Aufmerksamkeit bei Wissenschaft und Verwaltung; eine ganz neue Disziplin, die Freizeitpädagogik, etablierte sich, Ausbildungsstätten für Freizeitberater (»Animateure«) schossen aus dem Boden – entsprechend der Einsicht, daß man Freizeit gesellschaftlich wie individuell nicht dem Selbstlauf überlassen dürfe.

Es kam vielerorts zu spektakulären Auseinandersetzungen um die Bedrohung von Erholungsgebieten oder lebendigen Stadtvierteln, um die Forderung nach autonomen Jugend- und Kulturzentren für eine selbstbestimmte und eigentätige Gestaltung der Freizeit. Die Veränderungen erfaßten weite Bereiche der Lebensweise: Die anhaltende Zunahme spielerisch-sportlicher Aktivität auch außerhalb der Vereine, die Wandlung des Urlaubs vom ausschließlichen Faulenzen und Flirten hin zu sportlichen, bildenden, auf Abenteuer und neue kulturelle Erfahrungen gerichteten Interessen, die Woge der Straßen-, Stadtteil- und Kulturfeste, die seit dem Beginn der 70er Jahre das Land überspülte, die Beteiligung an Möglichkeiten kreativer Eigenaktivität von den Volkshochschulen bis zur alternativen Kulturszene waren gleichgerichtete, einander verstärkende Entwicklungen; sie schränkten Konsumorientierung und Häuslichkeit ein und verliehen Werten wie Kommunikation, Selbsttätigkeit und Persönlichkeitsentfaltung Ausdruck.

Ohne Zweifel waren hier jeweils nur Minderheiten engagiert – vor allem die Jüngeren und die höher Qualifizierten. Die Dimensionen des untergründigen Wandels im Alltag wurden plötzlich in einer Art Zeitraffereffekt sichtbar, als das Allensbacher Institut für Demoskopie 1979 eine breit angelegte Umfrage wiederholte, die es 1953 durchgeführt hatte. Gaben damals 14 % der Bürger an, sie lüden ihre Nachbarn zu sich ein, so waren es 1979 35 %.[9] Einladungen von Freunden und Bekannten folgten 1953 häufig 31 %, 1979 64 %. Ebenso wurden Sportveranstaltungen, Vereinsabende, Treffen zum Kartenspielen, Betriebsfeste und politische Veranstaltungen öfter besucht.[10] Alle Formen außerhäuslicher und kommunikativer Aktivitäten waren beliebter geworden – für einen Zeitraum von nur 26 Jahren waren dies dramatische Veränderungen.

Versuchen wir eine knappe Bilanz. Mit der Sicherung der Lebensgrundlagen seit dem Ende der 40er Jahre entfaltete sich Freizeit als private Gegenwelt zu Arbeit und Politik. Die Bürger entschädigten sich für die Mühen beim Wiederaufbau der persönlichen und gesellschaftlichen Existenz durch Konzentration auf die faszinierenden Güter und Erfahrungen, die der ungekannte Wohlstand bot. Man suchte sich abzuschotten gegen die harten sozialen und politischen Auseinandersetzungen der 50er Jahre wie gegen mehr als oberflächliche Kontakte jenseits des engsten Familien- und Freundeskreises. Freizeit und ihre Versprechungen wirkten als sozialpsychologische Absicherung einer Politik, die unter den Losungen »Wohlstand für alle« und »Keine Experimente« Leistung mobilisierte für den Wiederaufstieg bundesdeutscher Unternehmen und den Gegensatz von Lohnarbeit und Kapital in die Mechanismen sozialpartnerschaftlicher Konsensbildung einband.

Diese Grundstruktur entstand schon in der ersten Hälfte der 50er Jahre. Die folgenden zwei Jahrzehnte waren auf der Oberfläche gekennzeichnet durch die Mehrung von Freizeit und Wohlstand, durch die Erweiterung von Reizen, Angeboten und Genußmöglichkeiten über Konsumgüter-, Freizeit- und Kulturindustrie. Darunter begannen gegenläufige Prozesse einer Gewöhnung an ständigen Zuwachs des Verbrauchs, die Faszination der neuen Erfahrungen und Medien schliff sich ab; vor allem eine besser ausgebildete junge Generation begann ihre Ansprüche an Lebensqualität anzumelden. Spätestens seit den sozialen und politischen Erschütterungen in der zweiten Hälfte der 60er Jahre verstärkte der Verlust an selbstverständlicher Zukunftsgewißheit auch Unbehagen und Kritik am Kompensations- und Fluchtcharakter der Freizeit. Entfaltung und Genuß in der arbeitsfreien Zeit gewannen immer stärker den Rang eigenständiger und werthafter Lebensziele.

Ihre Verwirklichung erwies sich als abhängig von gesellschaftspolitischen und ökonomischen Entscheidungen über die weitere Gestaltung der Lebensbedingungen (Arbeitszeitpolitik, Umwelt, Infrastruktur, Stadtplanung etc.). Vor allem seit 1974 wurden Konflikte in der Reproduktionssphäre zum Auslöser breiter, vorwiegend von Jüngeren getragener Bewegungen, in denen konkrete Anlässe mit dem allgemeinen Unbehagen an der »konsumistischen und privatistischen« Lebensweise der Wirtschaftswundergeneration zusammenflossen.

Die Freizeit des Bundesbürgers schien aus der gesellschaftlichen Windstille der familiären Privatheit ein Stück herausgetrieben. In Wechselwirkung von innerer Dynamik der Bedürfnisse und äußeren Anstößen aus wirtschaftlichen und politischen Erfahrungen wurde sie zum Ort der Entstehung und Austragung bedeutsamer Konflikte; subjektiv wie objektiv hat sie stärker die Rolle einer gesellschaftlich nicht beharrenden, sondern bewegenden Lebenssphäre angenommen.

Anmerkungen

1 Dieter Claessens, Arno Klönne, Armin Tschoepe, Sozialkunde der Bundesrepublik Deutschland, Bremen 1968[2], S. 274.

2 Die Zahl der Krafträder stieg von 515 000 1948 auf den Höchststand von 2,49 Millionen im Jahr 1956, die der PKW im gleichen Zeitraum von 291 000 auf 1,9 Millionen.

3 1956 ca. 10 %, 1978/79 ca. 16 %.

4 Auf den korrespondierenden Mechanismus, daß aus dem restaurativen Verlauf der Nachkriegsentwicklung und dem Scheitern der Neuordnungsversuche der Arbeiterbewegung resignative, zum Rückzug auf das private Dasein führende Tendenzen folgten, kann hier nicht eingegangen werden – obwohl der Charakter der Freizeit ohne diese Faktoren nicht zu erklären ist.

5 Von 1950 bis 1960 stieg die Zahl der abhängig Beschäftigten um 5,1 Millionen; dies war verbunden mit einer Zunahme der durchschnittlichen Betriebsgröße.

6 Zit. nach Erwin K. Scheuch, Soziologie der Freizeit, in: Handbuch der empirischen Sozialforschung, Bd. 11, Stuttgart 1977[2], S. 82.

7 Von 1960 bis 1970 stieg die Zahl der teilzeitbeschäftigten Frauen um über 80 % auf knapp 3,2 Millionen; der Zuwachs war in den 70er Jahren v. a. wegen der die Frauen überdurchschnittlich treffenden Arbeitslosigkeit deutlich schwächer.

8 Axel R. Bunz, Rolf Jansen, Konrad Schacht, Qualität des Arbeitslebens, Bonn 1973, S. 254.

9 Institut für Demoskopie Allensbach, Eine Generation später. Bundesrepublik Deutschland 1953–1979, Allensbach 1981, S. 41.

10 Ebenda, S. 37.

Literatur

Joachim Bischoff, Karlheinz Maldaner (Hrsg.), Kulturindustrie und Ideologie, 2 Teile, Hamburg 1980, 1981.

Bundesrepublikanisches Lesebuch. Drei Jahrzehnte geistiger Auseinandersetzung, hrsg. von Hermann Glaser, München 1978

Wilfried Deppe, Drei Generationen Arbeiterleben. Eine sozio-biographische Darstellung, Frankfurt/M., New York 1982

Gert Eichler, Spiel und Arbeit. Zur Theorie der Freizeit, Stuttgart 1979

Helmut Giegler, Dimensionen und Determinanten der Freizeit, Opladen 1982

Frank Grube, Gerhard Richter, Die Gründerjahre der Bundesrepublik. Deutschland zwischen 1945 und 1955, Hamburg 1981

Jürgen Habermas, Soziologische Notizen zum Verhältnis von Arbeit und Freizeit, in: Konkrete Vernunft. Festschrift für E. Rothacker, Bonn 1958

Herausgebergruppe Freizeit, Freizeit in der Kritik, Köln 1980

Institut für Demoskopie Allensbach, Eine Generation später. Bundesrepublik Deutschland 1953–1979, Allensbach 1981

Kalter Krieg und Capri-Sonne: Die fünfziger Jahre. Politik – Alltag – Opposition, zusammengestellt von Eckhard Siepmann, Berlin 1981

Heribert Kohl, Freizeitpolitik, Frankfurt/M., Köln 1976

Dieter Kramer, Freizeit und Reproduktion der Arbeitskraft, Köln 1975

Kaspar Maase, Arbeitszeit – Freizeit – Freizeitpolitik, Frankfurt/M. 1976

Martin Osterland u. a., Materialien zur Arbeits- und Lebenssituation der Industriearbeiter in der BRD, Frankfurt/M. 1973

Erwin K. Scheuch, Soziologie der Freizeit, in: Handbuch der empirischen Sozialforschung, Bd. 11, Stuttgart 1977[2]

Friedrich H. Tenbruck, Alltagsnormen und Lebensgefühle in der Bundesrepublik, in: Richard Löwenthal, Hans-Peter Schwarz (Hrsg.), Die zweite Republik, Stuttgart 1974

Chronik

1947

| 10. 9. | Erste Ziehung der Süddeutschen Klassenlotterie. |
| Herbst | Beginn des Spielbetriebs in den Fußballoberligen. |

1950

| 10. 12. | Gründung des Deutschen Sportbundes. |

1952

| 25. 12. | Beginn eines regelmäßigen Fernsehprogramms erstmals im Nordwestdeutschen Rundfunk. |

1953

Der PKW-Bestand überschreitet die Millionengrenze.

1954

1. 10.   Beginn des gemeinsamen Fernsehprogramms der ARD.

1955

Höchststand der Arbeitszeit mit rund 50 Wochenstunden.

1956

Höchststand an Kinobesuchern: 818 Millionen.

25. 7.   »Bremer Abkommen« zwischen IG Metall und »Gesamtmetall«
über die Einführung der 5-Tage-Woche.

1. 10.   Beginn der 5-Tage/45-Stunden-Woche in der Metallindustrie.

Nov.   Der Bayerische Rundfunk beginnt mit dem Werbefernsehen.

1960

»Goldener Plan« der Deutschen Olympischen Gesellschaft für den
langfristigen Bau von Spiel- und Sportstätten vorgelegt.

Juli   Abkommen zwischen IG Metall und »Gesamtmetall« über die stufenweise Einführung der 40-Stunden-Woche (»Bad Homburger
Abkommen«).

1963

8. 1.   Bundesurlaubsgesetz legt Mindesturlaub von 18 Werktagen fest.

Herbst   Einführung der Fußball-Bundesliga.

1964

Juni   Gründung der »Arbeitsgemeinschaft für Freizeit und Erholung«
(AGFE) als Dachverband zur Behandlung übergreifender Freizeit-
fragen.

1965

8. 4.   Raumordnungsgesetz schreibt Natur- u. Landschaftsschutz sowie
Pflege und Ausbau von Erholungsgebieten vor.

Dez.   Der 10millionste Fernsehempfänger wird angemeldet.

1967

Der 10millionste PKW wird zugelassen.

1. 1.   Einführung der 40-Stunden-Woche in der Metallindustrie.

25. 8.   Ausstrahlung der ersten Fernsehshow in Farbe.

1970

23.–26. 6.   »Erster Deutscher Freizeitkongreß«, veranstaltet von der AGFE
und dem Siedlungsverband Ruhrkohlenbezirk.

1971

29. 9.   Vorlage eines Umweltprogramms durch die Bundesregierung, das
zum Schutz der Umwelt auch die Kooperation staatlicher und gesellschaftlicher Kräfte (z. B. Bürgerinitiativen) vorsieht.

1972

11.–14. 4.   Internationale Arbeitstagung der IG Metall zum Thema »Verbesserung der Lebensqualität«.

2. 7.   Die AGFE wird umgewandelt in die »Deutsche Gesellschaft für Freizeit«.

1974

2. 4.   Erste Stellungnahme einer Bundesregierung zur »Freizeitpolitik« durch das Bundesministerium für Jugend, Familie und Gesundheit (auf eine parlamentarische Anfrage hin).

30. 9.–4. 10.   Dritter Deutscher Freizeitkongreß zum Thema »Freizeitpolitik in Bund, Ländern und Gemeinden«.

1975

2. 5.   Bundeswaldgesetz enthält Vorschriften zur Erhaltung des Waldes u. a. auch für Erholungszwecke.

1976

Tiefststand an Kinobesuchern: 102 Millionen.

20. 12.   Bundesnaturschutzgesetz; Rahmenbedingungen für Natur- und Landschaftsschutz sowie für Landschaftsplanung werden darin kodifiziert.

1978

16. 3.   Festlegung des »Katalogs der zu koordinierenden lohn- und tarifpolitischen Fragen« durch die Deutsche Bundesvereinigung der Arbeitgeberverbände, der die Grenzen von 40-Stunden-Woche und 6 Wochen Jahresurlaub festschreibt.

28. 11.   Beginn des Arbeitskampfes in der nordrhein-westfälischen Stahlindustrie (bis 10. 1. 1979); der IG Metall mißlingt der »Einstieg in die 35-Stunden-Woche«.

1979

Zunehmende Politisierung des Protestes von Bürgerinitiativen und Natur- und Umweltschutzorganisationen gegen die Gefährdung oder Zerstörung von Erholungsgebieten, intakten Biotopen und geschützten Landschaften.

Die Katholische Kirche

von Günter Hollenstein

Die Grundlagen und Strukturen

Die katholische Kirche in der Bundesrepublik – das waren nach der Volkszählung des Jahres 1970 27,07 Millionen Menschen oder 44,6 Prozent der Bevölkerung. Die evangelische Kirche zählte zum Vergleich 28,48 Millionen und ihr Anteil lag demnach bei 47,0 Prozent. Zehn Jahre später war der Anteil der Katholiken auf 43,5 %, der der Protestanten auf 42,8 % zurückgegangen. Nimmt man den sonntäglichen Gottesdienstbesuch als Gradmesser zur Verbundenheit mit der katholischen Kirche, denn die Teilnahme an der Messe gehört zu ihren Geboten und die Abwesenheit gilt als Sünde, dann stellt man einen noch stärkeren Rückgang fest. 1946 nahmen etwa 55 Prozent der Katholiken am sonntäglichen Gottesdienst teil, 1978 lag dieser Anteil nur noch bei 30,3 Prozent. Rund 24 000 Priester sorgen für die seelsorgerische Betreuung der Katholiken. Sie arbeiten in 22 Diözesen (zählt man Berlin mit seiner Sonderstellung hinzu), an deren Spitze als Oberhaupt ein Bischof steht. Er ist oberster Dienstherr aller Angestellten einer Diözese; als Arbeitgeber hat die Kirche die Gewerkschaften erfolgreich aus ihrem Wirkungskreis verbannt. Der Gegensatz von Arbeit und Kapital sei innerhalb der Kirche aufgehoben, heißt die von den Oberhirten gefundene Begründung. Der Priester hat eine starke Stellung in der Gemeinde. Zwar gibt es seit der Würzburger Synode eine Art Laienvertretung, repräsentiert im gewählten Pfarrgemeinderat oder auf Diözesanebene im Katholikenrat. Ihre Funktion ist allerdings nur eine beratende. Die letzte Entscheidung fällt dem Pfarrer beziehungsweise dem Bischof zu. Als Laienorganisation und Gegenpol zur Deutschen Bischofskonferenz fungiert das Zentralkomitee der deutschen Katholiken, das allerdings in Glaubensfragen ebenso wenig Kompetenz beanspruchen darf wie es etwa die in der Forschung tätigen Theologen können. Das aktive Leben der Katholiken spielt sich immer noch sehr stark in den 102 Verbänden ab, die etwa drei Millionen Mitglieder haben. Zu den größten zählen der Bund der Deutschen Katholischen Jugend (BDKJ), der als Dachverband der kirchlichen Jugendorganisationen 17 Organisationen mit 300 000 bis 350 000 Mitgliedern repräsentiert. Die größten Einzelverbände sind die Katholische Arbeitnehmer

Bewegung (KAB) mit 300 000 und der Familienverband Kolping mit 250 000 Mitgliedern. Kolping, ursprünglich als Handwerkerverband gegründet, hat sich zwischenzeitlich in den meisten Pfarrgemeinden als Träger von Bildungsarbeit, von Familienferien und Lebenshilfe etabliert.

Der neue Staat

Nach dem Zusammenbruch des Hitler-Regimes schien es, als hätten die Kirche und ihre Amtsträger das Hitlerreich unbeschadet und unangefochten überstanden. Karl Otmar Freiherr von Aretin konstatierte, daß der Katholizismus nach 1945 großes Ansehen in einer Welt besaß, die sich längst abgewöhnt hatte, christlich zu denken und zu handeln.[1] Dieses moralische Ansehen hätte dem Wort der Kirche und ihrem damaligen Repräsentanten Papst Pius XII. größtes Gewicht gegeben.

Die ersten Jahre nach dem Krieg hatte auch die katholische Kirche alle Hände voll zu tun, sich der materiellen Nöte des deutschen Volkes anzunehmen. Eine der herausragendsten Persönlichkeiten jener Zeit war der Kölner Kardinal und Erzbischof Joseph Frings, der in den ersten Nachkriegsjahren zu jenen gehörte, die ungebrochen und selbstbewußt den alliierten Siegern gegenüber auftraten. Populär wurde die Silvesterpredigt 1946, in der Frings Mundraub und Kohlendiebstahl aus dem Sündenkatalog strich. Das Wort »Fringsen« machte damals die Runde. Der Kölner Kardinal war auch einer der ersten, der die These von der Kollektivschuld der Deutschen zurückwies. Als »Turm des Widerstands« galt nach dem Krieg auch der Münchner Kardinal Michael von Faulhaber, an dessen mutige Adventspredigten des Dezembers 1933 man sich jetzt wieder erinnerte. Faulhaber war einer jener wenigen, die sich dem immer gewalttätiger ausgreifenden Nationalsozialismus entgegengestellt hatten und über die religiösen und sittlichen Werte des Judentums zu einer Zeit predigte, als dessen Vernichtung schon vorbereitet wurde.

In der Weimarer Republik hatten die katholischen Verbände eine gewichtige Rolle gespielt und die Zentrumspartei (bzw. die Bayerische Volkspartei) verstand sich auch als Interessenvertretung der katholischen Kirche im Parlament. Nach 1945 konnte an diese Tradition – trotz der Neugründung einer Deutschen Zentrumspartei mit Schwerpunkten im Rheinland und gewissen Erfolgen in Niedersachsen – nicht wieder angeknüpft werden. Auch das katholische Verbandswesen erreichte weder den Umfang noch die Bedeutung, die es vor 1933 gehabt hatte.

Erst 1952 gelang wieder eine Vereinheitlichung unter dem Dachverband »Zentralkomitee der deutschen Katholiken« (ZdK). Seine Zwitterstellung konnte er bis heute nicht aufgeben. Auf der einen Seite betrachtet er

VERWALTUNGSGLIEDERUNG DER KATHOLISCHEN KIRCHE

DIE 5 KIRCHENPROVINZEN DER BUNDESREPUBLIK DEUTSCHLAND

Kirchenprovinz	Erzbistum	Bistümer
Köln	Köln	Aachen, Essen, Limburg, Münster, Osnabrück, Trier
Paderborn	Paderborn	Fulda, Hildesheim
Bamberg	Bamberg	Eichstätt, Speyer, Würzburg
Freiburg	Freiburg	Mainz, Rottenburg
München-Freising	München-Freising	Augsburg, Passau, Regensburg

.... Grenzen der Bundesländer
——— Gebietsgrenzen eines Bistums
✝ Sitz eines Erzbischofs
● Sitz eines Bischofs
♦ Katholische Akademie
■ Phil.-Theologische Hochschule (katholisch)
▲ theologische (katholische) Hochschulfakultät

DIE 7 JURISDIKTIONEN IN DER DDR

2 exempte Bistümer: Berlin, Meißen

4 apostolische Administraturen: Erfurt-Meiningen, Görlitz, Magdeburg, Schwerin

Berlin (West): Sonderstellung Residenz des Bischofs in Berlin (Ost) Generalvikar als sein Stellvertreter in Berlin (West) (Meiningen ist Jurisdiktionsbezirk, aber der Administration Erfurt angegliedert.)

B.W. = Bornheim-Walberberg
H. = Hellenthal
Mö. = Mönchengladbach
M. = Mülheim
Sch. = Schwerte
W. = Wuppertal

sich als höchstes Laiengremium des bundesdeutschen Katholizismus, und von daher ist es auch erklärlich, daß Politiker hier ihr Engagement suchten. Daß beispielsweise sozialdemokratische Politiker wie Georg Leber oder Hermann Schmitt-Vockenhausen in der Führung des ZdK saßen, war eine große Überraschung, hatte sich die Kirche doch stets nur an der Seite der CDU engagiert. Den Eindruck des »Feigenblatts« kann man deshalb kaum von der Hand weisen. Die andere Seite war die Funktion, die seitens der Bischöfe dem Laiengremium zudiktiert wurde. Sie wollten über das ZdK ihren eigenen Einfluß konsequent in die Verbände hinein tragen. Die Erklärungen, die vom ZdK abgegeben wurden und werden, lassen an dieser Doppelrolle keinen Zweifel. Es waren fast stets Abziehbilder dessen, was die Oberhirten in ihren Briefen verkündet hatten, ein bißchen verbindlicher im Ton und jede innerkirchliche Kritik vermeidend.

Die katholische Kirche wollte ihren Einfluß nach dem Zweiten Weltkrieg vor allem in die CDU hineintragen. Auch innerkirchlich wurde die Frage einer fundamentalen Neuordnung der gesamten Gesellschaft aufgeworfen, etwa in dem Sinne, wie es Johannes Albers anläßlich eines Berichts über die Tagung der CDU-Sozialausschüsse am 21. und 22. Februar 1947 formulierte: »Die Zeiten bloßer sozialpolitischer Reparaturen am kapitalistischen Wirtschaftsystem sind vorüber. Eine Neuordnung unserer Wirtschaft von Grund auf ist das Gebot der Stunde.« Die Ideen, die sich an diese Forderung knüpften, fanden den konsequentesten Niederschlag im Ahlener Programm der CDU von 1947, an dessen Formulierung Albers beteiligt war und in dem der christliche Sozialismus »erfunden« wurde. Warum dieses Reizwort aus der endgültigen Fassung wieder verschwand, erklärt Rudolf Uertz[2] mit dem theologisch motivierten, politiktheoretischen Verständnis der evangelischen Unionsmitglieder, das eine christliche, das heißt theologisch-ethische Legitimierung jeglicher politischer und sozialer Ordnungsmodelle ausschließe, da Politik und Wirtschaft in der protestantischen Sozialtheorie einen »eigengesetzlichen« Raum bildeten.

Vergleicht man diese größtenteils Theorie gebliebenen Schriften und Vorstellungen mit dem Alltagsgeschäft der damaligen Oberhirten, tauchen freilich Zweifel auf, ob der katholischen Kirche wirklich an einer grundlegenden Neuordnung gelegen war oder ob es ihr nicht eher darum ging, den verbliebenen Einfluß zu stärken und auszudehnen. Dem Franzosen Alfred Grosser fällt auf[3], daß die Kirchen hierzulande immer noch eine privilegierte Stellung in der Gesellschaft haben, die auf einem rechtlichen Status beruht. In Deutschland, wo es im Gegensatz zu Frankreich keine Trennung

Abb. 10: Verwaltungsgliederung der katholischen Kirche mit ihren fünf Kirchenprovinzen. – Quelle: Fischer Informationsatlas Bundesrepublik Deutschland, Frankfurt 1982, S. 129.

von Kirche und Staat gegeben hat, finde man kaum ein Formular, wo nicht die Religionszugehörigkeit eingetragen werde. Der Staat wird zudem zum »Geldeintreiber der Kirchen«, der Austritt aus ihr ist an eine Einspruchserklärung gebunden. Als die FDP in einem umstrittenen Kirchenpapier für die konsequente Trennung von Kirche und Staat eintrat, war ihr folgerichtig der Protest sicher.

Der bayerische Kultusminister Hans Maier, Vorsitzender des Zentralkomitees der deutschen Katholiken, stufte den Einfluß der Kirchen an der Entstehungsgeschichte der Bundesrepublik relativ gering ein: »Die politischen Existenzfragen mußten ohne speziellen Beitrag der Kirchen gelöst werden.«[4] Ihr Anteil an der Konsolidierung der Bonner Demokratie sei nicht auf simple Formen einer kirchlichen Einflußnahme zu bringen, er äußere sich mehr auf indirekte, vermittelte Weise und nehme nur selten die Form zielvoller, politischer Aktionen an.

Was die katholische Seite anbetrifft, stehen diesem Urteil durchaus konkrete Forderungen entgegen, wie sie etwa an das Grundgesetz vor seiner Verabschiedung gerichtet wurden. Sie lassen erkennen, daß weitreichende Mitwirkungsmöglichkeiten bei den Belangen des Staates immer wieder im Vordergrund standen. Schwieriger als zu Zeiten der Weimarer Republik aber war die Umsetzung. Denn anders als dort, wo die katholische Kirche in der Zentrumspartei eine Art Speerspitze zur Verwirklichung ihrer Forderungen hatte, mußte sie sich nach dem Zweiten Weltkrieg ihre Bündnispartner auf politischem Terrain neu suchen. Sie sah zwar die CDU als Mitstreiter für ihre Belange an, dort saßen aber nicht nur Katholiken, sondern die Christdemokraten öffneten sich als »Volkspartei« auch den Protestanten. 1945 erhob die damalige Fuldaer Bischofskonferenz im wesentlichen zwei Ansprüche: Sie forderte vom Staat die Einrichtung von Bekenntnisschulen und die baldige Herausgabe kirchlicher Zeitungen. Damit einher ging die Wiederaufrichtung einer moralischen Instanz, wenn etwa der Zentralrat der deutschen Kolpingfamilie 1946 »im Interesse eines moralisch gesunden Ehe- und Familienlebens, die Säuberung von Presse, Rundfunk, Kino, Theater von aller dekadenten Sittenlosigkeit« verlangte.

Bei den Grundgesetz-Beratungen im Parlamentarischen Rat traten dann die ideologischen Gegensätze schroff zu Tage. Die Kirchen verlangten die Garantie ihrer autonomen Rechte als öffentlich-rechtliche Institutionen, Einfluß auf die weltanschauliche Gestaltung des Schulwesens, Durchsetzung ihrer theologischen Vorstellungen in den Bereichen Ehe und Familie, Schutz des Lebens und Recht auf Unversehrtheit des Körpers. 1949, als die Fuldaer Bischofskonferenz sich in Pützchen bei Bonn zu einer außerordentlichen Beratung zusammenfand, machte Kardinal Frings unmißverständlich klar, worum es der katholischen Kirche ging. Er äußerte nicht nur die Befürchtung, daß in dem geplanten Grundgesetz »wichtigste und für den Aufbau eines gesunden staatlichen Lebens unentbehrliche Grundrechte« außer acht gelassen würden, sondern bestand auch auf einer Festschreibung des unter der Hitler-Diktatur geschlossenen, umstrittenen Konkordats. Die Angriffe, die in diesem Zusammenhang gegen den Heiligen Stuhl gerichtet worden seien, hätten die Bischöfe und das ganze katholische Volk »aufs tiefste« verletzt: »Wir erwarten, daß die Bundesverfassung eine Garantie für die Aufrechterhaltung des vom Heiligen Stuhl mit dem deutschen Reich abgeschlossenen Konkordats enthält.«

Wie einseitig sich die Kirche abgrenzte, zeigte sich schon relativ früh. Am 28. Juni 1949 beschloß das »Heilige Offizium«, die Wächterinstanz über den Glauben beim Vatikan, Kommunisten vom Empfang der kirchlichen Sakramente auszuschließen, und im selben Jahr wurde anläßlich der Wahlen eindeutig Partei bezogen. Die deutschen Bischöfe erklärten unmißverständlich, »daß Abgeordnete der sozialistischen und liberalistischen Weltanschauung in Bonn für wesentliche christliche Forderungen kein Verständnis gezeigt haben«. Gleichzeitig wurde den »christlich gesinnten Abgeordneten« für ihre »mutige und wirksame Vertretung der elterlichen und kirchlichen Rechte« in Bonn gedankt. Die Wähler entschieden sich mehrheitlich für die bürgerlichen Parteien bei der ersten Bundestagswahl. Ihren personalen Einfluß aber machten die Bischöfe im Rahmen eines konfessionellen Proporzes geltend, der die Besetzung höchster Staatsämter betraf. Was freilich den Kampf für die moralischen und geistigen Werte anbetraf, nutzte die Parteilichkeit auf lange Sicht gesehen nicht viel. Die Kirche konnte den nach der Zeit des Wirtschaftswachstums einsetzenden Reformkurs in der Politik, insbesondere dort, wo es den ihr am meisten am Herzen liegenden Teil der Stellung der Familie in der Gesellschaft angeht, zwar bremsen, verhinderte aber Veränderungen wie etwa die von ihr vehement bekämpfte Novellierung des Abtreibungsparagraphen 218, des Scheidungsrechts oder die Durchsetzung staatlicher Schulen schließlich doch nicht. Ausgerechnet in einem wunden Punkt aber gab ihr das Bundesverfassungsgericht schon 1955 recht, als es die Verbindlichkeit des Reichskonkordates von 1933 feststellte.

Kirche und Nationalsozialismus

Am 23. August 1945 veröffentlichte der deutsche Episkopat einen gemeinsamen Hirtenbrief zu den Ereignissen im Dritten Reich: »Furchtbares ist schon vor dem Kriege in Deutschland und während des Krieges durch Deutsche in den besetzten Ländern geschehen. Wir beklagen es zutiefst: Viele Deutsche, auch aus unseren Reihen, haben sich von den falschen Lehren des Nationalsozialismus betören lassen, sind bei den Verbrechen gegen menschliche Freiheit und menschliche Würde gleichgültig geblieben; viele leisteten durch ihre Haltung den Verbrechen Vorschub, viele sind selber Verbrecher geworden. Schwere Verantwortung trifft jene, die aufgrund ihrer Stellung wissen konnten, was bei uns vorging, die durch ihren Einfluß solche Verbrechen hätten verhindern können und es nicht getan haben, ja diese Verbrechen ermöglicht und sich dadurch mit den Verbrechern solidarisch erklärt haben.« Das bischöfliche Schreiben klammerte freilich die Frage der eigenen Verantwortung geschickt aus. Es wurde zwar eingeräumt, daß auch kirchliche Würdenträger Fehler gemacht hatten, sie wurden jedoch nicht ausdrücklich benannt. Schwerer aber wog, daß ein ausdrückliches Wort zur Wiedergutmachung an den ermordeten Juden fehlt. Das Verhältnis zwischen Katholiken und Juden war erst 1980 Gegenstand einer bischöflichen Erklärung, die zur Versöhnung aufrief.

Die Auswirkungen des Nationalsozialismus wurden zunächst rein theologisch gedeutet, der »Abfall von der Kirche« galt als der Grund der Exzesse jener Zeit schlechthin. Rückkehr zu Frömmigkeit und Gebet wurden zur »Heilung« empfohlen. Charakteristisch für diese Haltung ist der Fastenhirtenbrief Kardinal Faulhabers vom 8. Februar 1946.[5] Ein Abgrund von Bosheit und Not habe sich in den jüngstvergangenen Jahren in unserem Volk aufgetan, klagte der Kardinal. »Aus der Tiefe der Hölle kamen die Dämonen legionsweise herauf ...«

Die Debatte über die Rolle der katholischen Kirche zur Zeit des NS-Regimes setzte erst relativ spät ein. Zwar glaubte der Freiburger Erzbischof Conrad Gröber bereits 1945, eine Kollektivschuld der Deutschen sei abzulehnen und es gebe genug Dokumente dafür, daß weite Kreise des deutschen Volkes den Tyrannen gegenüber nicht die Hände in den Schoß gelegt hätten. Und das Gebet, das als Folge des Reichskonkordats im Anschluß an jeden Hauptgottesdienst für das »Wohlergehen des deutschen Reiches und Volkes« eingelegt worden war, enthielt 1949 stillschweigend auf Anweisung des Kölner Kardinals Frings nunmehr die Formulierung »Erleuchte seine Regierung.« Bis dahin war von der »Erleuchtung seiner Führer mit dem Licht der Weisheit« die Rede gewesen. Das Thema wurde bis zum Ende der 50er Jahre konsequent verdrängt, und nicht die Kirche rührte es auf, sondern die Anstöße kamen von außen, etwa vom Schriftsteller Rolf Hochhuth, der in seinem Theaterstück »Der Stellvertreter« kritisch auf das Verhältnis der Kirche zum Nationalsozialismus einging. Solche Anfragen wurden von den Kirchenführern immer wieder mit dem Hinweis auf den Hirtenbrief vom August 1945 beschieden; er sei ein »Schuldbekenntnis«, das »nichts an Härte und

Deutlichkeit zu wünschen übrig ließ«, wie das bischöfliche Ordinariat München noch 1965 mitteilte.

Der Historiker Konrad Repgen fand es denn auch »ein Phänomen«, daß sich der deutsche Katholizismus in den letzten hundert Jahren mit seiner eigenen Geschichte kaum befaßt habe. Der Druck wurde so stark, daß die Kirche ihre Archive öffnete und daß schließlich eine »Kommission für Zeitgeschichte« entstand, die sich speziell mit der Zeit vom Ende des Ersten bis zum Ende des Zweiten Weltkrieges befassen sollte – mitfinanziert von staatlichen Stellen und der Bischofskonferenz. Die erste Dokumentation, die 1965 vorgelegt wurde, förderte freilich wenig ans Licht, was auf eindeutigen Widerstand des Vatikans gegen das NS-Regime hingedeutet hätte. Die zeitweilige Auflehnung der Kirche erschöpfte sich in Feststellungen, Analysen und Protesten, die Papst Pius XII. wegen der eklatanten Verletzungen des zwischen dem Vatikan und Hitler geschlossenen Reichskonkordates präsentiert hatte. Nur hin und wieder fand die römische Kurie den Mut, zur nationalsozialistischen Weltanschauung Stellung zu nehmen, etwa in ihrer Note vom 14. Mai 1934: »Menschliche Norm ist undenkbar ohne Verankerung im Göttlichen. Diese Verankerung kann nicht liegen in einem gewillkürten Göttlichen der Rasse. Nicht in der Verabsolutierung der Nation. Ein solcher Gott wäre nichts weiter als das selbstgeschaffene Widerbild eigener Beschränktheit.«

Im wesentlichen läßt sich die Auseinandersetzung um die katholische Kirche im Dritten Reich an zwei Dokumenten zeigen. Das ist zum einen das bereits erwähnte mit Hitler geschlossene Konkordat, zum anderen die einzige in deutscher Sprache erschienene Enzyklika »Mit brennender Sorge« vom 14. März 1937. Die Kirche interpretierte das Reichskonkordat nachträglich als Bestreben, »die durch den Sog der Gleichschaltung gefährdete unverkürzte christliche Verkündigung zu sichern« – so zuletzt in einer Erklärung des Sekretariats der Deutschen Bischofskonferenz vom 31. Januar 1979, als die Fernsehserie »Holocaust« abermals eine Diskussion um die Judenvernichtung entfacht hatte. Das Reichskonkordat sei die »vertragsrechtliche Form der Nicht-Anpassung der katholischen Kirche an das NS-System« gewesen (so Konrad Repgen) und für Episkopat und Vatikan der Ansatzpunkt, um die Verfolgung der Kirche immer wieder öffentlich als rechtswidrig zu brandmarken. Auch Hans Maier beurteilt die Haltung der Kirchen im Dritten Reich positiv: Gemeinsam seien sie Opfer der nationalsozialistischen Kirchenpolitik geworden, gemeinsam hätten sie dem totalitären Anspruch des NS-Regimes die »Entschiedenheit der Sendung der Christen« gegenübergestellt. Dieser Darstellung allerdings wird von verschiedenen Historikern nachhaltig widersprochen. Man braucht sich dabei gar nicht auf den umstrittenen Kirchenkritiker Karlheinz Deschner zu beziehen, der die Bischofs-konferenz der öffentlichen Irreführung und Unwahrhaftigkeit bezich-tigte, und für den Pius XII. der »quantitativ gesehen meistbelastete« Papst der Geschichte ist. Er habe alle faschistischen Verbrecher unter-stützt, gleichzeitig aber in der Anwendung äußerer Machtmittel gegen die »bolschewistische Gefahr« doch eine »wesentliche Sendung und Auf-gabe« erblickt. Zurückhaltender, aber in der Tendenz ähnlich, kommen-tiert etwa von Aretin, der meint, es bestünde heute kein Zweifel mehr, daß der Anpassungswille der katholischen Kirche und der deutschen Ka-tholiken an das Dritte Reich weiter ging, als man angenommen hatte. Alfred Grosser vertritt den Standpunkt, alle Dokumente zeigten »über-einstimmend«, daß die Kirche mit dem Hitlerregime zusammenarbeitete und nur insoweit von ihm abrückte, als Katholiken und der Katholizismus angegriffen worden seien. »In dem Augenblick, da das Konkordat den Bischöfen im Juli 1933 auferlegte, der Regierung einen Treueeid zu lei-sten, hatte diese bereits Konzentrationslager eingerichtet und Kommuni-sten, Sozialisten und Juden verfolgt.«[6] Hochhuth schließlich brachte die provokante These ein, gerade kraft ihres Amtes hätte die Kirche die »teuflische Fratze« des Nationalsozialismus durchschauen müssen. In der Enzyklika »Mit brennender Sorge«, deren Verbreitung der NS-Staat ver-bot, heißt es zwar: »Der Anschauungsunterricht der vergangenen Jahre ... enthüllt Machenschaften, die von Anfang an kein anderes Ziel kann-ten als den Vernichtungskampf.« Diese Aussage jedoch bezog sich kei-nesfalls auf die Greueltaten der Nationalsozialisten, die bis dahin offen-kundig geworden waren, sondern fast einzig und allein auf die katholische Kirche als Institution. Die Unterdrückung bürgerlicher Freiheiten, die politische Gleichschaltung und selbst die Gewaltanwendung gegen die Opposition waren erst an zweiter Stelle gemeint. Wiederum Alfred Gros-ser knüpfte daran die Frage, ob es der Vatikan, als es darum ging, Maß-nahmen gegen den Krieg oder später gegen die Massenvernichtung zu ergreifen, nicht vorgezogen habe, Katholiken im Schoße der Kirche zu behalten, die durch ihre Taufe und ihr Bekenntnis, nicht aber durch ihre Ethik und ihr Verhalten dem Katholizismus angehörten; in diesem Punkte habe sich die Kirche seit 1945 vielleicht am meisten geändert.

Wenn man sich, auch unter Zugrundelegung amtskirchlicher Rechtferti-gungen, die Frage stellt, was den Vatikan bewogen haben mag, das Konkordat mit Hitler zu schließen, muß man sich mit dem Demokratie-verständnis des Katholizismus befassen. Zu Zeiten des Kirchenkampfes unter Bismarck hatten die Katholiken erfahren müssen, daß man sie für ultramontan und national unzuverlässig hielt. In der Weimarer Republik schließlich praktizierten sie denselben Nationalismus, der nach dem Ver-sailler Vertrag allgemeine Stimmungslage der Deutschen war. Als die Demokratie entstand, durch Revolution und Sturz der Monarchie, waren es auch die Katholiken, die sich die Frage stellten, ob dies denn auch legitim gewesen sei. Und als schließlich 1932/33 die Demokratie gefordert war, stimmte die katholische Zentrumspartei für das Ermächtigungsgesetz. August Bernhard Hasler zieht die Schlußfolgerung: »Die Kirche traf sich mit dem Faschismus dort, wo dieser antidemokratisch, antiliberal, antisozialistisch, antikommunistisch und antilaizistisch war. Der besonders seit dem Ersten Vatikanischen Konzil stark ausgeprägte Autoritätsgedanke war nicht ohne Affinität zur totalitär-politischen Führerkonzeption.«[7] Für diese Aussage sprechen nicht nur die hierarchischen Strukturen mit einem unfehlbaren Papst an der Spitze, der, dem Sonnenkönig Ludwig XIV. gleich, über die Auffassungen seiner Untergebenen bestimmt. Es gibt dafür auch in der Nachkriegszeit Belege. Als Willy Brandt mit dem Anspruch »Mehr Demokratie wagen« auftrat, forderte das Zentralkomitee der deutschen Katholiken eigenartige »Freiräume«: »Schule, Kirche oder Betrieb beispielsweise können nicht demokratisch organisiert werden«, heißt es in einem Thesenpapier des Jahres 1971. Und: »Heute sehen wir die Gefahr aufziehen, daß man im Namen eines pseudoreligiös übersteigerten Demokratismus den konkreten politischen Staat mitsamt seinen politischen Freiheiten zugrunde richtet. Die Demokratie-Ideologien bilden für den demokratischen Staat eine größere Gefahr als seine offenen Feinde.«

Die Arbeiterfrage

Nach dem Zweiten Weltkrieg wurde der ernsthafte Versuch unternommen, die in den Sozialenzykliken »Rerum novarum« und insbesondere »Quadragesimo anno« niedergelegten Auffassungen, eine Art Grundsatzprogramm, das der Überwindung der Klassengegensätze dienen sollte, in die Praxis des Alltags umzusetzen. Die von Ludwig Erhard propagierte soziale Marktwirtschaft wäre undenkbar ohne die Grundlage der katholischen Soziallehre. Weil eine solche Soziallehre dem deutschen Protestantismus etwa fehlt, hat er sich vergleichsweise sehr viel schwerer damit getan, auf die Gestaltung und Entwicklung der Verhältnisse einzuwirken. Für heutige Verhältnisse scheint es schier unvorstellbar, daß nach 1949 nicht etwa nur bei der SPD und beim DGB über Gemeinwirtschaft und Vergesellschaftung der Produktionsmittel geredet wurde, sondern daß sich auch die Kirche redlich mühte, schließlich den dritten Weg zwischen Kapitalismus und Kommunismus zu finden. Dazwischen gab es immer wieder maßgebliche Anstrengungen, wesentliche Teile marxistischer Gesellschaftskritik mit christlich-sozialem Denken in Einklang zu bringen, so etwa beim Kreis der Herausgeber der »Frankfurter Hefte« um Walter Dirks und Eugen Kogon. Das unbestreitbare Verdienst Konrad Adenauers in jener Zeit aber lag darin, einen katholisch-sozial dominierten mit einem bürgerlich-protestantischen Wirtschaftsflügel in Einklang zu bringen. Begünstigt wurde diese Entwicklung zweifellos dadurch, daß der Katholizismus nicht mehr an eine Weltanschauungspartei gebunden war, wie zu Weimarer Zeiten an das Zentrum, sondern daß Volksparteien entstanden, als Kind gemeinsamer Erfahrungen im Dritten Reich und genährt von ökumenischen wie politischen Impulsen gleichermaßen.

Katholische Vorstellungen flossen besonders stark in das Ahlener Programm der CDU von 1947 ein, in dem – wenn auch mit Abstrichen – christliche Soziallehre, die sich von der Moraltheologie ursprünglichen Sinnes gelöst und zu einer eigenständigen Wissenschaft entwickelt hatte, festgeschrieben wurde. Das Ahlener Programm ist gleichzeitig das Ergebnis eines innerkirchlichen Streites zwischen den Jesuiten und den Walberberger Dominikanern, in dem sich die letzteren durchsetzten. Ausgehend von der Diskussion um »christlichen Sozialismus« ging es dabei um eine unterschiedlich gesehene Zuständigkeit der Soziallehre. Die Jesuiten warfen den Dominikanern vor, sie hätten kein konkretes Ordnungsbild von der Wirtschaft. Die Dominikaner konterten, ihr Begriff von Politik und seine unabdingbare Verknüpfung mit der Ethik sei viel umfassender als jener der Jesuiten, die sich den modernen Politik- und Sozialwissenschaften allzu sehr anlehnten. Das aber sei nichts anderes als ein Bruch mit der klassischen Lehre Thomas von Aquins.

Für die Dominikaner freilich brachte diese ganzheitliche Betrachtung die Schwierigkeit, daß sie ihr Sozialsystem nicht widerspruchsfrei entwickeln konnten. Andererseits erleichterten die ordnungspolitischen Widersprüche und die starke Betonung der sozial-ethisch-gesinnungsmäßigen Aspekte den liberalkonservativen Kräften in der CDU die innerparteiliche Auseinandersetzung mit dem christlichen Sozialismus. So läßt sich das Ahlener Programm auch als Konzept begreifen, den Sozialismus zu verhindern, indem er »von links« überholt wird.[8] Konrad Adenauer hatte dieses Programm für zwei Funktionen ausersehen. Einerseits sollte es dem christlichen Sozialismus weitgehend Rechnung tragen – allerdings unter Ausklammerung der wichtigen Forderung, die Planungs- und Lenkungsbefugnisse der Großindustrie den Händen der Selbstverwaltungskörperschaften oder einer obersten Planungsbehörde zu überantworten, die nur noch in sehr abgeschwächter Form auftauchte. Andererseits wollte Adenauer mit diesem Programm seinen privatwirtschaftlichen Intentionen ebenfalls Rechnung tragen. Ein Kompromißprogramm also, das den Parteiflügeln, je nachdem, ob es von links nach rechts oder umgekehrt gelesen wurde, entgegenkam. Bereits die Düsseldorfer Leitsätze vom Juli 1949 formulierten eine Absage an die Soziallehre der Walberberger. An seine Stelle trat eine neue Wirtschaftspolitik, maßgeblich vertreten von Ludwig Erhard, der die soziale Marktwirtschaft propagierte und neoliberale Grundsätze entwickelte, die sich eher funktionalen denn sozialpolitischen Aspekten der künftigen Wirtschaft zuwandten.

Schon in seiner Botschaft an den Bochumer Katholikentag 1949 hatte der Papst die seit »Rerum novarum« erhobene Forderung, Privateigentum nicht nur einer privilegierten Klasse zugänglich zu machen und Wege zu einer gerechteren Einkommensverteilung zu finden, betont: »Die Kirche läßt auch nicht davon ab, wirksam darauf hinzuarbeiten, daß der scheinbare Gegensatz zwischen Kapital und Arbeit, zwischen Unternehmer und Arbeiter aufgehe in einer höheren Einheit, in jener von der Natur selbst gewiesenen organischen Zusammenarbeit beider nach Werk und Wirtschaftssektor, in berufsständischer Gliederung.« Die Montanmitbestimmung, das Betriebsverfassungsgesetz, das Lastenausgleichsgesetz von 1952, die Förderung des Sparens durch Prämien, insbesondere zur Unterstützung des Eigenheimbaus, das Kindergeldgesetz seit 1954, die Rentenreform 1957, all dies sind Beispiele, wo katholische Soziallehre verwirklicht werden konnte. Freilich folgten den Fortschritten der Anfangszeit rasch Auseinandersetzungen und Ernüchterung. Zum einen wurde es zu Zeiten des Wirtschaftswunders schon frühzeitig auch auf katholischer Seite als »Skandal« empfunden, daß zwar die sozialpolitischen Initiativen zunahmen, der Aufschwung indes den Unternehmern in viel größerem Maße zugute kam als den Arbeitnehmern.

Dann entzündete sich ein tiefgehender Streit um die Mitbestimmung. So kritisierte etwa Gustav Gundlach (SJ), der die Soziallehre fast ebenso nachhaltig prägte wie der Jesuit Oswald von Nell-Breuning, eine Mitbestimmung, welche die aus dem Privateigentumsrecht fließende sittliche Verfügungsbefugnis und Verantwortung für die im Eigentum stehenden Produktionsmittel im Kern antasten würde. Nell-Breuning hingegen engagierte sich für die paritätische Mitbestimmung. Wie sehr sich die innerkirchlichen Auffassungen am Ende auseinander bewegt hatten, zeigt das Echo auf die Enzyklika »Mater et magistra« von Johannes XXIII. aus dem Jahr 1961. Anton Rauscher mutmaßt, daß der Tod Pius XII. bei den »fortschrittlichen« Katholiken »befreiend« gewirkt habe und man nur allzu gern bereit gewesen sei, die Grundsätze der katholischen Soziallehre möglichst rasch zu vergessen. »Ähnlich wie in der Theologie wurde die katholische Soziallehre über Nacht zu einer Art Brei, aus dem jeder das herausbacken konnte, was ihm gefiel ...«[9]

Am schwindenden Einfluß der Soziallehre hat sicherlich das Wiedererstarken des DGB maßgeblichen Anteil und insbesondere der in die Kirche hinein getragene Kampf um die Einheitsgewerkschaft, bei dem die

Katholiken am Ende unterlagen. Organisatorisch war dieser Bereich in der Katholischen Arbeitnehmer Bewegung (KAB) verankert. 1945 gab es nur noch etwa 25 000 Mitglieder, die Führungsschicht hatte den Krieg nicht überlebt. Argwöhnisch begleitet von einigen Bischöfen, die einer verbandsfeindlichen Pastoralkonzeption das Wort redeten und denen vor allem die politische Ausrichtung der traditionellen Arbeitervereine mißfiel, unterstützt von anderen Oberhirten, die deren mutige Haltung während des NS-Regimes lobten, wurde erst 1971 wieder ein Bundesverband gegründet. 1962 war die Mitgliederzahl auf 160 000 angestiegen.

Auch die KAB hatte zunächst den Gedanken der Einheitsgewerkschaft vertreten, nicht zuletzt im Hinblick auf das Scheitern der Richtungsgewerkschaften in der Weimarer Republik und ermuntert etwa durch den Kölner Erzbischof Kardinal Josef Frings, der am Vorabend des 1. Mai 1950 zu Mitgliedschaft und Mitarbeit im DGB aufrief. Freilich, die »Sozialpäpste« Pius XI. und Pius XII. hatten in ihren Enzykliken als Argument für die Einheitsgewerkschaft eher Zweckmäßigkeitsüberlegungen in den Vordergrund gerückt und deren Rahmen sehr eng bemessen. Die Gewerkschaften sollten sich auf die unmittelbare Interessenvertretung der Arbeitnehmer beschränken.

Im Bundestagswahlkampf 1953 trat ein lange schwelender Konflikt offen zutage: Hatte die KAB schon bei früheren Gelegenheiten die parteipolitisch angeblich einseitige Ausrichtung des DGB kritisiert, so war das Eintreten des DGB für die SPD der Tropfen, der das Faß zum Überlaufen brachte. Wollte die KAB zunächst eine eigene Fraktion im DGB durchsetzen, so war nunmehr die Einheitsgewerkschaft ernstlich in Frage gestellt, zumal auch Kardinal Frings jetzt eine »tiefgreifende Reorganisation« forderte und die Neugründung christlicher Gewerkschaften als »ultima ratio« nicht ausschloß. Am 30. November 1955 war es dann so weit. In Essen wurde unter maßgeblicher Beteiligung der KAB die »Christliche Gewerkschaftsbewegung« gegründet, unterstützt von den katholischen Bischöfen Westdeutschlands, abgelehnt von der evangelischen Kirche. Aber die Union gab allen negativen Erfahrungen zum Trotz einer Weiterarbeit im DGB den Vorzug, sie schätzte die Zukunftschancen der christlichen Gewerkschaften skeptisch ein. Als auch in der KAB mehrere tausend Mitglieder den neuen Kurs nicht mitmachten und austraten, wurde die Kampagne für die christliche Gewerkschaft abgeblasen, es hieß jetzt, man sei für alle Gewerkschaften »offen«. Mitte der 60er Jahre brachten es die christlichen Gewerkschaften auf 250 000 Mitglieder, dem DGB gehörten zur selben Zeit 6,5 Millionen an. Die Absicht, eine gewichtige Alternativgewerkschaft zum DGB auf die Beine zu stellen, war mißlungen. In der KAB, die sich später sogar für neue Strukturen in der Kirche einsetzte, selbst wenn man sie nicht »demokratisieren« könne, wurde das

Scheitern christlicher Gewerkschaften nicht ganz verschmerzt: »Hier in diesem Raum kommen wir mit den christlichen Gewerkschaften nicht zum Zuge«, bedauerte KAB-Vorsitzender Alfons Müller 1968 noch in seiner Eigenschaft als Verbandssekretär. »Wir haben das Feld nach 1945 den anderen überlassen, nun dürfen wir uns nicht beschweren.«

Die Ostpolitik

Zwei politische Probleme machten der katholischen Kirche in der Bundesrepublik besonders zu schaffen: die Teilung Deutschlands und das Verhältnis zum Osten, exemplarisch darstellbar im langen Weg zur Aussöhnung mit Polen. Wie sollte sich die Kirche mit einem von ihr abgelehnten System arrangieren, eine Kirche, die zwar keinen Nationalsozialisten aus ihren Reihen ausgeschlossen hatte, wohl aber schon 1949 Kommunisten nicht mehr zu den Sakramenten und damit zur vollen kirchlichen Gemeinschaft zulassen wollte? Zumindest das Verhältnis zu Polen scheint in einer Zeit, da ein polnischer Papst auf dem Stuhle Petri sitzt, geklärt; auch die deutschen Katholiken sind zur Aussöhnung bereit. In der Deutschlandfrage freilich herrscht Schweigen vor. Einerseits sollen die 1,2 Millionen katholischen Glaubensbrüder in der DDR nicht in Schwierigkeiten gebracht werden, andererseits ist die Sprachlosigkeit wohl auch zu einem Teil politischer Natur: Die Kirche hat sich mit den Verhältnissen abgefunden, wie beispielsweise die förmliche Abkoppelung der Fuldaer Bischofskonferenz von der Bischofskonferenz der DDR zeigt. Dieser Schritt kam übrigens nicht auf deutsche Initiative zustande, denn bisher fühlten sich die katholischen Oberhirten der Bundesrepublik schon rein symbolisch für die DDR mit zuständig. Am 26. Oktober 1978 gab der Vatikan ein entsprechendes Dekret heraus, begründet aus pastoralen Notwendigkeiten, weil die DDR-Bischöfe nicht mehr an Treffen der bundesdeutschen Bischofskonferenz teilnehmen durften. Das Dekret enthielt den Zusatz, daß die Existenz zweier unabhängiger Bischofskonferenzen die ungelösten Fragen zwischen den beiden deutschen Staaten nicht berühre. Im deutschen Episkopat wurde daraufhin versichert, man sei mit den Mitbrüdern der DDR weiterhin eng verbunden.

In der Praxis freilich ging die Entwicklung weit auseinander. Bereits ein Jahr später sah sich die Deutsche Bischofskonferenz außerstande, zu einer gemeinsamen Erklärung mit den DDR-Bischöfen zum Ausbruch des Zweiten Weltkriegs zu kommen. Den Hintergrund bildete eine Art ideologischer Grabenkrieg, den die Trennung der beiden Bischofskonferenzen ausgelöst hat. Die Oberhirten in der Bundesrepublik verschmerzten nicht, daß der Vatikan Fakten geschaffen hatte. Aus »politischen Gründen«, so äußerte sich seinerzeit ein Sekretär der Deutschen Bischofskonferenz, betrachte man die Berliner Bischofskonferenz immer noch zur eigenen zugehörig. Anders übrigens die evangelische Kirche, die eine gemeinsame Erklärung mit den Glaubensbrüdern in der DDR zustande brachte.

Politisch hatte die katholische Kirche von Anfang an den Gedanken der Wiedervereinigung vertreten, und zwar einheitlich, wenn man etwa an Nell-Breuning auf der einen Seite denkt, der schon 1956 eine soziale Aufgabe darin sah, oder an den Vorsitzenden der Deutschen Bischofskonferenz, Julius Kardinal Döpfner, der angesichts des Mauerbaus am 13. August 1961 erklärte: »Deutsche Menschen in Mitteldeutschland stehen unter dem Kreuz, darum ist das ganze deutsche Volk unter das Kreuz gerufen.«

Noch deutlicher wurde das Bekenntnis zur Einheit Deutschlands beim 79. Deutschen Katholikentag 1962 in Hannover. Starkmut, Beharrlichkeit und Geduld seien notwendig, hieß es in einer einstimmig verabschiedeten Erklärung von 80 katholischen Verbänden und Organisationen, um die Verwirklichung des Selbstbestimmungsrechtes für alle Deutschen zu erreichen. Im Jahr darauf schließlich benutzten die katholischen Bischöfe die Friedensenzyklika »Pacem in terris« des Papstes Johannes XXIII. zur Abgrenzung gegenüber der DDR. In einem Hirtenwort erklärten sie, daß das Gemeinschaftsleben auf Freiheit und nicht auf Gewalt aufgebaut werden müsse. Schon vor der auch durch die Mauer optisch sichtbar gewordenen Spaltung hatte sich die Kirche kritisch mit der DDR befaßt, insbesondere unter dem Eindruck von immer größer werdenden Schikanen gegen die Geistlichkeit. Noch 1958 konnte ein Katholikentag im heutigen Ost-Berlin dort stattfinden, wo die SED ansonsten ihre Tagungen abhielt. Bischof Döpfner nutzte die Situation zu einer unzweideutigen Anspielung. Hier zeige sich, wie eine profane Veranstaltungsstätte zum Ort des Gebets und der Besinnung werden könne.

Die Aussöhnung mit Polen fiel dem bundesdeutschen Katholizismus besonders schwer, weil er sich nicht mit der Oder-Neiße-Grenze anfreunden konnte. Zu Zeiten, als die Ostverträge diskutiert wurden, hielt sich die Kirche zurück. Sie wollten zu den Polenverträgen schweigen, ließen die Bischöfe wissen, denn es sei nicht tunlich, in diesem innenpolitischen Streit Partei zu ergreifen. Während die Kirchenpresse landauf, landab gegen die Ostpolitik Front machte, weil sie angeblich nur sowjetischen Interessen diene und die totale Bonner Kapitulation vor dem Kreml bedeute, blieb es lange Zeit bei der Erklärung Kardinal Döpfners von 1970, die Bevölkerung der Bundesrepublik wünsche in ihrer Gesamtheit die Aussöhnung mit dem polnischen Volk und sei bereit, dafür Opfer zu bringen. Die Anerkennung der polnischen Westgrenze aber wurde schon zum damaligen Zeitpunkt von einer kritischen Basis gefordert. Der Bensberger Kreis, ein Zusammenschluß kirchenkritischer, meist intellektueller Katholiken, und mehrere namhafte Theologen ergriffen zu einer Zeit, in der manche Priester noch nach der Beichte Sühnegebete gegen die Verabschiedung der Ostverträge sprechen ließen, eindeutig Partei: »Das Heimatrecht der Polen in den ehemaligen deutschen Ostgebieten ist heute stärker als das der Heimatvertriebenen. Auf dieser Grundlage sollten Christen eher als alle anderen in der Lage sein, den Verzicht auf die ehemalige Heimat zu leisten oder den Betroffenen den Verzicht plausibel zu machen«.

Wegen des Streits um die Grenze kam der Dialog zwischen deutscher und polnischer Kirche nur schwer voran. Der polnische Episkopat hatte anläßlich des Konzils am 18. November 1965 einen langen Brief geschickt. Die Antwort der deutschen Seite, distanzierter und kühler, mußten die konsternierten polnischen Bischöfe als »Verhandlungsangebot« über die Grenze und das Heimatrecht mißverstehen. Bis Ende der siebziger Jahre war der Faden abgerissen. Dann kamen 1978 die polnischen Bischöfe, an der Spitze der Primas der Katholischen Kirche Polens, Kardinal Wyszynski und Wojtyla (der spätere Papst), in die Bundesrepublik und beteten am Grab des Völkerapostels Bonifatius. Dieser Aufenthalt, dem sich später eine Pilgerreise des deutschen Episkopats nach Polen anschloß, wurde als bewußte Geste der Versöhnung und als historisches Ereignis gewertet.

Das Verhältnis zur Evangelischen Kirche

Im Grunde genommen müßte man meinen, der Zweite Weltkrieg hätte die seit der Reformation getrennten beiden Kirchen – evangelische und katholische – wieder näher aneinander herangeführt, war doch die Zeit des Nationalsozialismus auch ein gemeinsam erlebtes Martyrium. Aber das Gegenteil war zunächst der Fall. Die Katholiken, auf Geschlossenheit der eigenen Reihen bedacht und von der Identitätsfindung in einem neuen Staat voll in Anspruch genommen, schotteten sich anfänglich eher ab. Seltsames war da in Zeitungsberichten der ersten Nachkriegsjahre zu lesen, einer Zeit übrigens, wo durch Flucht und Vertreibung aus den ehemaligen Ostgebieten Deutschlands und der Nachbarländer der Anteil der Katholiken in der Bundesrepublik zunahm. Während Deutschland vor dem Krieg überwiegend ein evangelisches Land war, blieb etwa 1950 der Anteil der Katholiken nur noch wenig hinter dem der Protestanten zurück. Kleine Ärgernisse waren es, die das Nebeneinander der beiden Kirchen in jenen Jahren bestimmten und die Distanz offenbarten. 1953 etwa machte der »Ochsenfurter Zwischenfall« Schlagzeilen. Da hatte sich Bischof Döpfner geweigert, eine Zuckerfabrik einzuweihen, bloß weil auch ein evangelischer Pfarrer im Talar anwesend sein sollte und ebenfalls eine Weihehandlung vornehmen wollte. Ein Jahr später stritt man sich in Würzburg ernsthaft darüber, ob ein Katholik neben einem evangelischen Christen beerdigt werden dürfe, 1957 wurde in einer hessischen Gemeinde auf einem Spielplatz eine Liguster-Hecke gepflanzt, damit evangelische und katholische Kinder getrennt spielen konnten, und noch 1962 wurde von der Pädagogischen Hochschule Münchens vermeldet, daß dort der Turnunterricht nach Konfessionen getrennt stattfinde – Katholiken hätte eine andere Auffassung vom Leib als Protestanten.

Am sichtbarsten wurde die Entfernung der beiden Kirchen am 1. November 1950 dokumentiert, als der Papst das Dogma der leiblichen Aufnahme der Jungfrau Maria in den Himmel verkündete. Diese Entscheidung, bedauerte seinerzeit die Lutherische Bischofskonferenz, sei so verhängnisvoll und schmerzlich, daß die evangelisch-lutherischen Bischöfe als »Glieder am Leibe Christi« dazu nicht schweigen könnten. In der Tat: Gleich zwei existentielle Punkte, die die Trennung der beiden Kirchen ausmachen, waren berührt. Zum einen hatte, theologisch gesehen, Pius XII. die Mariologie, die der evangelischen Kirche fremd ist, weil sie Maria jene christusähnliche Würde einer besonderen Himmelfahrt abspricht und durch das katholische Bild der Mittlerin und Miterlöserin ihre biblische Rolle als Mutter Christi zerstört sieht, in den Rang einer unumstößlichen Glaubenswahrheit erhoben. Fast noch wichtiger aber war, daß der Papst erstmals seit dem Ersten Vatikanischen Konzil von der dort bestätigten und umstrittenen Unfehlbarkeit wieder Gebrauch machte; dieses Dogma stellt aber ein unüberwindbares Hindernis auf dem Weg zur Einheit dar. Der katholische Unfehlbarkeits-Kritiker August Bernhard Hasler nannte das Dogma einen Luxus der Frömmigkeit und urteilte über seinen eigentlichen Sinn: »In diesem Akt wurde das ungebrochene päpstliche Selbstbewußtsein der Machtfülle auch auf dem Gebiet der Lehre sichtbar.«[10] Zu jener Zeit gab es zwar eine auch theologisch etwa von Karl Rahner unterstützte Bewegung »Una Sancta«. Bis zu Zeiten des Zweiten Vatikanischen Konzils aber blieben die Versuche der Annäherung auf Unverbindlichkeiten beschränkt.

Das Hauptproblem bildeten die konfessionsverschiedenen Ehen. Während die Mischehen in der Praxis ständig zunahmen, erklärten die Bischöfe etwa 1958 per Hirtenwort: »Wer vor der Mischehe warnt, zerstört nicht den konfessionellen Frieden, sondern hilft, vor dem Leid des gespaltenen Glaubens und seelischen Konflikten zu bewahren.« Eltern wurden aufgefordert, ihre Kinder in der katholischen Atmosphäre einer Familie zu erziehen, auch wenn sie nicht verhindern könnten, daß ihre Söhne und Töchter in den Betrieben, Büros und Fabriken andersgläubigen Menschen begegneten.

Am 1. Oktober 1970 rief Papst Paul VI. in einem neuen Mischehengesetz von solchen Ehen ab und legte kategorisch fest, daß gültige Ehen auch künftig nur vor einem katholischen Pfarrer geschlossen werden könnten. Den »ökumenischen Trauungen« wurde eine Absage erteilt. Auf massiven Druck des langsam erwachenden deutschen Reformkatholizismus an der Basis aber kamen alsbald »Ausführungsbestimmungen« der deutschen Bischofskonferenz zustande, die es dem katholischen Partner in der Praxis ersparen, eine Aufhebung des Mischehen-Verbots vom Bischof zu beantragen, um nicht in »schwerer Sünde« mit seinem Partner leben zu müssen. Dafür muß er sich die Auffassung zu eigen machen, daß die Katholische Kirche »Verkünderin einer höheren Welt« sei. Die Gemeinsamkeiten wurden erst wieder im Rahmen des Konzils stärker in den Vordergrund gestellt, hatte doch Papst Johannes XXIII. ausdrücklich ein ökumenisches Konzil gewollt. Freilich war dies nicht eine Zusammenkunft etwa beider Kirchen, was naheliegend gewesen wäre. Immerhin kamen aber beim Konzil und während der Gemeinsamen Synode der Bistümer einige Dokumente zustande, die theologisch Brücken zu schlagen versuchten. Freilich, der Tod Johannes XXIII. und das ängstliche Agieren seines Nachfolgers, der mit Warnungen, Einschränkungen und Verboten überbordende Fluten wieder in ein ruhigeres Flußbett bringen wollte und daher auch die Diskussion der Mischehengesetzgebung untersagte, machte die hochgesteckten Erwartungen schnell zunichte. Immerhin ist in einem Ökumenismusdekret davon die Rede, daß Kirchenspaltungen nicht ohne Schuld der Menschen auf beiden Seiten entstanden seien, daß aber den Menschen, die in solchen Gemeinschaften geboren sind und in ihnen den Glauben an Christus erlangen, die Schuld der Trennung nicht zur Last gelegt werden dürfe. »Die Katholische Kirche betrachtet sie als Brüder, in Verehrung und Liebe.« Und anerkannt wurde, daß evangelische Christen bei der Gedächtnisfeier des Todes und der Auferstehung des Herrn im heiligen Abendmahl die lebendige Gemeinschaft mit Christus bekennen, wenngleich sie die »vollständige« Wirklichkeit des eucharistischen Mysteriums nicht bewahrt hätten.

Zu den wichtigsten Leistungen im Sinne der Ökumene gehört zweifellos die Formulierung einer Einheitsübersetzung der Bibel, gehören gemeinsame Gebetstexte vor allem des Vaterunsers, des Gloria, des Agnus Dei und des Glaubensbekenntnisses. Ansonsten jedoch fällt auf, daß die evangelische und die katholische Kirche immer dann zu gemeinsamen Erklärungen fähig waren, wenn es um Abwehr ging, um Bewahrung des Vorhandenen, um Restauration, nicht um den Aufbruch zu neuen Ufern oder vielleicht auch neuen Wahrheiten. So wandten sie sich 1973 gegen die »Fristenlösung« bei der Schwangerschaftsunterbrechung. Als dann Jahre später, 1979, gemeinsame Grundwerte formuliert wurden, schaffte es die katholische Kirche, den Protestanten ihre eigene Formulierung zur Reform des Abtreibungsparagraphen aufzudrängen. Erstmals bekannte nun auch die EKD: »Daß in unserer Gesellschaft eine große Zahl ungeborener Kinder unter Berufung auf soziale Gründe getötet wird ... ist Schuld vor Gott«. So deutlich war von evangelischer Seite die soziale Indikation nie angeprangert worden. Daß bei der Taufe und beim Abendmahl aber die Ökumene nach wie vor aufhört, daran änderte auch der Besuch Johannes Pauls II. in der Bundesrepublik im Jahr 1980 nicht viel. Es wurde zwar versprochen, den Problemen theologisch auf den Grund zu gehen, und der Papst räumte sogar Mitschuld der Katholiken an der Kirchenspaltung ein, die vereinbarte gemeinsame Kommission hingegen hat bis zum heutigen Tag noch keine greifbaren Ergebnisse zustande gebracht.

Das Konzil und seine Aufarbeitung in der Gemeinsamen Synode

Die Unruhe, die ab Mitte der 60er Jahre die Gesellschaft erfaßte, der Aufstand der Studenten, schließlich der Machtwechsel in Bonn 1969, als der Sozialdemokrat Willy Brandt mit dem Programm »Mehr Demokratie wagen« das Kanzleramt übernahm, färbte auf die Kirche ab. Es gab so etwas wie Fraktions- und Flügelbildungen. Katholizismus schien nicht mehr nur als konservative Lebenshaltung denkbar, sondern erwies sich vom Spektrum her plötzlich universaler. Weit geöffnet hatte dieses Fenster hin zur Welt schon das Zweite Vatikanische Konzil. Als es 1962 den Auftrag aussprach, in die Welt zu wirken, leitete der Theologe Johann Baptist Metz daraus die Schlußfolgerung ab, die Kirche müsse eine gesellschaftskritische Institution sein.

Diese Forderung ging weit über den traditionellen Rahmen der Amtskirche hinaus, und der Wunsch nach Öffnung wurde nicht zuletzt von prominenten Katholiken erhoben, die der Kirche eher mit Distanz gegenüber standen. Zu ihnen gehörte der Schriftsteller Heinrich Böll, der 1976 urteilte, der Katholizismus in der Bundesrepublik sei isoliert wie auf einem Friedhof. Böll knüpfte damit an den Theologen Karl Rahner an, der die Kirche in bezug auf ihr Verhältnis zur Gesellschaft in einem »Getto« wähnte. Weniger lautstark, aber in ihren Werken um so eindringlicher, setzte sich Luise Rinser mit der Kirche auseinander, entwickelte Sympathie für jene Gruppen, die im Widerspruch zur Amtskirche lebten. Auch der Schriftsteller Walter Jens und der Herausgeber der Frankfurter Hefte, Walter Dirks, trugen mit ihren Veröffentlichungen zu einer kritischen Auseinandersetzung um die Praxis der katholischen Kirche bei.

Die Bewegung, auf dem Konzil entstanden, fand ihren unmittelbaren Niederschlag beim Essener Katholikentag 1968, der gleichsam symbolisierte: Die trügerische Ruhe in der Kirche ist dahin, die mündig gewordenen Laien sind aufgestanden, um das Kirchenschiff selbst mitzusteuern. Unerhörtes wurde plötzlich zur Forderung erhoben. Da gab es ein katholisches Aktionskomitee, das den Rücktritt des Papstes verlangte. Und dieser sah sich genötigt, seine kurz vor dem Katholikentreffen verkündete und umstrittene Pillenenzyklika »Humanae vitae«, die jede Form der Schwangerschaftskontrolle außer der »natürlichen« untersagte und die Pille verbot, bei diesem Anlaß zu verteidigen. Humanae vitae hatte in den Augen August Bernhard Haslers[11] eine Autoritätskrise ausgelöst. Während der Papst selbst der Überzeugung war, es liege in dieser Frage eine bereits frühere unfehlbare Verkündigung des ordentlichen Lehramtes vor, schwächten etwa die deutschen Bischöfe die »Pillenenzyklika« als »Empfehlung« ab und verwiesen die verunsicherten Gläubigen auf ihr Gewissen.

Wichtigste Forderung jenes turbulenten Katholikentages, den die »Frankfurter Rundschau« mit dem Titel »Die gelungene Einübung des Ungehorsams« überschrieb, war die nach einem »Nationalkonzil«, wo über die Beschlüsse des Konzils nicht nur unter Oberhirten diskutiert werden sollte. Die Laien drängten zu aktiver Mitsprache im Sinne eines Demokratisierungsprozesses. Im Februar 1969 gaben die Bischöfe nach und beschlossen die Einberufung einer »Gemeinsamen Synode der Diözesen in der Bundesrepublik Deutschland«. Als sie dann zwei Jahre später endlich zustande kam, hatte sich der Wind bereits wieder etwas gedreht und die Konservativen wieder an Boden gewonnen. Am augenfälligsten spiegelte sich diese Entwicklung in der katholischen Publizistik wider. Kurz nach dem Essener Katholikentag erschien, unterstützt und gefördert von den Bischöfen, die katholische Wochenzeitung »Publik«, die einen forschen, linksliberalen Kurs vertrat und, ganz auf der progressiven Konzilswelle schwimmend, konsequent für mehr Demokratie in der Kirche kämpfte. Bereits 1971 wurde das Blatt eingestellt. Den Bischöfen war es nicht fromm genug, sie drehten kurzerhand den Geldhahn zu und förderten statt dessen lieber den konservativen »Rheinischen Merkur«.

Hinzu kam die Diskussion um den Abtreibungsparagraphen 218, bei der die Bischöfe ein wahres Kesseltreiben entfachten, jeden Politiker, der dem Reformwerk zuneigte, gleich als unchristlich brandmarkten. Die Bischöfe argumentierten sogar mit einem Vergleich zwischen der Abtreibung und Hitlers Massenmorden. Die Synode, die schließlich am 3. Januar 1971 im Kiliansdom zu Würzburg begann, sich in insgesamt acht Vollversammlungen fortsetzte und am 23. November 1975 endete, kann als Bestandsaufnahme dessen angesehen werden, was im Deutschen Katholizismus an Reformen möglich schien. Gegen römischen Widerstand wurde die Laienpredigt eingeführt, das Verhältnis zwischen Kirche und Arbeiterschaft wurde freimütig als »fortwirkender Skandal« definiert, in der herausragenden Vorlage »Unsere Hoffnung« wurde schließlich der konkrete Versuch unternommen, den Vorwurf zu widerlegen, das Christentum könne »den Fragen und Ängsten, den Konflikten und Hoffnungen in unserer Lebenswelt, der mühsam verdeckten Sinnlosigkeit unseres sterblichen Lebens und unserer öffentlichen und individuellen Leidensgeschichten« nur noch verbrauchte Antworten liefern.[12] Wo konkrete Antworten freilich vonnöten gewesen wären, blieb es bei Halbwahrheiten. Nichts Brauchbares kam zum Thema Ehe und Sexualität zustande, die Fragen des Priesternachwuchses und des Zölibates wurden beiseite geschoben. Vor allem aber: Die von vielen engagierten Laien erhoffte Reform der Strukturen der Kirche fand nicht statt.

Die größte und umfassendste Reform aber hatte sich in aller Stille vollzogen. Die Umgestaltung des Meßopfers nämlich, des zentralen Mittelpunktes katholischen Glaubens. Vordergründig wurde die Muttersprache eingeführt, der lateinische tridentinische Ritus des Mittelalters abgeschafft, und die Messe wird vom Priester fortan zum Volk gewendet gelesen. Das aber berührte auch den Kern des Verständnisses der Glaubensinhalte, nämlich den Vollzug des Blutopfers Jesu Christi am Kreuz in seiner unblutigen Weise als Gedächtnisfeier im Gottesdienst. Dies war verbunden mit einem radikalen Bruch der bisher gepflegten Tradition der katholischen Kirche.

Die lautlose Reform löste sowohl auf seiten der fortschrittlichen als auch der konservativen Katholiken – und dort am sichtbarsten im Auftreten des später suspendierten und abtrünnigen Erzbischofs Marcel Lefebvre – heftigen Widerstand aus. Alfred Lorenzer[13] sah von der fortschrittlichen Warte aus in der Abschaffung des tridentinischen Ritus nicht wie die Befürworter dieses Schrittes die Überwindung absolutistisch-barocker Herrschaftskultur, sondern durch die Überbetonung des Wortes und der Predigt eine systematische Pädagogisierung und Indoktrinierung – als Einbahnstraße einer Pseudodiskussion, als Mittel zunehmender Beeinflussung der Laien. Während der lateinische Kult einen Freiraum für die »Selbstbeschäftigung« der Laien, einen Spielraum für die Phantasie geboten habe, lösche die Zentrierung auf das Wort diese Freiheit aus. »Sie erweist sich als Moment der Beherrschung. Das Ritual wird zur Gleitschiene der Bevormundung.« Lorenzer beklagt auch zu Recht, daß die Meßreform mit einem neuen Bildersturm einhergegangen sei, der an Barbarei grenze: Kahle Chorwände, ein Steinblock als Altar, wie ein Fremdkörper etwa in einer barocken Kirche wirkend.

Die Anhänger Lefebvres freilich glauben, daß die Kirche das spezifisch

Katholische zugunsten eines ökumenischen Christentums aufgegeben habe, bei dem Priester zu Pastoren oder »Vorsitzenden« werden wie in allen anderen christlichen Gemeinschaften, wo die Gemeinde ein »Mahl« hält zum Gedenken an das letzte Abendmahl, wo aus der Wandlungsformel, die Brot und Wein nach katholischem Verständnis in Leib und Blut Jesu Christi transformiert, ein Einsetzungsbericht, eine erinnernde Erzählungen wird. »Es geht nicht um Traditionalismus gegen Progressismus«, beschreibt Rudolf Krämer-Badoni den Konflikt, »sondern darum, ob die Kirche nach dem letzten Konzil und der Liturgiereform noch die universale und einzige Kirche Jesu Christi zu sein glaubt, des wahren Gottes. Sollte sie nämlich die absolute Sicherheit des Glaubens aufgegeben haben . . . dann ist ihr Glaube nicht mehr verbindlich. Eine katholische Kirche, die sich im 20. Jahrhundert nach Christi Geburt auf die Suche nach der Wahrheit begibt, ist ein lächerlicher Verein, dem man beitreten mag wie einem Pfadfinderclub oder auch nicht, das ist völlig unwichtig und unter keinen Umständen noch irgendwie heilsnotwendig.«[14]

Unter Papst Johannes Paul II. ist es zu einer Annäherung zwischen Lefebvre und dem Vatikan gekommen, mit ein Zeichen dafür, daß die Früchte des Konzils langsam neu interpretiert werden, daß sich die Einsichten verschieben. Ein Teil der Kirche vollzog den Schritt zurück ins Mittelalter rapider, als dies zu ahnen gewesen war, und die Tatsache, daß im Umfeld Lefebvres 1976 eine Studentin in Klingenberg am Main starb, weil bigotte Eltern und Priester, angestachelt von dem noch immer propagierten Teufelsglauben in der Kirche, den Satan exorzieren wollten, anstatt sie in ärztliche Behandlung zu geben, mag dies belegen. Auf der anderen Seite wurden Theologen, die ganz konsequent auf der Konzilslinie lagen, mit dem Bannstrahl belegt, wie der populäre Fall Küng zeigt, dem kurz vor Weihnachten 1979 die Lehrbefugnis entzogen wurde. Dabei ist der Streit um halbe oder verkürzte Glaubenswahrheiten, der Zweifel an der Unfehlbarkeit des Papstes, der dort ausgetragen wurde, vergleichsweise harmloser Natur. Küng hatte lediglich »angefragt«, die katholische Kirche schlug mit härteren Mitteln zurück. Diese Überreaktion liegt vielleicht darin begründet, daß Küng mit seiner Interpretation des Konzils letzlich jene repäsentiert, deren Kritik an der Unflexibilität der Kirche bisher die Identifikation mit dieser Institution erschwert hatte. Er bietet Hilfestellung für gläubige Zweifler und findet Sympathie bei intellektuellen Bürgerschichten. Darin witterten die Bischöfe und Rom eine schleichende Gefahr. Andere Theologen, wie der prominenteste Vertreter der »Theologie der Befreiung« in der Bundesrepublik, Johann Baptist Metz, haben weitaus provozierendere Thesen in die Welt gesetzt, ohne daß sie mit dem Entzug der »missio canonica«, einer ohnedies fragwürdigen Zensur des Lehramtes, bestraft worden wären. Der Kirche aber war ihre Zuständigkeit als letztgültige moralische Instanz wichtiger als alles andere. Dort reagierte sie empfindlicher als in allen anderen Bereichen, und gerade die Moraltheologen wandeln auf einem sehr schmalen Grat: In Fragen der Sexualität duldet die Kirche keine Aufweichung ihrer Lehre. Vorehelicher Geschlechtsverkehr, Ehebruch, die Anwendung von Verhütungsmitteln sowie Homosexualität sind dem Makel des Sittenwidrigen und der Sünde behaftet, selbst wenn fortschrittlichere Moraltheologen, wie etwa Franz Böckle, inzwischen vorsichtig formulieren, daß Normen und Gebote zwar verbindlich seien, jedoch im konkreten Fall keine ausnahmslose Gültigkeit besäßen. Auch gegenüber der Stellung der Frau in der Kirche und gegenüber dem Problem des zunehmenden Priestermangels verhält sich die Kirche intransigent. An die Zulassung verheirateter Männer zum Priesterdienst ist genauso wenig zu denken wie an eine volle Gleichberechtigung der Frau.

Der Papstbesuch in der Bundesrepublik

Nach einem stürmischen Jahrzehnt des Aufbruchs, nach einem langsamen Roll-Back in den 70er Jahren, versuchte die katholische Kirche in diesem Jahrzehnt wieder etwas von dem ihr angestammten Platz in der Gesellschaft zurückzuerobern. Wie sich die Bilder änderten: Sah man Ende der 60er Jahre eine diskutierende, kritische Christengemeinde auf den Katholikentagen, die provozierende Fragen aufwarf, schien etwa 1978 im großen und ganzen das geschafft, was die Kirchenoberen wollten: Ein Katholikentag der Frömmigkeit wurde in Freiburg abgehalten, Jugendliche, die sich zu Gebet und Meditation einfanden und die Gefallen am Stundengebet der Mönche fanden. Emotionale Tuchfühlung war gefragt, das Gemeinschaftserlebnis, vermittelt durch den Prior von Taizé, Roger Schutz oder die mit dem Friedensnobelpreis bedachte Mutter Teresa. Johann Baptist Metz prägte die Formulierung von der »Schlafwagengesellschaft der Christenheit«, mahnte die jungen Leute, nicht Staffage einer verkrusteten, festgefahrenen und eigentlich nicht mehr wirklichen Glaubenspraxis zu sein. Nach zehn Jahren versuchten und letztlich mißlungenen Aufbruchs folgte die Zuflucht zum Atmosphärischen, der Wunsch nach einer heilen Christenwelt, die wenigstens für kurze Zeit in den gemeinsamen Gottesdiensten und Gesängen, in selbstversunkenem Tanz und Spiel Wirklichkeit geworden schien. Die allgemeine Unsicherheit im gesellschaftlichen Bereich fand ihren Ausdruck im Rückzug in die private und emotionale Glaubensidylle, dem Massenerlebnis, das nicht nach Zielen fragt, dem Wunsch nach Geborgenheit und Harmonie.

Solche Eindrücke hatten auch Theologen und kirchliche Gruppen, als sie zum bevorstehenden Besuch des Papstes in der Bundesrepublik einen offenen Brief verfaßten: »Es hängt in hohem Maße auch von Ihnen ab, ob die christlichen Kirchen in unserem Lande die Zeichen der Zeit erkennen und wirklich das Salz der Erde bilden«, schrieben unter anderem Uta Ranke-Heinemann, Heinrich Böll, Erhard Eppler, Helmut Gollwitzer, Norbert Greinacher, Hans Küng, Jürgen Moltmann und Heinz Zahrnt. Besonders verantwortlich fühlten sie sich im Bestreben, nach fast 500 Jahren die bestehende Kirchentrennung endlich zu überwinden. Sehr viele Christen in Deutschland hätten kein Verständnis dafür, daß geschichtlich bedingte Streitfragen weitertradiert würden. Die Kirchentrennung sei eine der Ursachen dafür, daß die christlichen Kirchen immer mehr an Glaubwürdigkeit verlören.

Die Papstreise verlief ganz so, wie sie generalstabsmäßig und mit großem finanziellem Aufwand für den Herbst des Jahres 1980 geplant worden war. Ein christlicher Feldzug sollte gestartet werden, eine heile und mächtige katholische Kirchenwelt überall vorgeführt werden; die skeptisch gewordenen, gleichgültigen und abseits stehenden Katholiken wollten die Oberhirten wieder zu den Fahnen rufen. Sie brauchten aber auch Statisten um den sympathischen, menschenfreundlichen und medienbewußten Papst aus Polen. »Überlassen wir die Plätze vor dem Fernseher den Kranken«, hatte etwa der Regensburger Bischof Rudolf Graber an die Gläubigen appelliert und gefordert, das »kleine Opfer« der persönlichen Teilnahme auf sich zu nehmen. Natürlich könne man beispielsweise auch eine Wagner-Oper im Fernsehen sehen, aber ungleich tiefer sei der Eindruck und die Faszination, wenn man in Bayreuth inmitten von 1500 Zuschauern die Oper wirklich miterlebe. Wojtyla als Opernstar? Die sicherlich unbewußt gewählte Nähe zu Kitsch, Show und Glitter, zum Opern- und Operettenhaften kam dem Ereignis nahe, denkt man etwa an den Auftritt in Altötting. »Sie erleben in der Bundesrepublik eine Kirche, in der viel verwaltet, aber wenig Leben aus dem Glauben geweckt wird«, hieß es in einem der zahlreichen Briefe, die von Resignation kündigten, »eine Kirche, die oft mehr den Gesetzen der bürgerlichen Gesellschaft angepaßt ist statt dem Geist des Evangeliums angeglichen und Sauerteig einer veränderten Gesellschaft zu sein.«

Die Bilanz des Papst-Besuches war eine eindrucksvolle Bestätigung der vorher geäußerten Befürchtungen. Der Papst zeigte sich zwar verbindlich im Ton, aber unnachgiebig gegenüber Forderungen. Der evangelischen Kirche etwa, die nach dem historischen Treffen mit dem Papst in Mainz gehofft hatte, nunmehr würden wenigstens die schwersten Hürden auf dem Weg zu einem besseren Miteinander geebnet, hielt Johannes Paul II. Tröstungen aus den Römer-Briefen des Apostels Paulus vor: »Wo die Sünde mächtig wurde, ist die Gnade übergroß geworden.« Ansonsten alles wie gehabt: Die priesterliche Ehelosigkeit wurde gepriesen, die kirchliche Sexualmoral bekräftigt, ja, der Papst dachte sogar laut über das »Geschenk« seiner besonderen Unfehlbarkeit nach – was den evangelischen Christen besonders schrill in den Ohren klingen mußte. In dieses Weltbild paßte auch nicht, daß sich die Kirche mit sich selber auseinandersetzte. Der Vorsitzende der Bischofskonferenz, Kardinal Höffner, dem es vorbehalten war, Bilanz zu ziehen, sah die religiöse Krise auch nicht im Verhalten der Kirche begründet, sondern fügte, unter eindeutiger Schuldzuweisung an die Gesellschaft, wobei er das Zusammenleben junger Menschen ohne Trauschein und den Terrorismus in einem Atemzug nannte, ein wahrhaft erschreckendes Weltbild zusammen.

Die Katholische Kirche und die neuen Themen

Ende 1977 sorgte ein bemerkenswertes Memorandum, dem sich auch evangelische Theologen angeschlossen hatten, in der kirchlichen Welt der Bundesrepublik für Aufsehen. Fazit des acht Seiten starken Papiers: Die deutsche Kirche sei wieder einmal in den bösen Verdacht geraten, es mit den Mächtigen dieser irdischen Welt zu halten. Es ging um ein Unternehmen, das seit 1961 existierte und unter karitativem Aspekt zu einem Machtfaktor der Welt geworden war. Seinerzeit hatten die Bischöfe das Hilfswerk »Adveniat« ins Leben gerufen, eine Aktion, auf die Spendierfreudigkeit des Christenmenschen zugeschnitten und mit dem Ziel, seelsorgerische Arbeit in Lateinamerika zu fördern. Erkleckliche Summen kamen zustande: 86 Millionen DM im Jahr 1976, die Tendenz ist steigend.

Der Vorstoß des Memorandums zielte auf die nach Meinung der Kritiker falsche Verteilung der Gelder. Sie würden dazu mißbraucht, die Völker zu unterdrücken und an die herrschenden Verhältnisse, sprich: Diktatur, anzupassen. Wie immer sich auch die deutsche katholische Kirche mühte, den Vorwurf zu entkräften, ganz gelungen ist es ihr nie. Eine neue Lehre hatte Einzug in das abgeschottete Gedankengut kirchenoffiziöser Kreise gefunden, die unter dem einprägsamen Wort »Theologie der Befreiung« für ein verändertes, man könnte sagen, erweitertes Gesichtsfeld stand: Befreiung aus jahrhundertelangem Elend, Abhängigkeit und Entmündigung. »Erlösung« sollte nicht erst im Jenseits stattfinden, sondern konkrete Hoffnung der Menschen sein. Man erinnere sich an den Erzbischof von San Salvador, Romero, der diese Auffassung in dem von Bürgerkrieg zerrissenen Land konsequent vertrat, bis die Kugel eines Mörders seinem engagiert für die Freiheit eingesetzten Leben ein Ende bereitete.

Diese Strömungen der Befreiungstheologie, nachhaltig gefördert etwa von Metz und Greinacher, fanden in der bundesdeutschen katholischen

Hierarchie keine Anerkennung. Im Gegenteil: Mit dem Vorwurf belegt, hier mache man sich die Erkenntnisse der marxistischen Gesellschaftsanalyse zu eigen und trage somit zur »Aushöhlung« des Glaubens bei, blieben Metz, Greinacher und andere Außenseiter. Trotzdem haben sie maßgebliche Anstöße gegeben, ein neues Bewußtsein insbesondere bei den jungen und engagierten Katholiken zu schaffen. Es entstand der Begriff der Basisgemeinden, in denen Katholiken der Lehre Jesu Christi wieder ein wenig näher kommen wollten als durch die kirchlichen Hierarchien. Metz sah in ihnen schon während des Freiburger Katholikentages 1978 nicht nur eine Bewegung, die Verunsicherung widerspiegele, sondern eine »diffuse Form dessen, was ich Kapitalismuskritik nennen würde, ein Bewußtsein über die menschenfeindlichen Folgen, die in diesem System stecken, ein ohnmächtiges, aber tatsächliches Interesse an den Zusammenhängen der Dritten Welt und Arbeiterpriester, die fast keiner wahrnimmt.« Solche Bewegungen reichten »tief in radikale christliche Existenzen« hinein und stellten eine unkonventionelle Form der Nachfolge Christi dar.[15]

Bald darauf präsentierte sich die innerkirchliche Opposition in zwei Gruppen. Zum einen waren es Kirchengemeinden, die nach dem Prinzip der Bürgerinitiativen arbeiteten und sich als »Kirche von unten« verstehen. Sie warfen den Bischöfen tiefes Mißtrauen gegenüber der »befreienden Eigendynamik« christlicher Botschaft vor, beklagten ein Klima der Einschüchterung und Angst und begehrten gegen den Weg in ein »vorkonziliares Ghetto« auf. Man wolle das freie Wort in der freien Gemeinde verteidigen, meinte ein Pfarrer anläßlich eines Treffens dieser Gruppen im März 1980. Zum Verhältnis zur Amtskirche meinen sie, man wolle so viel wie möglich mit ihr zusammen tun – notfalls aber auch ohne sie. Die andere Gruppe firmiert unter der Bezeichnung »Komitee zur Verteidigung der Christenrechte«. Sie kam anläßlich des Entzugs der Lehrbefugnis für Hans Küng zustande und sprach den beiden Kirchen das Recht ab, glaubwürdig für die Menschenrechte einzutreten, solange sie den Mitgliedern in deren eigenen Reihen versagt blieben. Das Christenrechts-Komitee sieht sich in einer Art Anwaltsfunktion und greift Fälle auf, in deren die Kirche ihre Macht – etwa als Arbeitgeber – ausnutzt. Mit der Problematik der Wiederverheiratung Geschiedener, der Situation der Frau oder von Minderheiten, wie den Homosexuellen, der Einschränkung theologischer Lehr- und Forschungsarbeit durch die Drohung der Bischöfe mit dem Entzug der »missio canonica«, beschäftigt sich das Komitee ebenso wie mit der priesterlichen Ehelosigkeit.

Seit die »Kirche von unten« mit einem attraktiven Gegenprogramm zu Katholikentagen aufwartet, tut sich eine Kluft auf, die der Hierarchie sichtlich Schwierigkeiten macht. Insbesondere Forderungen der Friedensbewegung, die in diese Gruppierungen einfließen, will sich die katholische Kirche in der Bundesrepublik weder zu eigen machen noch auch nur darüber diskutieren. Während der Papst die Atomrüstung brandmarkte, schwiegen sich bundesdeutsche Bischöfe lange Zeit darüber aus.

Anmerkungen

1 Karl Otmar Frhr. v. Aretin, 20 Jahre Katholizismus in Deutschland, in: Karl Dietrich Bracher (Hrsg.), Nach 25 Jahren. Eine Deutschland-Bilanz, München 1970, S. 335.

2 Rudolf Uertz, Christentum und Sozialismus in der frühen CDU. Grundlagen und Wirkungen der christlich-sozialen Ideen in der Union 1945–1949, Stuttgart 1981, S. 206.

3 Alfred Grosser, Geschichte Deutschlands seit 1945. Eine Bilanz, München 1974, S. 328.

4 Hans Maier, Die Kirchen, in: Richard Löwenthal und Hans-Peter Schwarz (Hrsg.), Die zweite Republik. 25 Jahre Bundesrepublik Deutschland – eine Bilanz, Stuttgart 1974, S. 500.

5 Abgedruckt in: Jürgen Weber (Hrsg.), Auf dem Wege zur Republik 1945 bis 1947, München 1978, S. 101.

6 Alfred Grosser, a. a. O., S. 332.

7 August Bernhard Hasler, Wie der Papst unfehlbar wurde. Macht und Ohnmacht eines Dogmas, München 1979, S. 217.

8 Rudolf Uertz, a. a. O., S. 192.

9 Anton Rauscher, Die katholische Soziallehre im gesellschaftlichen Entwicklungsprozeß der Nachkriegszeit, in: Albrecht Langner (Hrsg.), Katholizismus, Wirtschaftsordnung und Sozialpolitik 1945–1963, München 1980, S. 25.

10 August Bernhard Hasler, a. a. O., S. 222.

11 Ebenda, S. 230 ff.

12 Vollständige Texte bei: Manfred Plate, Das deutsche Konzil, Freiburg 1975.

13 Alfred Lorenzer, Das Konzil der Buchhalter. Die Zerstörung der Sinnlichkeit. Eine Religionskritik, Frankfurt 1981, S. 81.

14 Rudolf Krämer-Badoni, Revolution in der Kirche. Lefebvre und Rom, München 1980, S. 10.

15 Günter Hollenstein, »Radikale christliche Existenz«, in: Frankfurter Rundschau vom 15. September 1978, S. 4.

Literatur

Anselm Doering-Manteuffel, Katholizismus und Wiederbewaffnung. Die Haltung der deutschen Katholiken gegenüber der Wehrfrage 1948–1955, Mainz 1981

Günter von Gorschenek (Hrsg.), Katholiken und ihre Kirche in der Bundesrepublik Deutschland, München 1976

Norbert Greinacher, H. T. Risse (Hrsg.), Bilanz des deutschen Katholizismus, Mainz 1966

Gerhard Kraiker, Politischer Katholizismus in der BRD. Eine ideologiekritische Analyse, Stuttgart 1972

Albrecht Langner (Hrsg.), Katholizismus, Wirtschaftsordnung und Sozialpolitik 1945–1963, Paderborn, München 1980

Albrecht Langner (Hrsg.), Katholizismus im politischen System der Bundesrepublik 1949–1963, Paderborn, München 1978

Alfred Lorenzer, Das Konzil der Buchhalter. Die Zerstörung der Sinnlichkeit. Eine Religionskritik, Frankfurt 1981

Hans Maier (Hrsg.), Deutscher Katholizismus nach 1945. Kirche – Gesellschaft – Geschichte, München 1964

Ben van Onna, Martin Stankowski (Hrsg.), Kritischer Katholizismus, Frankfurt, Hamburg 1966

Anton Rauscher (Hrsg.), Der soziale und politische Katholizismus. Entwicklungslinien in Deutschland 1803–1963, Bd. 2, München 1982

Burkhard van Schewick, Die Katholische Kirche und die Entstehung der Verfassungen in Westdeutschland 1945–1950, Mainz 1980

Chronik

1933

20. 7.   Unterzeichnung des Reichskonkordats.

1937

21. 3.   Die Enzyklika »Mit brennender Sorge« Pius XI. vom 14. 3. 1937 wird verlesen.

1945

Der Freiburger Bischof Gröber lehnt Kollektivschuld-These bei deutschen Verbrechen gegen die Juden ab.

23. 8.   Erste Tagung der deutschen Bischöfe nach dem Kriege in Fulda; Forderungen nach Einrichtung von Bekenntnisschulen und Herausgabe von kirchlichen Zeitungen; Vorstellungen beim Alliierten Kontrollrat gegen automatischen Arrest bei nominellen NSDAP-Mitgliedern und gegen die Vertreibung der Deutschen aus den Ostgebieten; in gemeinsamem Hirtenbrief wird eine politische Wertung der NS-Zeit vermieden.

1946

30. 4.   Hirtenbrief der katholischen Bischöfe der Britischen Zone kritisiert Besatzungspolitik der Alliierten und protestiert u. a. gegen Ausbeutung der deutschen Kriegsgefangenen.

1947

21./22. 2.   Sozialausschüsse der CDU fordern grundlegende Neuordnung der Wirtschaft.

21. 8.   Hirtenbrief der Fuldaer Bischofskonferenz mit Stellungnahme zur sozialen Frage im Sinne des christlichen Ständestaates.

1948

18. 3.   Öffentliche Kritik Kardinal Faulhabers an der Entnazifizierungspraxis.

1.–5. 9.   Erster Katholikentag seit 1932 (in Mainz).

23. 10.   Stellungnahme der Fuldaer Bischofskonferenz gegen die Rechtsprechung amerikanischer Militärgerichte in Dachau und Nürnberg (Nürnberger Kriegsverbrecherprozesse).

1949

28. 5.   Fuldaer Bischofskonferenz formuliert in Pützchen bei Bonn die Ansprüche der katholischen Kirche an das Grundgesetz.

14. 8.   Die katholischen Bischöfe fordern in erstem Wahlhirtenbrief dazu auf, CDU-Bewerber zu unterstützen.

1950

23. 7.   Der Kölner Kardinal Joseph Frings betont Unvereinbarkeit des christlichen Denkens mit der Wehrdienstverweigerung.

1. 11.   Dogma von der leiblichen Aufnahme Mariae in den Himmel führt zu Spannungen zwischen Katholiken und Protestanten.

1952

Zentralkomitee der Deutschen Katholiken formiert sich neu.

1953

30. 9.   Auseinandersetzung zwischen Konrad Adenauer und Reinhold Maier über die Gültigkeit des Reichskonkordats.

1954

1. 10.   Heftiger Protest der katholischen Kirche gegen die Einführung der christlichen Gemeinschaftsschule in Niedersachsen.

1955

30. 11.   Gründung der Christlichen Gewerkschaftsbewegung.

1956

19. 12.   Errichtung des Bistums Essen.

1957

26. 3.   Im Streit um Gemeinschaftsschule in Niedersachsen bestätigt das Bundesverfassungsgericht Gültigkeit des Reichskonkordats von 1933, erklärt aber dessen Ungültigkeit in Fällen mangelnder Bundeskompetenz (wie dem Schulwesen).

1958

11./12. 1.   »Münchner Gespräch« zwischen führenden Katholiken und Sozialdemokraten. Trotz bestehender Gemeinsamkeiten in manchen
Punkten lehnt die katholische Seite den »demokratischen Sozialismus« nach wie vor ab.

13.–17. 8.   Katholikentag in Ost- und Westberlin mit Hirtenwort, in dem sich die
Bischöfe gegen die Mischehe aussprechen.

1961

15. 5.   Dritte grundlegende Sozialenzyklika der katholischen Kirche »Mater et magistra« unter Papst Johannes XXIII. veröffentlicht.

1963

11. 4.   Die deutschen Bischöfe verwenden die Friedensenzyklika »Pacem in
terris« zur Abgrenzung gegenüber dem Osten.

1965

Neues Einheitsgesangbuch »Gotteslob« eingeführt. Einrichtung der
Kommission für Zeitgeschichte zur Dokumentation der NS-Zeit.
Kontakte der deutschen Bischöfe mit dem polnischen Episkopat ent-
halten erste Ansätze zur Aussöhnung mit Polen.

30. 6.   Neue CDU/SPD-Koalition in Niedersachsen verabschiedet Konkordat mit Schulgesetznovelle, die die Bekenntnisschule in Niedersachsen zuläßt.

8. 12.   II. Vatikanisches Konzil in Rom beendet seine Arbeit.

1966

17. 7.   Deutscher Katholikentag in Bamberg verabschiedet Erklärung zur
Versöhnung mit Polen.

1970

Kardinal Döpfner als Vorsitzender der Deutschen Bischofskonferenz erklärt grundsätzliche Bereitschaft zur Aussöhnung mit Polen.

7. 2.   Joseph Kardinal Höffner legt 10 Thesen zur Verteidigung des Zöli-
bats vor.

1. 10.   Papst Paul VI. warnt in einem Dekret vor Mischehen.

1971

Der Vatikan lehnt Aufhebung des Bannes gegen Luther ab.

3. 1.   Im Würzburger Kiliansdom beginnt die Gemeinsame Synode der
Diözesen in der Bundesrepublik Deutschland. Das Zentralkomitee
der deutschen Katholiken wendet sich gegen die zunehmende Demokratisierung in der Gesellschaft.

8. 9.   Augsburger Treffen zwischen Katholiken und Protestanten erarbeitet gemeinsame Stellungnahmen zu Fragen des Gottesdienstes, der
Ausländer und der Mischehe.

1972

Juni   Anerkennung der Oder-Neiße-Linie durch Vatikan.
29. 6.   Deutsche Bischofskonferenz respektiert Neufestsetzung der Bistumsgrenzen in den ehemaligen deutschen Ostgebieten durch den Vatikan.

1973

            Nach einer Kampagne gegen die Reform des Abtreibungsparagraphen 218 sind Katholiken und Protestanten gegen die Fristenlösung.
Herbst   Deutsche Bischofskonferenz verbietet Priestern öffentliches Eintreten für politische Parteien.

1975

23. 11.   Auf der Gemeinsamen Synode der Bistümer erklären die Bischöfe ihr Schweigen zu den Polenverträgen mit der Zurückhaltung in innenpolitischen Streitfragen. Polens Episkopat antwortet der Deutschen Bischofskonferenz.

1977

            Katholische Hilfsorganisationen geraten durch den Vorwurf ins Zwielicht, Diktaturen in Lateinamerika zu begünstigen.

1978

            DDR-Bischofskonferenz wird per Vatikan-Dekret offiziell von bundesdeutscher Bischofskonferenz abgekoppelt.
            Freiburger Katholikentag wird zum Katholikentag der neuen Frömmigkeit und des Rückzugs aus der Gesellschaft.
20.–25. 9. Eine Delegation polnischer Bischöfe, unter anderem Primas Wyszynski und der spätere Papst Johannes Paul II., besuchen die Bundesrepublik.

1979

            Deutsche Bischöfe nehmen anläßlich der Fernsehsendung »Holocaust« zur Judenvernichtung Stellung und fordern zur Versöhnung mit dem Judentum auf.
            Katholiken und Protestanten formulieren gemeinsame Grundwerte.
15. 12.   Dem Theologieprofessor Hans Küng wird die Lehrbefugnis entzogen.

1980

            Deutsche Bischöfe reisen nach Polen.
15.–19. 11. Der Papst besucht die Bundesrepublik.

Die Evangelische Kirche

von Martin Greschat

Die Anfangsjahre (1945–1949)

Am 8. Mai 1945, am gleichen Tag also, an dem die deutsche Wehrmacht bedingungslos kapitulierte, richtete der Düsseldorfer Pfarrer Lic. Joachim Beckmann ein Gesuch an die Militärregierung, worin er um die Genehmigung bat, sich mit dem Fahrrad im Umkreis von 40 km frei bewegen zu dürfen, um in Wuppertal und Essen mit den beiden anderen Führern des Bruderrates der Rheinischen Kirchenprovinz Kontakte aufnehmen zu können. Denn, so begründete Beckmann seinen Antrag: »Die Bekenntniskirche hat sehr gelitten und muß baldigst wieder aufgebaut werden.«[1]

In diesem Votum kommen sowohl die Gegebenheiten des Jahres 1945 treffend zum Ausdruck als auch wesentliche Voraussetzungen, die dann den Weg der Evangelischen Kirche in der Nachkriegszeit – und darüber hinaus – bestimmt haben. Zunächst konnte man sich nur auf der lokalen oder einer eng begrenzten regionalen Ebene bewegen; hier lagen die ersten Anfänge eines Neuanfangs. Aber relativ rasch gelang dann die Reorganisation der Institutionen sowie des kirchlichen Lebens in den traditionellen evangelischen Landeskirchen. Sie bildeten bald – wie vorher auch – die eigentliche und entscheidende Form der kirchlichen Organisation. Mehrere Faktoren wirkten bei dieser Stabilisierung des Überkommenen, die zunächst alles andere als selbstverständlich war, zusammen: Die relative Unversehrtheit dieser Institutionen und ihres Apparats bis hinunter in die Kirchengemeinden; das Ansehen, über das beide Großkirchen in gewissem Maße bei den Siegermächten und insbesondere bei den westlichen Alliierten verfügten, weil sie sich von den Nationalsozialisten nicht einfach hatten gleichschalten lassen; schließlich die aus beidem resultierende Bereitwilligkeit der Sieger, kirchliche Vertreter als Gesprächspartner zu akzeptieren und mit ihnen in konkreten Einzelfragen zusammenzuarbeiten. Das wiederum hob das Ansehen dieser Kirchen in der deutschen Öffentlichkeit beträchtlich. Sie erschienen jetzt als die Garanten von Kontinuität und Ordnung inmitten eines allgemeinen inneren und äußeren Chaos.

Das Fehlen jeder übergeordneten politischen, aber auch kirchlichen Zentralgewalt in Deutschland tat ein übriges, um die landeskirchlichen Institutionen zu festigen. Nicht selten hatten sie es auf ihrem Kirchengebiet mit verschiedenen Besatzungsmächten zu tun. Den daraus erwachsenden Schwierigkeiten korrespondierte umgekehrt von Anfang an die Möglichkeit, über die allgemeine »Regionalisierung des Bewußtseins« (H.-P. Schwarz) als Organisation hinauszugreifen und dadurch stabilisierend und integrierend zu wirken. Am Beispiel der Rheinischen Landeskirche lassen sich diese Gegebenheiten besonders gut veranschaulichen. Sie bildete 1945 noch keine eigene Landeskirche, sondern war eine Provinz der Kirche der Altpreußischen Union, die das Territorium Preußens vor den Annexionen Bismarcks umfaßte und an deren Spitze der Evangelische Oberkirchenrat in Berlin stand. Zum Gebiet der ehemaligen preußischen Provinz Rheinland – und somit zu dieser Kirchenprovinz – gehörten nun aber nicht nur der westliche Teil des späteren Landes Nordrhein-Westfalen und der Norden des dann ebenfalls neugegründeten Landes Rheinland-Pfalz, sondern auch das abgetrennte Saarland sowie eine Enklave um Braunfels und Wetzlar. Dementsprechend hatte diese Kirche es – abgesehen von Kontakten nach Berlin – mit der englischen, französischen und amerikanischen Besatzungsmacht zu tun und mußte sich mit deren unterschiedlichen Verwaltungspraktiken und Zielsetzungen auseinandersetzen.

Nicht zuletzt waren es auch die schwierigen und langwierigen Bemühungen um die Schaffung eines Zusammenschlusses aller evangelischen Kirchen in Deutschland, die den Landeskirchen die Möglichkeit eröffneten, ihre traditionell starke Position zu behaupten oder sogar auszubauen.

Im Zuge der »Selbstreinigung« wurden schließlich nach dem Ermessen der jeweiligen Kirchenleitungen belastete Persönlichkeiten aus der Zeit des »Dritten Reiches« ausgeschieden, unbelastete beibehalten und schließlich Vertreter der »Bekennenden Kirche« in Führungspositionen übernommen. Dadurch konnte einerseits die Rechtskontinuität gewahrt und andererseits die recht unterschiedliche regionale Erfahrung des Kirchenkampfes innerhalb gewisser Grenzen in das Leben der einzelnen Landeskirchen integriert werden. Mit alledem bildeten also schon unmittelbar nach dem Zusammenbruch die Landeskirchen die eigentlichen Zentren und dann auch die entscheidenden Machtfaktoren in der evangelischen Kirche in Deutschland.

Von den älteren, übergreifenden Organisationen war die ehemals größte deutsche evangelische Kirche der Altpreußischen Union (APU) durch den Krieg sowie die darauf folgende Zerschlagung Preußens weitgehend vernichtet worden. Ost- und Westpreußen waren verloren, ebenso Schlesien und der größte Teil Pommerns; in den übrigen Gebieten (Brandenburg, Provinz Sachsen, Westfalen und Rheinland) überwog das Verlan-

gen nach kirchlicher Selbständigkeit, dem bereits in einem am
31. August 1945 in Treysa angenommenen Statut entsprochen wurde. Dadurch wurden die früheren preußischen Kirchenprovinzen zu eigenständigen Landeskirchen; die neugeschaffene Organisation der Evangelischen Kirche der Union (EKU) hatte und hat nur noch die Aufgabe, die aus der gemeinsamen Tradition erwachsenen Verbindungen und Verpflichtungen zu pflegen.

Sehr viel komplizierter war die Neuordnung des Zusammenschlusses aller evangelischen Kirchen in Deutschland. Die 1933 geschaffene Deutsche Evangelische Kirche (DEK) war aufgrund der Vergangenheit diskreditiert; nichtsdestoweniger bestand ein außerordentliches Interesse an einer gesamtkirchlichen evangelischen Organisation. In den Bemühungen um deren Verwirklichung spielten dann sehr unterschiedliche Gesichtspunkte eine Rolle. Man übertreibt nicht, wenn man in diesen Auseinandersetzungen *auch* ein Spiegelbild der wichtigsten innerkirchlichen Tendenzen jener Zeit sieht. Da war einmal das Selbstbewußtsein und Eigeninteresse der einzelnen Landeskirchen, die nicht gewillt waren, sich ihre Position durch eine übergeordnete Organisation schmälern zu lassen. Da bestand zum andern der konfessionelle Gegensatz der Lutheraner gegenüber den Reformierten und insbesondere den Unierten, der in der Vergangenheit durch die Opposition des Luthertums gegenüber der mächtigen Kirche der Altpreußischen Union mit erheblichen Vorbehalten, auch Ressentiments, aufgeladen war. Hinzu kamen weiterhin die für die Folgezeit kaum hoch genug einzuschätzenden unterschiedlichen Erfahrungen – und dann auch Interpretationen – des Kirchenkampfes im »Dritten Reich«. Dieser Kirchenkampf hatte in den »intakten« Kirchen (Württemberg, Bayern und Hannover), wo die Kirchenleitungen sich 1933 dem Ansturm der Deutschen Christen hatten erwehren können, ein entschieden anderes Gesicht und Gewicht gehabt als in jenen »zerstörten« Kirchen, wo in Gestalt der Bruderräte eigene kirchenleitende Organe der Bekennenden Kirche im Gegensatz zu den deutschchristlichen Kirchenleitungen mühsam und unter Verfolgungen agiert hatten. Aber auch dabei war es dann im einzelnen zu mancherlei Kompromissen gekommen. Insofern verknäulten sich nach 1945 durchaus landeskirchliche und konfessionelle Zielsetzungen mit organisatorischen und theologischen Neuansätzen. Neben dem offenkundigen Gegensatz der lutherischen Theologie und derjenigen Karl Barths, die im Kirchenkampf für die entschiedenen Opponenten gegenüber jeder Anpassung von entscheidender Bedeutung gewesen war, gehörten dazu an zentraler Stelle die unterschiedliche Interpretation des selbst Erfahrenen. Nimmt man die Spannungen hinzu, die bei alledem zwischen »Jungen« und »Alten« bestanden, zwischen kirchenleitenden Persönlichkeiten und sich kirchlich verantwortlich wissenden einzelnen, hat man ungefähr jenes Spektrum von Kräften vor Augen, die 1945 innerhalb des deutschen Protestantismus um die Neugestaltung der kirchlichen Verhältnisse rangen.

Zur Auseinandersetzung darüber, aber doch auch zu einer gewissen Verständigung kam es auf der Kirchenführerkonferenz in Treysa (27. bis 31. 8. 1945). Eingeladen hatte der württembergische Landesbischof D. Theophil Wurm (1868–1953), der durch sein mutiges Auftreten gegen die sog. Euthanasie und andere Verbrechen in Briefen an hochgestellte nationalsozialistische Persönlichkeiten sowie durch seine Bemühungen um eine innerkirchliche Einigung (seit 1941) angesichts der im Krieg unübersehbar hervortretenden massiven antikirchlichen und antichristlichen Tendenzen im Nationalsozialismus als der weithin anerkannte Sprecher der evangelischen Kirche galt. Wurm hoffte, auf der Basis seines »Kirchlichen Einigungswerkes«, in dem sich die unterschiedlichen Richtungen der Bekennenden Kirche sowie Neutrale und auch einzelne ehemalige Deutsche Christen zusammengefunden hatten, eine neue gesamtkirchliche evangelische Organisation bilden zu können. Das Gelingen dieses Planes hing jedoch ganz wesentlich von zwei innerkirchlichen Zusammenschlüssen ab, die sich aufgrund der Erfahrungen im Kirchenkampf gebildet hatten: des 1934 entstandenen Reichsbruderrates sowie des 1936 gegründeten Lutherrates.

Auf Einladung Martin Niemöllers trafen sich die Mitglieder des Reichsbruderrates, also die Vertreter des bruderrätlich organisierten Flügels der Bekennenden Kirche aus den ehemals »zerstörten« Kirchen der Deutschen Evangelischen Kirche, vom 21.–23. August 1945 in Frankfurt. Es ging um die Frage, welche Rolle die Einsichten und Überzeugungen dieser entschiedensten Gruppe innerhalb der Bekennenden Kirche bei der künftigen Neuordnung der deutschen evangelischen Kirche spielen sollten. Sehr schnell zeigte sich allerdings, daß man zu einem geschlossenen Handeln nicht in der Lage war. In mehreren Landeskirchen hatten bereits Bruderräte »Koalitionsregierungen« gebildet; andere neigten zu einem betont lutherischen, konfessionellen Zusammenschluß. Niemöller und seine engsten Freunde mußten erkennen, daß praktisch alle Voraussetzungen fehlten, um die evangelische Kirche im Sinn der zweiten Bekenntnissynode von Dahlem (19.–20. 10. 1934) von den Gemeinden aus mit bruderrätlichen Leitungen neu zu gestalten. Nur um den Versuch, die eigenen Erfahrungen nicht völlig untergehen zu lassen, konnte es jetzt noch gehen.

Sehr viel stärker, auch siegesgewisser waren demgegenüber die Vertreter des Lutherrates, die sich vom 24.–26. 8. 1945 unter der Führung des bayerischen Landesbischofs Hans Meiser (1881–1956) in Treysa trafen. Zusammengeschlossen waren hierin die Kirchen von Hannover, Bayern und

Württemberg sowie die Landesbruderräte von Mecklenburg, Sachsen und Thüringen. Ihr Ziel war die Bildung einer umfassenden lutherischen Konfessionskirche in Deutschland, ein Konzept, das nicht zuletzt angesichts der Zertrümmerung Preußens und der offenkundigen Krise der Kirche der Altpreußischen Union realistisch erschien.

Es gelang Wurm und seinen Freunden auf der Kirchenführerkonferenz in Treysa, einen Mittelweg zu steuern, der sowohl die Ausgrenzung des Reichsbruderrates bei der kirchlichen Neubildung verhinderte als auch das Ausscheren des konfessionellen Luthertums durch die Schaffung einer eigenen und unabhängigen lutherischen deutschen Kirche. Damit war grundsätzlich der Weg freigemacht für die Bildung der »Evangelischen Kirche in Deutschland« (EKD), deren Grundordnung am 13. Juli 1948 in Eisenach von der Kirchenversammlung angenommen wurde. Zwar hatte sich am 8. Juli 1948 am gleichen Ort die Vereinigte Evangelisch-Lutherische Kirche (VELKD) durch die Annahme der Verfassung dieser Organisation gebildet; doch blieben deren Gliedkirchen zugleich Mitglieder der EKD.

Diese komplizierte, an vielfältigen Widersprüchen, aber auch an mannigfachen Kompromissen reiche Vorgeschichte des Zusammenschlusses der deutschen evangelischen Kirche nach dem Ende des »Dritten Reiches« bestimmte – und bestimmt – den Weg, die Möglichkeiten und Grenzen der EKD. Die im folgenden zu beschreibende weitere Entwicklung dieser Kirche in der Nachkriegszeit und darüber hinaus wird überhaupt nur verständlich, wenn man sie ständig auf dem Hintergrund dieser spannungsreichen – und im Grunde nie wirklich bewältigten – innerkirchlichen Gegensätze sieht, in denen – wie schon angedeutet – nicht nur organisatorische und verfassungsrechtliche, sondern letzte theologische Überzeugungen eine entscheidende Rolle spielten.

Eindeutig hatte die Grundordnung der EKD bestimmt, daß es sich hier um einen Kirchenbund, d. h. um den Dachverband von insgesamt 27 selbständigen lutherischen, reformierten und unierten deutschen Kirchen handelte. Die EKD konnte und kann dementsprechend wohl Richtlinien formulieren, aber keine Weisungen erteilen. Ihre Organe sind die Synode, die alljährlich tagt (mit 100 gewählten und 20 vom Rat berufenen Mitgliedern), die Kirchenkonferenz als Vertretung der Kirchenleitungen sowie der Rat der EKD, der zunächst aus zwölf Mitgliedern bestand, danach aus fünfzehn (seit 1966: 6 Lutheraner, 6 Unierte, 3 Reformierte) und an dessen Spitze – als primus inter pares – der auf sechs Jahre gewählte Ratsvorsitzende steht. Das Verwaltungsorgan der EKD ist die Kirchenkanzlei (jetzt Kirchenamt) in Hannover. Als wichtige Institution ist daneben noch das Kirchliche Außenamt in Frankfurt zu nennen, das die Verbindungen zu den deutschen Auslandsgemeinden sowie zur Ökumene pflegt.

VERWALTUNGSGLIEDERUNG
DER EVANGELISCHEN KIRCHE

ORGANISATION DER EVANGELISCHEN KIRCHE IN DEUTSCHLAND (EK

Evangelische Kirche der Union (EKU)	Berlin-Brandenburg (West) (4
	Rheinland (1.
	Westfalen (12
Übrige unierte Kirchen	Baden (5)
	Bremen (2)
	Hessen und Nassau (8)
	Kurhessen-Waldeck (4
	Pfalz (3)
Vereinigte Evangelisch-Lutherische Kirche Deutschlands (VELKD)	Bayern (9.
	Braunschweig (2
	Hannover (13
	Nordelbien (1
	Schaumburg-Lippe (1
Übrige lutherische Kirchen	Oldenburg (2)
	Württemberg (9)
Reformierte Kirchen	Lippe (1
	Nordwestdeutschland (1

·········· Grenzen der Bundesländer
——— Gebietsgrenzen einer Gliedkirche
☩ Sitz einer Kirchenleitung
Bonn Amtsstelle der EKD
◆ Evangelische Akademie
■ Kirchliche Hochschule
1905 (evangelisch)/ Gründung
▲ theologische (evangelische) Hochschulfakultät

*Kirchenkonferenz gebildet von den Leitungen der 17 EKD-Gliedkirchen und der EKU

Synode der EKD
100 gewählte und
20 berufene Mitglieder

↓

Rat der EKD (15 Mitglieder)

BERLIN-BRANDENBURG (West)
⑩ Berlin (West)

DIE GLIEDKIRCHEN (LANDESKIRCHEN) DER EK
(Reihenfolge nach Mitgliederzahl)

① Evangelisch-Lutherische Landeskirche Hannovers
② Evangelische Kirche im Rheinland
③ Evangelische Kirche von Westfalen
④ Nordelbische Evangelisch-Lutherische Kirch
⑤ Evangelisch-Lutherische Kirche in Bayern
⑥ Evangelische Landeskirche in Württemberg
⑦ Evangelische Kirche in Hessen und Nassau
⑧ Evangelische Landeskirche in Baden
⑨ Evangelische Kirche von Kurhessen-Waldeck
⑩ Evangelische Kirche in Berlin-Brandenburg (West)
⑪ Vereinigte Protestantisch-Evangelisch-Christliche Kirche der Pfalz (Pfälzische Landeskirche)
⑫ Evangelisch-Lutherische Landeskirche in Braunschweig
⑬ Evangelisch-Lutherische Kirche in Oldenburg
⑭ Bremische Evangelische Kirche
⑮ Lippische Landeskirche
⑯ Evangelisch-reformierte Kirche in Nordwestdeutschland
⑰ Evangelisch-Lutherische Landeskirche Schaumburg-Lippe

*Gebiet der Kirchenprovinz Sachsen bzw. der Landeskirche Mecklenburg, treuhänderisch verwaltet von Gliedkirchen der EKD

Schleswig
Kiel
NORDELBIEN (4)
Hamburg
BREMEN ⑭
Bremen
HANNOVER ①
NORD- ⑬
Leer
Oldenburg
WEST- ⑯
OLDENBURG
DEUTSCHLAND
Osnabrück
Loccum ⑰
SCHAUMBURG-LIPPE
Hannover
Bückeburg
Münster LIPPE ⑮
Bielefeld Detmold
Bethel 1905
③ WESTFALEN
Wolfenbüttel
BRAUNSCHWEIG ⑫
Paderborn
Duisburg Göttingen
Essen Bochum
Mülheim Iserlohn
1935 Wuppertal
Hofgeismar
Köln Kassel
Düsseldorf KURHESSEN-
Siegen WALDECK
Aachen Marburg ⑨
Bonn
② Gießen
Arnoldshain HESSEN
1947 Oberursel
RHEINLAND
Frankfurt
⑦ NASSAU
Mainz Darmstadt
Bayreuth
Bad Dürkheim
Saarbrücken PFALZ ⑪ Erlangen-Nürnberg
Speyer Heidelberg
Neuendettelsau
Karlsruhe 1947
Stuttgart
Bad Herrenalb ⑥ BAYERN
WÜRTTEMBERG ⑤
Bad Boll
BADEN Tübingen
⑧ Augsburg
München
Tutzing

Lutherische Gliedkirchen
Unierte Gliedkirchen
Reformierte Gliedkirchen
EKU
VELKD

Am 10. Juni 1969 trat die Ordnung des »Bundes der Evangelischen Kirchen in der DDR« in Kraft, wodurch diese Kirchen engültig aus der bis dahin festgehaltenen gesamtdeutschen Organisation der EKD ausschieden. Die EKD umfaßt seitdem 17 Landeskirchen, von denen Nordelbien (1977 durch den Zusammenschluß von Hamburg, Schleswig-Holstein, Lübeck und Eutin entstanden), Hannover, Bayern, Braunschweig und Schaumburg-Lippe zur VELKD gehören, Berlin-Brandenburg (West), Westfalen und Rheinland zur EKU; reformierte Landeskirchen sind Lippe und Nordwestdeutschland; nicht der VELKD angeschlossen haben sich die lutherisch geprägten Kirchen Württembergs und Oldenburgs; weitere unierte Kirche sind Hessen-Nassau, Kurhessen-Waldeck, Baden, Pfalz und Bremen.

Vor allem aufgrund von Kirchenaustritten hat in jüngster Zeit der Katholizismus in der Bundesrepublik den Protestantismus zahlenmäßig überholt: waren 1950 noch 50,5 % der Bevölkerung Glieder einer evangelischen Landeskirche (ohne die evangelischen Freikirchen), so waren es am 31. Dezember 1979 lediglich 42,8 %; der Anteil der Katholiken sank in der gleichen Zeit nur von 44,3 % auf 43,5 %.[2]

1945 fanden sich also beide Großkirchen in Deutschland, insbesondere natürlich in den westlichen Besatzungszonen, in einer ungemein günstigen Position. Ihre Organisationen waren intakt. So konnten sie nicht nur direkt zur Bevölkerung reden und ihre Not zu lindern versuchen, sondern auch den Besatzungsmächten gegenüber als Anwalt der Besiegten die verschiedensten menschlichen, sozialen und nationalen Probleme zur Sprache bringen. Allein die Kirchen verfügten in dieser Situation in Deutschland über einflußreiche außenpolitische Kontakte. Bereits zur zweiten Sitzung des Rates der EKD am 18. und 19. Oktober 1945 in Stuttgart waren führende Vertreter des im Entstehen begriffenen Weltrates der Kirchen gekommen, die den Deutschen die Einladung zur Mitarbeit in der Ökumene anboten. Bei dieser Gelegenheit gab der Rat der EKD seine bald berühmt gewordene, aber alsbald auch innerhalb der Kirche leidenschaftlich umstrittene Schulderklärung ab. Der Text ermöglichte unterschiedliche Deutungen und wurde dementsprechend sogleich verschieden interpretiert: Man konnte – wie Martin Niemöller oder Gustav Heinemann – den Akzent auf den ersten Satz legen und dann auf eine grundsätzliche Neuorientierung des gesamten deutschen Volkes unter der Führung der evangelischen Kirche abheben: »Mit großem Schmerz sagen wir: Durch uns ist unendliches Leid über viele Völker und Länder gebracht worden.«[3] Man konnte andererseits allen Nachdruck auf das Mü-

Abb. 11: Verwaltungsgliederung der evangelischen Kirche. – Quelle: Fischer Informationsatlas Bundesrepublik Deutschland, Frankfurt 1982, S. 127.

hen um Versöhnung mit den Christen der Ökumene legen, dabei auch den eigenen Einsatz in der Vergangenheit hervorheben: »Wohl haben wir lange Jahre hindurch im Namen Jesu Christi gegen den Geist gekämpft, der im nationalsozialistischen Gewaltregiment seinen furchtbaren Ausdruck gefunden hat; aber wir klagen uns an, daß wir nicht mutiger bekannt, nicht treuer gebetet, nicht fröhlicher geglaubt und nicht brennender geliebt haben.« Und man konnte schließlich das Thema mit dieser Erklärung als abgetan und erledigt ansehen, in der Konzentration auf den Satz: »Nun soll in unseren Kirchen ein neuer Anfang gemacht werden.« An Verharmlosungen, Entschuldigungen und mehr oder weniger offenen Selbstrechtfertigungen hat es in der innerkirchlichen Diskussion um diese Erklärung, die bis in die Mitte des Jahres 1947 mit großer Intensität geführt wurde, jedenfalls nicht gefehlt. Aber auf der anderen Seite muß man doch auch in Rechnung stellen, daß keine andere deutsche Kirche, Organisation oder Institution nach 1945 öffentlich von ihrem Versagen und der eigenen Schuld am »Dritten Reich« gesprochen hat. Ohne deshalb die Grenzen dieser Erklärung zu übersehen: mit diesem Wort sind die evangelischen Kirchenführer, die mehrheitlich durchaus konservativ geprägt und zutiefst national gesonnen waren, in der Tat über ihren eigenen Schatten gesprungen!

Die evangelische Kirche nahm in der Nachkriegszeit eine Fülle von Aufgaben wahr, die in normalen Zeiten nicht in ihre Verantwortung gefallen waren: angefangen bei Verwaltungsaufgaben über mannigfache materielle Hilfeleistungen bis hin zu politischen Einflußnahmen. Die außerordentliche Not in Deutschland drängte dazu. Aber man war auch grundsätzlich entschlossen, das öffentliche Leben mitzugestalten. Ein starkes Selbstbewußtsein beherrschte jene Männer, die im Kirchenkampf gelernt hatten, der Obrigkeit zu widersprechen und die dadurch mit einer langen protestantischen Tradition der politischen Unterordnung und des Gehorsams gebrochen hatten. Nun wollten sie verantwortlich mitreden und mitgestalten. Man sprach deshalb von einem »Wächteramt« der Kirche und proklamierte ihren »Öffentlichkeitsanspruch« innerhalb der Gesellschaft.

Die Folge davon war eine Fülle von kirchlichen Worten, Erklärungen und Verlautbarungen zu praktisch sämtlichen brennenden Themen der Nachkriegszeit, bis hin zu Fragen der Bodenreform oder der wirtschaftlichen Neuordnung. Durchmustert man diese Aussagen, mutet ihr konstruktiver Beitrag allerdings recht bescheiden an. Am guten Willen mangelte es sicher nicht – wohl aber an Sachkenntnis. Man analysierte nicht, sondern proklamierte. Und das war um so leichter möglich, als man glaubte, im Letzten und Entscheidenden komme es auf die Überzeugung des Einzelnen an. So hieß es etwa, im Blick auf die Wirtschaftsfrage: verwerflich seien weder der Sozialismus noch der Kapitalismus, sondern der selbstsüchtige, begehrliche Mensch, der in beiden Systemen gedeihen könnte. Faktisch wurde auf diese Weise die unaufhebbare Gültigkeit eines Großteils der alten bürgerlich-mittelständischen Werte verkündet: die zentrale Bedeutung der Persönlichkeit, des Individuums; das Recht auf Eigentum und die Unverletztlichkeit des Besitzes; eine Wirtschaftsordnung, die gewiß dem Großkapital kritisch gegenüberstand, aber die einen Kapitalismus mit sozialen Sicherungen doch jeder Form von Sozialismus entschieden vorzog; und schließlich eine Staats- und Gesellschaftsordnung, die demokratische Elemente durchaus akzeptierte, sofern nur eine starke politische Autorität sowie die klare Gliederung der Gesellschaft in oben und unten gewährleistet waren.

Die Konzentration aller dieser kirchlichen Äußerungen auf die Haltung und Einstellung des Einzelnen wird freilich erst wirklich verständlich, wenn man sie im Zusammenhang mit dem gesellschaftlichen Leitbild der evangelischen Kirche in jener Zeit sieht. Dieses läßt sich als Programm der »Rechristianisierung« bzw. der Aufrichtung und Durchsetzung einer umfassenden christlichen Gesellschaftsordnung umreißen. Der Nationalsozialismus galt als der letzte und eindeutigste Beweis für die Überzeugung, daß Gesellschaften, die mit ihren Werten und Ordnungen nicht eindeutig in Gottes Geboten verankert waren, in Zuchtlosigkeit, Chaos und Unmenschlichkeit enden müßten. Um eben das zu verhindern, bedurfte die Gesellschaft notwendig der kritischen Begleitung sowie der autoritativen Weisungen seitens der Kirche. Ein wahrhaft menschliches Zusammenleben erschien nur auf dieser Basis möglich; andernfalls würden Willkür und Vermassung die Folge sein, als die unumgängliche Konsequenz der Zerstörung der entscheidend im christlichen Glauben gegründeten personalen Verantwortung des Einzelnen.

Die Grenzen dieses Ansatzes liegen auf der Hand. Von hierher war es der Mehrheit innerhalb der evangelischen Kirche grundsätzlich kaum möglich, zu einer einigermaßen nüchternen Beurteilung der Entwicklung in der Sowjetischen Besatzungszone zu kommen, nicht nur im Westen, sondern durchaus auch dort, im Osten. Aber auch gegenüber der Sozialdemokratischen Partei sah man sich aufgrund dieses Ansatzes durch einen unüberbrückbaren Graben getrennt. Und man wird noch einen Schritt weiter gehen müssen: Jenes Rechristianisierungsprogramm zehrte in einem erheblichen Ausmaß von der Tradition des alten Obrigkeitsstaates und einer dementsprechend gegliederten Gesellschaft, wo Staat und Kirche zusammen die Untertanen regierten. Die mentalen und sozialen Realitäten einer modernen Industriegesellschaft mit ihrer faktischen Emanzipation des Individuums, ihren sozialen Antagonismen und politischen Gegensätzen – die nicht zufällig zur Forderung nach dem weltanschaulich neutralen Staat geführt hatten, zum Wertepluralismus sowie zum pragmatischen Kompromiß als dessen Konkretion – fanden aufgrund dieses kirchlichen Konzepts nicht nur keinen Raum, sondern begegneten entschiedenem Widerspruch.

Die gleichwohl unübersehbare Wirkung dieses Konzepts der Rechristianisierung in der Nachkriegszeit, in das antikommunistische Emotionen, Traditionen des »christlichen Abendlandes« sowie Hoffnungen auf ein in diesem Geiste geeintes Europa anstelle der diskreditierten und verspielten Realität des Vaterlandes einmünden konnten, beruhte nicht zuletzt darauf, daß die Gegebenheiten und Bedingungen einer modernen Industriegesellschaft in diesen Jahren nicht bewußt waren, weil sie kaum funktionierten. In dem Maße allerdings, in dem die Verhältnisse sich normalisierten, d. h. die wirtschaftliche und sozialpolitische Realität zutage trat, wurde die Fragwürdigkeit und Brüchigkeit dieser kirchlichen Zielsetzung einer christlichen Gesellschaftsordnung zunehmend offenkundig.

Zur Eigenart der evangelischen Christenheit nach 1945 gehörte allerdings auch, daß nicht allein innerhalb der kirchlichen Organisationen, d. h. von den Kirchenleitungen angefangen bis hinunter in die einzelnen Gemeinden, ein intensives Bemühen bestand, die Bedeutung des christlichen Glaubens zu entfalten, sondern erheblich darüber hinaus. Einige Beispiele dazu müssen hier genügen. Da existierte einmal die Evangelische Studentengemeinde, die sich bislang streng auf Bibelarbeiten beschränkt gesehen hatte – und die sich nun mit einer Fülle nicht nur theologischer, sondern auch sozialer und politischer Probleme konfrontiert fand. Da entstanden die Evangelischen Akademien, ausgehend von einer Tagung in Bad Boll vom 29. September bis zum 12. Oktober 1945, die unter der Leitung von Eberhard Müller dem Ziel dienen sollte, im Gespräch mit führenden Vertretern der Öffentlichkeit die Bedeutung des Christentums für die Neuordnung der politischen, wirtschaftlichen und sozialen Verhältnisse bewußt zu machen. Ebenfalls 1945 wurde nach den Vorstellungen und unter der Leitung von Eugen Gerstenmaier das Hilfswerk der EKD als eigene Organisation neben der Inneren Mission geschaffen, um mittels ausländischer Unterstützung die deutsche Selbsthilfe bei der Beseitigung der allgemeinen Not sowie beim kirchlichen Wiederaufbau anzukurbeln. Das schnell expandierende Unternehmen leistete in beiden Hinsichten bald Außerordentliches. 1949 schließlich konnte aufgrund der intensiven Bemühungen von Reinold von Thadden-Trieglaff in Hannover der Deutsche Evangelische Kirchentag als dauerhafte Einrichtung proklamiert werden. Hierbei ging es um die Sammlung, Förderung und Mobilisierung der Laien, um von der Basis her einen lebendigen Zusammenhalt der EKD zu erreichen.

Aktiv wurden evangelische Christen jetzt auch in der Politik, sowohl Pfarrer als auch Gemeindemitglieder – und zwar vor allem in der CDU/ CSU. Bei diesen Parteien handelte es sich um echte Neugründungen; ihre Mitglieder kamen – katholischerseits – vor allem aus dem Zentrum, im evangelischen Teil aus dem ehemaligen Christlich-sozialen Volksdienst, der Deutschen Volkspartei sowie der Deutschnationalen Volkspartei. Doch nicht gering war auch die Zahl derjenigen, die aufgrund ihrer Erfahrungen mit den Schrecken der Diktatur und des totalen Krieges politische Verantwortung übernehmen wollten, damit sich Derartiges nie mehr wiederholte.

Die CDU/CSU dieser Anfangsjahre war zumindest *auch* Ausdruck der hohen Erwartungen, die Menschen in beiden Konfessionen mit einer Neuordnung der Gesellschaft aus dem Geist des Christentums verbanden. Ganz in diesem Sinn hieß es in den Leitsätzen der CDU in der britischen Besatzungszone vom September 1945: »Gott ist der Herr der Geschichte und der Völker, Christus die Kraft und das Gesetz unseres Lebens. Die deutsche Politik unter der Herrschaft des Nationalsozialismus hat diese Wahrheit geleugnet und mißachtet. Das deutsche Volk ist deshalb in die Katastrophe getrieben worden. Rettung und Aufstieg hängen ab von der Wirksamkeit der christlichen Lebenskräfte im Volk.«[4] Die vorsichtige Annäherung beider Konfessionen, die in der Spätphase des »Dritten Reiches« von einzelnen Christen eingeleitet worden war, setzte sich damit fort. Der weitgehende, wenngleich langsame und auch mühsame Abbau der konfessionellen Feindseligkeiten und Gegensätze, die bis dahin die deutsche Innenpolitik begleitet hatten, ist in den folgenden Jahrzehnten in der Bundesrepublik in einem nicht geringen Ausmaß das Ergebnis des politischen Wirkens der CDU/CSU gewesen.

In der Situation des Jahres 1945 lag es nahe, daß erhebliche Kräfte innerhalb der evangelischen Kirche die CDU/CSU als ihre Partei ansahen. Auf der Kirchenführerkonferenz in Treysa legte ein Ausschuß ein »Wort zur Verantwortung der Kirche für das öffentliche Leben« vor, in dem unmißverständlich für die CDU geworben wurde, liege es doch im ureigensten Interesse der Kirche, »daß sie die Bildung einer politischen Partei, die sich selbst auf christliche Grundsätze verpflichtet, mit Wohlwollen aufnimmt.«[5] Obwohl dieser Text weder diskutiert noch offiziell angenommen wurde, drückte sich darin ohne Frage die Überzeugung eines großen Teils der versammelten Kirchenführer aus.

Überblickt man dieses Panorama, wird verständlich, warum in diesen Jahren in evangelischen Kreisen so oft und gern von der »Stunde der Kirche« die Rede war, die jetzt angebrochen sei. Unverkennbar fand ein breiter Teil der Bevölkerung, insbesondere aus der mittelständisch-kleinbürgerlichen Schicht, in der kirchlichen Verkündigung nicht nur Trost und Hilfe für den Augenblick, sondern die überzeugende Sinndeutung der eigenen Existenz sowie ein richtungweisendes Wertsystem in einer Situation des allgemeinen inneren und äußeren Zusammenbruchs. Treffend spiegelt eine autobiographische Erinnerung diesen Vorgang: »Der

Nationalsozialismus war die selbstverständliche Luft des Aufwachsens gewesen, da die eigene kleinbürgerliche Herkunft kaum ein Gegengewicht gesetzt hatte. Jetzt drängte die Trostlosigkeit der äußeren Lage auf die Entfaltung der inneren Kräfte. Wie viele meiner Generation begegnete ich jetzt dem, was man heute zuweilen verächtlich ›die abendländische Tradition‹ nennt, die ich jedoch auf der Tabula rasa, auf der ich mich befand, begierig einsog. Das reichte von Thornton Wilders ›Wir sind noch einmal davongekommen‹ bis zu Hermann Hesses ›Glasperlenspiel‹ und postierte Johann Sebastian Bach in die Mitte. Ich lernte die historische wie die aktuelle Bedeutung der christlichen Botschaft begreifen. Vor allem ihr Menschenbild faszinierte mich; das hat bis zum heutigen Tage angehalten und viele spätere Jahre der Kirchenfremdheit überdauert.«[6]

Die hier angesprochene zunehmende Distanzierung vieler von der Kirche in der Folgezeit gründete sowohl in den öffentlichen Erfolgen der Rechristianisierung der Gesellschaft als auch in der zunehmenden Normalisierung der Verhältnisse. Die Kirche zahlte für die Durchsetzung ihres Konzepts mit einem faktischen Realitätsverlust angesichts der komplizierten Bedingungen und Erfordernisse einer modernen Industriegesellschaft und mit der grundsätzlichen Ausgrenzung aller Sinndeutungen und Weltanschauungen, die sich dem eigenen Modell der christlichen Gesellschaftsordnung nicht integrieren ließen. Das betraf, wie erwähnt, die Sozialdemokratie; das betraf auch die Entwicklung im anderen Teil Deutschlands, in der Sowjetischen Besatzungszone, die aufgrund des kirchlichen Rechristianisierungsprogramms nur prinzipiell abgelehnt werden konnte. Insofern hat ein Großteil evangelischer Christen – trotz ihres subjektiv ganz anders gerichteten besten Wollens – faktisch zur Vertiefung der deutschen Spaltung beigetragen.

Aber die kirchlichen Repräsentanten überschätzten auch rein zahlenmäßig das Verlangen der Bevölkerung, zur Kirche zurückzukehren. Zwar wurden 1945 in den westlichen Besatzungszonen etwa 47 000 Eintritte gezählt und 1946, auf dem Höhepunkt der Rückbewegung, waren es rund 75 000; doch bereits 1949 standen 43 000 Eintritten 86 000 Austritte gegenüber. Insgesamt brachte die gesamte Nachkriegszeit der evangelischen Kirche einen Zugewinn von etwa 75 000 Eintritten. Vergleicht man diese Zahl mit den 1 024 042 Austritten in den Jahren 1937–1939 (im Deutschen Reich, bei 88 618 Ein- und Übertritten), wird schnell das relativ begrenzte Ausmaß der Rückkehr zur Kirche in diesen Jahren deutlich.[7]

Im Spannungsfeld des Ost-West-Gegensatzes (1947–1963)

Die Bruderräte hatten aufgrund der Stabilisierung der Landeskirchen und vollends im Zuge der Errichtung der EKD erheblich an innerkirchlichem Einfluß verloren. Aber sie waren darum keineswegs gewillt, auf die Mitgestaltung der kirchlichen Entwicklung zu verzichten. Ausdruck dieses Wollens war das »Wort des Bruderrates der Evangelischen Kirche in Deutschland zum politischen Weg unseres Volkes« vom 8. August 1947, nach dem Tagungsort auch kurz »Darmstädter Wort« genannt. Es stellte den Versuch dar, radikal gegen die in der Kirche – und durchaus auch in Teilen der Bruderräte selbst – herrschenden Tendenzen und Überlegungen anzusteuern. Das Ziel der sieben Abschnitte dieses Wortes[8] war die Aufnahme und Weiterführung der »Stuttgarter Schulderklärung« sowie die Aktualisierung der Barmer Theologischen Erklärung von 1934, insbesondere deren zweiter These, in der es hieß: »Durch Jesus Christus widerfährt uns frohe Befreiung aus den gottlosen Bindungen dieser Welt zu freiem, dankbarem Dienst an seinen Geschöpfen.« Die Bindung des Glaubens an Christus wurde entfaltet als Freiheit von Schuld *und* zugleich als die Freiheit gegenüber allen innerweltlichen Normen, Ideologien und Weltanschauungen. Nicht Standortlosigkeit oder Beliebigkeit des politischen Urteils wurden damit proklamiert, sondern eine Haltung, die der selbstverständlichen Einfügung des Christen und der Kirche in ideologisch-politische Fronten widersprach.

Leidenschaftliche Empörung und erbitterte Ablehnung löste jedoch weniger dieser theologische Ansatz aus als vielmehr dessen gesellschaftspolitische Konkretion. Mochte es noch angehen, wenn der »Traum einer besonderen deutschen Sendung« verworfen wurde: Sehr viel schwerer erträglich erschien angesichts der skizzierten Verhältnisse die Zurückweisung einer »christlichen Front«, die Ablehnung der Bildung einer politischen »Front der Guten gegen die Bösen, des Lichtes gegen die Finsternis, der Gerechten gegen die Ungerechten«. Und vollends ungeheuerlich mutete an, gerade angesichts der Vorgänge im anderen Teil Deutschlands, daß die Erklärung nicht nur den Antikommunismus zurückwies, sondern dem Marxismus Wahrheitsmomente zugestand, von denen die Kirche lernen müßte! Mochten einzelne Formulierungen dieses Wortes in ihrer Zuspitzung auch mißverständlich sein und die fehlende innerkirchliche Vorbereitung auf dieses Votum die Annahme zusätzlich erschwert haben: die breite Ablehnung des »Darmstädter Wortes« bis in bruderrätliche Kreise hinein und die Mischung aus Wut, Verständnislosigkeit und Abscheu, mit der diese Ablehnung geschah, zeigt besser als viele Worte, wo die große Mehrheit der evangelischen Christen politisch und weltanschaulich in diesen Jahren stand.

Nichtsdestoweniger beharrte jene bruderrätliche Minderheit, allen An-
griffen und Verleumdungen zum Trotz, unerschütterlich und engagiert
bei ihren Bemühungen, eine Position zwischen den Fronten des immer
schärfere Formen annehmenden Kalten Krieges zwischen Ost und West
festzuhalten. Folgerichtig waren diese evangelischen Christen dann auch
Gegner der nun rasch voranschreitenden Westintegration der westdeutschen Besatzungszonen bzw. der Bundesrepublik und mehr oder weniger
entschiedene Anhänger des Konzepts der »Brückenbildung« Gesamt-
deutschlands zwischen dem kommunistischen Osten und dem kapitalistischen Westen.

Die Gründung der Bundesrepublik Deutschland brachte beiden Kirchen
auch die Legalisierung ihrer bis dahin eingenommenen starken Stellung
in der westdeutschen Öffentlichkeit. Entgegen z. T. erheblich weiter rei-
chenden kirchlichen Forderungen übernahm der Parlamentarische Rat
schließlich die Artikel 136–139 und 141 der Weimarer Verfassung von
1919 in das Bonner Grundgesetz (Art. 140). Danach blieben die Kirchen
Körperschaften des öffentlichen Rechts, was ihnen neben der Befugnis
zur Selbstverwaltung ermöglichte, anhand der staatlichen Steuerlisten die
Kirchensteuern zu erheben; den Einzug dieser Steuern durch die Finanz-
ämter hatte der Alliierte Kontrollrat bereits im Januar 1946 erlaubt.
Übernommen wurde ferner die Weitergeltung der überkommenen finanziellen Verpflichtungen des Staates gegenüber den Kirchen, die Garantie
des kirchlichen Eigentums sowie der Schutz des Sonntags und der kirchlichen Feiertage. Anerkannt blieb das Recht zur seelsorgerlichen Betäti-
gung in Krankenhäusern und Gefängnissen, und Religion galt weiterhin
als ordentliches Lehrfach in allen öffentlichen Schulen.

Es gelang auch der evangelischen Kirche in den folgenden Jahren, diese
starke Position auf Bundes- und Länderebene noch erheblich auszubauen, angefangen bei der Sicherung der theologischen Fakultäten an
den Universitäten bis weit in den Bereich des Sozialwesens, der Diako-
nie, hinein. Insgesamt entstand dann ein dichtes Geflecht juristisch abge-
sicherter direkter Mitwirkungsmöglichkeiten auf der Verbandsebene.
Um nur einige Beispiele zu nennen: Kirchliche Vertreter sitzen im bayerischen Senat und in den Aufsichtsräten der Rundfunk- und Fernsehanstal-
ten, in den Filmselbstkontrolle- und -förderungsausschüssen, sie gehören
den Gremien zur Selbstkontrolle illustrierter Publikationen an, der Bundesprüfstelle für jugendgefährdende Schriften, der Bildungskommission
des Deutschen Bildungsrates; sie finden sich in den Beiräten für Schulen,
Lehrer- und Erwachsenenbildung, aber auch für Innere Führung bei der
Bundeswehr, für Jugendwohlfahrt, Sozialhilfewesen, Vertriebene und
Kriegsopfer; sie wirken mit im wissenschaftlichen Bereich des Bundesge-
sundheits- und Familienministeriums, in Ausschüssen für Strafvollzug

und Bewährungshilfe, aber auch für Verbraucherfragen oder Fragen der Raumordnung.[9]

Diese gesamte Entwicklung wird nur verständlich, wenn man sie im Zusammenhang der Kooperation der Kirchen mit den sich schnell als staatstragend begreifenden Parteien der CDU/CSU sieht. Aufgrund der weithin gemeinsamen Zielsetzungen und Wertvorstellungen konnten einerseits beide Kirchen sich von der in der Nachkriegszeit wahrgenommenen weitgespannten Verantwortung zurückziehen, indem sie die Durchsetzung ihrer Interessen nun diesen Politikern anvertrauten: die andererseits, gerade in der Anfangszeit der Bundesrepublik, nicht unerheblich von der kirchlichen Legitimierung der zunächst ausgesprochen schwachen staatlichen Autorität profitierten. Mit alledem wurde freilich immer *auch* ein Verständnis des Verhältnisses von Staat und Kirche verfestigt, das letztlich in vordemokratischen und vorindustriellen Gegebenheiten wurzelte: Staat und Kirche zusammen reglementierten den Bereich der Öffentlichkeit und leiteten die Untertanen. Die Kirche insistierte dementsprechend folgerichtig auf der politischen Durchsetzung ihres öffentlichen Einflusses sowie der staatlichen Förderung ihrer gesellschaftlichen Zielsetzungen. Zumindest das hinter allen diesbezüglichen Einzelforderungen stehende Denkmodell hat der Bundesgerichtshof noch 1961 bestätigt, indem er den Kirchen grundsätzlich eine eigene Hoheitsgewalt neben der staatlichen eingeräumt hat.[10]

Angesichts dieser Entwicklung ist schon früh, nämlich in der unmittelbaren Nachkriegszeit, der Vorwurf einer gezielten kirchlichen Restauration erhoben worden. Insbesondere aus dem Lager der Bruderräte kam entschiedener, oft allerdings auch recht pauschaler Widerspruch. In alledem artikulierten sich noch einmal die unterschiedlichen Erfahrungen und Erkenntnisse aus den Jahren des Kirchenkampfes. Fraglos fand das in den »zerstörten« Kirchen aufgebaute bzw. anvisierte Modell der mündigen Gemeinde innerhalb der landeskirchlichen Neuordnung nun kaum einen oder überhaupt keinen Widerhall mehr. Die Kirchenleitungen und ihre Bürokratien regelten im wesentlichen wie eh und je das kirchliche Leben. Doch es wäre ungerecht, hinter dem erneuten Erstarken dieser und anderer Traditionen eine bewußt angesteuerte Restauration zu sehen. Zum einen hatten viele Kirchenführer aufgrund ihrer Erfahrungen in der Vergangenheit die Überzeugung gewonnen, daß nur eine starke und in der Öffentlichkeit einflußreiche Kirche in der Lage wäre, sich dem Staat gegenüber zu behaupten. Zum andern setzte man in allen kirchlichen Gruppen vorrangig auf einzelne Persönlichkeiten und reflektierte zu wenig das Gewicht überkommener Strukturen. Und ein Übriges tat schließlich überall die Notwendigkeit, den dringenden Aufgaben – und dann auch den schnell zunehmenden Möglichkeiten – im eigenen Umkreis und Arbeitsfeld mit aller Kraft sich zuzuwenden. Zum gründlichen Nachdenken oder gar zum Legen neuer Fundamente blieb keine Zeit. »Unter schwierigsten Umständen«, erinnert sich ein Professor, »und nur in halber Besetzung begannen wir in Mainz, hungrig, frierend, während der Wintermonate auf einem Feldbett in der Universität schlafend, morgens ohne Frühstück auf der Toilette uns waschend, ohne Literatur außer der, welche wir selber hatten ... Weil ich noch nie ein Kolleg gelesen hatte, mußte ich mich im Laufe von fünf Jahren durch das ganze Neue Testament von Matthäus bis zur Offenbarung des Johannes durcharbeiten, den Studenten jeweils nur einen halben Tag voraus und neun Stunden Vorbereitung für eine jede Stunde Vorlesung benötigend.«[11] Ähnlich sah es fast überall aus. Was Kritiker der politischen und kirchlichen Entwicklung damals und später als Restauration attackierten, war weithin schlicht dieser Wiederaufbau, bei dem in der Regel den aus dem Kriege Heimgekehrten sowohl die Ruhe als auch die Kräfte fehlten, Alternativen zu denken und zu gestalten.

Innerhalb dieses Rahmens also agierten jene evangelische Christen, die mit Leidenschaft für die Einheit Deutschlands eintraten und die, nicht nur, aber doch auch deshalb, gegen die Wiederbewaffnung Westdeutschlands angingen. Spätestens von diesem Zeitpunkt an waren dann evangelische Theologen und Gemeindeglieder an allen grundlegenden politischen Entscheidungen, die in der Bundesrepublik gefällt wurden, wesentlich beteiligt.

Die Staatengründungen in Ost- und Westdeutschland waren noch relativ gelassen hingenommen worden. Sie galten nur als Provisorium, weshalb der Rat der EKD am 12. Oktober 1949 in seinem »Wort zur Lage« auch erklären konnte: »Trotz aller Entscheidungen der weltlichen Mächte, die über uns herrschen, bleiben wir ein Volk und sind darum zu brüderlicher Gemeinschaft miteinander und zu brüderlicher Achtung voreinander verpflichtet.«[12] Der sich schnell verschärfende Kalte Krieg traf dann freilich die in beiden Teilen Deutschlands verankerte EKD besonders hart. Was die Kirche angesichts dieser Situation für den Frieden tun könne, war deshalb die zentrale Frage bei der Tagung der Synode der EKD in Berlin-Weißensee, also im Ostteil der Stadt (23.–27. 4. 1950). Das »Wort zum Frieden«, das nach bewegten und leidenschaftlichen Diskussionen schließlich verabschiedet wurde, war zwar weithin einigermaßen vage und allgemein gehalten; insbesondere die Vertreter des konfessionellen Luthertums hatten sich unter Berufung auf Luthers Zwei-Reiche-Lehre geweigert, direkt zu den politischen Ereignissen Stellung zu nehmen. Aber allein die Tatsache, daß man sich dieses Themas, das im deutschen Protestantismus kaum eine Tradition hatte, jetzt annahm, ist von schwer zu überschätzender Bedeutung und war Ausdruck eines gewandelten kirchlichen Selbstverständnisses. Die Friedensfrage ist seitdem, allen Schwankungen zum Trotz, eines der großen Themen der evangelischen Kirche geblieben.

In gewisser Weise gilt das auch von den Bemühungen um die deutsche Einheit. Existierten zunächst neben der EKD noch eine ganze Reihe gesamtdeutscher Organisationen, so blieb sie bald praktisch allein übrig. Die Bedeutung der zahllosen privaten, offiziösen und offiziellen Kontakte in allen diesen Jahren läßt sich kaum ermessen, bestenfalls erahnen, bedenkt man etwa, wie viele Gemeinsamkeiten hier trotz allem festgehalten wurden durch das andauernde Bemühen um gegenseitiges Verstehen und das Ausräumen von allerlei Vorurteilen. Wenn nach mehr als dreißig Jahren einer nicht nur politischen, sondern auch tiefgreifenden gesellschaftlichen und ideologischen Auseinanderentwicklung zumindest bis an das Ende der sechziger Jahre in nicht nur marginalen Kreisen Ost- und Westdeutschlands ein Gefühl der Zusammengehörigkeit bestand, ist das fraglos in einem hohen und besonderen Maß das Verdienst der Evangelischen Kirche in Deutschland in ihren vielfältigen Gliederungen gewesen.

Wirklich bewußt geworden ist dann weiteren, auch kirchlichen Kreisen das Faktum der deutschen Spaltung erst in den erbitterten Auseinandersetzungen über die Frage der Wiederbewaffnung der Bundesrepublik. Hierbei haben evangelische Christen sowohl im Lager der Befürworter als auch der Gegner von Anfang an eine wesentliche Rolle gespielt. In der Situation einer weit verbreiteten Unruhe nach Ausbruch des Korea-Krieges erklärte der Rat der EKD am 27. August 1950 in Essen: »Einer Remilitarisierung Deutschlands können wir das Wort nicht reden, weder was den Westen noch was den Osten anbelangt. Die Pflicht der Kirche kann es immer nur sein, die schwer gerüsteten Mächte der Welt wieder und wieder zu bitten, dem heillosen Wettrüsten ein Ende zu machen und friedliche Wege zur Lösung der politischen Probleme zu suchen. In jedem Fall aber muß derjenige, der um seines christlichen Gewissens willen den Dienst mit der Waffe verweigert, die Freiheit haben, sein Gewissen unverletzt zu erhalten.«[13] Dieses zuletzt genannte Ziel ist im wesentlichen dauerhaft festgehalten worden. 1955 wurde die Evangelische Arbeitsgemeinschaft zur Betreuung der Kriegsdienstverweigerer (EAK) gegründet; nahezu alle Landeskirchen haben Beauftragte für die Beratung und den Beistand der Betroffenen in den staatlichen Prüfungsverfahren bestellt.

Die Linie der klaren Ablehnung jeder »Remilitarisierung« dagegen vermochte die EKD nicht durchzuhalten. Es kam zu leidenschaftlichen und erbitterten Auseinandersetzungen über dieses Thema, die die Kirche bis an den Rand der Spaltung brachten. Mehr und mehr kristallisierte sich dabei allerdings die öffentliche und zunehmend auch die innerkirchliche

Isolierung der bruderrätlichen Kreise und insbesondere Martin Niemöllers (geb. 1892) heraus. Die Mehrheit setzte aus einer Mischung von theologischen, politischen und emotionalen Motiven auf die Wiederbewaffnung im Rahmen einer umfassenden Westintegration der Bundesrepublik. Befriedigt konnte Adenauer nach einem Treffen mit zweiundzwanzig evangelischen Kirchenführern am 5. November 1951 in Königswinter – woran allerdings die engagiertesten Gegner der Aufrüstung (wie Niemöller, Heinemann oder Wilm aus Westfalen) nicht teilnahmen – konstatieren, daß er keineswegs mit einer geschlossenen Opposition der EKD gegen seine Politik zu rechnen hatte. Deprimierend mutete dagegen das Resultat für die Kirche an. Die Synode der EKD in Elbingerode (6.–10. 10. 1952) konnte nur feststellen, was ohnehin unübersehbar war: Daß nämlich unüberbrückbare Gegensätze im Blick auf die Frage der theologischen Zulässigkeit der militärischen Bewaffnung der Bundesrepublik in der Kirche bestanden und daß es, allen Anstrengungen zum Trotz, nicht gelungen war, auf der Basis des gemeinsamen Glaubens auch zu gemeinsamen Zielsetzungen des politischen Handelns zu gelangen.

Zu der 1952 noch keineswegs erledigten Brisanz der Auseinandersetzungen über die Wiederbewaffnung hatte nicht zuletzt die Tatsache beigetragen, daß der Linie Adenauers in der Gestalt des angesehenen CDU-Politikers und führenden Kirchenvertreters (Präses der Synode der EKD 1949–1955) Gustav Heinemann (1899–1976) ein entschiedener Gegner erwuchs. Aus Protest gegen Adenauers Remilitarisierungspläne war er 1950 als Innenminister zurückgetreten, hatte am 21. November 1951 die »Notgemeinschaft für den Frieden Europas« mit ins Leben gerufen und ein Jahr später die »Gesamtdeutsche Volkspartei« gegründet. Dieser Versuch, zusammen mit engagierten bruderrätlichen Gruppen in die Politik einzugreifen, scheiterte jedoch völlig; bei den Bundestagswahlen 1953 gewann die neue Partei lediglich 1,2 % der abgegebenen Stimmen. 1957 löste Heinemann die Gesamtdeutsche Volkspartei auf und empfahl seinen Anhängern, sich der SPD anzuschließen.

Diese Entwicklung dokumentiert deutlich, wie selbstverständlich inzwischen auch für breite kirchliche Kreise die Westintegration der Bundesrepublik geworden war und wie wenig Überzeugungskraft hier eine Politik besaß, die mit nationalen und moralischen Argumenten aus christlicher Verantwortung heraus einen Weg der Verständigung zwischen Ost und West suchte. Es gelang Heinemann und seinen Freunden nicht, dem Odium des schwärmerischen Pazifismus einerseits und andererseits dem Vorwurf der Unterwanderung und Steuerung seiner Partei durch Moskau zu entgehen. Steigender Wohlstand und ein massiver Antikommunismus – der durch die Vorgänge in der DDR ständig neue Nahrung erhielt –, wirkten dann entscheidend mit an der zunehmenden Isolierung der Gegner der politischen Zielsetzungen Adenauers und der CDU/ CSU.

Erheblich erfolgreicher verliefen in derselben Zeit die Verhandlungen zwischen dem Staat und den beiden Großkirchen über einen Militärseelsorgevertrag. Während in der kirchlichen Öffentlichkeit noch voller Engagement und Leidenschaft darüber gestritten wurde, ob eine Wiederbewaffnung überhaupt zulässig sei, kam es insgeheim zu den entscheidenden Weichenstellungen für den Aufbau der Militärseelsorge. Zwar hatte der Rat der EKD am 13. März 1952 grundsätzlich solchen Verhandlungen zwischen staatlichen und kirchlichen Vertretern zugestimmt; aber über wichtige Einzelheiten war doch auch er nur teilweise unterrichtet – und noch weniger waren es die Synodalen. So kam es, daß einerseits die EKD-Synode im Juni 1956 in Berlin beschließen konnte, keine neuen Fakten zu schaffen: während andererseits der Vertragsentwurf bereits seit 1955 in den meisten Gliedkirchen diskutiert wurde! Am 22. Februar 1957 wurde der fertige Text vom Ratsvorsitzenden, Bischof Otto Dibelius (1880 bis 1967), und dem Präsidenten der Kirchenkanzlei, Heinz Brunotte (geb. 1896), auf der einen sowie dem Bundeskanzler Konrad Adenauer und Verteidigungsminister Franz Josef Strauß auf der anderen Seite feierlich unterzeichnet. Obwohl die Wogen der Empörung zunächst hoch gingen, stimmte die Synode der EKD dem Vertragswerk schließlich am 7. März 1957 mit 91 gegen 18 Stimmen zu – wobei die Mehrheit der Gegenstimmen *nicht* aus den Kirchen in der DDR kam.

Der Militärseelsorgevertrag integrierte die Pfarrer und Dekane in die Struktur der Bundeswehr – die sämtliche Kosten übernahm – und übertrug den Kirchen die Einrichtung und Durchführung eines »lebenskundlichen Unterrichts« für die Soldaten. Vor allem diese Entscheidung hat auch innerkirchlich zu bitterer und scharfer Kritik geführt. Versucht man, nüchtern abzuwägen, bleibt das ungute Gefühl einer allzu starken Identifizierung der Kirche mit dem Staat und seinen politischen Zielen an dieser Stelle.

Mit außerordentlichen grundsätzlichen Schwierigkeiten wurde die Kirche dann auch an diesem Punkt aufgrund der Diskussion über die atomare Bewaffnung der Bundeswehr konfrontiert. Diese erbitterten Auseinandersetzungen folgten nahezu bruchlos auf den leidenschaftlichen Streit über das Recht oder Unrecht der Wiederbewaffnung. Zugleich markiert dieser Kampf, der sich nicht selten von den kirchenleitenden Gremien angefangen bis hinunter in die einzelnen Gemeinden fortsetzte, noch einmal in besonderer Klarheit die entscheidenden theologischen Positionen dieser fünfziger Jahre, nämlich das Konzept der Zwei-Reiche-Lehre des eher traditionell ausgerichteten Luthertums auf der einen Seite und auf der anderen das primär von Karl Barth geprägte Modell der Königsherr-schaft Christi.

Erheblich später als in der westeuropäischen Öffentlichkeit begann die Auseinandersetzung über die Atomwaffen in der Bundesrepublik. Weder die Warnungen des »Göttinger Manifests« von 18 deutschen Atomphysi-kern (12. 4. 1957) noch die durch den Rundfunk verbreitete Rede Albert Schweitzers aus Anlaß der Verleihung des Friedensnobelpreises, in der er die Schrecken der neuen Waffen schilderte (23. 4. 1957), konnten aus die-sem Problem ein Thema des Wahlkampfs machen. Nach dem 15. Septem-ber 1957 – dem Tag, an dem die CDU/CSU die absolute Mehrheit errang – vermochten erst recht weder »Aufklärungskampagnen« unter dem Motto »Kampf dem Atomtod« und danach Ostermärsche noch auch Re-deschlachten im Bundestag – wie jene in der Nacht des 23. Januar 1958, in der Heinemann der CDU/CSU entgegenhielt: »Es geht nicht um Chri-stentum gegen Marxismus, ... sondern ... um die Erkenntnis, daß Chri-stus nicht gegen Karl Marx gestorben ist, sondern für uns alle«[14] – die Regierung von ihrem als richtig erkannten Kurs abzubringen.

Die in dieser Situation tagende Synode der EKD in Berlin-Spandau (26.– 30. 4. 1958), die alsbald als »Atomsynode« bekannt wurde, vermochte angesichts der erbitterten innerkirchlichen Gegensätze lediglich das Aus-einanderbrechen der Synodalen und damit auch der EKD zu verhindern. Der »Beschluß« der Tagung stellte das unumwunden fest und schloß mit den Sätzen: »Wir bleiben unter dem Evangelium zusammen und bemü-hen uns um die Überwindung dieser Gegensätze. Wir bitten Gott, er wolle uns durch sein Wort zu gemeinsamer Erkenntnis und Entscheidung führen.«[15]

Verschärft wiederholte sich hier, was bereits das Kennzeichen der Aus-einandersetzung über die Remilitarisierung gewesen war: Man konnte sich über *den* Weg der Nachfolge nicht einigen; man stritt heiß, auch rück-sichtslos untereinander darum, aber man hielt zuletzt doch fest, daß *alle*, also nicht nur die Freunde, sondern ebenso die theologischen, kirchenpo-litischen und menschlichen Gegner von der Vergebung Gottes lebten. Die Erinnerung an diesen Sachverhalt macht die eigentliche Bedeutung jener »Atomsynode« aus.

Dieses Votum wies auch die Position der entschiedenen Barthianer zu-rück, die in einer »Anfrage« der Kirchlichen Bruderschaften von Rhein-land und Westfalen an die Synode der EKD im März 1958 zehn Thesen formuliert hatten, deren letzte im Blick auf die geforderte Verdammung aller Atomwaffen aufgrund des christlichen Glaubens lautete: »Ein ge-genteiliger Standpunkt oder Neutralität dieser Frage gegenüber ist christ-lich nicht vertretbar. Beides bedeutet die Verleugnung aller drei Artikel des christlichen Glaubens.«[16]

Die exakteste Gegenposition dazu formulierte, ganz im Geist des konfessionellen Luthertums, der Schweizer Theologe Emil Brunner in einem weithin beachteten Artikel »Pazifismus als Kriegsursache«, der mit dem bezeichnenden Satz abschloß: »Schuld daran [d. h. am atomaren Weltkrieg] wäre aber niemand so sehr wie die Pazifisten mit ihrer Verwechslung von moralischem Postulat und politischem Denken.«[17] Dahinter stand unverkennbar die von Luther hergeleitete Zwei-Reiche-Lehre, wonach die Welt böse war und blieb, man sie also nicht mit dem Evangelium bzw. der Bergpredigt regieren konnte. Konkret folgte daraus, daß Waffen, Kriege und Kriegsgefahr zur Wirklichkeit dieser Welt gehörten, weshalb der Gedanke der Abschreckung des Gegners und die Vorstellung eines Gleichgewichts des Schreckens durchaus naheliegend erschienen. Denn dazu hatte Gott nach dieser Auffassung neben dem Evangelium das Gesetz gegeben, alle Ordnungen und insbesondere den Staat: daß sie dem Übel wehrten und das Böse in Schach hielten.

Das Problem des theologischen Konzepts der Königsherrschaft Christi war das Überspringen der politischen Realitäten; die offene Flanke der Zwei-Reiche-Lehre die Überantwortung des Themas und letztlich auch der Verantwortung an die Fachleute. Einen beachtlichen Versuch, beiden Engführungen zu entgehen, machte dann Helmut Gollwitzer. In seiner Ende 1957 erschienenen Broschüre »Die Christen und die Atomwaffen« hatte der Schüler Barths mit Nachdruck darauf hingewiesen, daß die alte christliche Theorie vom »gerechten Krieg« durch die Atomwaffen endgültig überholt sei. Diese Linie der rationalen Entfaltung des Herrschaftswillens Gottes führte Gollwitzer 1959 – also angesichts der faktisch erfolgten atomaren Aufrüstung im Westen wie im Osten – insofern fort, als er sich mit Vernunftgründen gegen den so laut gepriesenen Realismus des atomaren Patts wandte. »Diese Rüstung vergiftet den Frieden, den sie erhält; denn die Regierungen müssen durch die Propaganda des Kalten Krieges, also durch Verteufelung der Gegenseite, ihre Völker willig machen zu den Lasten und Risiken dieser Rüstung; Soldaten und Techniker müssen systematisch zur Abgabe jeder persönlichen Verantwortung, d. h. zur blinden, abstrakten Pflichterfüllung als Rädchen im Apparat erzogen werden; durch äußeres und inneres Training für einen mörderischen Ernstfall, zu dem sie bereit sein müssen, damit überhaupt abgeschreckt werden kann, muß an ihnen ›Seelenmord‹ getrieben werden ...«[18] Im gleichen Zusammenhang formulierte Gollwitzer die noch immer unabgegoltene Forderung: »daß der entscheidende Beitrag der Christen auch in der gegenwärtigen politischen Situation in der Überwindung der Angst besteht«.

Von unmittelbar zukunftsträchtiger Bedeutung war in der gleichen Zeit die Annäherung zwischen SPD und evangelischer Kirche. Nach 1945 be-

standen beiderseits die alten tiefen Gräben wie zuvor. Nur mühsam gelangten Einzelne hier und da darüber hinaus. Das »Darmstädter Wort«
hatte die Versöhnungsbereitschaft einer kirchlichen Minderheit signalisiert; einzelne Theologen und Kirchenführer aus dem Umkreis der
kirchlichen Bruderschaften setzten diese Bemühungen fort. Auf der anderen Seite mühten sich Persönlichkeiten, die vom Religiösen Sozialismus der Weimarer Zeit geprägt waren – wie Adolf Arndt und Ludwig
Metzger – um Verständigung, daneben Carlo Schmid und Willi Eichler,
dann Gustav Heinemann und seine Freunde, schließlich Herbert Weh-
ner. Das Ergebnis auch dieser Bemühungen war die Formulierung und
Durchsetzung des Godesberger Programms der SPD (1959). Hier wurde
erstmals offiziell nicht nur vom gläubigen Individuum geredet, sondern
von einem eigenen kirchlichen Auftrag, den die SPD partnerschaftlich
akzeptieren wollte. Der entscheidende Text lautet: »Die Sozialdemokratische Partei achtet die Kirchen und die Religionsgemeinschaften, ihren
besonderen Auftrag und ihre Eigenständigkeit. Sie bejaht ihren öffentlich-rechtlichen Schutz. Zur Zusammenarbeit mit den Kirchen und Religionsgemeinschaften im Sinne einer freien Partnerschaft ist sie stets bereit. Sie begrüßt es, daß Menschen aus ihrer religiösen Bindung heraus
eine Verpflichtung zum sozialen Handeln und zur Verantwortung in der
Gesellschaft bejahen.«[19]

Damit waren endlich die Voraussetzungen für den Abbau einer rund
hundertjährigen beiderseitigen Feindschaft geschaffen. Natürlich wurden die alten Vorurteile und Vorbehalte nicht im Handumdrehen überwunden. Aber innerhalb weniger Jahre entwickelte sich nun doch, vor
allem in der jüngeren Generation, eine der SPD nahestehende oder direkt in ihre beheimatete Mentalität, in der soziale und religiöse, betont
politische und entschieden christliche Reformvorstellungen sich misch-
ten.

Jahre des Umbruchs (1964–1982)

In den frühen sechziger Jahren zeichneten sich auf nahezu sämtlichen
Gebieten der Bundesrepublik tiefgreifende Beunruhigungen und Veränderungen ab. Mit der Bildung der Großen Koalition im November 1966
wurden diese Impulse zumindest teilweise auch in die Politik übernommen. Fortschritt, Rationalität, gesellschaftliche Veränderung oder Humanisierung waren einige jener Schlagworte, die den strukturellen und
mentalen Wandel in der Öffentlichkeit signalisierten. Von entscheidender Bedeutung war für diesen Prozeß nicht zuletzt die Tatsache, daß nun
erstmals auf den verschiedensten Ebenen eine Generation in den Vor-

dergrund trat, die nicht mehr durch die Erfahrungen der Jahre vor 1933 geprägt war.

Die evangelische Kirche wurde von dieser Entwicklung ebenso schnell wie gründlich erfaßt. Innerhalb weniger Jahre zeigte sich sowohl die theologische als auch die kirchliche Szenerie völlig verändert; der Erfolg von Jürgen Moltmanns »Theologie der Hoffnung« (1964) mit seiner Bloch-Rezeption ist dafür ein Indiz; aber nicht minder die erhebliche Wirkung, die von der ökumenischen Weltkonferenz der Kommission für Kirchen und Gesellschaft in Genf (1966) sowie von der vierten Vollversammlung des Ökumenischen Rates der Kirchen in Uppsala (1968) ausging. Themen und Probleme der Länder der Dritten Welt gehörten von da an in steigendem Maße in den kirchlichen Denk- und Argumentationshorizont mit hinein.

Aber nicht allein in der Theologie oder auf der obersten Ebene kirchenleitender Gremien vollzogen sich wesentliche Veränderungen. Diese wirkten sich vielmehr unübersehbar bis in die Ortsgemeinden hinein aus, z. T. tief einschneidend in traditionelle Glaubensformen und -überzeugungen. Am bedingungslosesten öffnete sich ein Großteil der Studentengemeinden den neuen Tendenzen, mit einer nicht nur für Außenstehende oft irritierenden Intensität der Zuwendung zu neomarxistischen Analysen und politischem Engagement – anstelle der bislang vor allem üblichen Bibelarbeiten. Innerhalb dieser kirchlichen Institutionen, aber schnell auch darüber hinausgreifend und in andere Bewegungen mündend – oder umgekehrt von daher in die kirchlichen Organisationen eindringend – existierte nun ein erhebliches, meist jugendliches Protestpotential, das allerdings im einzelnen alles andere als einheitlich war. Neben primär gesellschaftlichen und politischen Zielsetzungen – wie sie etwa von der Außerparlamentarischen Opposition (APO) in der Zeit der Großen Koalition oder der Studentenbewegung vertreten wurden – standen neue religiöse Gruppen – wie z. B. die »Jesus People«; und noch einmal andere Akzente setzten und setzen die »Grünen«, die verschiedenen ökologischen Gruppen sowie die vielfältigen Kreise der Friedensbewegung. Welches Ausmaß an Kreativität und konstruktiver Arbeit hier in den unterschiedlichsten Kreisen und Gruppen vorhanden ist, haben beispielhaft die letzten Kirchentage, vor allem in Berlin (1977), Nürnberg (1979) und Hamburg (1981) und zuletzt in Hannover gezeigt.

Verständlich wird auf diesem bewegten Hintergrund jedenfalls die in der gleichen Zeit zunehmende Beunruhigung konservativer Kirchenchristen. Pfarrer und Gemeinden vermochten oftmals das, was sie hörten und erlebten, nur als Abfall vom Christentum zu deuten, als Verfälschung der zeitlos wahren evangelischen Lehre (Fundamentalismus) und als Preisgabe des lebendigen, persönlich erfahrenen Glaubens an Jesus Christus

(Evangelikale). Die Rede von einem neuen und schlimmeren Kirchenkampf als im »Dritten Reich« macht die Runde, verbunden mit der Auf-
forderung an die Gemeinden, sich dagegen zusammenzuschließen. Am
12. Januar 1966 fand im Bahnhofssaal in Hamm in Westfalen die Gründungsversammlung der »Bekenntnisbewegung ›Kein anderes Evangelium‹« statt, am 6. März die erste Großkundgebung in der Dortmunder
Westfalenhalle, der sich andere anschlossen. Getragen von einer Welle
von Zustimmung und Sympathie bis in die Kirchenleitungen hinein,
forderten die Evangelikalen, den Kirchentag in Hannover (1967) nach
ihren Vorstellungen zu gestalten. Das gelang nicht. Ebensowenig gelang
es, durch eine eigene »Ökumene Erklärung« (Berliner Erklärung,
23. 5. 1974) entscheidenden Einfluß auf den weltweit starken Evangelika-
lismus zu gewinnen und insofern Druck auf die Zentrale des Ökumenischen Rates der Kirchen in Genf auszuüben. Die Evangeliken vor allem
in der Dritten Welt waren und sind zunehmend offener als ihre deutschen
Gesinnungsgenossen und keineswegs wie diese gewillt, die Verantwortung für soziale und politische Fragen aus ihrem Verständnis des christlichen Glaubens auszuklammern.
Trotz solcher Rückschläge besitzen die evangelikalen und fundamentali-
stischen Kreise nach wie vor ein erhebliches Gewicht innerhalb der Kirche, nicht zuletzt aufgrund ihres z. T. starken Einflusses auf die kirchliche
Jugendarbeit. Zusammengefaßt sind gegenwärtig sieben Gruppen dieser
Richtung in der 1970 gegründeten »Konferenz Bekennender Gemeinschaften in den evangelischen Kirchen Deutschlands« (KBG). In ihrer
Ordnung heißt es: sie »wissen sich von Jesus Christus gerufen, als einzelne
und miteinander in ihren Kirchen für die schrift- und bekenntnisgebun-
dene Verkündigung des Evangeliums zu beten und zu arbeiten, sich mit
dem Evangelium zu ihrem Heiland und Herrn zu bekennen und nach
ihren Möglichkeiten der Entstellung der Botschaft zu widerstehen mit
dem Ziel der inneren Erweckung und Erneuerung ihrer Kirchen«.[20]
Nach ihrem häufig betonten Selbstverständnis sind diese Gemeinschaften
»unpolitisch« bzw. politisch neutral. Tatsächlich kann davon jedoch nicht
die Rede sein. Mindestens die 1965 (als »Notgemeinschaft evangelischer
Deutscher«) gegründete »Evangelische Notgemeinschaft in Deutschland«, aber auch die »Evangelische Sammlung Berlin« (seit 1967) nahmen von Anfang an sehr entschieden politisch Stellung – und zwar in
einem ausgesprochen konservativen, wenn nicht sogar reaktionären
Sinn. Wer in dieser Hinsicht das Schrifttum aller evangelikalen Gruppen
durchmustert, stößt nicht zufällig auf eine nur in Nuancen unterschiedene
einheitlich rechtsorientierte Grundüberzeugung in diesem Lager.
Anlaß für die Gründung der erwähnten »Notgemeinschaft« war die Veröffentlichung der Denkschrift der EKD über »Die Lage der Vertriebenen

und das Verhältnis des deutschen Volkes zu seinen östlichen Nachbarn«
im Oktober 1965, die sog. »Ostdenkschrift«.[21] Sie stellte einen neuen,
freilich in dieser Prägnanz – und dann auch Wirkung – bis heute nie wieder erreichten Typ kirchlicher Verlautbarungen dar. Waren für die Äußerungen und Worte der Kirche bis dahin zumeist ein hoher Anspruch und
relativ geringe Konkretheit kennzeichnend gewesen, so äußerten sich
hier Sachkenner, legten unterschiedliche Argumente vor und waren mit
alledem bestrebt, zu einer von jedem einzelnen Christen selbst zu verant-
wortenden Urteilsfindung beizutragen, entsprechend dem personalen
Charakter des evangelischen Glaubensverständnisses.

Die Zielsetzung der »Ostdenkschrift« war die Konkretisierung der christlichen Friedensbotschaft, vor allem im Blick auf Polen. Jahrzehntelang
war mit den Heimatvertriebenen im Geist des Antikommunismus und der
Devise »Recht auf Heimat« Politik gemacht worden. Nun wurde, bei allem Verständnis für diese Menschen, jene Devise umgekehrt auf die Millionen in den ehemals deutschen Gebieten geborenen Polen angewandt:
drängte diese Tatsache nicht zur Anerkennung der Oder-Neiße-Linie als
der Westgrenze Polens? Die Verfasser der Denkschrift weigerten sich allerdings ausdrücklich, hieraus direkte politische Anweisungen abzulei-
ten. Sie wollten Tabus aufbrechen, Gespräche ermöglichen, zu offenen
und nüchternen Auseinandersetzungen auch mit dem Gegner befreien.
Faktisch hat die evangelische Kirche mit dieser Schrift einen entscheidenden Schritt in Richtung auf die Versöhnung mit den Völkern Osteuropas
und insbesondere Polen getan; die Durchsetzung einer neuen Ostpolitik
der sozialliberalen Koalition wäre ohne diese Voraussetzung kaum möglich gewesen. In demselben Sinn, wie die Kirche sich hier und auch zuvor
schon grundsätzlich für Frieden und Versöhnung engagierte, versuchte
und versucht sie es weiterhin; die Friedensdenkschrift der EKD vom Oktober 1981, aber auch die Erklärung des Moderamens des Reformierten
Bundes vom 12. Juni 1982 belegen das.

Die »Ostdenkschrift« löste eine qualitativ und quantitativ ungemein viel-
schichtige, vor allem jedoch leidenschaftliche Diskussion in der Bundesrepublik, aber auch in anderen europäischen Staaten aus. Für die Kirche
kristallisierte sich dabei eine Reihe von grundsätzlich bis heute aktuellen
strukturellen sowie inhaltlichen Problemen heraus. Dem Diskussionsan-
gebot in dieser und auch den folgenden Denkschriften mit hohem intel-
lektuellem Niveau entspricht keine oder kaum eine Vorbereitung der Gemeinden und noch weniger eine Nacharbeit mit ihnen. Damit aber droht
die Gefahr, daß die Äußerungen der Experten über einen großen Teil der
evangelischen Christen schlicht hinweggehen – während umgekehrt die
Sachverständigen geneigt sind, sich eher am Ideal der Ausgewogenheit,
am Durchschnitt zu orientieren als an der Notwendigkeit einer klaren

Wegweisung für die Gemeinden. Die »Ostdenkschrift« war in dieser Hinsicht vorbildlich verfahren. Die ihr folgende erregte, z. T. empörte, ja haßerfüllte Diskussion belegte, daß selbst kirchlich engagierte Kreise die behutsame Loslösung der letzten zwei Jahrzehnte von den Parolen und Idolen des Nationalprotestantismus nur begrenzt oder überhaupt nicht wahrgenommen hatten. Die Erbitterung und Enttäuschung dieser Menschen galten einer Kirche, die sich geändert hatte – und die nun auch von ihnen ganz konkret Änderung und Erneuerung in Richtung auf Versöhnungsbereitschaft und Friedensgesinnung erwartete.

Wenige Jahre später nur wurden allerdings auch andere Forderungen an die Kirchen in der Öffentlichkeit laut. Sie gipfelten in dem am 28. Januar 1973 von den Jungdemokraten beschlossenen und nach erbitterter Diskussion im Oktober 1974 auf dem Bundesparteitag in Hamburg in entschärfter Form angenommenen »Kirchenpapier« der FDP. Die Zielsetzung war die möglichst umfassende Trennung von Staat und Kirche, die möglichst weitreichende Freiheit des einzelnen *von* der Kirche sowie die Zurückstufung der Kirche auf die Vereinsebene. Mit alledem erreichte die Partei eine ansehnliche Publizität; aber eine politische Chance, ihre Vorstellungen durchzusetzen, hatte sie keinen Augenblick.

Das hat den Kirchen die Auseinandersetzung fraglos erheblich erleichtert. Leicht gemacht wurde ihnen die Zurückweisung des FDP-Papiers auch deshalb, weil dieses – vor allem in der ursprünglichen Fassung – sich mehr durch antikirchliche Vorurteile als durch Sachkenntnis auszeichnete. Wichtiger war jedoch, daß die FDP bei ihrem Vorstoß die Eigenart des Lösungsprozesses der Gesellschaft von den traditionellen kirchlichen Bindungen und Normen gründlich verkannt hatte. Sie meinte, *das* thematisieren und davon politisch profitieren zu können, was für einen wachsenden Teil der Bevölkerung gerade kein politisch relevantes Thema mehr war.

Nichtsdestoweniger signalisiert das Kirchenpapier der FDP vom Herbst 1974 eine Tendenzwende in der Bundesrepublik im Verhältnis von Staat und Kirche. Daß eine in der Regierungsverantwortung stehende Partei Thesen vertrat und Positionen anstrebte, die der Entwicklung seit 1945 direkt widersprachen, war neu. Die grundsätzliche Herausforderung an die Kirche, die darin lag, wurde von dieser allerdings nicht angenommen. Es kam kaum zu wirklichen Besinnungen über die neue Situation. Zu sicher und selbstverständlich erschien nach wie vor der rechtliche und politische Schutz der eigenen Position.

Die Säkularisation der bundesrepublikanischen Gesellschaft schreitet voran, die Erosion kirchlicher Traditionen und Bindungen nimmt weiter zu, verdeckt, unauffällig eher als spektakulär. Aber es wäre verfehlt, nur auf diesen Prozeß zu blicken. Daneben existiert ein keineswegs schrumpfendes Potential von Menschen, die nicht nur religiös, sondern bewußt christlich geprägt sind und die nach neuen Orientierungen und Werten ebenso fragen, wie sie bereit sind, soziale Bindungen und Aufgaben zu übernehmen. Lebendig sind weiterhin zahllose Orts- und Kerngemeinden, in denen nach wie vor das Leben der Kirche pulsiert. Schließlich spielen Kirchenleitungen, wohl auch Theologien und Theologen eine Rolle. Wie diese unterschiedlichen Elemente sich in Zukunft mischen, welche Tendenzen gefördert, welche zurückgestaut werden mögen, steht dahin. Eindeutig ist nur, daß sie nicht losgelöst voneinander, sondern alle zusammen auch künftig das Bild der evangelischen Kirche in der Bundesrepublik Deutschland bestimmen werden.

Anmerkungen

1 Schriftwechsel Joachim Beckmann, 1945, im Archiv der Rheinischen Landeskirche, Düsseldorf.

2 W.-D. Hauschild, Art. Evangelische Kirche in Deutschland, in: Theologische Real-Enzyklopädie, Bd. 8 (1981), S. 600.

3 Der Text mitsamt den unterschiedlichen Deutungen und Interpretationen findet sich bei Martin Greschat (Hrsg.), Die Schuld der Kirche, Dokumente und Reflexionen zur Stuttgarter Schulderklärung vom 18./19. Oktober 1945, München 1982.

4 Helmut Pütz (Hrsg.), Konrad Adenauer und die CDU der britischen Besatzungszone, 1946–1949, Bonn 1975, S. 109.

5 Fritz Söhlmann (Hrsg.), Treysa 1945, Die Konferenz der evangelischen Kirchenführer 27.–31. August 1945, Lüneburg 1946, S. 102–104, Zitat S. 103.

6 Waldemar Besson, Wie ich mich geändert habe, in: Vierteljahrshefte für Zeitgeschichte 19 (1971), S. 389–403, Zitat S. 399.

7 Kirchliches Jahrbuch 1951, Gütersloh 1952, S. 381–383; Statistische Beilage Nr. 4 zum Amtsblatt der EKD, Nr. 8, 1952.

8 Karl Kupisch (Hrsg.), Quellen zur Geschichte des deutschen Protestantismus von 1945 bis zur Gegenwart, Teil 1, Hamburg 1971, S. 57–59.

9 Ausführlich hierzu P. v. Tiling, Die Kirche in der pluralistischen Gesellschaft, in: Zeitschrift für evangelisches Kirchenrecht 14 (1968/69), S. 238–277; grundsätzlich dazu Wolfgang Huber, Kirche und Öffentlichkeit, Stuttgart 1973.

10 Jürgen Hach, Gesellschaft und Religion in der Bundesrepublik Deutschland, Heidelberg 1980, S. 141.

11 Ernst Käsemann, Kirchliche Konflikte, Bd. 1., Göttingen 1982, S. 33.

12 Amtsblatt der EKD, Nr. 10, 15. 10. 1949; auch bei Günter Heidtmann (Hrsg.), Hat die Kirche geschwiegen? Das öffentliche Wort der Evangelischen Kirche aus den Jahren 1945–54, Berlin 1954, S. 52.

13 Kirchliches Jahrbuch 1950, Gütersloh 1951, S. 165.

14 Christian Walther (Hrsg.), Atomwaffen und Ethik, Der deutsche Protestan-

tismus und die atomare Aufrüstung 1954–1961, Dokumente und Kommentare, München 1981, S. 122.

15 Ebenda, S. 139.
16 Ebenda, S. 84.
17 Ebenda, S. 63.
18 Helmut Gollwitzer, Zum Ergebnis der bisherigen Beratungen, in: Günter Howe (Hrsg.), Atomzeitalter, Krieg und Frieden, Witten-Berlin 1959, S. 247–267, Zitate S. 259, 265.
19 Zitiert bei Martin Möller, Das Verhältnis von evangelischer Kirche und sozialdemokratischer Partei in den Jahren 1945 bis 1950, Marburg 1979, S. 200.
20 Erwin Fahlbusch, Kirchenkunde der Gegenwart, Stuttgart 1979, S. 127.
21 Der Text dieser und der übrigen Denkschriften ist jetzt bequem zugänglich: Die Denkschriften der Evangelischen Kirche in Deutschland, 2 Bde. in 3, Gütersloh 1978.

Literatur

Martin Greschat, Kirche und Öffentlichkeit in der deutschen Nachkriegszeit (1945–1949), in: Kirchen in der Nachkriegszeit. Vier zeitgeschichtliche Beiträge, Göttingen 1979, S. 100–124

Jürgen Hach, Gesellschaft und Religion in der Bundesrepublik Deutschland, Heidelberg 1980

Stewart W. Herman, The Rebirth of the German Church, New York–London 1946

Hans-Wolfgang Hessler (Hrsg.), Protestanten und ihre Kirche in der Bundesrepublik Deutschland, München–Wien 1976

Wolfgang Huber, Kirche und Öffentlichkeit, Stuttgart 1973

Werner Jochmann, Evangelische Kirche und politische Neuorientierung in Deutschland 1945, in: Deutschland in der Weltpolitik des 19. und 20. Jahrhunderts, Festschrift für Fritz Fischer, Düsseldorf 1973, S. 545–562

Diether Koch, Heinemann und die Deutschlandfrage, München 1972

Bernd W. Kubbig, Kirche und Kriegsdienstverweigerung in der BRD, Stuttgart 1974

Annemarie Smith–von Osten, Von Treysa 1945 bis Eisenach 1948. Zur Geschichte der Grundordnung der Evangelischen Kirche in Deutschland, Göttingen 1980

Frederic Spotts, Kirchen und Politik in Deutschland, Stuttgart 1976

Klaus Steuber, Militärseelsorge in der Bundesrepublik Deutschland. Eine Untersuchung zum Verhältnis Staat und Kirche, Mainz 1972

Johanna Vogel, Kirche und Wiederbewaffnung, Die Haltung der Evangelischen Kirche in Deutschland in den Auseinandersetzungen um die Wiederbewaffnung in der Bundesrepublik 1949–1956, Göttingen 1978

Chronik

1933

Der NS-Staat begünstigt die einem völkisch-nationalistischen Christentum anhängenden »Deutschen Christen« (DC) und versucht mit ihrer Hilfe die evangelischen Kirchen gleichzuschalten.

3.–5. 4.   1. Reichstag der Glaubensbewegung DC.

5./6. 9.   »Braune Synode« der APU mit Einführung des Arierparagraphen in der Kirche (Beginn des Kirchenkampfes durch Auszug der bekenntnisgebundenen Minorität).

21. 9.   Gründung des Pfarrernotbundes durch Martin Niemöller (gegen die Geltung des Arierparagraphen in der Kirche).

27. 9.   1. Nationalsynode der DEK in Wittenberg (Ludwig Müller zum Reichsbischof gewählt).

13. 11.   Antikirchliche und antisemitische Sportpalastkundgebung der DC in Berlin (In Folge davon Massenaustritte aus der Glaubensbewegung DC).

1934

21. 4.   Ulmer Tag: Treffen von Vertretern Württembergs, Bayerns, des Pfarrernotbunds, der Bekenntnissynoden von Rheinland, Westfalen, Berlin-Brandenburg gegen die kirchliche Gleichschaltung.

29.–31. 5.   1. Bekenntnissynode der DEK in Barmen; theologische Erklärung in 6 Thesen; Gründung des Bruderrats der Deutschen Evangelischen Kirche (DEK) als Kern der auf dem Boden des evangelischen Bekenntnisses stehenden Kirchenopposition gegen Deutsche Christen und Nationalsozialismus (zur Abgrenzung gegenüber DC und anpassungswilligen Teilen in den evangelischen Kirchen »Bekennende Kirche« genannt).

19./20. 10.   2. Bekenntnissynode von Dahlem.

22. 11.   1. Vorläufige Kirchenleitung der BK installiert.

1935

3. 10.   Reichskirchenausschuß (und in der Folge: Landeskirchenausschüsse) eingesetzt von Minister Kerrl zur Befriedung der Kirche.

1936

18. 3.   2. Vorläufige Kirchenleitung (nur noch Sprecherin der »zerstörten Kirchen«).

18. 3.   Rat der Ev.-Luth. Kirche Deutschlands gegründet.

28. 5.   Denkschrift der 2. Vorläufigen Kirchenleitung an Hitler (Zusammenstellung des Unrechts und der Gewalttaten im »Dritten Reich«).

1937

12. 2.   Rücktritt des Reichskirchenausschusses.

21.–23. 6.   Tagung des »Wittenberger Bundes« (zur Organisation der »Mitte«).

| 1.7. | Verhaftung Martin Niemöllers (führt nach Freispruch im Februar 1938 zur Einweisung ins Konzentrationslager). |

1940

| Juli | »13 Punkte« über das Verhältnis von Staat und Kirche im »Warthegau« (Polen). |

1941

| Nov./Dez. | Beginn des kirchlichen Einigungswerkes unter Bischof Wurm. |

1943

| | Schreiben Wurms an führende nationalsozialistische Persönlichkeiten gegen Unrecht und Gewalttaten. |
| 25. 4. | Endgültige Fassung der Sätze (Wurms u. a.) über »Auftrag und Dienst der Kirche«. |

1945

9. 4.	Hinrichtung Dietrich Bonhoeffers.
21.–23. 8.	Tagung des Reichsbruderrates in Frankfurt.
24.–26. 8.	Tagung des Lutherrates in Treysa.
27.–31. 8.	Kirchenversammlung in Treysa (»Statut von Treysa«). Gründung des Hilfswerks der Evangelischen Kirchen in Deutschland.
29.9.–12.10.	Gründungstagung für die ersten evangelischen Akademien in Bad Boll.
18./19. 10.	Sitzung des Rates der EKD in Stuttgart (»Stuttgarter Schulderklärung«).

1946

| 2. 5. | Stellungnahme des Rates der EKD und aller Kirchenleitungen zur Entnazifizierung. |
| Juli | Arbeitsgemeinschaft für Christentum und Sozialismus in Frankfurt gegründet. |

1947

| 8. 8. | »Wort des Bruderrats der EKD zum politischen Weg unseres Volkes« (»Darmstädter Wort«). |

1948

8. 7.	Konstituierung der Vereinigten Evangelisch-Lutherischen Kirche (VELKD) in Eisenach.
Aug.	1. Weltkirchenkonferenz in Amsterdam.
13. 8.	Annahme der Grundordnung der EKD durch die Kirchenversammlung in Eisenach.

1949

| 9. 1. | Erste ordnungsgemäße Synode der EKD in Bethel. |

28. 7.–1. 8. Konstituierung des Deutschen Evangelischen Kirchentages in Hannover.

1950
23.–27. 4. Tagung der Synode der EKD in Berlin-Weißensee.
27. 8. Wort des Rates der EKD gegen Remilitarisierung (anläßlich des Kirchentages in Essen).

1951
5. 11. Treffen Adenauers mit 22 evangelischen Kirchenvertretern in Königswinter.

1952
6.–10. 10. Tagung der Synode der EKD in Elbingerode.
29./30. 11. Gründung der Gesamtdeutschen Volkspartei (GVP).

1955
Gründung der Evangelischen Arbeitsgemeinschaft zur Betreuung der Kriegsdienstverweigerer (EAK).

1957
22. 2. Unterzeichnung des Militärseelsorgevertrages.
Arnoldshainer Thesen zur Abendmahlsgemeinschaft.
23. 4. Anläßlich der Verleihung des Friedensnobelpreises warnt Albert Schweitzer vor den Schrecken des Atomkrieges.

1958
März Anfrage der Kirchlichen Bruderschaften im Rheinland und in Westfalen an die Synode der EKD.
26.–30. 4. Tagung der Synode der EKD in Berlin-Spandau (»Atomsynode«).

1961
Weltkirchenkonferenz in Neu-Dehli.

1965
1. 10. »Die Lage der Vertriebenen und das Verhältnis des deutschen Volkes zu seinen östlichen Nachbarn« (»Ostdenkschrift« der EKD).

1966
12. 1. Gründungsversammlung der »Bekenntnisbewegung ›Kein anderes Evangelium‹«.
März EKD-Synode über »Vertreibung und Versöhnung«.
Mai Gründung der »Notgemeinschaft evangelischer Deutscher« (später umbenannt in »Evangelische Notgemeinschaft in Deutschland«).
Juli Weltkonferenz »Kirche und Gesellschaft« in Genf.

1968
4. Weltkirchenkonferenz in Uppsala.
4. 4.   Martin Luther King ermordet.

1969
10. 6.   Gründung des »Bundes der Evangelischen Kirchen in der DDR«.

1970
Gründung der »Konferenz Bekennender Gemeinschaften in den evangelischen Kirchen Deutschlands« (KBG).

1974
23. 5.   »Berliner Erklärung« des evangelikalen Flügels der deutschen evangelischen Kirchen zur Ökumene.
2. 10.   »Freie Kirche im Freien Staat«, »Kirchenpapier« der FDP, auf dem Bundesparteitag in Hamburg beschlossen.

1981
Okt.   »Frieden wahren, fördern und erneuern«, Friedensdenkschrift der EKD.

1982
12. 6.   Friedenserklärung des Moderamens (Synodalvorstands) des Reformierten Bundes.

Sozialpolitik

von Detlev Zöllner

**Ausgangslage und Grundlegungen vor Verkündung
des Grundgesetzes (1945–1949)**

Als die alliierten Armeen im Frühjahr 1945 Deutschland besetzten, fanden sie eine Situation vor, die hinsichtlich der sozialen Sicherung grundverschieden war von derjenigen des kollektiven Arbeitsrechts. Während das System der sozialen Sicherung sowohl materiell-rechtlich als auch institutionell im wesentlichen unverändert und funktionsfähig geblieben war, hatte die nationalsozialistische Regierung das kollektive Arbeitsrecht beseitigt und durch ein vom Staat dirigiertes Verordnungssystem ersetzt. Gewerkschaften existierten nicht mehr, und es gab infolgedessen auch keine Tarifautonomie.

Für die westalliierten Militärbehörden war die Hilfe beim Wiederaufbau der Gewerkschaftsbewegung ein vorrangiges Ziel, weil dies Teil ihrer Demokratisierungs-Politik war, weil die Existenz freier Gewerkschaften für sie eine Selbstverständlichkeit war, und weil man von den Gewerkschaften eine Stärkung anti-zentralistischer sowie anti-militaristischer Tendenzen erwarten konnte. Der Wiederaufbau begann bereits im Laufe des Jahres 1945 auf örtlicher Ebene durch Funktionsträger früherer Gewerkschaften, die aus Gefangenschaft, innerer oder äußerer Emigration zurückkehrten. Es kam rasch zu überörtlichen Kontakten, die bereits im folgenden Jahr zu Gewerkschaftskonferenzen auf der Ebene von Besatzungszonen führten. Im November 1946 fand eine Konferenz statt, an der Delegierte der Gewerkschaftsorganisationen aller vier Besatzungszonen teilnahmen. Nach Verzögerungen, die zum guten Teil durch Auseinandersetzungen mit dem kommunistisch gelenkten Gewerkschaftsbund der heutigen DDR bedingt waren, kam es schließlich im Oktober 1949 zur Gründung des Deutschen Gewerkschaftsbundes. Dieser ist nach Industrie-Gewerkschaften gegliedert und beruht auf dem Prinzip der Einheitsgewerkschaft.

Unterstützend für die Arbeit der Gewerkschaften waren die Wiedereinführung der Arbeitsgerichtsbarkeit (Kontrollratsgesetz Nr. 21 vom 30. März 1946) sowie ein Betriebsrätegesetz (Kontrollratsgesetz Nr. 22 vom 10. April 1946), das eine Rechtsgrundlage für Betriebsvereinbarungen schuf. Die volle Tariffreiheit wurde 1948 wiederhergestellt; die Verfahrensregeln für den Tarifabschluß enthielt das bereits vom Frankfurter Wirtschaftsrat unter Beteiligung der Gewerkschaften und Arbeitgeberverbände am 9. April 1949 verabschiedete Tarifvertragsgesetz für das Vereinigte Wirtschaftsgebiet (Bizone), das später Bundesrecht wurde.

Anders als auf dem Gebiete des Arbeitsrechts war hinsichtlich der sozialen Sicherung kein Wiederaufbau erforderlich. Die Nazi-Herrschaft hatte zwar die Selbstverwaltung der Sozialversicherungsträger beseitigt, auch massiv in deren Führungspersonal eingegriffen, doch blieb der Verwaltungsapparat erhalten und war auch autonom handlungsfähig. Zwar war das fast ausschließlich beim Reich angelegte Vermögen verloren; da sich die Sozialversicherungsträger jedoch überwiegend aus Beiträgen finanzierten, blieb ihre Funktionsfähigkeit im Kern erhalten.

Hinzu kam, daß die traditionsreiche deutsche Sozialversicherung bei den westlichen Siegermächten in so hohem Ansehen stand, daß sie sich bereits vor Kriegsende darauf festgelegt hatten, sie zu erhalten. In einem 1944 herausgegebenen Handbuch für die US-Militärregierung hieß es: »Die Sozialversicherung wird nach bestehenden Gesetzen und Verordnungen weitergeführt, soweit deutsche Mittel vorhanden sind.«[1] Lediglich nationalsozialistisch motivierte, diskriminierende Regelungen sollten beseitigt werden. Im gleichen Sinne hatten sich auch die britischen Behörden festgelegt.[2] Bereits im August 1945 meldete der Bericht des Militärgouverneurs für die US-Zone das Funktionieren der Krankenkassen und die Wiederaufnahme der Rentenzahlungen.[3] Auch die überregionale Zusammenarbeit der Sozialversicherungsträger entwickelte sich schnell; ein Beobachter »möchte sogar sagen, daß die über den Bereich der Länder- und Zonengrenzen hinweggehende Zusammenarbeit der Sozialversicherung ... die Bildung zentraler deutscher Behörden zunächst für die US- und britische Zone, und später mit Einschluß der französischen, vorantrieb«.[4]

Parallel hierzu wurden jedoch Pläne für eine grundlegende Reform der Sozialversicherung verfolgt. Sie zielten auf eine Erweiterung der Versicherungspflicht und eine Vereinheitlichung der Organisationsstruktur hin. Dem lagen ältere Forderungen sozialdemokratisch und gewerkschaftlich orientierter Kreise zugrunde, die in beratenden Gremien der alliierten Behörden starken Einfluß hatten. Diese Forderungen fanden bei den alliierten Behörden aus unterschiedlichen Motiven Unterstützung. Der sowjetischen Besatzungsmacht kam die einheitliche Organisation entgegen, die Engländer wollten mit der Reform eine Leistungsreduzierung verbinden, um die Sozialversicherung von staatlichen Zuschüssen unabhängig zu machen. So billigte der Alliierte Kontrollrat im März 1946 Grundsätze für eine einheitliche Organisation der Sozialversicherung. Die Grundsätze wurden aber angesichts starker deutscher Opposition

nicht verwirklicht.[5] Diese Opposition nährte sich aus einer nach eben be-
endeter NS-Herrschaft starken anti-zentralistischen Grundstimmung; sie
wurde artikuliert von Funktionären bestehender Versicherungträger, die
um ihre Selbständigkeit fürchteten, von mittelständischen Kreisen, die
sich gegen eine Ausdehnung der Versicherungspflicht wehrten, und von
Teilen der Gewerkschaften, für die die Einsparungsabsichten, d. h. die
vorgesehenen Leistungsreduzierungen nicht akzeptabel waren. Nachdem
im Frühjahr 1948 endgültig negativ über die Reformpläne entschieden
war, richtete sich das Streben deutscherseits auf Verbesserung der Leistungen, deren Höhe mit der Entwicklung von Preisen und Löhnen nicht
Schritt gehalten hatte. Dies wurde besonders nach der Währungsreform
vom Juni 1948 offenkundig. Mit der Währungsreform-Gesetzgebung hatten die Alliierten auch die Gesetzgebungskompetenz für die Sozialversicherung an die deutschen Behörden übergeben; das waren in der französischen Zone die Landtage und in der britisch-amerikanischen Bizone der
Frankfurter Wirtschaftsrat.

Der Wirtschaftsrat verabschiedete im Juni 1949 das Sozialversicherungs-
Anpassungsgesetz, das neben einer fühlbaren Rentenerhöhung zwei
wichtige qualitative Verbesserungen enthielt: Auch die Witwe des Arbeiters erhielt hinfort eine »unbedingte« Witwenrente, die es bislang nur in
der Angestelltenversicherung gegeben hatte. Die Arbeiterwitwe hingegen mußte Zusatzbedingungen hinsichtlich Alter, Kindererziehung oder
Invalidität erfüllen. Weiter wurde für Arbeiter die Invaliditätsvorausset-
zung von 66 ⅔ auf 50 % der Erwerbsfähigkeit herabgesetzt, und damit
auch in dieser Hinsicht eine Gleichstellung mit den Angestellten herbeigeführt. Dieses Gesetz war Abschluß und Höhepunkt der Bizonen-Ge-
setzgebung und – da es bald darauf Bundesrecht wurde – zugleich auch
Beginn der Legislatur des Bundes.

Notbewältigung und institutionelle Restauration (1949–1955)

Der im Herbst 1949 zusammentretende erste Deutsche Bundestag sah
sich auf sozialpolitischem Gebiet vor eine Vielzahl von Aufgaben gestellt.
Die eingetretene Rechtszersplitterung zwischen Ländern und Besatzungszonen mußte beseitigt werden; die früher auf Reichsebene bestehenden Institutionen sowie Verfahrensregeln mußten für das Bundesgebiet wiederhergestellt werden; vor allem aber waren sozialpolitische
Anliegen zu erfüllen, die teils älteren Datums waren, zum gewichtigeren
Teil aber durch den Krieg und seine Folgen entstanden waren. Der Deutsche Bundestag bewältigte ein außerordentlich umfangreiches Arbeits-

pensum; er verabschiedete auf sozialpolitischem Gebiet in seiner ersten Legislaturperiode mehr Gesetze als in jeder der nachfolgenden. Die bedeutenden Gesetzeswerke kann man unterteilen in »Entschädigungsgesetze« (Bundesversorgungsgesetz, Lastenausgleichsgesetz, Fremdrentengesetz) und »Errichtungsgesetze«.

Eines der dringlichsten Probleme war die Versorgung der etwa 4,5 Millionen Personen, die durch den Krieg und seine Folgen körperliche Schäden erlitten hatten. Zwar hatte die Gesetzgebung in den Besatzungszonen in den Jahren 1946/47 gewisse Regelungen getroffen, doch wurden diese als unorganisch und unzureichend angesehen vor allem, weil sie stark fürsorgerechtlich orientiert waren. Der Bundestag nahm daher unverzüglich die Erarbeitung eines Bundesversorgungsgesetzes in Angriff, das bereits im Dezember 1950 verkündet werden konnte.

Dieses Gesetz war in seinen Grundzügen dem früheren Reichsversorgungsgesetz nachgebildet. Eine wesentliche Erweiterung lag jedoch darin, daß der berechtigte Personenkreis nicht nur ehemalige Wehrmachtsangehörige umfaßte, sondern alle Personen, die durch militärischen Dienst oder durch »unmittelbare Kriegseinwirkung« wie Bombenkrieg, Flucht, Internierung, Verschleppung eine Schädigung erlitten hatten. Diese Erweiterung war ein Reflex auf die allenthalben – nicht nur unter den Soldaten – sichtbaren Folgen des »totalen Krieges«. Das Bundesversorgungsgesetz ist seither mehrfach ergänzt und modifiziert worden, blieb jedoch in seiner Grundstruktur erhalten. Es räumt Ansprüche auf freie Heilfürsorge, auf eine Grundrente als Ausgleich für die körperliche Schädigung und eine Ausgleichsrente nach Maßgabe der wirtschaftlichen Bedürfnisse ein. Die Zahl der Anspruchsberechtigten ist von ursprünglich rund 4,5 Millionen inzwischen auf knapp 2 Millionen (1981) zurückgegangen. Das im Jahr 1953 verabschiedete Schwerbeschädigtengesetz erleichterte die berufliche Integration, indem es den Betrieben die Beschäftigung einer bestimmten Anzahl Schwerbeschädigter (oder die Zahlung einer Ausgleichsabgabe) zur Pflicht machte.

Der Krieg hatte neben körperlichen Schäden auch Vermögensverluste vor allem unter den rund 10 Millionen Flüchtlingen und Vertriebenen verursacht. Dem Ausgleich dieser Verluste diente das 1952 verabschiedete Lastenausgleichsgesetz. Dieses Gesetz ging von der Prämisse aus, daß in die Substanz der erhalten gebliebenen Vermögen nicht eingegriffen werden sollte; es konnte deshalb nur einen partiellen Ausgleich der Vermögensverluste erreichen. Technisch wurde dies dadurch bewirkt, daß erstens hinsichtlich der Schäden von früheren, inzwischen überholten Nominalwerten ausgegangen wurde, zweitens nur Teile dieser Werte ausgleichsberechtigt waren und drittens die Finanzierung durch eine langfristige Abgabe erfolgte, die praktisch den Charakter einer überwälzbaren

Ertragssteuer hatte. Allerdings lag eine soziale Komponente des Lasten-ausgleichsgesetzes darin, daß neben dem partiellen Ausgleich für Vermö-gensschäden auch Rentenleistungen insbesondere für den Fall des Alters und der Erwerbsunfähigkeit gewährt wurden. Damit war wenigstens den Flüchtlingen geholfen, die für den Fall des Alters und der Invalidität nicht versichert gewesen waren.

Parallel dazu diente das Fremdrenten- und Auslandsrentengesetz von 1953 der Entschädigung von Flüchtlingen durch die Sozialversicherung. Danach traten Versicherungträger im Bundesgebiet unter bestimmten Voraussetzungen für Ansprüche ein, die gegenüber Versicherungsträ-gern außerhalb des Bundesgebietes bestanden. Die Leistungen richteten sich nach dem Recht des Herkunftslandes mit der Folge, daß sich sehr unterschiedliche Situationen sowohl unter den Flüchtlingen je nach deren Herkunftsland, als auch im Verhältnis zwischen Flüchtlingen und Einhei-mischen ergaben. Dies gab später Anlaß für eine Neu-Konzeption, die sich vom Entschädigungsprinzip löste.

Die vom NS-Regime 1935 eingeführten Kinderbeihilfen waren 1945 eingestellt worden, weil sie bevölkerungspolitisch motiviert gewesen waren. Bald nach Errichtung der Bundesrepublik Deutschland lebte die Diskussion unter dem Gesichtspunkt der wirtschaftlichen und sozialen Benachteiligung von Familien mit Kindern und der eingeschränkten Chancengleichheit der Kinder selbst wieder auf. Die SPD forderte eine aus Steuern zu finanzierende staatliche Kindergeldleistung. Das schließ-lich 1954 verabschiedete Kindergeldgesetz trug dem von der CDU vehe-ment auch gegen Arbeitgeber-Opposition vertretenen Subsidiaritätsprin-zip Rechnung. Zur Zahlung eines Kindergeldes (ab dem 3. Kind) wurden Familienausgleichskassen bei den Berufsgenossenschaften errichtet, die sich durch Beiträge der Unternehmer finanzierten.

Eine zweite Gruppe von Gesetzen diente der Wiederherstellung oder Neuordnung organisatorischer und institutioneller Strukturen. Die deut-sche Sozialversicherung war seit jeher dadurch gekennzeichnet, daß sie von öffentlich-rechtlichen Versicherungsträgern – nicht von staatlichen Behörden – durchgeführt wurde, deren aus Kreisen der Versicherten und der Arbeitgeber gewählten Organe gewisse Selbstverwaltungsrechte hat-ten. Diese Selbstverwaltung war während der NS-Zeit beseitigt worden. Das Anfang 1951 verabschiedete Selbstverwaltungsgesetz diente seiner Wiederherstellung. Danach werden bei den Sozialversicherungsträgern aufgrund von Vorschlagslisten der berechtigten Verbände Vertreterver-sammlungen, aus deren Mitte wiederum ein Vorstand gewählt. Die Selbstverwaltungsorgane wählen den hauptamtlichen Leiter der Verwal-tung des Versicherungsträgers, den Geschäftsführer.

Bei der parlamentarischen Behandlung des Selbstverwaltungsgesetzes war die Zusammensetzung der Organe aus Vertretern der Versicherten (praktisch der Gewerkschaften) und der Arbeitgeber kontrovers. Die SPD-Fraktion im Bundestag forderte eine Zweidrittel-Mehrheit für die Versicherten. Die Regierungsmehrheit trat demgegenüber für eine paritätische Vertretung ein; dabei stützte man sich auf das in Kreisen der christlich-sozialen Arbeitnehmerschaft hochgeschätzte »Sozialpartner«-Modell und argumentierte auch mit der je hälftigen Aufbringung der Beiträge durch Versicherte und Arbeitgeber. Die schließlich im Prinzip – Ausnahmen bestehen im Bergbau, in der Landwirtschaft und bei den Ersatzkassen – durchgeführte paritätische Vertretung ist bis heute Grundlage des Selbstverwaltungsrechts geblieben; sie führte damals zu Neuerungen in den Organen der Krankenkassen, die früher entsprechend der bis 1949 bestehenden Beitragsdrittelung zu zwei Dritteln mit Versichertenvertretern besetzt waren, und in den Organen der Unfallversicherungsträger (Berufsgenossenschaften), in denen die Versicherten bis dahin nicht vertreten waren.

Die Aufgaben der früheren Reichsanstalt für Arbeitsvermittlung und Arbeitslosenversicherung waren in den ersten Nachkriegsjahren von Verwaltungen im Bereich der Länder wahrgenommen worden; mit Wirkung vom 1. Mai 1952 gingen sie auf die neu errichtete Bundesanstalt für Arbeitsvermittlung und Arbeitslosenversicherung in Nürnberg über. Ebenso nach früherem Vorbild wurde 1953 die Bundesversicherungsanstalt für Angestellte in Berlin wieder errichtet. Die Mitverwaltung der Angestelltenversicherung durch die regional gegliederten Träger der Arbeiterrentenversicherung hatte in der Nachkriegszeit zwar befriedigend funktioniert, doch setzte sich das vor allem psychologisch und standespolitisch motivierte Interesse der Angestellten an einer Sonderorganisation recht mühelos durch. Schließlich wurde 1956 das Bundesversicherungsamt als Nachfolger des früheren Reichsversicherungsamtes errichtet, dem der Bund (mit Ausnahmen) seine Aufsichtsbefugnisse über die Träger der Sozialversicherung übertrug.

Das 1953 verabschiedete Sozialgerichtsgesetz schuf einen neuen, unabhängigen Rechtsweg für Streitigkeiten auf dem Gebiet der sozialen Sicherung. Damit wurde die bis dahin staatlichen Behörden obliegende rechtsprechende Tätigkeit diesen entzogen und einem Auftrag des Grundgesetzes zur klaren Trennung zwischen Rechtsprechung und Verwaltung (Art. 20) entsprochen. Der neue, dreistufige Rechtsweg ist gekennzeichnet durch Kostenfreiheit des Verfahrens und die Beteiligung von Laienrichtern.

Zur Reihe der Errichtungsgesetze gehörend kann man auch das bereits vom zweiten Bundestag verabschiedete Gesetz über Kassenarztrecht ansehen, das die Rechtsbeziehungen zwischen Krankenkassen und Ärzten bundesrechtlich ordnete. Man lehnte sich dabei an Prinzipien an, die während der Weimarer Republik entwickelt worden waren: Errichtung kassenärztlicher Vereinigungen als Körperschaften des öffentlichen Rechts, denen die Sicherstellung der kassenärztlichen Versorgung obliegt; die Krankenkassen entrichten eine vertraglich vereinbarte Gesamtvergütung an die Vereinigung, die ihrerseits den einzelnen Arzt honoriert. Eine entscheidende Weichenstellung, die Anlaß für aktuelle Diskussionen im Zusammenhang mit der Kostenentwicklung im Gesundheitswesen gibt, brachte jedoch nicht dieses Gesetz, sondern eine Entscheidung des Bundesverfassungsgerichts im Jahre 1960, nach der jeder niedergelassene Arzt auch als Kassenarzt zugelassen werden muß. Bis dahin konnte diese Zulassung in bestimmtem Verhältnis zur Zahl der Versicherten begrenzt werden. Das Problem besteht in der rasch zunehmenden Zahl der Ärzte in freier Praxis, die ständig zunehmende Kassenleistungen produzieren.

Die Rentenreform von 1957

Die Wiederherstellung des früheren, institutionell stark gegliederten Systems der sozialen Sicherung sowie die Verabschiedung vieler, auf die Beseitigung momentaner Not gerichteter Gesetze, aber auch der wieder geöffnete Blick auf Entwicklungen außerhalb Deutschlands (z. B. Beveridge-Plan in Großbritannien) löste recht bald eine lebhafte Reform-Diskussion aus. Man artikulierte Kritik an der Unübersichtlichkeit des Sozialrechts, an der »Verflechtung« von Sozialleistungen, man forderte ein umfassendes Konzept der sozialen Sicherung, einen »Sozialplan«. Die Bestrebungen verdichteten sich im Januar 1952 in einem Antrag der SPD-Fraktion des Deutschen Bundestages auf Einsetzung einer »Sozialen Studienkommission« aus unabhängigen Sachverständigen, deren Aufgabe es sein solle, »die gegenwärtigen sozialen Einrichtungen und Leistungen Deutschlands festzustellen, die Möglichkeiten der Entflechtung dieser sozialen Leistungen und ihrer systematischen Intensivierung zu prüfen und einen Plan der sozialen Sicherung in Deutschland aufzustellen«.
Die Regierungsmehrheit des Bundestages lehnte diesen Antrag ab und verabschiedete einen eigenen Beschluß: »Zur Vorbereitung gesetzgeberischer Maßnahmen über die finanzielle Sicherung, Neuordnung und fortschrittliche Entwicklung der sozialen Leistungen, unter klarer Abgrenzung der Versicherung von Versorgung und Fürsorge, wird der Bundesminister für Arbeit beauftragt, beim Bundesministerium für Arbeit einen Beirat zu berufen«.[6] Die unterschiedliche Zielrichtung der beiden Texte war deutlich: Statt einer unabhängigen Studienkommission ein Beirat beim zuständigen Ressortminister, statt Entflechtung und »Sozialplan«

eine Fortentwicklung unter Aufrechterhaltung der bisherigen Differenzierungskriterien. Hinter solchen verbalen Unterschieden verbarg sich ein prinzipieller, politischer Unterschied der Wertvorstellungen hinsichtlich des in der Bundesrepublik Deutschland nunmehr populär gewordenen Begriffs »Wohlfahrtsstaat«. Die damit assoziierten Zielvorstellungen: Personal umfassender Schutz, garantierte Minimum-Leistungen, integrierte Organisation, weitgehende Finanzierung aus Steuermitteln wurden von den Sozialdemokraten bejaht [7], von den bürgerlichen Parteien jedoch abgelehnt. Diese traten ein für begrenzte Versicherungspflicht, Leistungsbemessung nach dem Äquivalenzprinzip, gegliederte Organisation, Finanzierung aus Beiträgen.

Die Reformdiskussion nährte sich allerdings keineswegs allein aus solchen ideellen Quellen; sie erhielt Schubkraft durch materielle Fakten. Nach der Währungsreform im Juni 1948 war die industrielle Produktion sprunghaft angestiegen. Die wirtschaftlichen Wachstumsraten lagen in den Jahren 1948 und 1949 über 20 %; sie hielten sich bis zur Mitte der 50er Jahre über 10 %. Die Arbeitslosenquote sank zwischen 1950 und 1955 von 12,2 % auf 5,6 %. Der Durchschnittslohn stieg im Jahrfünft 1948–1953 um mehr als 80 %. Gegenüber dieser rasanten Entwicklung blieben die Empfänger von Sozialleistungen deutlich im Nachteil; sie nahmen an den Früchten des »Wirtschaftswunders« keinen Anteil. Zwar trug man diesem Umstand durch mehrere Anpassungsgesetze Rechnung. So erfolgten z. B. für die Rentenversicherung nach dem Sozialversicherungs-Anpassungsgesetz von 1949 weitere ad-hoc-Anpassungen durch das Rentenzulagegesetz und das Teuerungszulagengesetz 1951, das Grundbetragserhöhungsgesetz 1953 und das Renten-Mehrbetragsgesetz 1954. Die durch diese Gesetze bewirkten Leistungserhöhungen waren jedoch bei ihrem Inkrafttreten bereits durch die faktische Erhöhung der Löhne und Preise überholt. Im Jahre 1955 betrug die normale Altersrente kaum ein Drittel des vergleichbaren Arbeitseinkommens.

Ungeachtet dessen war die Sozialleistungsquote in der Bundesrepublik Deutschland im internationalen Vergleich hoch. Sie betrug im Jahre 1953 19,4 %, dagegen in Schweden 13,5 %, in Großbritannien 12,5 % [8]. Ursächlich dafür waren vor allem die höheren Kriegsfolgelasten einschließlich der kriegsbedingten ungünstigeren Altersstruktur der Bevölkerung. Da viele der kriegsbedingten Leistungen (Kriegsopferversorgung, Lastenausgleich) vom Bund finanziert wurden, dieser auch etwa ein Drittel der Ausgaben der gesetzlichen Rentenversicherung zu tragen hatte, entstand hier ein weiterer Impuls für Reformen – jedoch mit entgegengesetzter Zielrichtung: Das Bundesfinanzministerium war reformwillig mit der Motivation, den Bund finanziell zu entlasten. Dies sollte erreicht werden, indem alle aus Steuermitteln finanzierten Leistungen an eine Bedarfsprüfung gebunden werden. Das Besondere an der damaligen Situation war, daß das Finanzressort nicht nur – seiner normalen Aufgabe entsprechend – in defensiver Haltung auf möglichst geringe Ausgaben hinwirkte, sondern in die Reformdiskussion offensiv mit einer eigenen Konzeption eingriff.[9]

Der vom Bundesarbeitsminister ein Jahr nach der Bundestags-Beschlußfassung einberufene Beirat für die Neuordnung der sozialen Leistungen hat keine wegweisenden Reformgedanken entwickelt; aus seiner Arbeit entstanden weder ein einheitliches Reform-Konzept noch auch nur neue Anregungen für die Rentenreform. Lediglich in einigen seiner Arbeitsausschüsse, so insbesondere derjenigen für die Krankenversicherung und für das Fürsorgewesen wurden hilfreiche sachliche Vorklärungen für spätere Weiterentwicklungsgesetze erarbeitet.

Der Reformdruck im öffentlichen Bewußtsein spiegelte sich darin, daß Bundeskanzler Adenauer in seiner Regierungserklärung zu Beginn der zweiten Legislaturperiode des Bundestages im Oktober 1953 von der Notwendigkeit einer »umfassenden Sozialreform« sprach; die Regierung wolle ein umfassendes Sozialprogramm vorlegen. Aber offensichtlich erwartete sie ein solches Sozialprogramm nicht vom Beirat für die Neuordnung der sozialen Leistungen. Sowohl der Bundesarbeitsminister (Bogs-Gutachten) als auch das Bundeskanzleramt (Rothenfelser Denkschrift) veranlaßten besondere Gutachten.[10] Doch ein regierungsamtliches Sozialprogramm erwuchs hieraus nicht. Die im April 1954 vom Arbeitsminister dem Kabinett vorgelegten »Grundgedanken zur Gesamtreform der sozialen Leistungen« konzentrierten sich weitgehend auf eine Reform der Rentenversicherung; sie betonten die Notwendigkeit eines Funktionswandels der Rente vom ursprünglichen Zuschuß-Gedanken zum Gedanken der Lebensstandard-Rente. Zwar führten diese Grundgedanken vor allem auch wegen der Opposition des Bundesfinanzministers nicht zu alsbaldigen Beschlüssen; sie bewirkten jedoch, daß sich die Reformdiskussion auf die Frage einer Rentenreform konzentrierte. Es wurde klar, daß in der laufenden Legislaturperiode mehr nicht zu erreichen war.

Bundeskanzler Adenauer erkannte die politische Notwendigkeit der Rentenreform; er war entschlossen, bis zum Ende der Legislaturperiode ein sichtbares Ergebnis vorweisen zu können. Seine Motive dafür waren wahltaktischer Art; doch erklärt sich die Energie, mit der er die Verabschiedung der Rentenreform vorantrieb, nicht allein aus kurzfristiger Sicht auf den Wahlkampf 1957, sondern auch aus der Perspektive, die bestehende Gesellschaftsordnung von sozialen Spannungen frei zu halten und sie für die Bewohner der DDR attraktiv zu erhalten. Sowohl in der Art der Motivation als auch in dem Gewicht seines persönlichen Einsatzes für die Durchsetzung eines sozialpolitischen Reformwerkes ist die

Rolle Adenauers in den Jahren 1955/56 vergleichbar mit derjenigen Bismarcks in den frühen 80er Jahren des vorigen Jahrhunderts.

Adenauer bildete Anfang 1955 einen Kabinettsausschuß (»Sozialkabinett«) unter seiner Leitung und errichtete beim Bundesarbeitsministerium ein Generalsekretariat für die Sozialreform unter der Leitung von Kurt Jantz. Dieses interdisziplinäre, überwiegend aus jüngeren Mitarbeitern bestehende Generalsekretariat löste sich weitgehend von der breiten Grundsatzdiskussion, verzichtete auf den als unrealisierbar erscheinenden Versuch der Ausarbeitung eines formal zu beschließenden Gesamtplans, sondern arbeitete an einem konkreten Gesetzentwurf zur Neuordnung der Rentenversicherung. Dessen Kernstück war eine »Dynamisierung« der Renten, nämlich deren Berechnung nicht nach früheren Nominalwerten der Beiträge oder Löhne, was notwendig und immer zu einem Nachhinken gegenüber aktuellen Werten führen mußte, sondern nach dem aktuellen Lohnniveau. Die sachliche Grundentscheidung lag darin, daß der Lebensstandard des Rentenbeziehers im Verhältnis zum gegenwärtig arbeitenden, vergleichbaren Erwerbstätigen aufrechterhalten werden soll. Technisches Mittel zur Erreichung dieses Zieles war, daß nicht in der Vergangenheit liegende Nominalwerte der Rentenberechnung zugrunde gelegt werden, sondern Relativwerte. Die persönliche Bemessungsgrundlage des Versicherten ist gleich dem Verhältnis, in dem sein Arbeitsverdienst zum jeweiligen Durchschnittsverdienst gestanden hat. Dieses Verhältnis wird auf den gegenwärtigen Durchschnittsverdienst bezogen und damit aktualisiert. Weiter war vorgesehen, die bereits laufenden Renten an die Entwicklung der Löhne jährlich anzupassen.

Angesichts des anhaltenden Widerstandes des Finanzministers – und vieler anderer Kreise, insbesondere der Wirtschaft – gegen solche Pläne war die Arbeit an dem Gesetzentwurf eine notwendige, aber keinesfalls hinreichende Voraussetzung für politische Entscheidungen. In dieser Situation waren glückhafte Umstände hilfreich. Wilfried Schreiber, Dozent an der Bonner Universität und Geschäftsführer des Bundes katholischer Unternehmer, veröffentlichte im Sommer 1955 seine Schrift »Existenzsicherheit in der industriellen Gesellschaft«, in der die Notwendigkeit und Möglichkeit der Einführung eines auf dem Umlageverfahren beruhenden, dynamischen Rentensystems prägnant und überzeugend begründet wurde. Für diesen »Schreiberplan« wurde Adenauer durch dessen Sohn Paul interessiert; als der Kanzler dem Autor am 13. Dezember 1955 Gelegenheit gab, seinen Plan dem Sozialkabinett vorzutragen, wurde dies – wie sicherlich beabsichtigt – als politisches Signal verstanden. Das Generalsekretariat für die Sozialreform nutzte diese Lage, indem es am 27. Dezember eine Ausarbeitung über die wichtigsten Entscheidungsalternativen vorlegte, die der Kanzler in der ersten Januarwoche 1956 mit Randnotizen zurückgab, denen sich seine Zustimmung zur vorgeschlagenen regelmäßigen Rentenanpassung entnehmen ließ. Er hat diese Zustimmung kurz darauf im Parteivorstand der CDU sowie im Sozialkabinett durchgesetzt und an ihr entgegen mächtigen Widerständen festgehalten.

Die vom Bundestag im Februar 1957 nach viertägiger Debatte verabschiedeten Rentenreformgesetze waren in dem Kernstück der Renten-Dynamisierung insofern abgeschwächt worden, als nur bei der Erst-Berechnung eine automatische Aktualisierung erfolgte. Hinsichtlich der Anpassung laufender Renten war bestimmt, daß die Regierung jährlich einen Bericht über deren Notwendigkeit und Möglichkeit vorzulegen, diesem Bericht das Gutachten eines Sozialbeirates beizufügen und einen Gesetzgebungsvorschlag zu machen habe. Faktisch hat sich jedoch seit 1959 die jährliche Anpassung der Renten an die Lohnentwicklung durchgesetzt.

Neben den Dynamisierungsregeln enthielten die Gesetze eine Reihe weiterer gewichtiger Neuregelungen. Zunächst wurde das durchschnittliche Rentenniveau um rund 60 % erhöht, was allgemein die Stellung der Rentner im Sozialgefüge entscheidend verbesserte. Die neue Berechnungsformel sowie der Wegfall fester Rentenbestandteile entzerrte das Rentengefüge, indem es die Rentenhöhe stärker als bisher von der Versicherungsdauer und dem lebensdurchschnittlichen Arbeitsverdienst abhängig machte. Die Situation vorzeitig invalider Personen wurde dadurch verbessert, daß deren Rente so berechnet wird, als ob sie bis zum 55. Lebensjahr versichert gewesen wären (Zurechnungszeit). Für Frauen, die in den letzten 20 Jahren überwiegend versicherungspflichtig waren, wurde die Altersgrenze von 65 auf 60 Jahre gesenkt. Die Arbeiter wurden den Angestellten gleichgestellt, indem auch sie nach einjähriger Arbeitslosigkeit bereits mit 60 Jahren die Altersrente beziehen konnten, und indem auch solche Witwen eine Rente ohne weitere Voraussetzungen erhielten, deren Männer vor 1949 verstorben waren. Obwohl nun das Recht der Arbeiterrentenversicherung mit dem Recht der Angestelltenversicherung inhaltlich identisch war (mit der einzigen Ausnahme der für Angestellte bis 1967 noch geltenden Versicherungspflichtgrenze), wurde entgegen der Absicht der Regierung für beide Personengruppen je ein Gesetz verabschiedet.

Das Finanzierungsverfahren wurde modernisiert. Vergeblich hatte man seit Bestehen der gesetzlichen Rentenversicherung versucht, ein modifiziertes Kapitaldeckungsverfahren zu verwirklichen. Die Währungsumstellungen nach dem ersten und zweiten Weltkrieg haben jedesmal zum Verlust des angesammelten Kapitals geführt. Die Rentenzahlungen mußten im wesentlichen aus den laufenden Beitragseinnahmen finanziert werden. Faktisch wurde das Umlageverfahren praktiziert, während das Gesetz immer noch die Ansammlung von Kapitalreserven forderte. Zwar führte man mit der Reform von 1957 noch nicht das reine Umlageverfahren ein, wie es der Schreiberplan gefordert hatte, doch wurde das als erforderlich bezeichnete Deckungskapital auf die Höhe einer Jahresausgabe der Rentenversicherung begrenzt (Abschnittsdeckungsverfahren). Der endgültige Übergang zum Umlageverfahren mit einer lediglich die Liquidität sichernden »Schwankungsreserve« erfolgte erst 1969.

Partielle Komplettierung statt Sozialreform (1957–1969)

Die Rentenreform hatte wesentlich zu dem großen Erfolg Adenauers bei den Bundestagswahlen 1957 beigetragen. Hieraus ergaben sich zwei unterschiedliche Impulse: Einerseits hatte sich der Begriff »Sozialreform« – wenn auch reduziert auf die Rentenreform – als so zugkräftig erwiesen, daß man sich nicht von ihm distanzieren wollte; andererseits gewannen diejenigen Kräfte Handlungsspielraum, die ihre Bedenken gegen den weiteren Ausbau der sozialen Sicherung und die daraus erwachsenden Belastungen für Bundeshaushalt und Beitragszahler nur angesichts der Kanzler-Autorität und der bevorstehenden Wahlen zurückgestellt hatten. Beide Impulse fanden in der Regierungserklärung vom 29. Oktober 1957 Ausdruck. Es hieß dort einerseits: »Die Sozialreform wird fortgeführt werden.« Aber andererseits: »Die Bundesregierung ist entschlossen, den Gedanken der Selbsthilfe und privaten Initiative in jeder Weise zu fördern und das Abgleiten in einen totalen Versorgungsstaat ... zu verhindern.«[11]
Die Fortführung der Sozialreform richtete sich auf die Krankenversicherung, nun aber mit deutlicher Betonung des Gedankens der Selbsthilfe. Ein 1959 vorgelegter Regierungsentwurf zur Neuordnung der gesetzlichen Krankenversicherung sah eine Selbstbeteiligung des Patienten an den Kosten aller ärztlicher Leistungen vor. Hiermit sollte die Inanspruchnahme ärztlicher Leistungen gebremst und die Belastung der Krankenkassen durch Bagatellfälle gemindert werden. Die Gewerkschaften sowie die SPD-Fraktion des Deutschen Bundestages lehnten die Selbstbeteiligung als unvertretbare Einschränkung der gesundheitlichen Versorgung ab. Ausschlaggebend dafür, daß der Entwurf bis zum Ende der Legislaturperiode nicht verabschiedet wurde, war jedoch der Widerstand der ärztlichen Standesorganisationen gegen die vorgesehene Selbstbeteiligung; sie wandten sich in der öffentlichen Diskussion dagegen, von den Patienten die Selbstbeteiligungsbeträge eintreiben zu müssen, weil dies das Vertrauensverhältnis zwischen Arzt und Patient unzumutbar belaste.
Nach der Wahl zur vierten Legislaturperiode des Bundestages im Herbst 1961 sprach die Regierungserklärung abermals von der Fortführung der

Sozialreform unter der Zielsetzung, die Eigenverantwortung der Menschen zu stärken. Die Regierung legte erneut einen Krankenversicherungsentwurf vor, der wiederum – wenn auch in technisch veränderter Form – Vorschriften über eine Selbstbeteiligung enthielt. Zur Erleichterung seiner politischen Durchsetzbarkeit war dieser Entwurf mit zwei weiteren Vorhaben zu einem »Sozialpaket« verschnürt worden: Die Annahme der Selbstbeteiligung sollte erleichtert werden durch Einführung der vollen Lohnfortzahlung durch den Arbeitgeber für Arbeiter in den ersten 6 Krankheitswochen. Die dadurch entstehende Belastung der Arbeitgeber sollte kompensiert werden durch Übernahme der Kosten für das Kindergeld auf den Bund. Doch eine Beschlußfassung kam wiederum nicht zustande.

Der Widerstand von SPD, Gewerkschaften und Ärzten gegen die Selbstbeteiligung war ungebrochen; die Arbeitgeber lehnten die Lohnfortzahlung ab. Es wurde offensichtlich, daß für größere gesetzgebende Vorhaben nicht mehr genügend sozialreformerischer Schwung vorhanden war.

Der neue Bundeskanzler, Ludwig Erhard, stellte sich auf diese Lage ein. In seiner Regierungserklärung vom Oktober 1963 bezeichnete er eine gründliche Durchleuchtung der Sozialgesetzgebung als unabdingbar und kündigte die Durchführung einer Sozialenquête an. Das Wort »Sozialreform« kam regierungsamtlich nicht mehr vor. Damit war signalisiert, daß man Zeit gewinnen sowie kraft- und geldzehrende Vorhaben nicht verfolgen wollte.

Doch ungeachtet dessen und parallel hierzu lief die Sozialpolitik pragmatisch weiter. Es wurden Schritte vollzogen, die man als partielle Komplettierung bezeichnen kann. Sie waren möglich, wenn bestimmten Interessenlagen Rechnung getragen werden konnte, ohne andere gewichtige Interessenlagen zu beeinträchtigen, wenn sie nicht viel Bundesmittel erforderten, und wenn die strittigen Fragen nicht von einer größeren Öffentlichkeit aufgegriffen und damit ideologisiert wurden. Dies erklärt, warum zeitgleich mit dem Auslaufen der Sozialreform eine Komplettierung der sozialen Sicherung erfolgte, deren Ergebnisse aus dem heutigen Gesamtbild nicht mehr wegzudenken sind.

Die jahrelange Diskussion von Alterssicherungsproblemen bis 1957 hatte auch die Situation der selbständig Erwerbstätigen einbezogen. Insbesondere hinsichtlich der großen Anzahl kleinerer und mittlerer Landwirte trat das Problem der Alterssicherung um so deutlicher hervor, als man gleichzeitig eine Verbesserung der Agrarstruktur anstrebte. Da sich der Strukturwandel vorwiegend aus Anlaß des Generationswechsels vollzieht, entstand der Gedanke, durch Sicherstellung eines Altersgeldes den Bargeldbedarf ehemaliger Landwirte zu decken, dies jedoch an die Bedingung der Hofabgabe zu knüpfen. Damit wurden sozialpolitische Zielsetzungen bewußt mit solchen der Strukturpolitik verknüpft.

Das Gesetz über eine Altershilfe für Landwirte vom 27. Juli 1957 betrat in mehrfacher Hinsicht Neuland: Es knüpfte die Gewährung von Altersgeld an die Bedingung der Hofabgabe (Übergabe an den Hofnachfolger oder Verpachtung). Altersgeld wurde auch ehemaligen Landwirten gewährt, die bisher keine oder nur wenige Beiträge entrichtet hatten. Als Träger der neuen Leistung wurden bei den bereits bestehenden landwirtschaftlichen Berufsgenossenschaften nun landwirtschaftliche Alterskassen errichtet. Die Finanzierung erfolgte durch Beiträge der landwirtschaftlichen Unternehmer, die später wegen der agrarpolitischen Zielsetzung durch Bundesmittel ergänzt wurden.

Für das ebenfalls überwiegend kleinbetrieblich strukturierte Handwerk galt im Grundsatz (seit 1938) Versicherungspflicht in der Angestelltenversicherung; allerdings konnten die Handwerker sich hiervon unter bestimmten Bedingungen bei Vorliegen eines Lebensversicherungsvertrages befreien lassen. Die Überwachung der Versicherungspflicht sowie der befreienden Bedingungen war allerdings nur unvollständig gelungen; auch klagte die Angestelltenversicherung über unzumutbare finanzielle Belastungen durch die Handwerkerversicherung. Im Jahre 1960 erfolgte eine Neuregelung, die einerseits die Wahlmöglichkeit zwischen Sozial- und Privatversicherung beseitigte, andererseits aber die Versicherungspflicht auf 18 Jahre begrenzte und damit ähnlich wie bei den Landwirten eine Grundsicherung für alle Handwerker gewährleistete.

Eine weitere, qualitativ einschneidende Änderung brachte das Fremdrentengesetz von 1960. Wie bereits erwähnt, hatte eine Regelung aus dem Jahre 1953 darauf abgezielt, die nicht realisierbaren Sozialversicherungsansprüche der in die Bundesrepublik Deutschland gekommenen Flüchtlinge und Vertriebenen zu entschädigen. Durch Bezugnahme auf das Recht des jeweiligen Herkunftslandes entstanden Komplikationen, vor allem aber schwer verständliche Unterschiede zwischen den Vertriebenen und Einheimischen. Auch entstanden Lücken, wenn im Herkunftsland eine Alterssicherung erst später oder noch gar nicht eingeführt worden war.

Diese Probleme löste das Fremdrentengesetz, indem es das Entschädigungsprinzip durch das Eingliederungsprinzip ersetzte. Dessen Grundgedanke war, den Rentner so zu behandeln, »als ob« er sein gesamtes Arbeitsleben in der Bundesrepublik Deutschland verbracht hätte. Es wurde gefragt, ob die im Herkunftsland ausgeübte Tätigkeit hier Versicherungspflicht begründet hätte und welches Entgelt hier erzielt worden wäre. Mit dieser Methode waren Eingliederung und Gleichbehandlung der Vertriebenen sichergestellt. Die kurz aufflackernde Diskussion um die Finanzierung dieser Eingliederung – Bund oder Versichertengemeinschaft – konnte mit dem Hinweis beendet werden, daß die Vertriebenen ihre Alterssicherung gegebenenfalls selbst finanzieren könnten, weil nicht nur Rentner, sondern auch Beitragszahler ins Bundesgebiet gekommen waren, und zwar im selben Verhältnis wie bei der Gesamtbevölkerung.

In den Nachkriegsjahren hatte die öffentliche Fürsorge erhebliche Belastungen zu tragen. Als mit abnehmender Arbeitslosigkeit und dem schrittweisen Ausbau der Sozialversicherung diese Belastung relativ zurückging, begann eine Diskussion um die Reform der Fürsorge, die zum Ziel hatte, deren stigmatisierenden Charakter zu mildern und die präventiven Sach- und Dienstleistungen gegenüber den Leistungen zur Sicherstellung des Lebensunterhalts mehr Geltung zu verschaffen. Nach gründlichen Vorberatungen in Fachgremien erging 1961 das Bundessozialhilfegesetz. Die Fürsorge – jetzt Sozialhilfe – wurde auf der Grundlage des Prinzips der Nachrangigkeit und des Prinzips der Individualisierung modernisiert und erweitert. Die Dienstleistungen erhielten stärkeres Gewicht durch Einführung eines Katalogs von »Hilfen in besonderen Lebenslagen«, die nicht den üblichen (Regelsatz), sondern erweiterten Einkommensgrenzen unterliegen.

Mit dem Ziel einer »wirtschaftlichen Sicherung angemessenen und familiengerechten Wohnraums« wurde 1960 ein von Bund und Ländern je zur Hälfte finanziertes Wohngeld eingeführt, das die Belastung der Haushalte durch Mieten in zumutbaren Grenzen halten soll. Auch hierdurch trat eine Entlastung der Sozialhilfe von laufenden Geldleistungen ein. Entscheidendes Motiv für die Einführung des Wohngeldes war jedoch die Milderung sozialer Härten im Zusammenhang mit dem endgültigen Abbau der im Kriege eingeführten Wohnraum-Bewirtschaftung.

Als Schritte partieller Komplettierung sind schließlich der Ausbau der Kindergeldgesetzgebung sowie die Neuregelung der gesetzlichen Unfallversicherung zu erwähnen. Nachdem 1954 Kindergeld für das dritte Kind einer Familie eingeführt worden war, wurde ab 1961 auch das zweite, ab 1975 schließlich auch das erste Kind einbezogen. Den Unzulänglichkeiten mit den Familienausgleichskassen wurde 1964 – wie ursprünglich im »Sozialpaket« vorgesehen – dadurch Rechnung getragen, daß die Finanzierung des Kindergeldes auf den Bund übernommen, seine Durchführung einer bei der Bundesanstalt für Arbeit errichteten Kindergeldkasse übertragen wurde.

Die gesetzliche Unfallversicherung erfüllte ihre Funktionen relativ problemlos; dringender Reformbedarf war nicht zutage getreten. Eine Überarbeitung der Materie diente daher in erster Linie einer Modernisierung und Systematisierung des Rechts. Das 1963 verabschiedete Unfallversicherungsneuregelungsgesetz setzte allerdings einen neuen Akzent, in-

dem es die Unfallverhütung, die »mit allen geeigneten Mitteln« durchzu-
führen sei, in den Vordergrund der Aufgaben der Berufsgenossenschaften
rückte. Die Bundesregierung muß seither regelmäßig Unfallverhütungs-
berichte vorlegen. Ferner wurde mit diesem Gesetz die regelmäßige Anpassung der Geldleistungen der Unfallversicherung an die Lohnentwicklung ähnlich wie in der Rentenversicherung eingeführt.

Als die von Erhard initiierte Sozialenquête [12] Mitte 1966 vorgelegt wurde,
waren die Auswirkungen der ersten wirtschaftlichen Rezession spürbar;
erstmals gab es einen sprunghaften Anstieg der Arbeitslosigkeit und ein
drastisches Absinken des wirtschaftlichen Wachstums. Initiativen in Richtung einer weiteren Expansion der Sozialpolitik war die Grundlage entzogen. Dies galt auch für die Regierung der großen Koalition, die Ende des
Jahres unter Bundeskanzler Kiesinger gebildet wurde. Man nahm eine
Konsolidierung des Bundeshaushalts in Angriff, die u. a. in einer Reduzierung des Bundeszuschusses zur gesetzlichen Rentenversicherung bestand.
Dieser Einnahmeausfall wurde durch Beitragserhöhungen ausgeglichen,
die allerdings hauptsächlich deshalb notwendig wurden, weil die Alters-
quote (Anteil der alten Personen an der Gesamtbevölkerung) sich zwischen der Mitte der 50er und der Mitte der 70er Jahre um rund ein Drittel
erhöhte (»Rentenberg«). Der Beitragssatz der Rentenversicherung wurde
(mit dem Finanzänderungsgesetz 1967) stufenweise von 14 auf 17 % im
Jahre 1970 angehoben. Zugleich fiel die nach der Einkommenshöhe be-
messene Versicherungspflichtgrenze für Angestellte fort.

Wenig später (1969) wurde auch das seit längerem bestehende Problem der
ungleichen Finanzentwicklung zwischen der organisatorisch selbständigen
Angestelltenversicherung und der Rentenversicherung der Arbeiter gelöst. Es beruhte auf der zahlenmäßigen Zunahme der Angestellten mit der
Folge, daß das Verhältnis zwischen Beitragszahlern und Rentenempfän-
gern hier stets günstiger war als in der Arbeiterrentenversicherung. Wollte
man also bei gleichem Leistungsrecht und gleichem Beitragssatz die organisatorische Selbständigkeit der beiden Versicherungszweige – wie auch
der regional gegliederten Träger der Arbeiterrentenversicherung – erhalten, so mußte ein Finanzausgleich erfolgen. Dessen praktisches Ergebnis
ist ein laufender finanzieller Transfer von der Angestellten- zur Arbeiterrentenversicherung.

Nach Überwindung der Rezession verabschiedete die Große Koalition
kurz vor Ende der Legislaturperiode das Lohnfortzahlungsgesetz 1969,
das auch Arbeitern einen Rechtsanspruch auf Fortzahlung des Arbeitsentgelts gegen den Arbeitgeber für die ersten 6 Wochen der Krankheit ein-
räumte. Wenn auch wegen vorher unternommener Teilschritte der materielle Gewinn für Arbeiter unbedeutend war, so waren sie doch nun formal
den Angestellten gleichgestellt. Außerdem wurde die Krankenversiche-

rung von Barleistungen entlastet, was zu einer Beitragssenkung um rund 2 % auf durchschnittlich rund 8 % führte.

Die Arbeitsverwaltung hatte in den Jahren rückläufiger Arbeitslosigkeit ein öffentlich wenig beachtetes Dasein geführt. Der während der Weltwirtschaftskrise Anfang der 30er Jahre festgesetzte, in der NS-Zeit beibehaltene (damals allerdings für sachfremde Zwecke verwendete) Beitragssatz von 6,5 % konnte bis 1957 schrittweise auf 2 % gesenkt werden. Erst die Rezession 1966/67 hatte hier einen Wandel des Problembewußtseins zur Folge. Es wurde betont, daß die Arbeitsverwaltung neben den traditionellen Aufgaben der Arbeitsvermittlung und der Zahlung von Arbeitslosenunterstützung mehr als bisher aktiv und vorbeugend der Arbeitslosigkeit entgegenwirken müsse. Auf diesem Grundgedanken basierte das 1969 verabschiedete Arbeitsförderungsgesetz, das der Bundesanstalt für Arbeit ein erweitertes Instrumentarium zur aktiven Arbeitsmarktpolitik in Gestalt von Forschung und Information, Förderung der beruflichen Bildung und Förderung der Arbeitsaufnahme zur Verfügung stellte.

Weiterentwicklungen (1970–1975)

Die im Herbst 1969 gebildete Bundesregierung der sozial-liberalen Koalition unter Bundeskanzler Brandt sah sich auch auf sozialpolitischem Gebiet einer reformerisch gestimmten Erwartungshaltung gegenüber. Doch ungeachtet dessen, und obwohl der wirtschaftliche Aufschwung gute Voraussetzungen für die Erfüllung vieler Erwartungen geschaffen hatte, griff die neue Regierung das Wort Sozialreform nicht wieder auf. Sie benutzte den Begriff »Weiterentwicklung« und deutete damit ihre Absicht an, auf der Grundlage des Bestehenden pragmatisch und konkret Fortschritte zu erzielen. Auf begriffliche Klärungen wurde keine Zeit und Kraft verwendet. Zwar wurden wie bereits früher Kommissionen berufen, doch hatten diese konkrete Arbeitsaufträge, und niemand zweifelte daran, daß rasch verwertbare Arbeitsergebnisse erwartet wurden.

Die im Mai 1970 berufene Sachverständigenkommission für ein Sozialgesetzbuch leistete Vorarbeiten für gesetzgeberische Schritte, die ab 1975 das zersplitterte, unübersichtliche, zum Teil auch widersprüchliche Sozialrecht zusammenfassen, ordnen und transparent machen sollten. Dieser von der Öffentlichkeit wenig beachtete – weil nur begrenzt mit Sachreformen verbundene – Vorgang der stufenweisen Erstellung eines einheitlichen Sozialgesetzbuches ist noch im Gange und wird noch jahrelanger weiterer Arbeit bedürfen.

Im Bereich der Krankenversicherung vollzog sich die Weiterentwicklung in folgenden Schritten:

- Einführung eines Rechtsanspruchs auf Maßnahmen zur Früherkennung von Krankheiten (1970);
- Einbeziehung der Landwirte und ihrer Altenteiler in die gesetzliche Krankenversicherung (1972);
- Wegfall der zeitlichen Begrenzung der Krankenhauspflege (1973);
- Einführung eines Anspruchs auf Haushaltshilfe bei Krankenhausaufenthalt sowie auf Arbeitsfreistellung und Krankengeld bei Erkrankung eines Kindes (1973);
- Einbeziehung der Studenten in die gesetzliche Krankenversicherung (1975).

Eine bedeutsame Weiterentwicklung im Bereich der Unfallversicherung war die 1971 vollzogene Einbeziehung der Schüler sowie der Kinder in Kindergärten in den Versicherungsschutz und damit auch in verstärkte Unfallverhütungsmaßnahmen.

Von grundsätzlicher Bedeutung war das 1971 ergangene Bundesausbildungsförderungsgesetz, das die wirtschaftlich bedingte Chancenungleichheit im Bildungswesen beseitigte. Unter den Voraussetzungen der Förderungsbedürftigkeit und der Förderungswürdigkeit wird seither Auszubildenden Einkommensersatz in Form von Zuschüssen oder Darlehen gewährt.

In der Rentenversicherung ergaben sich durch die Konsolidierungsmaßnahmen der Jahre 1967 und 1969 sowie die in der Aufschwungphase zunehmenden Beitragseinnahmen finanzielle Spielräume für Leistungsverbesserungen. Mit dem Rentenreformgesetz 1972 wurde die flexible Altersgrenze eingeführt. Versicherte mit ausreichend langer Versicherungsdauer können bereits mit dem 63. statt des bis dahin üblichen 65. Lebensjahres Altersruhegeld beziehen (Schwerbehinderte mit 62, später mit 60). Was damals rein sozialpolitisch motiviert war, hat sich inzwischen auch als arbeitsmarktpolitisch sehr hilfreich erwiesen. Ferner brachte das Gesetz zum Ausgleich niedriger Löhne in der Vergangenheit eine Rentenberechnung nach einem (fiktiven) Mindesteinkommen; diese Regelung kam zu etwa 80 % früher erwerbstätigen Frauen zugute. Zur Rentenversicherung können seither alle Staatsbürger freiwillig Beiträge entrichten. Schließlich wurde die Anpassung der Bestandsrenten um ein halbes Jahr vorgezogen.

Trotz erheblicher Leistungsverbesserungen in der gesetzlichen Rentenversicherung in den Jahren 1957, 1965 (Härtenovelle) und 1972 besteht nach wie vor eine »Versorgungslücke«, weil die Altersrente auch nach einem erfüllten Arbeitsleben im Durchschnitt nur etwa 60 % des vergleichbaren Nettoarbeitseinkommens erreicht. Diese Lücke aufzufüllen dient die in verschiedenen Formen praktizierte betriebliche Altersversorgung, die neben und zusätzlich zur gesetzlichen Rentenversicherung schrittweise ausgebaut wurde; gegenwärtig haben etwa zwei Drittel aller Arbeitnehmer Anwartschaften auf betriebliche Zusatzleistungen. Als Mängel wurden dabei empfunden, daß der Anspruch auf betriebliche Altersversorgung beim Wechsel der Arbeitsstelle verfiel und daß eine Erhöhung der Sozialversicherungsrente oft zu einer entsprechenden Kürzung der betrieblichen Leistung führte. Diesen Mängeln half das Gesetz zur Verbesserung der betrieblichen Altersversorgung von 1974 ab; es sieht eine bedingte Unverfallbarkeit von Versorgungsanwartschaften sowie ein Verbot von Leistungskürzungen wegen der Erhöhung von Sozialversicherungsrenten vor.

Schließlich wurde 1975 die Altersversorgung der Frauen im Falle der Scheidung erheblich verbessert. Im Zusammenhang mit einer Reform des Ehe- und Familienrechts wurde ein Versorgungsausgleich eingeführt. Die während der Ehe erworbenen Versorgungsanwartschaften werden seither im Falle der Scheidung – in der Regel zugunsten der Frau – »gesplittet«.

Sozialpolitik in der Rezession (ab 1976)

Im Herbst 1973 wurde der Beginn einer wirtschaftlichen Rezession sichtbar, die bis heute nicht überwunden ist. Die erste drastische Erhöhung der Rohölpreise wurde als »Ölschock« empfunden und hatte über die unmittelbaren ökonomischen Wirkungen hinaus auch mittelbare psychologische Wirkungen, die sich in der steigenden Zahl Arbeitsloser niederschlug. Im November 1973 erließ der Bundesarbeitsminister einen Anwerbestopp für ausländische Arbeitnehmer, deren Anzahl sich im Jahrfünft zuvor von rund einer Million auf 2,6 Millionen erhöht hatte. Dennoch lag die Zahl der Arbeitslosen Anfang 1974 mit rund 600 000 fast doppelt so hoch wie ein Jahr vorher und überschritt Anfang 1975 die Millionengrenze.

Die abnehmende Zahl der beschäftigten Beitragszahler und der geringere Lohnzuwachs wirkten sich uno actu auf die Beitragseinnahmen der Sozialversicherungsträger aus. Die Rentenversicherung mußte ab 1975 ihre Liquiditätsreserve angreifen, die Krankenversicherung war auf breiter Front zu Erhöhungen der Beitragssätze gezwungen; der durchschnittliche Beitragssatz lag 1975 (10,4 %) um mehr als zwei Prozentpunkte über demjenigen des Jahres 1971 (8,2 %). Man sprach von einer »Kostenexplosion« im Gesundheitswesen; damit war angedeutet, daß die Ursachen keineswegs nur in rückläufigen Steigerungsraten der Beitragseinnahmen lagen, sondern vor allem in kräftigen Ausgabesteigerungen. Ein politischer Handlungsbedarf wurde offenbar; über die

Entscheidungsalternativen wurde öffentlich lebhaft diskutiert; doch die Bundesregierung konnte sich in der zu Ende gehenden Legislaturperiode nicht mehr zu Entscheidungen durchringen.

Erst nach der Wahl vom Oktober 1976 legte die Bundesregierung Gesetzentwürfe mit dem Ziel einer finanziellen Konsolidierung in der Rentenversicherung und einer Kostendämpfung in der Krankenversicherung vor. In der Rentenversicherung ging es nicht um aktuelle Finanzierungsschwierigkeiten, denn diese hatte noch Ende 1976 eine Rücklage von fast 40 Milliarden DM. Die im Bundestagswahlkampf gestellte Frage: Sind die Renten sicher? – die von der Regierung bejaht, von der Opposition verneint wurde – war formelhaft verkürzt. Die Zahlungsfähigkeit der Rentenversicherungsträger war zu keiner Zeit gefährdet. Fraglich war allein, ob und in welchem Maße die Renten auch künftig wie bisher an die Entwicklung der Löhne angepaßt, d. h. erhöht werden könnten. Es ging letztlich um Annahmen über die künftige Entwicklung der Zahl der Beschäftigten und der Lohnerhöhungen; denn diese beiden Größen sind es, die das Ergebnis der von der Regierung jährlich vorzulegenden 15-jährigen Vorausrechnung der Rentenfinanzen (Rentenanpassungsbericht) entscheidend bestimmen.

Das im Juni 1977 verabschiedete 20. Rentenanpassungsgesetz verschob den Termin der übernächsten Rentenerhöhung vom 1. Juli 1978 auf den 1. Januar 1979. Es entlastete die Rentenversicherung ferner von Ausgaben für die Krankenversicherung der Rentner. Der Erhöhung der Einnahmen diente die vorzeitige Rückzahlung von Bundeszuschüssen, die die Rentenversicherung früher dem Bund gestundet hatte, sowie die Verpflichtung der Bundesanstalt für Arbeit, für Arbeitslose Beiträge an die Rentenversicherung abz. führen.

Doch bereits Anfang 1978 offenbarten ne. e wirtschaftliche Daten . nd daraus abgeleitete Annahmen über die weitere Entwicklung, daß die Maßnahmen des 20. Rentenanpassungsgesetzes zu einer dauerhaften Konsolidierung der Rentenfinanzen nicht ausgereicht hatten. Mit dem im Juli 1978 verabschiedeten 21. Rentenanpassungsgesetz mußten weitere Eingriffe vorgenommen werden. Der Beitragssatz wurde ab 1981 von 18,0 auf 18,5 % erhöht; die Rentenanpassungen der Jahre 1979 bis 1981 wurden reduziert: Von 7,2, 6,9 und 6,1 %, wie das bisherige Verfahren der Rentendynamik erfordert hätte, auf 4,5, 4,0 und 4,0 %. Diese erneute Beteiligung der Rentner an den Konsolidierungsmaßnahmen wurde damit verteidigt, daß das Rentenniveau im Vergleich zu den Netto-Löhnen der Erwerbstätigen dadurch nicht beeinträchtigt werde.

Die jüngsten Vorausrechnungen (Anfang 1982) geben keinen Anlaß zu Besorgnissen hinsichtlich der Finanzierbarkeit künftiger Rentenanpassungen; sie lassen jedoch andererseits wenig Spielraum erkennen für die

Tabelle 15: Arbeitslose 1950–1982
(Anzahl in 100 000, jahresdurchschnittlich)

1950	19	1961	2	1972	2
1951	17	1962	2	1973	3
1952	17	1963	2	1974	6
1953	15	1964	2	1975	11
1954	14	1965	1	1976	11
1955	11	1966	2	1977	10
1956	9	1967	5	1978	10
1957	8	1968	3	1979	9
1958	8	1969	2	1980	9
1959	5	1970	1	1981	13
1960	3	1971	2	1982	18*

* Durchschnitt Januar–Juli

Quelle: BMA, Hauptergebnisse der Arbeits- und Sozialstatistik 1972, S. 90; 1981, S. 60; Bundesarbeitsblatt 1982, Heft 10, S. 104.

Finanzierung von Leistungsverbesserungen im Rahmen der Reform der sozialen Sicherung der Hinterbliebenen, die zur Zeit vorbereitet wird, weil das Bundesverfassungsgericht dies für erforderlich gehalten hat.

Die im Laufe des Jahres 1981 von 1,3 auf 1,7 Millionen angestiegene Zahl der Arbeitslosen belastete die Bundesanstalt für Arbeit und damit wegen der Defizithaftung den Bundeshaushalt in steigendem Maße. Um dem entgegenzuwirken, wurde im Dezember ein leistungseinschränkendes Gesetz zur Konsolidierung der Arbeitsförderung verabschiedet. Ferner wurde der Beitragssatz der Arbeitslosenversicherung auf 4 % erhöht; zur kompensatorischen Entlastung der Versicherten wurde der Beitragssatz zur Rentenversicherung für die Jahre 1982 und 1983 um 0,5 % gesenkt.

In der Krankenversicherung ging man von der Zielsetzung aus, den erwähnten sprunghaften Anstieg der Beitragssätze in den 70er Jahren zu bremsen. Diese Zielsetzung schlug sich in dem Begriff »einnahmeorientierte Ausgabenpolitik« nieder. Da die Ausgaben der Krankenversicherung in starkem Maße von Verhaltensweisen vieler Beteiligter – der Versicherten, der Ärzte, der Krankenhäuser – determiniert werden, müssen Kostendämpfungsbemühungen an vielen Stellen ansetzen. Das im Juni 1977 verabschiedete Krankenversicherungs-Kostendämpfungsgesetz schrieb die Bildung einer konzertierten Aktion im Gesundheitswesen vor, die Empfehlungen verabschieden kann, vor allem aber dahin gewirkt hat, daß Transparenz und Publizität der ökonomischen Vorgänge im Gesundheitswesen verbessert worden sind. Bei Verhandlungen zwischen kassenärztlichen Vereinigungen und Krankenkassenverbänden über die ärztliche Vergütung soll die Entwicklung der Beitragseinnahmen der Kassen berücksichtigt werden; für Arzneimittelausgaben sollen Höchstbeträge vereinbart werden, bei deren Überschreitung bestimmte Kontrollmechanismen einsetzen.

Die Beispiele zeigen, daß die Kostendämpfung im Gesundheitswesen weniger auf direkte Eingriffe baute, als vielmehr verhaltens-orientierenden Charakter hatte. Wenn in den Jahren 1977 bis 1980 der durchschnittliche Beitragssatz der Krankenkassen konstant geblieben ist, so war dieser Erfolg weniger eine direkte Folge der gesetzlichen Änderungen, sondern mehr indirekt eine Folge der lebhaften öffentlichen Diskussion und der Befürchtung weitergehender gesetzlicher Eingriffe.

Für diese Annahme spricht die Tatsache, daß es im Jahre 1981 wieder zu einem Anstieg des durchschnittlichen Beitragssatzes um fast 0,5 % kam. Ein Kostendämpfungs-Ergänzungsgesetz vom Dezember 1981 richtete sich darauf, die besonders hohen Zuwachsraten im Bereich des Zahnersatzes sowie der Heil- und Hilfsmittel zu senken; so wurden die Vergütung für zahntechnische Leistungen und der Zuschuß zum Zahnersatz gesenkt, die vom Versicherten zu entrichtende Verordnungsblattgebühr erhöht und verschiedene andere Leistungen eingeschränkt. Ein gleichzeitig verabschiedetes Krankenhaus-Kostendämpfungsgesetz bezog diesen Bereich in die konzertierte Aktion im Gesundheitswesen ein. Es änderte ferner das Verfahren der Festsetzung des von den Kassen an die Krankenhäuser zu entrichtenden Pflegesatzes; dieser wurde von Landesbehörden festgesetzt, die an guter Krankenhausausstattung interessiert waren, die finanziellen Konsequenzen ihrer Entscheidung jedoch nicht zu verantworten hatten. Künftig sollen die Pflegesätze zwischen Krankenkassen und Krankenhäusern vertraglich vereinbart werden. Ob mit diesen ergänzenden Maßnahmen endgültig eine Beitragssatz-Stabilität erreicht werden kann, läßt sich noch nicht übersehen.

Zusammenfassend läßt sich feststellen, daß die Kostendämpfungs- und Konsolidierungsbemühungen in der Phase der wirtschaftlichen Rezession zwar schmerzliche Eingriffe notwendig machten, aber andererseits das System der sozialen Sicherung nicht in seiner Kernsubstanz trafen. Die Sozialleistungsquote (öffentliche Sozialleistungen in % des Bruttosozialprodukts), die sich von etwa 16 in den frühen 50er Jahren um etwa 50 % auf 25 im Jahre 1975 erhöht hatte, sinkt seither zwar ab, doch betrug sie 1980 noch immer 24,3 (vgl. Tabelle 16). Das Sozialleistungssystem der Bundesrepublik Deutschland ist in den vergangenen 30 Jahren erheblich erweitert und differenziert worden. Die Rezessionsphase hat partielle Reduktionsschritte erforderlich gemacht. Dessen ungeachtet stehen jedoch die institutionelle Grundstruktur und die funktionelle Leistungsfähigkeit nicht in Frage.

Tabelle 16: Sozialleistungsquote seit 1950
(Öffentliche Sozialleistungen in % des Bruttosozialprodukts)

1950	15,7	1961	16,2	1972	19,8
1951	15,2	1962	16,6	1973	20,4
1952	15,6	1963	16,5	1974	22,2
1953	15,4	1964	16,6	1975	25,4
1954	15,4	1965	17,1	1976	24,9
1955	15,0	1966	17,8	1977	25,0
1956	15,3	1967	19,2	1978	24,8
1957	17,0	1968	18,8	1979	24,3
1958	18,1	1969	18,7	1980	24,0
1959	17,5	1970	18,7	1981	23,5 *
1960	16,1	1971	19,1	1982	23,0 *

* geschätzt

Quelle: Sozialbudgets der Bundesregierung 1971, 1976, 1980.
Abgrenzung: Sozialversicherung, Arbeitsförderung, Kindergeld, Entgeltfortzahlung, Pensionen, Familien-
zuschläge im öffentlichen Dienst, Zusatzversicherung für freie Berufe, Kriegsopferversorgung, Sozialhilfe,
Ausbildungsförderung, Wohngeld.

Anmerkungen

1 Zitiert nach Herbert W. Baker, Beginn der deutschen Sozial- und Arbeitspoli-
tik unter der Militärregierung, in: Reinhart Bartholomäi u. a. (Hrsg.), Sozialpolitik nach 1945, Bonn–Bad Godesberg 1977, S. 24.

2 Vgl. George Foggon, Alliierte Sozialpolitik in Berlin, ebenda, S. 35.

3 Baker a. a. O., S. 28.

4 Ebenda, S. 30.

5 Lediglich in Berlin war es auf Grund örtlicher Besonderheiten im Sommer 1945
zur Bildung eines einheitlichen Versicherungsträgers, der »Versicherungsan-
stalt Berlin« gekommen; diese Sonderentwicklung wurde schrittweise, abschließend im Jahre 1957, wieder rückgängig gemacht.

6 Die Sozialreform. Dokumente und Stellungnahmen (11 Bände), hrsg. von Max
Richter, Bonn–Bad Godesberg 1955–1970, F I, S. 3, F II, S. 4.

7 Vgl. z. B. Die Grundlagen des sozialen Gesamtplans der SPD. Unsere Forderung auf soziale Sicherung (Hrsg.: Vorstand der SPD), Bonn 1953.

8 Detlev Zöllner, Öffentliche Sozialleistungen und wirtschaftliche Entwicklung,
Berlin 1963, S. 29.

9 Ausführlich bei Hans Günter Hockerts, Sozialpolitische Entscheidungen im
Nachkriegsdeutschland. Alliierte und deutsche Sozialpolitik 1945–1957, Stuttgart 1980, S. 237 ff.

10 Walter Bogs, Grundfragen des Rechts der sozialen Sicherheit und seiner Reform, Berlin 1955; Neuordnung der sozialen Leistungen, Denkschrift erstattet
von Hans Achinger u. a., Köln 1955.

11 Die Sozialreform, a. a. O., B II 4, S. 13.

12 Soziale Sicherung in der Bundesrepublik Deutschland, Bericht der Sozial-

enquête-Kommission, erstattet von Walter Bogs, Hans Achinger u. a., Stuttgart 1966.

Literatur

Akten zur Vorgeschichte der Bundesrepublik Deutschland, 1945–1949, hrsg. vom Bundesarchiv und Institut für Zeitgeschichte, 5 Bände, München, Wien 1976 bis 1983

Reinhart Bartholomäi, Wolfgang Bodenbender, Hardo Henkel, Renate Hüttel (Hrsg.), Sozialpolitik nach 1945. Geschichte und Analysen, Bonn–Bad Godesberg 1977

Volker Hentschel, Das System der sozialen Sicherung in historischer Sicht 1880 bis 1975, in: Archiv für Sozialgeschichte 18 (1978) S. 307–352

Hans-Günter Hockerts, Sozialpolitische Entscheidungen im Nachkriegsdeutschland. Alliierte und deutsche Sozialpolitik 1945 bis 1957, Stuttgart 1980

Horst Peters, Die Geschichte der sozialen Versicherung, Sankt Augustin 1978[3]

Die Sozialreform. Dokumente und Stellungnahmen, hrsg. von Max Richter, 11 Bände, Bonn–Bad Godesberg 1955–1970

Detlev Zöllner, Ein Jahrhundert Sozialversicherung in Deutschland, Berlin 1981

Chronik

1946

30. 3.	Wiedereinführung der Arbeitsgerichtsbarkeit durch Kontrollratsgesetz Nr. 21.
10. 4.	Betriebsrätegesetz (Kontrollratsgesetz Nr. 22).

1948

Juni	Mit dem Währungsgesetz übergeben die Alliierten Gesetzgebungskompetenz in der Sozialversicherung an deutsche Instanzen.

1949

9. 4.	Tarifvertragsgesetz für das Vereinigte Wirtschaftsgebiet (später Bundesrecht).
17. 6.	Sozialversicherungs-Anpassungsgesetz für das Vereinigte Wirtschaftsgebiet bringt Rentenerhöhung und unbedingte Witwenrente in der Arbeiterrentenversicherung (später Bundesrecht).

1950

20. 12.	Bundesversorgungsgesetz regelt die Entschädigung kriegsbedingter Körperschäden.

1951

22. 2.	Einführung der paritätischen Selbstverwaltung in den Organen der Versicherungsträger durch das Selbstverwaltungsgesetz.

1952

21. 2.   Bundestags-Beschluß über die Berufung eines Beirats für die Neuordnung der sozialen Leistungen.

1. 5.   Errichtung der Bundesanstalt für Arbeitsvermittlung und Arbeitslosenversicherung (seit 1969 Bundesanstalt für Arbeit).

14. 8.   Lastenausgleichsgesetz regelt die Entschädigung kriegsbedingter Vermögensschäden.

1953

16. 6.   Schwerbeschädigtengesetz fördert berufliche Unterbringung der Schwerbeschädigten.

1. 8.   Gesetz über die Errichtung der Bundesversicherungsanstalt für Angestellte.

7. 8.   Mit dem Fremdrenten- und Auslandsrentengesetz wird die Entschädigung nicht realisierbarer Versicherungsansprüche von Flüchtlingen aus dem Ausland (Ostblock) geregelt.

3. 9.   Schaffung einer eigenständigen Sozialgerichtsbarkeit mit dem Sozialgerichtsgesetz.

1954

13. 11.   Kindergeldgesetz.

1955

17. 8.   Gesetz über Kassenarztrecht.

1956

9. 5.   Errichtung des Bundesversicherungsamtes.

1957

23. 2.   Rentenreform des Jahres 1957 mit den Gesetzen zur Neuregelung der Arbeiterrenten- und Angestelltenversicherung.

27. 7.   Gesetz über eine Altershilfe für Landwirte.

1960

25. 2.   Fremdrenten- und Auslandsrenten-Neuregelungsgesetz ermöglicht versicherungsrechtliche Eingliederung der Vertriebenen und Flüchtlinge.

23. 3.   Entscheidung des Bundesverfassungsgerichts, daß jeder niedergelassene Arzt auch als Kassenarzt zuzulassen ist.

23. 6.   Wohngeldgesetz.

8. 9.   Neuregelung der Versicherungspflicht für Handwerker durch das Handwerkerversicherungsgesetz.

1961

30. 6.   Bundessozialhilfegesetz.

1963

29. 4.   Beschluß der Bundesregierung über die Durchführung einer Sozial-
         enquête.

30. 4.   Unfallversicherungsneuregelungsgesetz.

1964

14. 4.   Mit dem Bundeskindergeldgesetz übernimmt der Bund das Kinder-
         geld und errichtet eine Kindergeldkasse bei der Bundesanstalt für
         Arbeit.

1969

25. 6.   Arbeitsförderungsgesetz zur Sicherung alter und Schaffung neuer
         Arbeitsplätze.

27. 7.   Lohnfortzahlungsgesetz regelt Fortzahlung des Arbeitsentgelts im
         Krankheitsfall.

1971

26. 8.   Bundesausbildungsförderungsgesetz (BAföG) gewährt Beihilfen
         für alle Zweige schulischer Ausbildung einschließlich der Hoch-
         schulen.

1972

16. 10. Rentenreformgesetz.

1973

23. 11. Anwerbestopp für ausländische Arbeiter.

1974

19. 12. Gesetz zur Verbesserung der betrieblichen Altersversorgung.

1975

11. 12. Das Gesetz »Sozialgesetzbuch – Allgemeiner Teil« beschreibt und
         regelt die sozialen Rechte des Einzelnen.

1976

14. 6.   1. Gesetz zur Reform des Ehe- und Familienrechts ermöglicht Ein-
         führung des Versorgungsausgleichs für die Frau im Scheidungsfall.

1977

30. 6.   Krankenversicherungs-Kostendämpfungsgesetz.

1978

25. 7.   Mit dem 21. Rentenanpassungsgesetz erfolgt die Reduzierung der
         Anpassungssätze für 3 Jahre.

1981

22. 12.   Ergebnisse des Gesetzes zur Konsolidierung der Arbeitsförderung sind Leistungsbegrenzung und Beitragserhöhung.

22. 12.   Krankenhaus-Kostendämpfungsgesetz zur Sicherung der Krankenhausfinanzierung bei ausreichender Versorgung der Bevölkerung mit Krankenanstalten.

22. 12.   Kostendämpfungs-Ergänzungsgesetz beschränkt die Leistungen der Krankenversicherungen.

Bildungspolitik

von Hellmut Becker

Ein Vorspiel: Die Reichsschulkonferenz 1920

Kurz nach dem Ersten Weltkrieg und nach dem »Systemwechsel« von 1918 fand ein für die Bildungspolitik ungewöhnliches Ereignis statt: Es gelang, die führenden Bildungspolitiker und Bildungssachverständigen in einer großen Konferenz zu vereinen, die Reichsschulkonferenz genannt wurde. Der Teilnehmerkreis reichte von dem Erziehungswissenschaftler Eduard Spranger bis zum entschiedenen Schulreformer Paul Oestreich, vom Berliner Vorkämpfer für die Einheitsschule Fritz Karsen bis zum bayerischen Pädagogen Georg Kerschensteiner, von den Vertretern von Reich und Ländern bis zu den Repräsentanten der Kirchen, der Gewerkschaften und der Elternverbände. Die Protokolle dieser Reichsschulkonferenz sind auch von unserer gegenwärtigen Position aus eine aufregende Lektüre. Die Probleme, die uns in der zweiten Republik von 1945 bis heute beschäftigt haben, lagen damals bereits auf dem Tisch. Die Fragen wurden gestellt und blieben in der Weimarer Zeit im wesentlichen ungelöst. Manche haben in den letzten Jahrzehnten eine Antwort gefunden, doch abgeschlossen ist dieser Prozeß keineswegs.

Das Vokabular jener Zeit unterscheidet sich wenig von unserem heutigen. Man sprach 1920 nicht von Gesamtschule, sondern von Einheitsschule. Aber man sah die Grundfrage der Ablösung des mehrgliedrigen Schulwesens ähnlich wie heute, und ähnlich verliefen auch die Kontroversen. Man sah das Problem der Chancenungleichheit und der Überwindung einer autoritären und elitären Erziehungsform. Man sah insbesondere die Schwierigkeit, hohe Qualität mit Öffnung der Bildung für alle sowie soziale Gerechtigkeit mit individueller Freiheit zu verbinden. Die Spannung zwischen der von allen gewünschten Reichseinheit und der von den meisten gewünschten Kulturhoheit der Länder war so lebendig wie heute, und die Vereinheitlichung des Bildungswesens durch eine einheitliche Lehrerbildung wurde lebhaft diskutiert. Die Universitätsausbildung aller Lehrer und die Frage der Konfessionalität der Lehrerbildung standen dabei im Mittelpunkt der Debatte; die Frage, ob das Bildungswesen konfessionell oder säkular orientiert sein sollte, war damals stärker als heute Gegenstand der Auseinandersetzung.

Verblüffend ist die breite Anlage der Konferenz. Die äußere Gestaltung des Schulwesens, der Schulaufbau, die Schulverwaltung, das Privatschulwesen wurden ebenso diskutiert wie die innere Gestaltung des Schulwesens, die Fächer, die Methode, der Unterrichtsstil, die Stellung von Lehrern, Schülern und Eltern. Zeitgebunden scheinen manche besonderen Akzente. Eine Diskussion, wie sie über das Deutschtum auf dieser Reichsschulkonferenz geführt wurde, wäre nach der tiefen Krise der nationalen Identität, die die Deutschen durch den Nationalsozialismus erfahren haben, heute so nicht mehr möglich.

Bis zum Ersten Weltkrieg beruhte die Weltgeltung der deutschen Bildung in erster Linie auf dem Humanistischen Gymnasium und auf der Universität. Die Fächer, die in diesen Bildungseinrichtungen gelehrt wurden, waren beispielgebend für die allgemeine Bildung. Das Interesse galt einer gehobenen Bildung, die im wesentlichen der sozialen Oberschicht vorbehalten war. Das Gymnasium war die Schule der gebildeten Schichten, in dem die im Elternhaus bereits vermittelten Kenntnisse und Fähigkeiten weiter entfaltet wurden. Etwa drei Prozent eines Jahrganges besuchten diese Schule. Ihr Verlauf war auf einen erfolgreichen Abschluß angelegt. Wer aus dem Gymnasium ausschied, hatte es schwer, irgendeinen anderen Anschluß zu finden. Andererseits standen die Besucher dieser Schule in einem festen gesellschaftlichen Rahmen. Wenn sich die Schüler 40 oder 50 Jahre nach ihrem Abitur wieder trafen, konnten sie davon ausgehen, daß fast jeder eine angemessene Stellung erhalten hatte. Natürlich gab es Ausnahmen davon; aber das deutsche Schulwesen bis zum Ersten Weltkrieg folgte im wesentlichen einer sozialen Gliederung, die sich in der Dreiheit Volksschule, Mittelschule, Höhere Schule spiegelte. Gymnasium und Universität stellten dabei durchaus gewichtige Anforderungen; aber sie konnten im wesentlichen von denen bewältigt werden, die von zu Hause durch Sprache und Kultur auf diese Anforderungen vorbereitet waren.

Aber auch die Volksschule und die Lehrlingsausbildung verfügten über ein beträchtliches Ansehen in der Welt. Dem berühmten Satz, daß die Schlacht bei Waterloo auf den Spielfeldern des englischen Eliteinternats Eton entschieden wurde, stand um diese Zeit der Satz entgegen, daß die Schlacht von Königgrätz vom preußischen Volksschullehrer gewonnen worden sei. Nebeneinander standen der autoritäre Charakter der deutschen Bildung, ihre Weltgeltung als eine humanistische Bildung und die berufliche Bildung, wie sie das deutsche Lehrlingswesen seit der Zeit der Zünfte der Welt vor Augen geführt hatte. Aber berufliche Bildung galt eben nicht als ein Sonderzweig der allgemeinen Bildung, sondern als die schichtenspezifische Bildung für die einfacheren Bevölkerungsschichten. Ob es gelingen würde, das Bildungswesen demokratischer zu gestalten, war eines der Probleme, mit denen sich die Reichsschulkonferenz konfrontiert sah: Die Spannung lag zwischen dem Wunsch nach einer hochqualifizierten, eine Elite auslesenden Bildung und dem Wunsch, die Bildung für alle zu öffnen. Ein demokratisches Bildungssystem aufzubauen, beschäftigte die Deutschen also schon nach dem Ersten Weltkrieg. Ein erster Schritt in diese Richtung war die obligatorische Einführung der für alle gemeinsamen Grundschule 1920 und das prinzipielle Verbot der dreiklassigen alten gymnasialen Vorschulen. Inzwischen ist die 4jährige Grundschule uns allen so selbstverständlich geworden, daß wir die Bedeutung dieses Schrittes zu unterschätzen geneigt sind. Wer die Zeitungen der Jahre von 1919 bis 1930 verfolgt, kann feststellen, daß die Erregung über diese Maßnahme nur mit den hitzigen Diskussionen über die Gesamtschule zu vergleichen ist. Gerade von den Philologenverbänden wurde das Ende wirklicher Bildungsmöglichkeiten beschworen und das angebliche Herumsitzen der begabten Schüler beklagt. Trotzdem hat die Verfassungsentscheidung gehalten und ist heute unumstritten. Es blieb der wichtigste Schritt in der Weimarer Zeit zur Demokratisierung des gesamten Bildungswesens. Es war ein erster Schritt, aber ein deutliches Zeichen. Die Ablösung der alten Lehrerseminare durch die preußischen pädagogischen Akademien war von ähnlicher Bedeutung. Auch die Richertsche Schulreform in Preußen mit ihrer deutlichen Tendenz, den Schülern mehr Selbständigkeit einzuräumen und den Schuldruck zu vermindern, gehört in diesen Zusammenhang.

Die Fragestellungen, die der Reichsschulkonferenz vorlagen, blieben die Themen der Weimarer Zeit, im gewissen Sinne auch der Zeit des Nationalsozialismus. Es ist von heute her schwierig, gerade diese Zeit pädagogisch-politisch zu analysieren, weil sich einzelne Bestrebungen der Reformpädagogik auch mit dem Nationalsozialismus verbanden, weil andererseits der Ungeist des Systems und das Führerprinzip eine vernünftige pädagogische Entwicklung unmöglich machten. Demokratisierung der Bildung, Entkonfessionalisierung von Bildung und Zentralisierung oder Dezentralisierung von Bildungspolitik blieben die großen Fragestellungen, die auch unmittelbar nach dem Zweiten Weltkrieg nicht gelöst werden konnten und die die Bildungspolitik der Bundesrepublik fortgesetzt beschäftigt haben.

Die Anfänge der Bundesrepublik

Die Frage von Zentralisierung oder Dezentralisierung ist durch den Wunsch der Alliierten und das Grundgesetz der Bundesrepublik eindeutig zugunsten der Länder entschieden worden, und es hat an dieser

Grundentscheidung seitdem nur sehr kleine Korrekturen gegeben. Die Verfassungsänderung des Jahres 1969 hat die Bildungsplanung in die Gemeinschaftsaufgaben von Bund und Ländern eingefügt, aber an der prinzipiellen Kulturhoheit der Länder nichts geändert. Es geht bei dieser Verfassungsänderung nämlich nur um eine fakultative Koordinierung von Gemeinschaftsaufgaben. Beschlüsse, die in den entsprechenden Planungsgremien gefaßt werden, müssen nicht unbedingt von den Beteiligten durchgeführt werden. Eine wenigstens in den Grundfragen gemeinsame Bildungspolitik der Länder konnte so in der Bundesrepublik bisher nicht zustande kommen.

Der Föderalismus gilt als Prinzip nur zwischen Bund und Ländern, während zwischen den Länderregierungen und der einzelnen Schule im Kern das Prinzip autoritärer Verwaltung bewahrt worden ist. Die verschiedenen Versuche seit 1945, die Stellung der einzelnen Schule autonomer zu machen, sind im wesentlichen gescheitert. Föderalismus bedeutet daher in der Bildungspolitik nicht Selbstverwaltung der einzelnen Bildungseinrichtungen oder einzelner Regionen oder der Kommunen, sondern kulturelle Entscheidungshoheit der Länder, die in sich das Bildungswesen zentral verwalten.

Auch die Frage der Konfessionalität oder der Säkularität des Bildungssystems hat sich geklärt, weil die christlichen Kirchen erkannt haben, daß der konfessionell erziehende, säkularisierte Staat ein Widerspruch in sich selbst ist. Daher wird heute den Bedürfnissen der religiös orientierten Bevölkerungskreise nach Erziehung in ihrer Konfession mehr durch die subventionierte Privatschule als durch die staatliche Schule Rechnung getragen. Wenn man die Zeitungen der ersten Nachkriegsjahre verfolgt, könnte man den Eindruck gewinnen, als sei die Frage der Bekenntnisschulen das entscheidende bildungspolitische Problem dieser Zeit gewesen. In Wirklichkeit hat sich erwiesen, daß das Bedürfnis weiter Bevölkerungskreise nach einer neuen Wertorientierung nicht durch eine simple Konfessionalisierung der Schule beantwortet werden konnte, sondern nur durch eine inhaltliche Öffnung der Schule zu einem breiten Angebot. Während die Frage des Bildungszentralismus durch das Grundgesetz, die Frage der Konfessionalität der öffentlichen Schule und der Lehrerbildung durch politischen Kompromiß zwischen den Ländern in den 50er Jahren gelöst wurden, blieb die Frage der Demokratisierung des Schulwesens, der Form der Demokratisierung der Schulen unbeantwortet. Ebenso wurde die Frage nach den Inhalten der Schule offengehalten, auch zu einem Zeitpunkt, als das Ende der staatlichen Konfessionsschulen bereits offensichtlich war.

Bei Kriegsende verlor Deutschland seine Souveränität. Souverän in Deutschland und allein entscheidungsberechtigt waren die Besatzungsmächte. Sie haben von ihren Befugnissen einen sehr unterschiedlichen Gebrauch gemacht. Die Russen haben in den von ihnen besetzten Teilen Deutschlands sehr unmittelbar und direkt und nicht ohne Erfolg ihre Vorstellung von der sozialistischen Schule durchgesetzt. Die Franzosen haben ihre Art von Ausleseschule eingeführt und damit das dreigliedrige Schulsystem wiederbelebt, ohne den Widerspruch zwischen dem Grundgedanken der deutschen pädagogischen Tradition und dem französischen zentralen Examenssystem zu realisieren.

Im Unterschied dazu gingen die Engländer von den deutschen Fragestellungen aus mit der Konsequenz, daß sie in den verschiedenen, von ihnen besetzten deutschen Ländern ganz unterschiedliche Bildungssysteme zuließen. Während in Niedersachsen unter dem letzten preußischen Kultusminister Adolf Grimme ein auf Demokratisierung gerichtetes Schulsystem neu aufgebaut wurde, folgten die Engländer in Nordrhein-Westfalen, im anderen Teil ihrer Besatzungszone, den dort in der Bevölkerung herrschenden Wünschen nach konfessioneller Schule und Wiedereinführung des dreigliedrigen Schulsystems. Der einzige Bildungszweig, in dem die Engländer bedeutsame Vorschläge zur Reform entwickelten, waren die Hochschulen. Sie richteten eine deutsche Kommission ein, in der bedeutende Gelehrte wie der Altphilologe Bruno Snell, der Physiker und Philosoph Carl Friedrich von Weizsäcker, der Schweizer Historiker und Politologe Jean Rudolf von Salis mit bekannten Pädagogen und je einem Vertreter der Gewerkschaften und der Konsumgenossenschaften zusammenwirkten. Die Vorschläge dieser unter dem Einfluß des englischen Pädagogen Robert Birley stehenden Kommission zielten auf die Reform der deutschen Universität, wie sie Jahrzehnte später unter dem Druck der Studentenbewegung verwirklicht worden ist. Ihre rechtzeitige Realisierung hätte der deutschen Universität viel Störungen ersparen können; aber die Engländer scheuten sich, diese Vorschläge den Deutschen aufzuzwingen. Sie scheiterten am Widerstand der deutschen Professoren.

Die Amerikaner schließlich, die zunächst versucht hatten, ihre Art von demokratischer Schule in Deutschland einzuführen, resignierten im Rahmen ihres ›re-education‹-Programms mehr und mehr und verlegten sich auf die Hoffnung, daß die Deutschen das richtige System schaffen würden, wenn man ihnen nur Zeit und Kraft dazu ließe. Vom deutschen Standpunkt ist zu bedauern, daß Engländer, Amerikaner und Franzosen die Chance der Stunde Null nicht besser genutzt haben, in der man müheloser als später, mit geringeren Kämpfen und Auseinandersetzungen ein demokratisches Schulwesen hätte aufbauen können. Viele Amerikaner waren sich der Tatsache bewußt, daß zwischen dem undemokratischen und elitären alten deutschen Schulwesen und dem Nationalsozialismus innere Zusammenhänge bestanden. Andererseits waren sie bestimmt vom großen Respekt vor der deutschen Bildung. Sie haben deswegen nicht riskiert, mit politischer Macht die Erneuerung des Bildungswesens voranzutreiben, und haben sich auf Anregungen beschränkt.

Bei den Deutschen aber herrschte in der folgenden Zeit, die Walter Dirks mit Recht die restaurative Epoche genannt hat, der Wunsch nach Ruhe und Ordnung und Wiederherstellung des Alten. Die Adenauer-Epoche war bildungsreformfeindlich. Einzelne kleine Versuche, wie z. B. in Niedersachsen mit dem sogenannten differenzierten Mittelbau, mit der Förderstufe in Hessen, wurden nur begrenzt wirksam. Lediglich in Berlin erfolgte durch die Einführung der sechsjährigen Grundschule ein energischer Reformschritt. Die Vorstellung, daß man nach den Verwirrungen des Dritten Reiches erst einmal wieder etwas lernen sollte, führte dazu, daß die ersten 15 Jahre nach 1945 Jahre der Nicht-Reform geblieben sind, in denen das Schulsystem, wie es schon der Reichsschulkonferenz zur Reform vorgelegen hatte, in seinen Grundzügen einfach wiederhergestellt wurde. Allerdings waren in diesen Jahren Alliierte wie Deutsche durch den Wiederaufbau der Schulen, durch die Entwicklung von Unterrichtsmaterialien und den Aufbau von Unterrichtsräumen auch vollkommen in Anspruch genommen. Dazu kommt, daß die Konservativen Gegner von Bildungsreformen waren und – wie schon vor Anbruch des Dritten Reiches – in der Wiederherstellung des alten Bildungswesens ein nützliches Mittel gegen die Kräfte der Auflösung sahen. Der im Widerstand gegen Hitler später ums Leben gekommene Carl Friedrich Goerdeler hatte schon vor 1933 als Reichssparkommissar dem Reichspräsidenten von Hindenburg den Abbau der angeblich kostspieligen Schulreform empfohlen. Diese konservative Tradition blieb auch in den ersten Nachkriegsjahren lebendiger als einzelne Reformwünsche, die in der Weimarer Zeit ihre Vorbilder hatten, aber schon damals nicht allgemein hatten durchgesetzt werden können.

In der Mitteilung über die Drei-Mächte-Konferenz von Berlin, die Konferenz von Potsdam, vom 2. August 1945, unterzeichnet von Stalin, Truman und Attlee, heißt es über das Erziehungswesen: »Das Erziehungswesen in Deutschland muß so überwacht werden, daß die nazistischen und militaristischen Lehren völlig entfernt und eine erfolgreiche Entwicklung der demokratischen Ideen möglich gemacht wird.« Man muß bedauern, daß die Säuberung der Schulbücher, die natürlich dringend nötig war, sich primär auf Nazismus und Militarismus und nicht auf das gesamte Gesellschaftsbild bezog. So ist der Weg von dieser ersten Neuerung bis zur allmählichen Curriculumrevision in Geschichte und Sozialkunde lang und schwierig gewesen; aber vielleicht war es für die deutsche Entwicklung wichtig, daß die Neueinschätzung zum Beispiel der Kolonialpolitik oder die Neubewertung der Sozialgeschichte erst langsam vorgenommen wurde und nicht als alliierte Maßnahme, sondern als deutsche Erkenntnis zustande kam.

Demokratisierung von Bildung

Was heißt Demokratisierung von Bildung? Das heißt, bezogen auf die Bundesrepublik, Förderung statt Auslese und Ersatz eines vertikal gegliederten Bildungswesens durch ein horizontal gegliedertes, das heißt Abbau der Schranken zwischen den drei Formen der Schule, Erleichterung der Übergänge, Überwindung der schichtenspezifischen Frühauswahl durch Ausbau der Kindergärten und der vorschulischen Einrichtungen, das heißt in der Sprache der Schulsysteme Orientierungsstufe im 5. und 6. Schuljahr, das heißt Gesamtschule, das heißt aber auch wissenschaftsorientiertes Lernen für alle, Überwindung der harten Trennung zwischen allgemeinem und beruflichem Lernen, zwischen Theorie und Praxis, das heißt Abbau eines schichtenspezifischen Zensuren- und Examenssystems, das heißt tiefgreifende Veränderung des Bildungssystems vom frühen Lernen bis in die ständige Weiterbildung das ganze Leben hindurch. Gegen diese Demokratisierung standen in den ersten 15 Jahren der Bundesrepublik die Hüter bildungspolitischer Tradition in den Gymnasien, es standen dagegen die Arbeitgeberverbände, es stand aber auch dagegen die Ermüdung eines ganzen Volkes, das nach den Auseinandersetzungen, die zwischen nationalsozialistischer Partei und staatlicher Verwaltung, zwischen HJ und Lehrerschaft um die Schule geführt worden waren, dort einfach Ruhe einkehren lassen wollte. Einzelne Vorstöße, wie zum Beispiel die sechsjährige Grundschule in Berlin und Hamburg oder der differenzierte Mittelbau in Niedersachsen, stießen auf Skepsis und Widerstand bei großen Teilen der Bevölkerung, auch wenn diese Institutionen im einzelnen pädagogische Erfolge erzielen konnten.

Eine Veränderung des Bildungssystems trat zunächst aufgrund ökonomischer Entwicklungen ein. Seit 1950 begann das Sozialprodukt der Bundesrepublik immer schneller zu wachsen; in den späten 50er und in den 60er Jahren drängte, ohne daß das zunächst deutlich bemerkt wurde, mit zunehmendem Einkommen der breite Mittelstand in die höhere Bildung. Immer weniger Eltern gaben sich mit der Volksschulbildung für ihre Kinder zufrieden; die Eltern von Realschülern drängten auf das Gymnasium, die Eltern von Volksschülern auf die Realschule. Ehe Bildungsreform eine Parole politischer Kräfte wurde, fand sie praktisch durch die Expansion der weiterführenden Schulen aufgrund des Votums der wohlhabender werdenden Eltern statt.

Gleichzeitig drang der in den Vereinigten Staaten durch den Sputnik-

Schock ausgelöste Ruf nach höherer Bildung auch nach Europa. Konrad Adenauer äußerte sich in seinen letzten Amtsjahren besorgt darüber, daß die Sowjetunion uns in der Begabtenförderung überflügeln könnte. Die Talentsuche wird ein politisches Thema. Dieser Entwicklung folgt nun auch ein analytischer Vorgang. Die Benachteiligung bestimmter Schichten im Bildungssystem wird immer deutlicher wahrgenommen, die unterprivilegierte Stellung von Arbeitern, Landbevölkerung, Frauen und Katholiken wird auch von der Wissenschaft immer klarer herausgestellt, die katholische Landarbeitertochter wird zum Symbol für die Chancenungleichheit im Bildungswesen der Bundesrepublik. Im internationalen Vergleich, vor allem im Rahmen der OECD, wird deutlich, daß die Bundesrepublik im Vergleich zu anderen Ländern und zu ihrem eigenen Wohlstand erstaunlich wenig Geld für Bildung ausgibt. Zur selben Zeit zeigt die Wissenschaft, daß die Begabungspyramide keinesfalls identisch sein kann mit dem Aufbau des dreigliedrigen Schulwesens. Die Wissenschaft in der ganzen Welt, in Deutschland zusammengefaßt in Heinrich Roths »Begabung und Lernen« zeigt, daß Begabung sehr viel weitergeht als wir bisher angenommen hatten, daß sie weitergeht auch innerhalb des Lebens, daß die Lernfähigkeit im Alter nicht aufhört; aber sie macht auch deutlich, daß Begabung zu einem wesentlichen Teil abhängig ist von den Anforderungen, denen sie ausgesetzt ist, daß Begabung entfaltbar ist.

In den Nachkriegsjahren waren die Bundesländer weitgehend ihre eigenen Wege gegangen; erst langsam war die ständige Konferenz der Kultusminister entstanden, die durch ein gemeinsames Büro in Bonn und regelmäßige Zusammenkünfte zu einer gewissen kooperativen Gemeinsamkeit der Länderpolitik führte. Wichtige Schritte auf diesem Wege waren die Vereinbarungen der Kultusminister, die seit 1955 fortlaufend veröffentlicht wurden, z. B. das Düsseldorfer Abkommen der Länder der Bundesrepublik »Zur Vereinheitlichung auf dem Gebiete des Schulwesens« (1955). Charakteristisch für diese frühe Kooperation ist ihr restriktiver Charakter. Das Schulwesen sollte vereinheitlicht, aber nicht fortentwickelt werden. Nicht zufällig heißt es in dem erwähnten Abkommen: »Werden aus pädagogischen Gründen ausnahmsweise Versuche im Rahmen dieser Schultypen unternommen, so muß die wesentliche Art der Schultypen erhalten bleiben.« Festschreibung des Bestehenden, Verhinderung der Weiterentwicklung war die Grundlinie dieser Zeit. Erst 1964 im Hamburger Abkommen wurde die Möglichkeit von Schulversuchen ausdrücklich vorgesehen, die als Alternativen zur traditionellen Struktur des Schulwesens gelten konnten. Dem war 1964 in der 100. Sitzung der Kultusminister ein Bekenntnis zur Bildungsplanung auf der Linie der OECD-Länder vorausgegangen: »Die Kultusminister und Senatoren stellen fest, daß die deutsche Kulturpolitik nach Abschluß der

Periode des Wiederaufbaus nunmehr in einen Zeitabschnitt eingetreten ist, in welchem die zunehmende europäische Integration und die in allen Staaten gleichlautenden Bedürfnisse der modernen Industriegesellschaft verstärkt neue Impulse zur Weiterentwicklung der Schul- und Hochschulpolitik geben.«

Immerhin soll nicht unterschätzt werden, was die Ständige Konferenz der Kultusminister in ihren ersten 99 Sitzungen geleistet hat. Die Kultusministerkonferenz steht verfassungsrechtlich auf schwankendem Boden. In den Vereinigten Staaten gelten Vereinbarungen zwischen den Gliedstaaten über Bildungsfragen als verfassungswidrig. Auch in der Bundesrepublik ist die Kultusministerkonferenz nicht in der Lage, bindende Beschlüsse zu fassen. Jeder Beschluß muß, ehe er in einem Lande umgesetzt werden kann, vom Parlament des entsprechenden Bundeslandes akzeptiert werden. Andererseits gelang es der Kultusministerkonferenz, eine Vielfalt technischer und auch inhaltlicher Vereinbarungen zustande zu bringen und in den ersten zehn Jahren der Bundesrepublik eine einheitliche Schuljahresdauer, ein einheitliches Einschulungsalter, eine einheitliche Dauer der Vollzeitschulpflicht, einheitliche Feriendauer und gemeinsame Ferienordnung, einheitliche Bezeichnung der Schulformen, einheitliche Organisationsformen der Schulen, einheitliches Durchzählen der Klassen, einheitlichen Beginn des pflichtmäßigen Fremdsprachenunterrichts, einen einheitlichen Rahmen für das Fremdsprachenangebot, einheitliche Bezeichnung für Notenstufen, die gegenseitige Anerkennung der Abschlußzeugnisse und vieles andere gemeinschaftlich festzulegen. Wichtige Beschlüsse wie z. B. die 1956 vereinbarte Einführung einer täglichen Sportstunde in den Schulen wurden andererseits einfach nicht durchgeführt, und zwar interessanterweise in keinem Land. Zu Beginn der 70er Jahre aber wich die anfängliche Solidarität der Kultusminister (zum Beispiel in der Auseinandersetzung mit den Finanzministern) immer mehr einer parteipolitischen Polarisierung, so daß in den späteren Jahren die Minister der beiden großen Parteien immer vor den Plenarsitzungen zu Sondersitzungen zusammentrafen.

In der Mitte der 60er Jahre wich die rückwärtsgewandte, vom Bedürfnis nach Ruhe gekennzeichnete bildungspolitische Stimmung der Nachkriegszeit dem Bewußtsein, daß dem wirtschaftlichen Aufschwung auch ein geistiger entsprechen müsse, daß die Welt sich mit einer Schnelligkeit verändere, die auch im Bildungswesen nach einer Antwort verlange. Wichtige Daten in diesem Zusammenhang waren die Arbeiten von Georg Picht »Die deutsche Bildungskatastrophe« (1964) und von Ralf Dahrendorf »Bildung ist Bürgerrecht« (1965), sowie die Gründung des Max-Planck-Instituts für Bildungsforschung in Berlin (1963) und die Gründung des Deutschen Bildungsrats (1965). Bis dahin hatten sich Bund und

Länder mit einem Beratungsorgan, dem Deutschen Ausschuß für das Erziehungs- und Bildungswesen, begnügt, in dem Sachverständige des Bildungswesens ohne näheren Kontakt mit Politik und Verwaltung Empfehlungen ausarbeiten konnten, Empfehlungen, die für das Bewußtsein der 50er Jahre und die langsame Umstellung eines vergangenheitsbezogenen Bildungsbewußtseins auf die Zukunft wichtig waren, aber ohne nennenswerten praktischen Einfluß blieben. Mit dem Bildungsrat wurde nun ein Gremium ins Leben gerufen, in dem Bund, Länder und Kommunen mit wissenschaftlichen Sachverständigen in zwei Kommissionen zusammenarbeiten konnten. In den folgenden zehn Jahren entstand eine Vielzahl bildungspolitischer Expertisen und konkreter Empfehlungen, die für die Bundesrepublik von großer Wirkung gewesen sind, wenn sie auch nur zum Teil in die Praxis umgesetzt werden konnten.

Zu den entscheidenden Dokumenten für die neue Entwicklung wurden der Strukturplan des Deutschen Bildungsrats (1970) und dessen Übersetzung in die praktische Arbeit von Bund und Ländern in Form des Bildungsgesamtplans der Bund-Länder-Kommission für Bildungsplanung (1973). Der Strukturplan für das Bildungswesen sieht eine Stufengliederung des Bildungswesens vor; sie soll nicht durch strukturelle und organisatorische Integration, sondern durch eine curriculare Annäherung der Bildungswege zustande gebracht werden. Dies soll helfen, den Gesamtschulkonflikt zu entschärfen. Die Einheit von theoretischer und praktischer Bildung wird proklamiert und die Wissenschaftsorientiertheit allen Lernens festgestellt. Der Strukturplan nimmt Abstand von bedarfsorientierter Bildungspolitik, er legitimiert die Bildungsexpansion, die damals in vollem Gange war, unabhängig von den Entwicklungen des Beschäftigungssystems. Er versucht, eine Einheitlichkeit der Grundbildung zu entwickeln, ohne die Dreiteiligkeit des Schulsystems endgültig zu beseitigen, und er versucht, die Chancenungleichheit abzubauen durch Erweiterung des Elementarbereichs und durch die Einführung der Orientierungsstufe; er skizziert die zunehmende Rolle der Weiterbildung.

Der Strukturplan stieß bei seiner Veröffentlichung auf den grundsätzlichen Konsens aller politischen Parteien, und die Bundesregierung machte ihn zur Basis ihres Bildungsberichts 1970. Dem Strukturplan war die Gesamtschulempfehlung des Bildungsrats vorausgegangen, in der die Einführung der Gesamtschule als bildungspolitisches Experiment in allen Bundesländern vorgeschlagen wurde. Dieser Kompromiß zwischen Gegnern und Befürwortern hatte die Errichtung von Gesamtschulen in allen Bundesländern zur Folge. Freilich wurden die Versuche in einigen Ländern mit der Absicht durchgeführt, die Gesamtschule auf diese Weise besser vorzubereiten, in anderen dagegen mit der Absicht, an ihrem voraussichtlichen Scheitern beweisen zu können, daß es beim alten System bleiben solle.

Unabhängig von der Art und dem Erfolg der einzelnen Schulversuche hat die Errichtung von Gesamtschulen in allen Bundesländern trotzdem entscheidend zur Veränderung des Schulwesens in der ganzen Bundesrepublik beigetragen. Auch die traditionellen Höheren Schulen orientierten sich in vielen Einzelheiten an pädagogischen Errungenschaften der Gesamtschule. Helmut Schmidt hat das expandierte Gymnasium einmal ironisch als die teuerste Form der Gesamtschule bezeichnet.

Verbunden mit der Idee der zunehmenden Durchlässigkeit der Bildungsgänge und dem Gesamtschulkonzept war die Vorstellung des Stufenlehrers, d. h. einer wissenschaftlichen Ausbildung der Lehrer, differenziert nach dem Alter der Schüler. Auch darüber bestand in der Tendenz Einigkeit, in der Durchführung kam es aber bald zu Schwierigkeiten. Die Orientierungsstufe wurde mit unterschiedlicher Schnelligkeit in allen Bundesländern eingeführt. Auseinandersetzungen gab es darüber, ob sie den traditionellen Schulformen zugeordnet sein oder schulformunabhängig errichtet werden sollte. Dies war natürlich für das Problem des Überganges von einem vertikal zu einem horizontal gegliederten Schulwesen eine zentrale Frage. Aber wie auch immer diese Frage entschieden wurde, in jedem Falle erfolgte in dieser Zeit eine immer stärkere Integration der Lehrpläne für das 5. und 6. Schuljahr. Die Stundentafeln wurden zwischen den verschiedenen Schulformen immer mehr einander angeglichen; in den weiterführenden Schulen wurde so eine deutliche Verringerung der schichtenspezifischen Bildungsbarrieren erreicht. Die soziale Auslese der Höheren Schulen nahm langsam ab.

In derselben Zeit wurden aufgrund der Vorschläge des Wissenschaftsrats – eines ähnlich dem Bildungsrat konstruierten Gremiums für die Förderung der Wissenschaften, in dem die Kooperation zwischen Politik, Verwaltung und Sachverständigen organisiert ist – die Hochschulen erheblich erweitert. Der Wissenschaftsrat war schon 1957 gegründet worden und stellte wie der Bildungsrat einen Versuch dar, Sachverständige und Verwaltung in enge Zusammenarbeit zu bringen. Er unterschied sich vom Bildungsrat dadurch, daß Beschlüsse nur gemeinsam mit der Verwaltung möglich waren, während im Bildungsrat die Verwaltung zwar angehört werden mußte, die Experten dann aber selbständig Beschlüsse fassen konnten. Der Wissenschaftsrat setzte nun in den 60er Jahren den Ausbau der Hochschulen in Gang, unterließ aber zunächst organisatorische und inhaltliche Reformen. Dabei stellte sich heraus, daß die reine Personalausdehnung ohne Strukturänderung dem Bedürfnis nach Reformen nicht Genüge tat. Die Entwicklung an den Hochschulen glich jener in der Französischen Revolution. Die zu spät durchgeführten Reformen führten erst recht zu massiven Auseinandersetzungen. In deren Verlauf wurden nicht immer nur Mißstände beseitigt, sondern auch Personen, die selber diese

Mißstände mitbeseitigen wollten, in verletzender Weise an ihren Aktivitäten gehindert. Die Studentenbewegung der Jahre 1967/68 brachte Dinge in Bewegung, die zu lange unbewegt geblieben waren. Die notwendige Ausdehnung und die notwendige Strukturveränderung der Universität erfolgten zu spät, und die Auseinandersetzung um die Gestaltung der Hochschulen ist bis heute in keiner Weise abgeschlossen.

Die Öffnung des Bildungssystems für alle hat nicht erst mit dem Strukturplan begonnen. Die Einführung des 9. Schuljahres in vielen Bundesländern, die Einführung einer Fremdsprache in die Hauptschule sind Schritte in dieser Richtung, die dem Strukturplan vorausgingen; aber Strukturplan und Gesamtschulempfehlung stellen trotzdem die Zusammenfassung der in dieser Zeit aufbrechenden und verwirklichten Bildungsbedürfnisse in der Bundesrepublik dar. Sie fanden die Zustimmung der Parteien, der Kultusministerien und der Bundesregierung. Freilich, in der Realisierung ging dieser anfängliche Konsens schnell verloren. In den 70er Jahren konnte man von den einen hören, es habe überhaupt keine Bildungsreform stattgefunden, während die anderen schrieben, das Bildungssystem der Bundesrepublik sei durch die Reform bis zur Unkenntlichkeit verändert. Die sehr viel vorsichtigeren Reformen der 20er Jahre sind überhaupt nur möglich gewesen dadurch, daß sie – jedenfalls, was Preußen angeht – im Zentralinstitut für Erziehung und Unterricht in Berlin mit der Öffentlichkeit und den Lehrern laufend durchgearbeitet wurden. Ähnliche Einrichtungen für die Diskussion mit den Eltern und mit der politischen Öffentlichkeit oder für die Weiterbildung der Lehrer fehlen in der Bundesrepublik. So scheiterten eine Reihe richtig gedachter und geplanter Maßnahmen am mangelnden Verständnis derer, die sie durchführen sollten. Wenn der Bildungsrat eine gewisse Verselbständigung der einzelnen Schule und die Partizipation der Beteiligten an den Entscheidungsprozessen in der Schule verlangt hatte, dann auch deshalb, weil neue pädagogische Wege nur dann erkannt und durchgeführt werden können, wenn sie nicht als Anordnung von oben auf die Schule zukommen, sondern in der Schule zwischen den Beteiligten fortlaufend erarbeitet werden. Die durch moderne Planungstechniken immer perfekter wirkende Verwaltung kann sich nur dann als demokratisches Instrument bewähren, wenn ihr ein Stück partizipatorischer Demokratie gegenübersteht. Dieser Vorschlag des Bildungsrats scheiterte praktisch an allen Parteien, auch wenn SPD und FDP zeitweise im Prinzip eine gewisse Zustimmung zu erkennen gaben. Interessanterweise wurden Teile des Vorschlages in der Gegenbewegung gegen die Bildungsreform wieder aufgenommen, vor allem deshalb, weil diese in hohem Maße von Eltern getragen wurde.

Die Verwirklichung des Bürgerrechts auf Bildung führte, worauf der Bildungsrat schon frühzeitig aufmerksam gemacht hatte, zu einem verstärkten Konkurrenzkampf im Bildungswesen. Wenn man das Bildungssystem nicht mehr dazu benutzt, die vorhandene Schichtengliederung der Gesellschaft fortzusetzen, sondern allen die Chance weiterführender Bildung eröffnet, dann treibt man eine Bildungspolitik, die zwar der Rechtssituation unseres Grundgesetzes entspricht, aber deren Ergebnis notwendigerweise in direkten Widerspruch zur fortbestehenden Hierarchie des Beschäftigungssystems geraten muß. Der Grad der Expansion schon bis 1980 wird daran deutlich, daß der relative Schulbesuch der 13jährigen in 25 Jahren in der Hauptschule von 79 auf 39 Prozent gesunken ist, während der Realschulbesuch von 6 auf 25 Prozent und der Gymnasienbesuch von 12 auf 27 Prozent gestiegen sind (dabei sind Sonderschulen und Gesamtschulen nicht berücksichtigt). Weil die alte Beschäftigungshierarchie im Bewußtsein der Beteiligten noch feststeht, empfinden sich die Absolventen des weiterführenden Schulwesens und der Hochschulen für viele Tätigkeiten als überqualifiziert. In Wirklichkeit braucht die moderne Gesellschaft in der Bundesrepublik diese Überqualifikation; sie hat aber die Bewußtseinsveränderung darüber, daß diese höhere Qualifikation für das persönliche Leben, die soziale und politische Verantwortung ebenso nötig ist wie für den Beruf, noch nicht vollzogen. Auch haben sich Berufsbilder und Einkommensstruktur der neuen Bildungssituation noch nicht angepaßt.

Die Öffnung des Bildungssystems stieß unvermeidlicherweise bei der beschränkten Aufnahmefähigkeit der Hochschulen auf Schwierigkeiten. Die von den Kultusministern gegen das Votum von Bildungsrat und Wissenschaftsrat vereinbarte Einführung eines Numerus clausus an den Hochschulen schlug in die Schulen zurück und gefährdete den Geist, in dem die Bildungsreform begonnen war. Anstelle eines freier lernenden, vielfältig geförderten Schülers trat ein streßgeprägter, im frühen Konkurrenzkampf im Rahmen eines fragwürdigen Notensystems geschulter junger Mensch. Ein immer undurchsichtiger werdendes System rechtlicher Regelungen versuchte, die Schullaufbahn des einzelnen in den Griff zu bekommen. Der Bildungsrat hatte eine umfassende Verwaltungsreform mit stärkerer Verselbständigung der einzelnen Schule und Partizipation von Lehrern, Eltern und Schülern an den Entscheidungsprozessen der einzelnen Schule empfohlen. Diese Reform scheiterte am Widerstand von Politik und Verwaltung und hat schließlich in der Auseinandersetzung darüber auch zur Auflösung des Bildungsrats überhaupt geführt.

Die Veränderung der Bildungsinhalte und die Reform des herkömmlichen Schulwesens

In den ersten Jahren der Bundesrepublik wurde einfach an den traditionellen Bildungskanon, wie er schon zu Anfang der Weimarer Zeit bestanden hatte, angeknüpft. Von allen Seiten drangen aber Forderungen auf Veränderungen und Erweiterung dieses Kanons auf die Schule ein. Das reichte von den Naturwissenschaften bis zur Arbeitslehre, von der Verkehrskunde bis zu Recht und Psychologie. Langsam geriet die Schule unter den Druck der Explosion des Wissens, der unser Jahrhundert kennzeichnet und der in immer neuen Berechnungen über die Verdoppelung und Verdreifachung oder Vervierfachung des möglichen Wissensstoffes innerhalb weniger Jahre oder Jahrzehnte ihren Ausdruck fand. Zu der Explosion möglichen Wissens kam die Forderung, daß die neue Zeit andere Prioritäten des Wissens verlange. Der Versuch, den unterschiedlichen Wünschen der verschiedenen Lebenskreise durch verschiedene Gymnasialtypen (neusprachlich, naturwissenschaftlich usw.) Rechnung zu tragen, scheiterte. Es wurde langsam deutlich, daß es eine allgemeine Bildung im alten Sinne nicht mehr geben konnte, daß die enzyklopädische Bildung durch eine exemplarische Bildung abgelöst werden mußte. Die Schule war mit der Tatsache konfrontiert, daß eine unüberschaubare Menge an Wissen zur Disposition stand und daß zwischen verschiedenen Wissensmöglichkeiten einzelne Optionen zu treffen waren. Das exemplarische Lernen trat in der pädagogischen Diskussion an die Stelle des fest vorausbestimmten Wissenskanons. Die Lernfähigkeit als Vorbedingung für die Fähigkeit, durch das ganze Leben hindurch weiterzulernen, wurde zum wichtigsten Bildungsziel von Schule.

In der ganzen Welt entwickelte sich in unterschiedlichen Formen und mit unterschiedlichen wissenschaftlichen Vorarbeiten die sogenannte curriculare Reform. Der Schüler sollte nicht mehr mit seinem Klassenverband durch die feste Entwicklung von Wissensstoff gehen, die mit dem Abitur abschloß und dann auch durch das ganze Volk hindurch als Vorstellung von Wissen vorausgesetzt werden konnte, sondern er sollte sich, je nach seinen Interessen, Neigungen und Fähigkeiten, eine eigene curriculare Laufbahn durch die Schule zusammenstellen. Schule sollte nurmehr Ausschnitte aus dem Spektrum möglichen Wissens vermitteln und den Schüler die Fähigkeit lehren, wie er diese Ausschnitte nach seiner persönlichen und beruflichen Entwicklung im Laufe seines Lebens langsam erweitern könne. Leistungs- und Wahldifferenzierung wurden so zu wichtigen Prinzipien des Sekundarschulwesens.

An die vierjährige Elementarschule schloß daher die Orientierungsstufe, die zur Hauptschule, zur Realschule oder zum Gymnasium führen sollte.

Die Arbeitsinhalte dieser Schulen veränderten sich in der Bundesrepublik, einer internationalen Entwicklung folgend, langsam aber doch sehr bemerkenswert. In die Hauptschule wurde eine Fremdsprache und die sogenannte Arbeitslehre eingeführt, ein Unterrichtsfach, das auf die unterschiedlichen Formen späteren Arbeitens vorbereiten sollte. Trotz der Bemühungen, die Hauptschule curricular interessanter zu machen, ging die Beteiligung an der Hauptschule in allen Bundesländern zurück, so daß sie im Laufe der Entwicklung eben nicht mehr die Hauptschule, sondern eher eine Restschule für einen kleineren Teil der Jahrgänge wurde, der den Sprung auf die weiterführenden Schulen nicht geschafft hatte. Die Realschule, die zu einem mittleren Abschluß führte, den der Bildungsrat gerne Abitur I genannt hätte, nahm an Beliebtheit zu. In ihrem Lehrplan standen die sogenannten Realien, wie zum Beispiel die Naturwissenschaften, stärker im Vordergrund als die Vermittlung kultureller Traditionen. Fächer wie Wirtschaftsrechnen und Maschinenschreiben waren häufig in den Lehrplan integriert. Es war die Schule für den gehobenen Praktiker mit unmittelbarem Anschluß an alle Arten von Fachschulen und mit Möglichkeiten zum indirekten Aufstieg an die Hochschulen.

Der mit der Wissensexplosion zusammenhängende Zwang zur Entwicklung individueller Schullaufbahnen führte im Gymnasium zu einer tiefgreifenden Reform der Oberstufe. Neue Wissenszweige kamen hinzu, wie Rechtskunde, Psychologie, Informatik und Sozialkunde, außerdem wurde der Klassenverband aufgelöst und durch variable Kombinationen von Grund- und Leistungskursen ersetzt. Damit wurde der künftige Abiturient in die Lage versetzt, sehr unterschiedliche Schwerpunkte für seine Schullaufbahn zu wählen. Ein Punktesystem ersetzte die bisherigen Zensuren, um so eine noch detailliertere Einzelbewertung möglich zu machen. Diese Oberstufenreform lag auf der Linie der internationalen Entwicklung, vor allem des angelsächsischen, aber auch des schwedischen und holländischen Schulwesens, führte aber in Deutschland zu besonderen Schwierigkeiten.

Die Auflösung des Klassenverbandes hätte von dem Aufbau eines Tutorensystems und einer sorgfältigen Schullaufbahnberatung begleitet werden müssen. Das war nicht der Fall. Die Schüler fühlten sich plötzlich isoliert; der Fortfall des oft fragwürdigen konformistischen Drucks des Klassenverbandes hinterließ für den Schüler, der nun auf eine neuartige Weise auf sich selbst und sein eigenes Entscheidungsvermögen gestellt war, eine Lücke. Zugleich wurde die traditionelle Fortsetzung des elitären Gymnasiums, nämlich das Hochschulstudium, für den Einzelfall immer mehr in Zweifel gezogen. Die überstürzte Einführung des Numerus clausus wurde zwar bald wieder zurückgenommen und im wesentlichen auf die medizinischen Fächer beschränkt, aber die Schreckwirkung auf die Schulen setzte sich zu einem Zeitpunkt fort, als der Grund für den Schrecken schon weggefallen war. Die vielen Vorschriften, von denen die Einführung der neuen Oberstufenform begleitet war, führten zu einer Bürokratisierung des Schulwesens, die den Eindruck erweckte, als sei das Überhandnehmen der Verwaltung eine Folge der Reform. Dabei war das Zuviel an Bürokratie, über das seit den 50er Jahren geklagt wurde, gerade eines der Elemente im deutschen Bildungswesen, gegen das die Reform angetreten war. In der Diskussion wurden daher der Reform Fehler angerechnet, die sie beseitigen wollte und deren Beseitigung ihr aus verschiedenen Gründen nicht voll gelungen war, die sie aber nicht selbst verursacht hatte.

Doch die curriculare Reform brachte noch weitere Probleme auf allen Stufen des Bildungswesens mit sich. Zum Beispiel hatte die Einführung der Mengenlehre in der Mathematik zur Folge, daß die Kinder nun andere Dinge lernten als es die Eltern aus ihrer eigenen Schulzeit gewohnt waren. Außerdem war die Vorbereitung der Lehrer auf neue curriculare Inhalte in der Sozialkunde, im Deutschunterricht, in der Mathematik unzureichend. Die konzeptuelle Veränderung auch in der Oberstufe, von einem auslesenden zu einem fördernden Unterricht, war in der Lehrerbildung und vor allem in der Weiterbildung der schon praktisch an den Schulen tätigen Lehrer ungenügend verankert. Die Reform der Schule in Inhalten und Strukturen, in den 60er Jahren mit großen Hoffnungen vorbereitet, führte so in den 70er Jahren zu einer weitverbreiteten Mißstimmung unter Lehrern, Eltern und Schülern. Dem standen allerdings andere Einstellungen und Erfahrungen gegenüber. Qualifizierte Lehrer und qualifizierte Lehrergruppen benutzten zum Beispiel die reformierte Oberstufe mit großem Erfolg zur Vertiefung der Arbeit mit den einzelnen Schülern. In vielen Gesamtschulen, das hat eine Reihe von Untersuchungen nachgewiesen, entstand ein Klima sehr viel besserer sozialer Kooperation, als es vorher im dreigliedrigen Schulwesen üblich gewesen war. Die Gesamtheit der Forschungen über den Leistungsstand zeigt, daß die Unterschiede zwischen verschiedenen Schulen des dreigliedrigen Schulsystems, also zwischen verschiedenen Gymnasien oder zwischen verschiedenen Realschulen, oft sehr viel größer sind als die Unterschiede zwischen diesen Schulen und Gesamtschulen. Das heißt, daß das Schulwesen in seiner neuen Gestalt in überwiegendem Maße noch nicht die der neuen Aufgabenstellung adäquaten Lehrer zur Verfügung hatte.

Die Demokratisierung des Bildungswesens in Deutschland, d. h. die Öffnung der Bildung für alle, hat einen Zustand herbeigeführt, den man mit der amerikanischen Gesellschaft nach der Sklavenbefreiung oder der deutschen Gesellschaft nach der Beseitigung der Leibeigenschaft vergleichen könnte. Lehrer, Schüler und vor allem Eltern haben Freiheiten und sind vor Entscheidungen gestellt, an die sie nicht gewohnt sind und auf die sie nicht vorbereitet wurden. Sie entbehren einen Halt, den sie freilich auch nicht akzeptieren würden, wenn er noch da wäre. Diese paradoxe Situation wird nicht lange dauern, aber sie führt unvermeidlicherweise zu einem krisenhaften Übergangszustand im deutschen Bildungswesen, wie wir ihn übrigens in ähnlicher Weise auch in anderen Ländern beobachten können. Die Ablösung einer in soziale Klassen gegliederten Gesellschaft durch eine offene Gesellschaft, deren Gliederung von den Leistungen des einzelnen abhängig ist, bildet einen langfristigen Vorgang, dessen bildungspolitische Auswirkungen notwendigerweise nicht ohne Krisenerscheinungen bleiben können. Zum Schlüsselpunkt in der Lösung dieser Krisen wird die Frage der Lehrerbildung werden.

Die seit der Revolution von 1848 auf dem Tisch liegende Forderung nach einheitlicher Lehrerbildung an den Universitäten, Aufgabe der alten Seminare und Sondereinrichtungen aller Art für die Lehrerbildung, ist inzwischen verwirklicht worden. Die Lehrerbildungshochschulen und pädagogischen Akademien und wie sie alle hießen, sind fast in der ganzen Bundesrepublik Teil der Universität geworden. Damit sind freilich die Detailfragen der Ausbildung noch nicht geklärt. Auch hier ist die formale Lösung der inhaltlichen Lösung im einzelnen vorausgeeilt, aber für die Überwindung der Krisenerscheinung des Bildungswesens in der Bundesrepublik wird die Erneuerung der Lehrerbildung entscheidend sein. Dazu gehört sicher auch, daß der Lehrer nicht nur in seinen Fächern, sondern auch in den Sozialwissenschaften, in Pädagogik, Psychologie und Soziologie, so vorbereitet werden muß, daß er den Anforderungen an die Lehrerrolle nicht nur fachlich, sondern auch erzieherisch und politisch gewachsen ist.

Berufliche Bildung

Die berufliche Bildung in der Bundesrepublik vollzieht sich, der deutschen Tradition entsprechend, im sogenannten dualen System, d. h. parallel in Industrie-, Handels- oder Handwerksbetrieben, als eine von der Wirtschaft privat finanzierte Ausbildung, und in Berufsschulen. Das bedeutet, daß die praktische Arbeit im Betrieb durch ein oder zwei Berufsschultage in der Woche unterbrochen wird. Während früher die berufliche Ausbildung in vielen Orten vor allem billige Arbeitskräfte für die Betriebe lieferte, ist inzwischen unter Kontrolle der Selbstverwaltung der Wirtschaft eine Entwicklung zu einer sehr sorgfältigen Ausbildung in Gang gekommen. Dabei steht natürlich im kleinen Betrieb mehr die Praxis im Vordergrund, während die Großbetriebe auch auf sorgfältige theoretische Bildung Wert legen.

Die betriebliche Lehre in Deutschland hat immer auf die besonders qualifizierte Entwicklung in speziellen Fertigkeiten geachtet. Da die ständige Veränderung der beruflichen Aufgabenstellungen auch für den Facharbeiter die Fähigkeit zum ständigen Weiterlernen zu einer wichtigen Eigenschaft gemacht hat, ist die berufliche Ausbildung zunehmend bestrebt, das theoretische Niveau zu erhöhen, damit der Lehrling nicht nur zur Erfüllung spezieller Arbeiten in der Lage ist, sondern auch die Fähigkeit vermittelt bekommt, sich immer neuen Situationen und neuen Aufgaben zu stellen. So wurde zum Beispiel in der Schlosserlehre der Unterricht in Materialkenntnis wesentlich erweitert.

Neue Forschungen haben außerdem erwiesen, daß die berufliche Ausbildung zugleich allgemeine Fähigkeiten zu vermitteln hat und auch vermittelt. Das ist vor allem bei Umschulungen von Bedeutung. Sechzig Prozent der deutschen Facharbeiter sind in anderen als den erlernten Berufen tätig. Wenn ein Bäckerlehrling später in einer Automobilfabrik arbeitet, dann spielen nicht seine Backkenntnisse eine Rolle, sondern die in der Ausbildung, sozusagen nebenher erworbenen Eigenschaften wie Sauberkeit, Pünktlichkeit usw. Insofern setzt sich die berufliche Ausbildung heute sehr viel mehr als früher aus der Entwicklung spezieller beruflicher Fähigkeiten, theoretischer allgemeiner Bildung und charakterlicher Bildung zusammen. Es ist das Ziel, die Ausnützung der Lehrlinge als billige Arbeitskräfte endgültig zu überwinden. Die Lehrlingszeit ist nach den Vorstellungen sowohl des Bildungsrats als auch der politischen Parteien in Deutschland eine Ausbildungsperiode, die gleichberechtigt neben der Realschule oder dem Gymnasium oder dem Hochschulstudium steht, und der Lernende soll in dieser mehr praxisbezogenen Ausbildung genauso die Gelegenheit haben, sich zu einem mündigen Bürger zu entwickeln, wie in den schulischen Ausbildungsformen.

Auf den Berufsschulen werden neben jeweils berufsbezogenem, theoretischem Unterricht den Lehrlingen vor allem Deutsch, Politik, Religion, Wirtschaftskunde und Sport angeboten. Der erfolgreiche Abschluß der Lehrlingsausbildung berechtigt zu einer Beschäftigung als Geselle, Facharbeiter oder Gehilfe, aber auch zum Besuch verschiedener Fachschulen. Über die Fachschulen ist dann auch der Weg zu Fachhochschulen oder Hochschulen möglich, der aber besondere Anstrengungen voraussetzt. Auch in der Berufsausbildung haben sich durch die verstärkte Notwendigkeit theoretischer Ausbildung und die Entwicklung der Fähigkeit zum Weiterlernen im einzelnen revolutionäre Veränderungen abgespielt, die zu ähnlichen Krisenerscheinungen wie in der Schule geführt haben. Auch hier kommt es darauf an, daß die Ausbilder das Niveau der neuen Aufgabenstellung erreichen und die zum Teil etwas primitiven Ausbildungsformen der Vergangenheit überwinden.

Zu den in der Bundesrepublik viel erörterten Vorschlägen gehört es auch, daß eigentlich jeder junge Deutsche einmal in einem Betrieb gearbeitet haben müßte. Die Einsicht, daß die betriebliche Ausbildung in Richtung theoretischer Unterweisung erweitert werden muß, verbindet sich hier mit dem Gedanken, der einseitig theoretischen Bildung in den allgemeinbildenden Schulen mit einer stärkeren Praxiserfahrung in Betrieben zu begegnen. Freilich verschärft sich mit der Verbesserung der beruflichen Ausbildung auch das Problem, wer eigentlich die ganz einfachen Arbeiten noch verrichten soll. Es ist kein Zweifel, daß die starke Zuwanderung von Ausländern damit zusammenhängt, daß viele Deutsche aufgrund ihrer qualifizierteren Ausbildung es ablehnen, solche einfachen Arbeiten überhaupt noch zu übernehmen.

Weiterbildung

Vielleicht die radikalste Veränderung des traditionellen Bildungswesens hat sich in der Bundesrepublik auf dem Gebiete der Weiterbildung abgespielt. Die immer schnellere Veränderung unserer Lebensverhältnisse und unserer gesellschaftlichen Strukturen hat es mit sich gebracht, daß kein Mensch politisch, privat und in seinem Beruf mit den Kenntnissen auskommen kann, die er in seiner Erstausbildung erworben hat. Insofern ist die ständige Weiterbildung bis ins hohe Alter hinein – denn auch das Alter ist neuen Lebenssituationen ausgesetzt – notwendig geworden. In der Bundesrepublik ist dieser Aufgabe durch eine erhebliche Ausdehnung des Volkshochschulwesens Rechnung getragen worden. Die Volkshochschule ist die einzige Institution, die Erwachsenenbildung um ihrer selbst willen betreibt und die heute ein fast flächendeckendes Weiterbildungsangebot in der ganzen Bundesrepublik zur Verfügung stellt. Es gibt z. Zt. etwa 1000 Volkshochschulen in der Bundesrepublik, an denen über 4,7 Millionen Teilnehmer studieren und an denen 308 000 Kurse und 9 Millionen Unterrichtsstunden abgehalten werden. Im Vergleich zu diesen Zahlen sind die 1500 hauptamtlichen Pädagogen, die 2300 Verwaltungskräfte und die 1300 nebenamtlichen Kursleiter eine fast verschwindende Größe, die zeigt, daß die Volkshochschulen gegenüber den Anforderungen, die an sie gestellt werden, noch im Aufbau sind. Die Volkshochschulen sehen ihre Aufgabe nicht mehr wie früher vor allem im Nachholen dessen, was auf der Schule nicht gelernt worden ist, sondern sie wollen Hilfen geben in den Schwierigkeiten, die dem einzelnen durch die schnelle Veränderung sowohl in seinem privaten als auch in seinem politischen und beruflichen Leben begegnen.

Neben den Volkshochschulen steht eine große Vielfalt von Einrichtungen, bei denen Weiterbildung als Funktion einer anderen Zielsetzung auftritt: in den kirchlichen Institutionen als Funktion von Verkündung, in den statistisch kaum erfaßbaren, aber außerordentlich vielfältigen Weiterbildungsangeboten der Wirtschaft als Funktion von Produktion, bei den Gewerkschaften und bei unzähligen Fachverbänden als Funktion von Interessen. Die Kooperation dieser weit gefächerten Angebote läßt noch zu wünschen übrig, auch die Finanzierung der Weiterbildung, die sozusagen als letzter Bildungszweig neben Schule und berufliche Bildung getreten ist, ist noch unvollkommen; aber die freien Initiativen, die sich auf diesem Gebiete entfalten, und die Offenheit auch in thematischer Beziehung nach allen Seiten führt doch dazu, daß die Bedeutung der Weiterbildung in der Bundesrepublik fortwährend zunimmt.

In seiner Pädagogischen Arbeitsstelle hat der Deutsche Volkshochschulverband zudem ein pädagogisch-wissenschaftliches Zentrum errichtet, das allen Weiterbildungseinrichtungen in den zahlreichen pädagogischen und didaktischen Fragen, die auf diesem Gebiet auftauchen, hilft und darüber hinaus ein eigenes und von den Zwängen des öffentlichen Schulwesens unabhängiges Zertifikatprogramm entwickelt hat. Die Erwachsenenbildung, die sogenannte ständige Weiterbildung, ist aber nicht nur eine Ausbildungsform, sondern auch eine Art dynamischer Bewegung, ohne die die Öffnung des Bildungswesens für alle in der Bundesrepublik Deutschland ein Torso geblieben wäre.

Recht des Bildungswesens

Nach dem Grundgesetz ist die Bundesrepublik nicht nur ein Sozialstaat, sondern auch ein Rechtsstaat. Diese Bestimmung hat schwerwiegende Folgen für das Bildungswesen. Das Schulwesen kann juristisch nicht mehr als ein besonderes Gewaltverhältnis, wie zum Beispiel das Militär oder das Gefängniswesen, betrachtet werden. Das führt dazu, daß alles, was an der Schule wesentlich ist, nicht mehr einfach angeordnet werden kann, sondern einer gesetzlichen Grundlage bedarf. Das führt aber auch dazu, daß schulische Entscheidungen, wie Versetzung oder Schulverweise, Verwaltungsakte sind, die vor den Gerichten nachgeprüft werden können. Was man heute Verrechtlichung des Bildungswesens nennt, ist nicht primär eine Ausdehnung der Bürokratie aufgrund von deren Bedürfnissen, sondern ist die Einbeziehung des Schulsystems in eine Rechtsordnung, in der dem einzelnen bestimmte Freiheitsrechte zustehen.

Da die Schule in Deutschland traditionell mit staatlicher Autorität ausgestattet war, hat die Einbeziehung in das Rechtssystem zu einer Reihe von Schwierigkeiten geführt. Die Lehrer fühlten sich durch die Gerichte verängstigt, vor allem je mehr die Eltern die Möglichkeit des Elternrechts, die im Grundgesetz gegeben ist, begriffen und sie auszunutzen begannen. Auch die Schulverwaltung sah sich in ihrer alten Unbekümmertheit gestört. Die Verrechtlichung der Schule führt für die Betroffenen zunächst einmal nicht zu einer Befreiung, sondern zu neuen Ängsten und Einengungen. Auch hier mag das Bild vom befreiten Sklaven nicht unzutreffend sein.

Eine besondere Rolle spielt hierbei die Tatsache, daß die in Deutschland übliche positivistische Jurisprudenz auch in ihrem Begriffssystem für die Regelung kultureller und geistiger Tatbestände nicht unmittelbar geeignet ist. Die Entwicklung eines neuen juristischen Begriffssystems, wie es hier nötig wäre, braucht aber Zeit.

Eine besondere Gefahr ist, daß in den verschiedenen deutschen Ländern bei mangelhafter Schulgesetzgebung durch zahlreiche Gerichtsentscheidungen eine unterschiedliche Rechtsentwicklung entsteht. Deshalb hat der 51. Deutsche Juristentag 1976 in Stuttgart die Forderung nach einem verfassungskonformen Schulrecht in den Ländern der Bundesrepublik aufgestellt und eine Kommission Schulrecht gebildet, die 1981, nach mehrjähriger Beratung, neben einigen Gutachten den Entwurf eines Landesschulgesetzes vorgelegt hat. Dieser mit einem ausführlichen Kommentar versehene Entwurf ist zwar so in keinem Land Gesetz geworden, aber er enthält die Summe des im Augenblick verfügbaren juristischen Materials für Gesetzgebung und Rechtsprechung.

Viele rechtlich relevante Bestimmungen des Grundgesetzes, wie z. B. die Gleichberechtigung von Mann und Frau, sind inzwischen zur Selbstverständlichkeit in der Bildungspolitik geworden, andere müssen erst langsam durchgesetzt werden. Auch das Recht auf Bildung ist aus den Rechtsvorstellungen des Grundgesetzes abgeleitet worden, ebenso wie die Pflicht des Staates zur Subvention der Privatschulen. Die rechtlichen Auslegungen, die sich aus dem Grundgesetz für das Bildungswesen ergeben, sind somit von höchster praktischer und auch ökonomischer Bedeutung und entscheidend für die Stellung von Schülern, Eltern, Lehrern und Staatsverwaltung im Bildungswesen. Das gilt nicht nur für die Schule, sondern auch für die Universität, die berufliche Bildung und die Weiterbildung. Die sogenannte Verrechtlichung stellt daher genauso wenig wie die Öffnung des Bildungswesens für alle eine Gefährdung dar, sondern ist eine verfassungsrechtliche Notwendigkeit. Ihre Durchführung ist aber ebenso wie die Öffnung des Bildungswesens für alle mit Übergangskrisen verbunden, die nur durch eine sorgfältige Detailarbeit bewältigt werden können. Die Tatsache, daß mehr Freiheit weniger Gerechtigkeit bedeuten kann und mehr Gerechtigkeit häufig zu einem Weniger an Freiheit führt, ist damit auch zu einem Grundproblem bildungspolitischer Entscheidung in der Bundesrepublik geworden.

Zusammenfassung

In der Bundesrepublik hat, von den späten 50er Jahren angefangen, eine erhebliche Expansion des Bildungswesens stattgefunden, zugleich mit einer Demokratisierung der Bildungseinrichtungen. Bildung ist wirklich Bürgerrecht geworden und offen für alle. Die Folgen dieser politischen Grundentscheidung sind noch nicht überwunden. Schule und Hochschule, Berufsbildung und Weiterbildung sind in ihren traditionellen Formen durch die neue Aufgabenstellung zum Teil erheblich erschüttert. Lehrerbildung und Lehrerweiterbildung haben die neue Aufgabenstellung noch nicht bewältigt. Die Bildungsverwaltung entstammt in ihren Formen und ihrem Geist noch einer anderen Zeit. Trotzdem soll man nicht übersehen, in welchem Umfang die Veränderung des Bildungswesens bereits gelungen ist und wie sehr sich auch das Bewußtsein der Deutschen von der Aufgabenstellung ihres Bildungswesens verändert hat. Es wird aber noch lange dauern, bis der einzelne begreift, daß qualifizierte Ausbildung nicht unbedingt heißt, unmittelbar seiner Ausbildung entsprechend beschäftigt zu werden. Es wird aber auch nötig sein, neue Berufe und neue Berufsbilder zu entwickeln, um den qualifizierteren Ausbildungen des einzelnen auch im Beschäftigungswesen gerecht zu werden. Zugleich wird es einige Zeit dauern, bis die Menschen der Vielfalt der neuen Entscheidungen, die an sie als Schüler, Lehrer und Eltern herantreten, gewachsen sind. In Freiheit zu leben und in Freiheit zu lernen, will gelernt sein.

Literatur

Arbeitsgruppe am Max-Planck-Institut für Bildungsforschung, Das Bildungswesen in der Bundesrepublik Deutschland. Ein Überblick für Eltern, Lehrer, Schüler, Reinbek b. Hamburg 1979
Hellmut Becker, Auf dem Weg zur lernenden Gesellschaft. Personen, Analysen, Vorschläge für die Zukunft, Stuttgart 1980
Hellmut Becker, Quantität und Qualität. Grundfragen der Bildungspolitik, Freiburg i. Breisgau 1968[2]
Hellmut Becker, Ralf Dahrendorf, Peter Glotz, Hans Maier, Die Bildungsreform – eine Bilanz, Stuttgart 1976
Bericht der Bundesregierung über die strukturellen Probleme des föderativen Bil-

dungssystems, Deutscher Bundestag, 8. Wahlperiode, Drucksache 8/1551, Bonn 1978

Winfried Böhm, Heinz-Elmar Tenorth (Hrsg.), Deutsche Pädagogische Zeitgeschichte 1960–1973. Von der Diskussion um den Rahmenplan zum Bildungsgesamtplan, Kastellaun 1977

Bund-Länder-Kommission für Bildungsplanung, Bildungsgesamtplan, Bd. 1, Stuttgart 1973

Bundesminister für Bildung und Wissenschaft, Bildungsbericht '70. Die bildungspolitische Konzeption der Bundesregierung, Bonn 1970

Bundesminister für Bildung und Wissenschaft, Grund- und Strukturdaten 1978–1983, Bonn 1982

Deutscher Ausschuß für das Erziehungs- und Bildungswesen, Empfehlungen und Gutachten des Deutschen Ausschusses für das Erziehungs- und Bildungswesen 1953–1965, Stuttgart 1966

Deutscher Bildungsrat, Empfehlungen der Bildungskommission 1967–1977, Stuttgart 1970/77

Deutscher Bildungsrat, Gutachten und Studien der Bildungskommission 1967–1977, Stuttgart 1967/77

Deutscher Juristentag, Schule im Rechtsstaat, Bd. 1, Entwurf für ein Landesschulgesetz. Bericht der Kommission Schulrecht des Deutschen Juristentages, München 1981

Andreas Flitner, Mißratener Fortschritt. Pädagogische Anmerkungen zur Bildungspolitik, München 1977

Klaus Hüfner, Jens Naumann, Konjunkturen der Bildungspolitik in der Bundesrepublik Deutschland. Bd. 1, Der Aufschwung (1960–1967), Stuttgart 1977

Heinrich Kanz (Hrsg.), Deutsche Pädagogische Zeitgeschichte 1945–1959. Von der Bildungspolitik der Alliierten bis zum Rahmenplan des Deutschen Ausschusses, Ratingen 1975

Max-Planck-Institut für Bildungsforschung, Projektgruppe Bildungsbericht (Hrsg.), Bildung in der Bundesrepublik Deutschland. Daten und Analysen, Bd. 1 und 2, Stuttgart 1980

Hans G. Rolff, Georg Hansen, Klaus Klemm, Klaus J. Tillmann (Hrsg.), Jahrbuch der Schulentwicklung. Daten, Beispiele und Perspektiven, Bd. 1 und 2, Weinheim 1980, 1982

Heinrich Roth (Hrsg.), Begabung und Lernen. Ergebnisse und Folgerungen neuer Forschungen, Stuttgart 1980[12]

Sekretariat der Ständigen Konferenz der Kultusminister der Länder in der Bundesrepublik Deutschland (Hrsg.), Das Bildungswesen in der Bundesrepublik Deutschland. Kompetenzen – Strukturen – Bildungswege, Neuwied o. J. (1978/79)

Heinz Elmar Tenorth, Hochschulzugang und gymnasiale Oberstufe in der Bildungspolitik von 1945–1973, Bad Heilbrunn/Obb. 1975

Chronik

vor 1945

11. 8. 1919   Die Weimarer Reichsverfassung legt die für alle gemeinsame vierjährige Grundschule fest.

28. 4.   Reichsgrundschulgesetz.

Juni 1920   Reichsschulkonferenz in Berlin.

1924   Neuordnung des preußischen höheren Schulwesens in der Richertschen Schulreform.

1926   Gründung der ersten Pädagogischen Akademien für die Volksschullehrerausbildung in Preußen.

1945

2. 8.   Mitteilung über die Dreimächtekonferenz von Berlin (Konferenz von Potsdam) mit allgemeinen Richtlinien für die alliierte Bildungspolitik.

Dez.   Erste Besprechung der Kultusminister der amerikanischen Zone.

1948

Der von der britischen Besatzungsmacht eingesetzte Studienausschuß veröffentlicht sein »Gutachten zur Hochschulreform«.

19./20. 2.   Konferenz der Kultusminister aus allen deutschen Ländern und Besatzungszonen in Stuttgart-Hohenheim.

26. 6.   Schulgesetz für Groß-Berlin legt achtjährige gemeinsame Grundschule fest (am 10. 5. 1951 auf sechs Jahre verkürzt).

Juli   Einrichtung der Ständigen Konferenz der Kultusminister der Länder (Kultusministerkonferenz) mit ständigem Sekretariat (Arbeitsbeginn Dezember 1948) und drei ständigen Fachausschüssen.

1949

23. 5.   Im Grundgesetz der Bundesrepublik wird die Kulturhoheit der Länder staatsrechtlich festgelegt.

1953

22. 9.   Konstituierung des Deutschen Ausschusses für das Erziehungs- und Bildungswesen.

1955

17. 2.   Abkommen zwischen den Ländern der Bundesrepublik zur Vereinheitlichung auf dem Gebiete des Schulwesens (»Düsseldorfer Abkommen«).

1957

5. 9.   Verwaltungsabkommen zwischen Bund und Ländern über die Errichtung eines Wissenschaftsrates.

1959

14. 2.   Rahmenplan des Deutschen Ausschusses für das Erziehungs- und Bildungswesen zur Umgestaltung und Vereinheitlichung des allgemeinbildenden öffentlichen Schulwesens.

1963

6. 12.   Gründung des Instituts für Bildungsforschung in der Max-Planck-Gesellschaft in Berlin (ab 1969: Max-Planck-Institut für Bildungsforschung).

1964

Febr.   Georg Picht: »Die deutsche Bildungskatastrophe«.

5./6. März   Erklärung der Kultusministerkonferenz anläßlich ihrer 100. Plenarsitzung (»Berliner Erklärung«) verkündet Notwendigkeit einer aktiven Bildungspolitik.

28. 10.   Abkommen zwischen den Ländern der Bundesrepublik zur Vereinheitlichung auf dem Gebiet des Schulwesens (»Hamburger Abkommen«).

1965

             Ralf Dahrendorf: »Bildung ist Bürgerrecht«.

15. 7.   Abkommen zwischen den Regierungen der Länder und des Bundes über die Errichtung eines Deutschen Bildungsrates.

1967/68

             Höhepunkt der Studentenbewegung.

1969

30./31. Jan. Empfehlung des Deutschen Bildungsrates zur Einrichtung von Schulversuchen mit Gesamtschulen.

12. 5.   Grundgesetzänderung ermöglicht fakultatives Zusammenwirken von Bund und Ländern in der Bildungsplanung.

12./18. Juni Bundestag verabschiedet Berufsbildungsgesetz und Hochschulbauförderungsgesetz.

3. 7./27. 11. Vereinbarungen der Kultusministerkonferenz zur Durchführung von Schulversuchen mit Ganztags- und Gesamtschulen.

Okt.   Ausbau des Bundesministeriums für wissenschaftliche Forschung zum Bundesministerium für Bildung und Wissenschaft.

1970

18. 1.   Gesamtschule wird Regelschule in Berlin.

13. 2.   Der Deutsche Bildungsrat verabschiedet den »Strukturplan für das Bildungswesen«.

12. 6.   Bericht der Bundesregierung zur Bildungspolitik (»Bildungsbericht '70«).

25. 6.   Verwaltungsabkommen zwischen Bund und Ländern über die Er-

richtung einer gemeinsamen Bund-Länder-Kommission für Bildungsplanung.

1971

8. 5.   Rahmenvereinbarung der Kultusministerkonferenz zur koordinierten Vorbereitung, Durchführung und wissenschaftlichen Begleitung von Modellversuchen im Bildungswesen.

24. 6.   Bundestag verabschiedet Ausbildungsförderungsgesetz und Graduiertenförderungsgesetz.

Juni-Dez.   Länder-Examen der OECD über das Bildungswesen in der Bundesrepublik.

1972

7. 7.   Vereinbarung der Kultusministerkonferenz »Zur Neugestaltung der gymnasialen Oberstufe in der Sekundarstufe II«.

18./20. Okt.   Unterzeichnung des Staatsvertrages über die Vergabe von Studienplätzen durch die Ministerpräsidenten der Länder (tritt am 30. 4. 1973 in Kraft).

1973

15. 6.   Bildungsgesamtplan der Bund-Länder-Kommission für Bildungsplanung.

21. 6.   Deutscher Bildungsrat legt Teil I einer Empfehlung über die Reform der Bildungsverwaltung vor.

1975

13. 7.   Abschlußbericht des Deutschen Bildungsrats (»Bericht '75 – Entwicklungen im Bildungswesen«).

Dez.   Nach fünfjährigen Auseinandersetzungen verabschieden Bundestag und Bundesrat das Hochschulrahmengesetz.

1978

24. 2.   Bundesregierung legt »Bericht über die strukturellen Probleme des föderativen Bildungswesens« vor, in dem Notwendigkeit gesamtstaatlicher Regelungen für Kernbereiche des Bildungswesens hervorgehoben wird.

1979

3. 10.   Hamburger Bürgerschaft beschließt Einführung der Gesamtschule als Regelschule.

16./17. Okt.   200. Sitzung der Kultusministerkonferenz in Berlin.

10. 12.   Bundesverfassungsgericht erklärt Ausbildungsförderungsgesetz für grundgesetzwidrig und damit für nichtig.

1981

10. 3.   Kommission Schulrecht des Deutschen Juristentages legt Entwurf für Landesschulgesetz vor.

| 16. 7. | Gesamtschule wird auch in Nordrhein-Westfalen vom Landtag zur Regelschule erklärt. |
| 1. 10. | Bundestag verabschiedet Berufsbildungsförderungsgesetz. |

1982

März	Fortschreibung des Bildungsgesamtplans scheitert nach langjährigen Verhandlungen endgültig an den Fragen der Finanzierung.
27./28. Mai	Kultusministerkonferenz verabschiedet Rahmenvereinbarung über die gegenseitige Anerkennung von Gesamtschulabschlüssen.
2. 12.	Bund-Länder-Kommission für Bildungsplanung veröffentlicht Auswertungsbericht über Modellversuche mit Gesamtschulen.

Die Mitarbeiter des Bandes

Hellmut Becker, geb. 1913, studierte Rechtswissenschaften in Freiburg, Berlin und Kiel; Kriegsteilnehmer; 1945–1963 Rechtsanwalt; 1963 Ernennung zum Honorarprofessor für Soziologie des Bildungswesens der Philosophischen Fakultät der Freien Universität Berlin; 1963–1981 Direktor des Max-Planck-Instituts für Bildungsforschung, Berlin; 1956 bis 1974 Präsident des Deutschen Volkshochschulverbandes; 1966–1970 Mitglied des Deutschen Bildungsrats; 1971–1975 stellvertretender Vorsitzender des Deutschen Bildungsrats; 1981 Emeritus am Max-Planck-Institut für Bildungsforschung.
Jüngste Veröffentlichungen: *Bildungsforschung und Bildungsplanung* (1971); *Weiterbildung. Aufklärung – Praxis – Theorie, 1956–1974* (1974); *Die Bildungsreform eine Bilanz* (1976); *Auf dem Weg zur lernenden Gesellschaft* (1980); *Israel – Erziehung und Gesellschaft* (1980).

Hannelore Brunhöber, geb. 1945, studierte Soziologie, Psychologie und Politologie, Diplom-Soziologin; arbeitet als Journalistin und in der politischen Jugend- und Erwachsenenbildung.

Ulrich Chaussy, geb. 1952, studierte Germanistik und Soziologie, M. A.; arbeitet als freier Journalist für Rundfunk und Fernsehen.
Jüngste Veröffentlichungen: *Die drei Leben des Rudi Dutschke. Eine Biographie* (1983); Mitarbeit an W. Benz (Hg.), *Rechtsradikalismus. Randerscheinung oder Renaissance?* (1980, Fischer Informationen zur Zeit, Bd. 4218).

Hartmut Esser, geb. 1943, studierte Soziologie, Volkswirtschaftslehre und Sozialpolitik an der Universität zu Köln, Dipl.-Volksw., Dr. rer. pol.; Habilitation für Soziologie und sozialwissenschaftliche Methodenlehre an der Ruhr-Universität Bochum, 1971–1974 Assistent am Seminar für Soziologie der Universität Köln, 1974–1978 Akademischer Rat an der Ruhr-Universität Bochum, 1978–1982 Professor für Sozialwissenschaftliche Methodenlehre an der Universität Duisburg GH; seit 1982 o. Professor für Empirische Sozialforschung an der Universität Essen GH.
Jüngste Publikationen: *Soziale Regelmäßigkeiten des Befragtenverhaltens*

(1975), *Wissenschaftstheorie*, 2 Bde. (1977); *Arbeitsmigration und Integration* (1979, Hg.); *Aspekte der Wanderungssoziologie* (1980).

Martin Greschat, geb. 1934, studierte Theologie, Dr. theol.; 1972 Professor für Kirchengeschichte und Kirchliche Zeitgeschichte in Münster, seit 1980 in Gießen.
Jüngste Veröffentlichungen: *Theologen des Protestanismus*, 2 Bde. (1978, Hg.); *Das Zeitalter der Industriellen Revolution* (1980); *Die Schuld der Kirche* (1982); *Protestantismus und Politik* (1982, zus. mit G. Brakelmann und W. Jochmann).

Günter Hollenstein, geb. 1954, studierte Psychologie und Soziologie; 1977–1981 als politischer Redakteur in der Nachrichtenredaktion der »Frankfurter Rundschau« für Catholica zuständig, seit 1981 Korrespondent in Mainz.
Neueste Publikation: *Der »ungeistliche« Geistliche* (1980).

Anton Kehl, geb. 1954, Dipl.-Soziologe in München.

Hermann Korte, geb. 1937, studierte nach Ausbildung zum Sozialarbeiter Soziologie, Volkswirtschaften und Ethnologie, Dr. sc. pol.; seit 1974 Professor für Soziologie an der Ruhr-Universität Bochum.
Neuere Veröffentlichungen: *Migration und ihre sozialen Folgen* (1983); *Computertechnologie und Mitbestimmung* (1983); *Funktionswandel, bürgerschaftliches Engagement und Identifikationsmöglichkeiten im kommunalen Raum* (1980); *Alternative Planung* (1978).

Kaspar Maase, geb. 1946, Dr. phil., Lektor und Mitarbeiter des Instituts für Marxistische Studien und Forschungen (IMSF) in Frankfurt.
Veröffentlichungen zur Kultur- und Freizeittheorie, Kultur- und Freizeitpolitik; Arbeitsgebiete: Kulturpolitik, Lebensweise der Lohnarbeiter in der BRD.

Angela Vogel, geb. 1947, studierte Politische Wissenschaften, Philosophie und Wirtschaftsgeschichte, Dr. phil.; lebt als freie Autorin in Frankfurt.
Publikationen: *Der deutsche Anarcho-Syndikalismus* (1977); Mitarbeit an: Mona Winter u. a., *Venusfliegenfalle. Sozialarbeit – Geometrisierung der Nächstenliebe* (1979); mehrere Features und Hörspiele.

Hermann Weiß, geb. 1932; studierte Germanistik, Geschichte und Anglistik in München und Tübingen; Mitarbeiter des Instituts für Zeitgeschichte.
Mitarbeit u. a. an: U. Walberer (Hg.), *10. 5. 1933. Bücherverbrennung in Deutschland und die Folgen* (1983, Fischer Informationen zur Zeit, Bd. 4245); W. Benz (Hg.), *Miscellanea, Festschrift für Helmut Krausnick* (1980).

Detlev Zöllner, geb. 1927, Volkswirtschaftsstudium in Göttingen, Dr. rer. pol., 1955–1976 im Bundesministerium für Arbeit und Sozialordnung, zuletzt Leiter der Abteilung Sozialversicherung. Wiederholt Beratertätigkeit in Ländern der Dritten Welt im Auftrage der Internationalen Arbeitsorganisation. Seit 1970 Honorarprofessor (Sozialpolitik) an der Universität Bonn.
Veröffentlichungen in Auswahl: *Entwicklungsphasen der Sozialpolitik* (1959); *Öffentliche Sozialleistungen und wirtschaftliche Entwicklung* (1963); *Materialien zum Bericht zur Lage der Nation* (1974, als Mitautor); *Ein Jahrhundert Sozialversicherung in Deutschland* (1981).

Sach- und Ortsregister

Evangelische Studentenge-
meinde 274, 287

Facharbeiter 37, 50, 143, 163,
168 f., 341
Die Falken 45 f., 51
Familien 60 f., 68, 85, 98–126,
183, 187, 192, 198, 200,
210, 212 ff., 219, 221 f.,
228 f., 234 f., 238
Familienausgleichskassen
301, 311
Familienberichte der Bundes-
regierung 125 f.,
Familienrecht 68, 71–75, 82,
95, 102, 106, 118, 124, 239
Familiensoziologie 102–108,
115, 117
Feminismus 87, 90
Fernsehen 108 f., 114 f., 212,
215 f., 220–224, 231 f., 241,
264
Fließbandarbeit 41, 78 f., 81,
109, 157, 161, 167, 174
Flüchtlinge 14 f., 20, 35 ff., 98,
102, 106, 131, 153, 163,
188, 300 f., 310, 321
Föderalismus 327
Frankfurt 57, 62, 78, 81, 86,
88 f., 96, 179, 215, 268 f.,
294
Frankfurter Hefte 242, 252
Frankfurter Weiberrat 87
Frauenaltersversorgung (s. a.
Witwenrente) 307, 315
Frauenbeschäftigung 30, 35,
75–81, 84, 110, 113 f.,
218 f.
Frauenbewegung, Bürger-
liche 81 ff., 87
–, Neue 86–91, 117 ff.
Frauenenquête 86, 95
Frauenheime, -zentren 81,
88 f., 97
Fraueninitiative 6. Oktober
91, 97
Frauenkongresse, -konferen-
zen 82, 88, 96 f.
Frauenlohngruppen, -löhne
75 f., 78, 95 f.
»Frauenoffensive« (Verlags-
kollektiv) 90, 96
Frauenüberschuß 15, 100
Frauenzeitungen 87, 90, 96 f.,
99 f.
Freiberufler 219

Freie Demokratische Partei
(FDP) 54, 63, 69, 75, 147,
186, 238, 290, 296, 335
Freie Deutsche Jugend (FDJ)
49 f.
Freiwillige Selbstkontrolle
der deutschen Filmwirt-
schaft 84
Freizeitgestaltung 58, 113,
117, 151, 157, 163, 198,
209–233
Fremdarbeiter s. Zwangsarbeiter
Freßwelle 109
Friedensbewegung, Neue 47,
63, 67, 90, 260, 287
Friedensnobelpreis 256, 284,
295
Fristenregelung 88 f., 91,
96 f., 251 f., 264

Gartenstadtbewegung 187
Gastarbeiter s. Ausländer,
ausländische Arbeitneh-
mer
Geburtenkontrolle 24, 27 ff.,
253
Geburtenziffer 13, 15, 17,
19–24, 26, 29–32, 77, 110,
119
Genf 287 f., 295
Gesamtdeutsche Volkspartei
(GVP) 282, 295
Gesetze und Verordnungen
(thematisch untergliedert)
Arbeit und Beschäftigung
Arbeitsförderungsgesetz
(1969) 138 ff., 154, 180,
313, 322
Arbeitsgerichtsgesetz
(1953) 179
Arbeitssicherheitsgesetz
(1973) 181
Betriebsrätegesetz (1946)
297, 320
Betriebsverfassungsgesetz
(1952) 39, 245
–, Reform des Betriebsverfassungsgesetzes (1972)
66, 141, 154, 181
Bundespersonalgesetz
(1950) 70, 94
Bundesurlaubsgesetz
(1963) 180, 219, 232
Chemikaliengesetz (1980)
182

Gerätesicherheitsgesetz
(1980) 181
Heimarbeitsänderungs-
gesetz (1974) 181
Tarifvertragsgesetz für
das Vereinigte Wirt-
schaftsgebiet (1949) 320
Unfallversicherungs-
Neuregelungsgesetz
(1963) 180, 311, 322
Ausländerrecht
Arbeitserlaubnisverord-
nung (1971) 138, 154
Ausländergesetz (1965)
132, 138, 141, 154
Ausländerpolizeiverord-
nung (1938) 130 f., 152
Gesetz über die Recht-
stellung heimatloser
Ausländer (1951) 153
Preußische Ausländer-
polizeiverordnung
(1932) 129 f., 152
Reichsvereinsgesetz (1908)
129, 152
Verordnung über die Be-
handlung von Ausländ-
ern (1939) 153
Verordnung über die An-
werbung und Vermitt-
lung ausl. Landarbeiter
(1922) 129, 152
Verordnung über die Ein-
stellung und Beschäf-
tigung ausländischer Ar-
beiter (1923) 129, 152
Verordnung über auslän-
dische Arbeitnehmer
(1933) 131, 152 f.
Wartezeitgesetz (1981) 156
Bildung
Berufsbildungsgesetz
(1969) 65, 348
Berufsbildungsförderungs-
gesetz (1981) 350
Bundesausbildungsför-
derungsgesetz (BAFöG
1971) 126, 314, 322, 349
Graduiertenförderungs-
gesetz (1971) 349
Hochschulbauförderungs-
gesetz (1969) 348
Hochschulrahmengesetz
(1975) 349
Schulgesetz für Groß-Ber-
lin (1948) 347

Personenregister

Die Bundesrepublik Deutschland

Politik · Gesellschaft · Kultur

Geschichte in drei Bänden
Herausgegeben von Wolfgang Benz

Ein Handbuch und Nachschlagewerk auf dem neuesten Forschungsstand. Eine Sammlung von historisch-politischen Längsschnitt-Darstellungen mit Zeittafeln, Tabellen, Verzeichnissen, Register und bibliographischen Handreichungen. Mitarbeiter sind Historiker und historisch arbeitende Fachgelehrte der Nachbardisziplinen.

Band I: Politik
Band 4312
Aus dem Inhalt: Verfassung, Verwaltung und öffentlicher Dienst; Recht und Justiz; Parteien, Gewerkschaften und Wirtschaftsystem; Sicherheits- und Außenpolitik; Politische Daten 1945–1983.

Band II: Gesellschaft
Band 4313
Dieser Band behandelt die gesellschaftspolitischen und sozialen Zusammenhänge: von der Bevölkerungsentwicklung über die Sozialpolitik, die Kirchen, die Arbeitswelt, Freizeit, Wohnkultur, Bildungspolitik bis hin zu Themen wie Familie, Frauen, Jugend und Gastarbeiter. Die Darstellung reduziert sich nicht auf die Haupt- und Staatsaktionen, sondern analysiert auch die alltäglichen Verhältnisse in der Bundesrepublik.

Band III: Kultur
Band 4314
Dieser Band befaßt sich mit der kulturellen Entwicklung der Bundesrepublik. Enthalten sind u. a. Beiträge über Medien, Literatur, Theater, Film, Musik, Architektur, Bildende Kunst, Sprache, Kulturpolitik sowie Graphik und Design.

Fischer Taschenbuch Verlag

Rolf Steininger

Deutsche Geschichte 1945–1961

Darstellung und Dokumente in zwei Bänden

Band 4315/Band 4316

Wie sah die Deutschlandplanung der Alliierten im Krieg aus; wann und von wem wurde die Entscheidung getroffen, Deutschland zu teilen; wie wurde die Teilung durchgeführt? Welche Rolle spielten die Deutschen bei der Teilung ihres Landes; welche Bedeutung hatte dabei das Ruhrgebiet; warum gründeten die Briten Nordrhein-Westfalen? Wurden Chancen vertan, die Teilung zu verhindern: etwa 1947 auf der gesamtdeutschen Ministerpräsidentenkonferenz in München oder 1948, als der britische Militärgouverneur Robertson einen Geheimplan vorlegte, über den in diesem Band zum ersten Mal berichtet wird? Wurden Chancen vertan, die Wiedervereinigung zu erlangen? Warum lehnte der Westen Stalins Angebot 1952 ab? Was war die »Stunde Null«; wie sah der politische Neubeginn in Ost- und Westdeutschland aus? Warum scheiterte die Entnazifizierung; wie ist die These von der »verhinderten Neuordnung« zu beurteilen; warum fand die Sozialisierung nicht statt, was wollten die Sowjets in Deutschland? Welchen Stellenwert haben Koreakrieg und Wiederbewaffnung, Adenauers Westpolitik, der 17. Juni 1953 und der Bau der Mauer in Berlin 1961 in der deutschen Geschichte nach 1945? Wie stellte sich Adenauer gesamtdeutsche Wahlen vor? Das sind nur einige jener Fragen, die in diesen beiden Bänden untersucht werden – auf der Grundlage bisher nicht zugänglicher und hier erstmals veröffentlichter Schlüsseldokumente, die zum größten Teil aus dem Public Record Office in London bzw. dem Departement of State in Washington stammen. Die ausführlichen Einleitungen zu den einzelnen Kapiteln erläutern die abgedruckten Dokumente: eine an überraschenden Erkenntnissen reiche Gesamtdarstellung der jüngsten deutschen Geschichte.

fi 41/1

Fischer Taschenbuch Verlag

Informationen zur Zeit
Bundesrepublik
Kritische Bestandsaufnahme und Perspektiven

Wie objektiv sind unsere Medien?
Herausgegeben von
Günther Bentele/Robert Ruoff
Band 4228

Gerd E. Hoffmann
Erfaßt, registriert,
entmündigt
Schutz dem Bürger –
Widerstand den Verwaltern
Band 4212

Im Kreuzfeuer:
Der Fernsehfilm Holocaust
Eine Nation ist betroffen
Herausgegeben von
Peter Märthesheimer und
Ivo Frenzel
Band 4213

Ingrid Langer-El Sayed
Familienpolitik:
Tendenzen, Chancen, Not-
wendigkeiten
Ein Beitrag zur
Entdämonisierung
Band 4219

Und es bewegt sich doch
Texte wider die Resignation
Herausgegeben von
Gert Heidenreich
Band 4232

Rolf Lamprecht/
Wolfgang Malanowski
Richter machen Politik
Auftrag und Anspruch des
Bundesverfassungsgerichts
Band 4211

Dieter Lutz
Kein Überleben
ohne Frieden
Oder die Folgen
eines Atomkrieges
Band 4240

Bundesrepublikanisches
Lesebuch
Drei Jahrzehnte geistiger Aus-
einandersetzung
Herausgegeben von
Hermann Glaser
Band 3809

Fischer Taschenbuch Verlag

fi 49/1

Frühgeschichte der Bundesrepublik Deutschland

Band 4311
bereits erschienen

Band 4310
in Vorbereitung

Ein Standardwerk auf der Grundlage neuesten Quellenmaterials, das mit vielen liebgewonnenen Legenden aufräumt. Beschrieben wird die Rolle der Bizone mit Sitz in Frankfurt und die des trizonalen Verfassungsparlaments in Bonn bis hin zur Verkündung des Grundgesetzes.

Bisher gesperrtes Archivmaterial ist nunmehr wieder zugänglich geworden. Der Historiker Graml setzt sich mit einseitigen Legendenbildungen auseinander, die den Blick für die Entstehungsgeschichte der Bundesrepublik verstellen. Er weist nach, daß die Teilung Deutschlands schon während des Zweiten Weltkrieges seitens der Alliierten beschlossene Sache war.

fi 391/1

Fischer Taschenbuch Verlag